中华人民共和国
立法统计

2018年版

全国人大常委会法工委立法规划室　编

中国民主法制出版社

图书在版编目（CIP）数据

中华人民共和国立法统计．2018年版／全国人大常委会法工委立法规划室编．—北京：中国民主法制出版社，2019.7

ISBN 978-7-5162-2011-5

Ⅰ.①中…　Ⅱ.①全…　Ⅲ.①立法－统计资料－中国－2018　Ⅳ.①D920.0－66

中国版本图书馆CIP数据核字（2019）第091837号

图书出品人： 刘海涛
全 案 统 筹： 乔先彪
责 任 编 辑： 陈　曦　许泽荣

书　名／中华人民共和国立法统计（2018年版）

出 版·发 行／中国民主法制出版社
地 址／北京市丰台区玉林里7号（100069）
电 话／（010）63055259（总编室）　63057714（发行部）
传 真／（010）63056975　63056983
http：//www.npcpub.com
E-mail：mzfz@npcpub.com
经 销／新华书店
开 本／16开　710毫米×1000毫米
印 张／37.5　　**字数**／531千字
版 本／2019年8月第1版　2019年8月第1次印刷
印 刷／北京中兴印刷有限公司

书 号／ISBN 978-7-5162-2011-5
定 价／128.00元

编辑说明

本书以《中华人民共和国立法统计（2013 年版）》（全国人大常委会法工委立法规划室编）为基础增补修订而成。主要是根据2013 年以来的立法工作成果更新了有关立法统计数据，增补了立法规划及其落实情况和2013 年以来立法工作计划，更新了宪法与法律关于应当制定法律和配套规定的条文。

一、第一部分为“立法统计”，包括《中华人民共和国立法统计（2013 年版）》第一部分立法统计的全部内容，并作了增补和修订。统计时限起自1949 年 9 月中国人民政治协商会议第一次会议召开，截至 2018 年 2 月 24 日第十二届全国人民代表大会常务委员会第三十三次会议闭幕。这部分共三章，即现行有效的法律、建国以来通过的法律、立法统计表。

（一）第一章“现行有效的法律”登录了包括现行宪法在内的现行有效的法律共 263 件，其中，1978 年底以前制定的 3 件，1979 年以来制定的 260 件。

1979 年以来制定的现行有效的 260 件法律中，宪法及 4 个宪法修正案统计为 1 件；刑法、10 个刑法修正案和全国人大常委会关于惩治骗购外汇、逃汇和非法买卖外汇犯罪的决定统计为 1 件；每部法律，无论修改几次，均统计为 1 件。

对 1979 年以来制定的现行有效的 260 件法律，按通过时间顺序，将审次情况以及历次修改情况逐项列出；同时，按中国特色社会主义法律体系 7 个法律部门分类列出。

其中需要说明的是：

（1）截至 2019 年 3 月十三届全国人民代表大会第二次会议闭幕，现行有效的法律共 272 件。在第一章开始的说明中作了相应解释。

（2）对在 2018 年 3 月到 2019 年 3 月期间修改、废止的法律，如宪法、行政监察法等，在第一章的相应内容中以脚注的形式作出说明。

（3）现行有效的法律中只统计了宪法和 4 个修正案，第十三届全国人民代表大会第一次会议于 2018 年 3 月 11 日通过了宪法修正案，通过脚注形式予以说明。

（4）1984 年通过的《全国人民代表大会常务委员会关于在沿海港口城市设立海事法院的决定》，1993 年通过的《全国人民代表大会常务委员会关于外商投资企业和外国企业适用增值税、消费税、营业税等税收暂行条例的决定》，由中华人民共和国主席令公布，作为法律统计；1987 年通过的《全国人民代表大会常务委员会关于对中华人民共和国缔结或者参加的国际条约所规定的罪行行使刑事管辖权的决定》，1988 年通过的《全国人民代表大会常务委员会关于批准中央军事委员会〈关于授予军队离休干部中国人民解放军功勋荣誉章的规定〉的决定》，虽未由中华人民共和国主席令公布，但也作为法律统计。

（5）行政监察法列入现行有效的法律。第十三届全国人民代表大会第一次会议于 2018 年 3 月 20 日通过了监察法，自公布之日起施行，行政监察法同时废止，通过脚注形式予以说明。

（6）第十二届全国人民代表大会常务委员会第十一次会议于 2014 年 11 月通过反间谍法，自公布之日起施行，1993 年 2 月 22 日第七届全国人民代表大会常务委员会第三十次会议通过的《中华人民共和国国家安全法》同时废止。目前现行有效的法律中所列国家安全法是第十二届全国人民代表大会常务委员会第十五次会议于 2015 年 7 月通过的新国家安全法。

（7）母婴保健法由行政法类调整到社会法类。

（二）第二章“建国以来通过的法律”登录了建国以来制定的所有法律和批准的国际条约，共分三个部分：

一是自 1979 年以来，截至 2019 年 3 月第十三届全国人民代表大会第二次会议闭幕，全国人大及其常委会共制定法律 803 件，包括 1982 年宪法、5 件宪法修正案、514 件法律、25 件法律解释、258 件有关法律问题的决定。这 803 件法律是按工作量统计，每次法律修改（修订）均单独计算。

对这803件法律，按年度排列；同一年度中，按照宪法修正案、法律、法律解释和有关法律问题的决定的顺序排列。

其中需要说明的是：

（1）对于全国人大及其常委会作出的决定，五届到十一届只统计全国人大及其常委会通过的有关法律问题的决定，全国人大及其常委会通过的一些关于特定问题或重大事项的决定，未纳入统计范围。从十二届开始，将“有关法律问题的决定”改为“有关法律问题和重大问题的决定”，扩大了统计范围，将一些全国人大及其常委会通过的关于特定问题或重大事项的决定纳入统计范围。

（2）关于召开全国人民代表大会会议的有关决定共39件，关于全国人民代表大会会议召开日期的决定共5件，均未按有关法律问题和重大问题的决定统计。

（3）关于刑法和刑事诉讼法的决定、补充规定等，均按有关法律问题的决定统计。

（4）十一届全国人民代表大会常务委员会第九次会议于2009年6月通过《全国人民代表大会常务委员会关于废止部分法律的决定》，废止了关于授权国务院改革工商税制发布有关税收条例草案试行的决定（1984年9月18日通过）；关于惩治偷税、抗税犯罪的补充规定（1992年9月4日通过）；关于加强对法律实施情况检查监督的若干规定（1993年9月2日通过）；关于严惩组织、运送他人偷越国（边）境犯罪的补充规定（1994年3月5日通过）等4件有关法律问题的决定，作为已完成的立法工作，在第二章继续保留。

（5）第十二届全国人民代表大会常务委员会第六次会议于2013年12月通过《全国人民代表大会常务委员会关于废止有关劳动教养法律规定的决定》，废止了《全国人民代表大会常务委员会批准国务院关于劳动教养问题的决定的决议》及《国务院关于劳动教养问题的决定》（1957年8月批准）、《全国人民代表大会常务委员会批准国务院关于劳动教养的补充规定的决议》及《国务院关于劳动教养的补充规定》（1979年11月通过）。

二是1978年底以前，由中国人民政治协商会议第一次会议、中央人民政府委员会、全国人大及其常委会制定的法律，共有136件（不含《中国人民政治协商会议共同纲领》）。对这136件法律，按时间先后顺序排列。

三是自1954年9月以来全国人民代表大会及其常务委员会批准的我国同国外缔结的条约、协定和我国加入的国际公约，共有415件。对这415件条约、协定和国际公约，按时间先后顺序排列。

（三）第三章“立法统计表”，对1979年以来全国人大及其常委会的立法工作成果，逐年和逐届进行统计，又分别对历届全国人大历次会议和历届全国人大常委会历次会议立法成果进行统计，同时，专门登录了全国人大及其常委会批准的国际条约。

二、第二部分为“立法规划及其落实情况”，包括《中华人民共和国立法统计（2013年版）》第二部分的大部分内容，并作了增补和修订。这部分共四章，包括七届至十三届全国人大常委会立法规划及落实情况和十二届以来全国人大常委会年度立法工作计划。

（一）第四章“全国人民代表大会常务委员会立法规划”收录了七届以来历届全国人大常委会立法规划。七届以前，全国人大常委会没有正式的立法规划。七届届初，全国人大法律委员会提出了《七届全国人大法律委员会关于五年立法规划的初步设想》。1991年，七届全国人大常委会编制了《全国人大常委会立法规划（1991年10月—1993年3月）》。此后每届全国人大常委会都在届初编制当届五年立法规划，报中央批准后，以中发文件的形式印发。

其中需要说明的是，2013年经党中央批准，印发了十二届全国人大常委会立法规划。为贯彻落实十八届三中、四中全会精神，2015年对十二届全国人大常委会立法规划作了调整，并报经党中央批准。

（二）第五章“全国人民代表大会常务委员会立法规划落实情况”收录了自七届以来全国人大常委会立法规划的落实情况，包括落实情况的有关统计数据和明细两部分内容。需要说明的是，实际审议或通过的法律（草案）有时与立法规划中有关项目在内容上并非完全一致，有时最后是以有关法律问题的决定而非法律形式通过，因此，统计数据可能因标准不同而有所不同，本书对相关统计数据作了说明。

（三）第六章“十二届全国人民代表大会常务委员会年度立法工作计划”收录了十二届全国人大常委会2013年至2017年立法工作计划。立法工作计划是五年立法规划的具体落实，在上一年年末由全国人大常委会有关工作机构负责编制次年立法工作计划，委员长会议审议通过。

（四）第七章“十三届全国人民代表大会常务委员会年度立法工作计划”，收录了“全国人大常委会2018年立法工作计划”。

三、第三部分为“宪法与法律关于应当制定法律和配套规定的条文”。这部分共两章，包括宪法关于应当制定法律的条文和法律规定有关国家机关制定配套规定的条文。

（一）第八章“宪法关于应当制定法律的条文”，按照宪法条文顺序，将宪法中有关应当制定法律的条文分别列出，并在有关条文后附上相关“已经制定的法律”。并根据2018年3月第十三届全国人民代表大会第一次会议通过的宪法修正案，在相应宪法条文后作了相应标注。

（二）第九章“法律规定有关国家机关制定配套规定的条文”，以应当制定配套规定的主体为依据分类列出了现行有效的法律明确由法律、行政法规规定的条文，规定国务院、中央军委制定配套规定的条文，规定最高人民法院和最高人民检察院制定配套规定的条文，规定国务院有关部门制定配套规定的条文，规定有立法权的地方制定配套规定的条文，规定“国家另行规定”或者“有关规定”的条文。

其中需要说明的是：

1. 上述配套规定的相关条文，已根据截至2018年12月的法律修改情况作了调整。

2. 本书将2018年新制定的法律、有关法律问题的决定规定有关国家机关制定配套规定的条文作为一节，单独列出。

四、“附录”，主要包括全国人大及其常委会关于法律效力问题的决议、决定5件。

五、查阅法律原文时，应以《全国人民代表大会常务委员会公报》刊登的法律文本为准。

六、本书由全国人大常委会法工委立法规划室统编。

编者

2019年7月

目　录
CONTENTS

第一部分　立法统计

第二部分 立法规划及其落实情况

第三部分 宪法与法律关于应当制定法律和配套规定的条文

PART 1

第一部分

立法统计

第一章　现行有效的法律

截至2018年2月24日第十二届全国人民代表大会常务委员会第三十三次会议闭幕，包括现行宪法在内，现行有效的法律共263件[①]，其中：1978年底以前制定的3件，1979年以来制定的260件。

1979年以来制定的现行有效的260件法律中，宪法及4个宪法修正案统计为1件（第十三届全国人民代表大会第一次会议于2018年3月11日通过了宪法修正案，目前宪法修正案为5件，仍统计为1件）；刑法、10个刑法修正案和全国人民代表大会常务委员会关于惩治骗购外汇、逃汇和非法买卖外汇犯罪的决定统计为1件；每部法律，无论修改几次，均统计为1件。

对1979年以来制定的现行有效的260件法律，本书按通过时间顺序，将审次情况及历次修改情况列出（截至2019年3月十三届全国人大及其常委会制定修改法律情况以脚注形式列明）；同时，按中国特色社会主义法律体系7个法律部门分类列出。

一、现行有效的法律审次情况和修改情况

（一）1979年以来通过的法律

1979年（7件）

1. 中华人民共和国全国人民代表大会和地方各级人民代表大会选举法

起草单位：民政部

---

① 截至2019年3月15日第十三届全国人民代表大会第二次会议闭幕，现行有效法律272件，详见第141页脚注。

说明人：全国人大常委会副委员长彭真

1979 年 6 月 7 日—6 月 12 日五届常委会八次会议一审；

1979 年 7 月 1 日五届人大二次会议通过。

第五届全国人民代表大会第五次会议关于修改《全国人民代表大会和地方各级人民代表大会选举法》的若干规定的决议

起草单位：全国人大常委会法制委员会

说明人：全国人大常委会副委员长兼法制委员会主任习仲勋

1982 年 11 月 12 日—11 月 19 日五届常委会二十五次会议一审；

1982 年 12 月 10 日五届人大五次会议通过。

全国人民代表大会常务委员会关于修改《中华人民共和国全国人民代表大会和地方各级人民代表大会选举法》的决定

起草单位：全国人大常委会法工委

说明人：全国人大常委会秘书长、法工委主任王汉斌

1986 年 12 月 2 日六届常委会十八次会议一审通过。

全国人民代表大会常务委员会关于修改《中华人民共和国全国人民代表大会和地方各级人民代表大会选举法》的决定

起草单位：全国人大常委会法工委

说明人：全国人大常委会法工委主任顾昂然

1994 年 12 月 21 日—12 月 29 日八届常委会十一次会议一审；

1995 年 2 月 28 日八届常委会十二次会议二审通过。

全国人民代表大会常务委员会关于修改《中华人民共和国全国人民代表大会和地方各级人民代表大会选举法》的决定

起草单位：全国人大常委会法工委

说明人：全国人大常委会法工委主任胡康生

2004 年 8 月 23 日—8 月 28 日十届常委会十一次会议一审；

2004 年 10 月 27 日十届常委会十二次会议二审通过。

全国人民代表大会关于修改《中华人民共和国全国人民代表大会和地方各级人民代表大会选举法》的决定

起草单位：全国人大常委会法工委

说明人：全国人大常委会副委员长王兆国

2009 年 10 月 27 日—10 月 31 日十一届常委会十一次会议一审；

2009 年 12 月 22 日—12 月 26 日十一届常委会十二次会议二审；

2010 年 3 月 14 日十一届人大三次会议通过。

全国人民代表大会常务委员会关于修改《中华人民共和国地方各级人民代表大会和地方各级人民政府组织法》、《中华人民共和国全国人民代表大会和地方各级人民代表大会选举法》、《中华人民共和国全国人民代表大会和地方各级人民代表大会代表法》的决定

起草单位：全国人大常委会法工委

说明人：全国人大常委会法工委副主任郑淑娜

2015 年 8 月 29 日十二届常委会十六次会议一审通过。

2. 中华人民共和国地方各级人民代表大会和地方各级人民政府组织法

起草单位：全国人大常委会法制委员会

说明人：全国人大常委会副委员长彭真

1979 年 6 月 7 日—6 月 12 日五届常委会八次会议一审；

1979 年 7 月 1 日五届人大二次会议通过。

第五届全国人民代表大会第五次会议关于修改《中华人民共和国地方各级人民代表大会和地方各级人民政府组织法》的若干规定的决议

起草单位：全国人大常委会法制委员会

说明人：全国人大常委会副委员长兼法制委员会主任习仲勋

1982 年 11 月 12 日—11 月 19 日五届常委会二十五次会议一审；

1982 年 12 月 10 日五届人大五次会议审议通过。

全国人民代表大会常务委员会关于修改《中华人民共和国地方各级人民代表大会和地方各级人民政府组织法》的决定

起草单位：全国人大常委会法工委

说明人：全国人大常委会秘书长、法工委主任王汉斌

1986 年 12 月 2 日六届常委会十八次会议一审通过。

全国人民代表大会常务委员会关于修改《中华人民共和国地方各级人民代表大会和地方各级人民政府组织法》的决定

起草单位：全国人大常委会法工委

说明人：全国人大常委会法工委主任顾昂然

1994 年 12 月 21 日—12 月 29 日八届常委会十一次会议一审；

1995 年 2 月 28 日八届常委会十二次会议二审通过。

全国人民代表大会常务委员会关于修改《中华人民共和国地方各级人民代表大会和地方各级人民政府组织法》的决定

起草单位：全国人大常委会法工委

说明人：全国人大常委会法工委主任胡康生

2004 年 8 月 23 日—8 月 28 日十届常委会十一次会议一审；

2004 年 10 月 27 日十届常委会十二次会议二审通过。

全国人民代表大会常务委员会关于修改《中华人民共和国地方各级人民代表大会和地方各级人民政府组织法》、《中华人民共和国全国人民代表大会和地方各级人民代表大会选举法》、《中华人民共和国全国人民代表大会和地方各级人民代表大会代表法》的决定

起草单位：全国人大常委会法工委

说明人：全国人大常委会法工委副主任郑淑娜

2015 年 8 月 29 日十二届常委会十六次会议一审通过。

3. 中华人民共和国人民法院组织法①

起草单位：最高人民法院

说明人：全国人大常委会副委员长彭真

① 2018 年 10 月 26 日十三届全国人大常委会第六次会议通过中华人民共和国人民法院组织法（修订）。

1979 年 6 月 7 日—6 月 12 日五届常委会八次会议一审；

1979 年 7 月 1 日五届人大二次会议通过。

全国人民代表大会常务委员会关于修改《中华人民共和国人民法院组织法》的决定

起草单位：最高人民法院、全国人大常委会法制委员会

说明人：全国人大常委会秘书长、法制委员会副主任王汉斌

1983 年 9 月 2 日六届常委会二次会议一审通过。

全国人民代表大会常务委员会关于修改《中华人民共和国地方各级人民代表大会和地方各级人民政府组织法》的决定（《中华人民共和国人民法院组织法》根据该决定作了修改）

起草单位：全国人大常委会法工委

说明人：全国人大常委会秘书长、法工委主任王汉斌

1986 年 12 月 2 日六届常委会十八次会议一审通过。

全国人民代表大会常务委员会关于修改《中华人民共和国人民法院组织法》的决定

起草单位：最高人民法院

说明人：最高人民法院副院长沈德咏

2006 年 10 月 31 日十届常委会二十四次会议一审通过。

4. 中华人民共和国人民检察院组织法①

起草单位：最高人民检察院

说明人：全国人大常委会副委员长彭真

1979 年 6 月 7 日—6 月 12 日五届常委会八次会议一审；

1979 年 7 月 1 日五届人大二次会议通过。

① 2018 年 10 月 26 日十三届全国人大常委会第六次会议通过中华人民共和国人民检察院组织法（修订）。

全国人民代表大会常务委员会关于修改《中华人民共和国人民检察院组织法》的决定

起草单位：最高人民检察院、全国人大常委会法制委员会

说明人：全国人大常委会秘书长、法制委员会副主任王汉斌

1983 年 9 月 2 日六届常委会二次会议一审通过。

全国人民代表大会常务委员会关于修改《中华人民共和国地方各级人民代表大会和地方各级人民政府组织法》的决定（《中华人民共和国人民检察院组织法》根据该决定作了修改）

起草单位：全国人大常委会法工委

说明人：全国人大常委会秘书长、法工委主任王汉斌

1986 年 12 月 2 日六届常委会十八次会议一审通过。

5. 中华人民共和国刑法

起草单位：全国人大常委会法制委员会

说明人：全国人大常委会副委员长彭真

1979 年 6 月 7 日—6 月 12 日五届常委会八次会议一审；

1979 年 7 月 1 日五届人大二次会议通过。

中华人民共和国刑法（修订）

起草单位：全国人大常委会法工委

说明人：全国人大常委会副委员长王汉斌

1996 年 12 月 24 日—12 月 30 日八届常委会二十三次会议一审；

1997 年 2 月 19 日—2 月 25 日八届常委会二十四次会议二审；

1997 年 3 月 14 日八届人大五次会议通过。

全国人民代表大会常务委员会关于修改部分法律的决定（《中华人民共和国刑法》根据该决定作了修改）

起草单位：全国人大法律委、全国人大常委会法工委

说明人：全国人大常委会法工委主任李适时

2009 年 6 月 22 日十一届常委会九次会议一审；
2009 年 8 月 27 日十一届常委会十次会议二审通过。

全国人民代表大会常务委员会关于惩治骗购外汇、逃汇和非法买卖外汇犯罪的决定
起草单位：中国人民银行
说明人：中国人民银行行长戴相龙
1998 年 10 月 27 日—11 月 4 日九届常委会五次会议一审；
1998 年 12 月 29 日九届常委会六次会议二审通过。

中华人民共和国刑法修正案
起草单位：全国人大法律委
说明人：全国人大法律委副主任委员顾昂然
1999 年 6 月 22 日—6 月 28 日九届常委会十次会议一审；
1999 年 10 月 25 日—10 月 31 日九届常委会十二次会议二审；
1999 年 12 月 25 日九届常委会十三次会议三审通过。

中华人民共和国刑法修正案（二）
起草单位：国务院法制办、国家林业局
说明人：国务院法制办主任杨景宇
2001 年 6 月 26 日—6 月 30 日九届常委会二十二次会议一审；
2001 年 8 月 31 日九届常委会二十三次会议二审通过。

中华人民共和国刑法修正案（三）
起草单位：全国人大常委会法工委
说明人：全国人大常委会法工委副主任胡康生
2001 年 12 月 29 日九届常委会二十五次会议一审通过。

中华人民共和国刑法修正案（四）
起草单位：全国人大常委会法工委
说明人：全国人大常委会法工委副主任胡康生
2002 年 12 月 28 日九届常委会三十一次会议一审通过。

中华人民共和国刑法修正案（五）

起草单位：全国人大常委会法工委

说明人：全国人大常委会法工委主任胡康生

2004 年 10 月 22 日—10 月 27 日十届常委会十二次会议一审；

2005 年 2 月 28 日十届常委会十四次会议二审通过。

中华人民共和国刑法修正案（六）

起草单位：全国人大常委会法工委

说明人：全国人大常委会法工委副主任安建

2005 年 12 月 24 日—12 月 29 日十届常委会十九次会议一审；

2006 年 4 月 25 日—4 月 29 日十届常委会二十一次会议二审；

2006 年 6 月 29 日十届常委会二十二次会议三审通过。

中华人民共和国刑法修正案（七）

起草单位：全国人大常委会法工委

说明人：全国人大常委会法工委主任李适时

2008 年 8 月 23 日—8 月 28 日十一届常委会四次会议一审；

2008 年 12 月 22 日—12 月 27 日十一届常委会六次会议二审；

2009 年 2 月 28 日十一届常委会七次会议三审通过。

中华人民共和国刑法修正案（八）

起草单位：全国人大常委会法工委

说明人：全国人大常委会法工委主任李适时

2010 年 8 月 23 日—8 月 28 日十一届常委会十六次会议一审；

2010 年 12 月 20 日—12 月 25 日十一届常委会十八次会议二审；

2011 年 2 月 25 日十一届常委会十九次会议三审通过。

中华人民共和国刑法修正案（九）

起草单位：全国人大常委会法工委

说明人：全国人大常委会法工委主任李适时

2014 年 10 月 27 日—11 月 1 日十二届常委会十一次会议一审；
2015 年 6 月 24 日—7 月 1 日十二届常委会十五次会议二审；
2015 年 8 月 29 日十二届常委会十六次会议三审通过。

中华人民共和国刑法修正案（十）
起草单位：全国人大常委会法工委
说明人：全国人大常委会法工委副主任王超英
2017 年 11 月 4 日十二届常委会三十次会议一审通过。

6. 中华人民共和国刑事诉讼法[①]

起草单位：全国人大常委会法制委员会
说明人：全国人大常委会副委员长彭真
1979 年 6 月 7 日—6 月 12 日五届常委会八次会议一审；
1979 年 7 月 1 日五届人大二次会议通过。

全国人民代表大会关于修改《中华人民共和国刑事诉讼法》的决定
起草单位：全国人大常委会法工委
说明人：全国人大常委会法工委主任顾昂然
1995 年 12 月 20 日—12 月 28 日八届常委会十七次会议一审；
1996 年 2 月 28 日—3 月 1 日八届常委会十八次会议二审；
1996 年 3 月 17 日八届人大四次会议通过。

全国人民代表大会关于修改《中华人民共和国刑事诉讼法》的决定
起草单位：全国人大常委会法工委
说明人：全国人大常委会副委员长王兆国
2011 年 8 月 24 日—8 月 26 日十一届常委会二十二次会议一审；
2011 年 12 月 26 日—12 月 31 日十一届常委会二十四次会议二审；
2012 年 3 月 14 日十一届人大五次会议通过。

① 2018 年 10 月 26 日十三届全国人大常委会第六次会议通过全国人民代表大会常务委员会关于修改《中华人民共和国刑事诉讼法》的决定。

7. 中华人民共和国中外合资经营企业法①

起草单位：国家计划委员会

说明人：全国人大常委会副委员长彭真

1979 年 6 月 7 日—6 月 12 日五届常委会八次会议一审；

1979 年 7 月 1 日五届人大二次会议通过。

全国人民代表大会关于修改《中华人民共和国中外合资经营企业法》的决定

起草单位：对外经济贸易部

说明人：对外经济贸易部部长郑拓斌

1989 年 12 月 20 日—12 月 26 日七届常委会十一次会议一审；

1990 年 2 月 19 日—2 月 23 日七届常委会十二次会议二审；

1990 年 4 月 4 日七届人大三次会议通过。

全国人民代表大会关于修改《中华人民共和国中外合资经营企业法》的决定

起草单位：对外贸易经济合作部、国务院法制办

说明人：对外贸易经济合作部部长石广生

2000 年 10 月 23 日—10 月 31 日九届常委会十八次会议一审；

2001 年 3 月 15 日九届人大四次会议通过。

全国人民代表大会常务委员会关于修改《中华人民共和国外资企业法》等四部法律的决定（《中华人民共和国中外合资经营企业法》根据该决定修正）

起草单位：商务部

说明人：商务部部长高虎城

2016 年 9 月 3 日十二届常委会二十二次会议一审通过。

---

① 2019 年 3 月 15 日十三届全国人大二次会议通过《中华人民共和国外商投资法》，自 2020 年 1 月 1 日起施行，《中华人民共和国中外合资经营企业法》同时废止。

1980年（6件）

1. 中华人民共和国学位条例

起草单位：教育部

说明人：教育部部长蒋南翔

1980年2月12日五届常委会十三次会议一审通过。

全国人民代表大会常务委员会关于修改《中华人民共和国学位条例》的决定

起草单位：全国人大常委会法工委

说明人：全国人大常委会法工委副主任安建

2004年8月28日十届常委会十一次会议一审通过。

2. 第五届全国人民代表大会常务委员会关于批准《广东省经济特区条例》的决议

起草单位：广东省人民代表大会

说明人：进出口管理委员会副主任江泽民

1980年8月26日五届常委会十五次会议一审通过。

3. 中华人民共和国国籍法

起草单位：公安部

说明人：全国人大常委会法制委员会副主任武新宇

1980年2月5日—2月12日五届常委会十三次会议一审；

1980年8月21日—8月26日五届常委会十五次会议二审；

1980年9月10日五届人大三次会议通过。

4. 中华人民共和国婚姻法

起草单位：全国妇联

说明人：全国人大常委会法制委员会副主任武新宇

1980年4月8日—4月16日五届常委会十四次会议一审；

1980 年 8 月 21 日—8 月 26 日五届常委会十五次会议二审；
1980 年 9 月 10 日五届人大三次会议通过。

全国人民代表大会常务委员会关于修改《中华人民共和国婚姻法》的决定
起草单位：全国人大常委会法工委
说明人：全国人大常委会法工委副主任胡康生
2000 年 10 月 23 日—10 月 31 日九届常委会十八次会议一审；
2000 年 12 月 22 日—12 月 28 日九届常委会十九次会议二审；
2001 年 4 月 28 日九届常委会二十一次会议三审通过。

5. 中华人民共和国个人所得税法①
起草单位：全国人大常委会法制委员会
说明人：全国人大常委会法制委员会副主任顾明
1980 年 8 月 21 日—8 月 26 日五届常委会十五次会议一审；
1980 年 9 月 10 日五届人大三次会议通过。

全国人民代表大会常务委员会关于修改《中华人民共和国个人所得税法》的决定
起草单位：财政部
说明人：财政部部长刘仲藜
1993 年 8 月 25 日—9 月 2 日八届常委会三次会议一审；
1993 年 10 月 31 日八届常委会四次会议二审通过。

全国人民代表大会常务委员会关于修改《中华人民共和国个人所得税法》的决定
起草单位：财政部
说明人：财政部部长项怀诚
1999 年 8 月 30 日九届常委会十一次会议一审通过。

① 2018 年 8 月 31 日十三届全国人大常委会第五次会议通过全国人民代表大会常务委员会关于修改《中华人民共和国个人所得税法》的决定。

全国人民代表大会常务委员会关于修改《中华人民共和国个人所得税法》的决定

起草单位：财政部

说明人：财政部部长金人庆

2005年8月23日—8月28日十届常委会十七次会议一审；

2005年10月27日十届常委会十八次会议二审通过。

全国人民代表大会常务委员会关于修改《中华人民共和国个人所得税法》的决定

起草单位：国务院有关部门

说明人：财政部部长金人庆

2007年6月29日十届常委会二十八次会议一审通过。

全国人民代表大会常务委员会关于修改《中华人民共和国个人所得税法》的决定

起草单位：财政部、税务总局

说明人：财政部部长谢旭人

2007年12月29日十届常委会三十一次会议一审通过。

全国人民代表大会常务委员会关于修改《中华人民共和国个人所得税法》的决定

起草单位：财政部

说明人：财政部部长谢旭人

2011年4月20日—4月22日十一届常委会二十次会议一审；

2011年6月30日十一届常委会二十一次会议二审通过。

6. 全国人民代表大会常务委员会关于批准《国务院关于老干部离职休养的暂行规定》的决议

起草单位：国家人事局

说明人：国家人事局局长焦善民

1980年9月29日五届常委会十六次会议一审通过。

1981 年（1 件）

全国人民代表大会常务委员会关于批准《国务院关于职工探亲待遇的规定》的决议

起草单位：国家劳动总局、财政部

说明人：国家劳动总局局长康永和

1981 年 3 月 6 日五届常委会十七次会议一审通过。

1982 年（6 件）

1. 中华人民共和国海洋环境保护法

起草单位：国务院环境保护领导小组、国家海洋局

说明人：城乡建设环境保护部部长李锡铭

1982 年 8 月 23 日五届常委会二十四次会议一审通过。

中华人民共和国海洋环境保护法（修订）

起草单位：全国人大环资委

说明人：全国人大环资委副主任委员张皓若

1999 年 6 月 22 日—6 月 28 日九届常委会十次会议一审；

1999 年 8 月 24 日—8 月 30 日九届常委会十一次会议二审；

1999 年 10 月 25 日—10 月 31 日九届常委会十二次会议三审；

1999 年 12 月 25 日九届常委会十三次会议四审通过。

全国人民代表大会常务委员会关于修改《中华人民共和国海洋环境保护法》等七部法律的决定

起草单位：国务院法制办

说明人：国务院法制办主任宋大涵

2013 年 12 月 28 日十二届常委会六次会议一审通过。

全国人民代表大会常务委员会关于修改《中华人民共和国海洋环境保护法》的决定

起草单位：国土资源部、国家海洋局

说明人：国土资源部部长姜大明

2016 年 8 月 29 日—9 月 3 日十二届常委会二十二次会议一审；

2016 年 11 月 7 日十二届常委会二十四次会议二审通过。

全国人民代表大会常务委员会关于修改《中华人民共和国会计法》等十一部法律的决定（《中华人民共和国海洋环境保护法》根据该决定修正）

起草单位：国务院法制办

说明人：国务院法制办党组书记、副主任袁曙宏

2017 年 11 月 4 日十二届常委会三十次会议一审通过。

2. 中华人民共和国商标法

起草单位：工商行政管理总局

说明人：工商行政管理总局局长任中林

1982 年 8 月 23 日五届常委会二十四次会议一审通过。

全国人民代表大会常务委员会关于修改《中华人民共和国商标法》的决定

起草单位：国家工商行政管理局

说明人：国家工商行政管理局局长刘敏学

1992 年 12 月 22 日—12 月 28 日七届常委会二十九次会议一审；

1993 年 2 月 22 日七届常委会三十次会议二审通过。

全国人民代表大会常务委员会关于修改《中华人民共和国商标法》的决定

起草单位：国家工商行政管理局

说明人：国家工商行政管理局局长王众孚

2000 年 12 月 22 日—12 月 28 日九届常委会十九次会议一审；

2001 年 4 月 24 日—4 月 28 日九届常委会二十一次会议二审；

2001 年 10 月 27 日九届常委会二十四次会议三审通过。

全国人民代表大会常务委员会关于修改《中华人民共和国商标法》的决定

起草单位：国家工商行政管理总局

说明人：国家工商行政管理总局局长周伯华

2012 年 12 月 24 日—12 月 28 日十一届常委会三十次会议一审；

2013 年 6 月 26 日—6 月 29 日十二届常委会三次会议二审；

2013 年 8 月 30 日十二届常委会四次会议三审通过。

3. 中华人民共和国文物保护法

起草单位：文化部

说明人：文化部部长朱穆之

1982 年 11 月 19 日五届常委会二十五次会议一审通过。

全国人民代表大会常务委员会关于修改《中华人民共和国文物保护法》第三十条、第三十一条的决定

起草单位：国家文物局

说明人：国家文物局局长张德勤

1991 年 2 月 25 日—3 月 2 日七届常委会十八次会议一审；

1991 年 6 月 29 日七届常委会二十次会议二审通过。

中华人民共和国文物保护法（修订）

起草单位：文化部

说明人：文化部部长孙家正

2001 年 10 月 22 日—10 月 27 日九届常委会二十四次会议一审；

2001 年 12 月 24 日—12 月 29 日九届常委会二十五次会议二审；

2002 年 4 月 24 日—4 月 28 日九届常委会二十七次会议三审；

2002 年 10 月 28 日九届常委会三十次会议四审通过。

全国人民代表大会常务委员会关于修改《中华人民共和国文物保护法》的决定

起草单位：国务院法制办、国家文物局

说明人：国务院法制办主任曹康泰

2007 年 12 月 29 日十届常委会三十一次会议一审通过。

全国人民代表大会常务委员会关于修改《中华人民共和国文物保护法》等十二部法律的决定

起草单位：国务院法制办

说明人：国务院法制办主任宋大涵

2013 年 6 月 29 日十二届常委会三次会议一审通过。

全国人民代表大会常务委员会关于修改《中华人民共和国文物保护法》的决定

起草单位：国务院法制办

说明人：国务院法制办主任宋大涵

2015 年 4 月 24 日十二届常委会十四次会议一审通过。

全国人民代表大会常务委员会关于修改《中华人民共和国会计法》等十一部法律的决定（《中华人民共和国文物保护法》根据该决定修正）

起草单位：国务院法制办

说明人：国务院法制办党组书记、副主任袁曙宏

2017 年 11 月 4 日十二届常委会三十次会议一审通过。

4. 中华人民共和国宪法①

起草单位：宪法修改委员会

说明人：宪法修改委员会副主任委员彭真

1982 年 4 月 22 日—5 月 4 日五届常委会二十三次会议通过《关于公布〈中华人民共和国宪法修改草案〉全民讨论的决议》；

1982 年 12 月 4 日五届人大五次会议通过。

中华人民共和国宪法修正案

1988 年 3 月 5 日—3 月 12 日六届常委会二十五次会议通过《全国人民代表大会常务委员会关于中华人民共和国宪法修正案草案》；

1988 年 4 月 12 日七届人大一次会议通过。

---

① 2018 年 3 月 11 日十三届全国人大一次会议通过《中华人民共和国宪法修正案》。

中华人民共和国宪法修正案

1993年2月15日—2月22日七届常委会三十次会议通过《全国人民代表大会常务委员会关于中华人民共和国宪法修正案草案》；

1993年3月29日八届人大一次会议通过。

中华人民共和国宪法修正案

起草单位：中央宪法修改小组

说明人：全国人大常委会副委员长田纪云

1999年1月29日—1月30日九届常委会七次会议通过《全国人民代表大会常务委员会关于中华人民共和国宪法修正案草案》；

1999年3月15日九届人大二次会议通过。

中华人民共和国宪法修正案

起草单位：中央宪法修改小组

说明人：全国人大常委会副委员长王兆国

2003年12月22日—12月27日十届常委会六次会议通过《全国人民代表大会常务委员会关于提请审议〈中华人民共和国宪法修正案（草案）〉的议案》；

2004年3月14日十届人大二次会议通过。

5. 中华人民共和国全国人民代表大会组织法

起草单位：全国人大常委会办公厅、法制委员会

说明人：全国人大常委会副委员长兼法制委员会主任习仲勋

1982年11月12日—11月19日五届常委会二十五次会议一审；

1982年12月10日五届人大五次会议通过。

6. 中华人民共和国国务院组织法

起草单位：国务院

说明人：全国人大常委会副委员长兼法制委员会主任习仲勋

1982年11月12日—11月19日五届常委会二十五次会议一审；

1982年12月10日五届人大五次会议通过。

1983年（3件）

1. 全国人民代表大会常务委员会关于县级以下人民代表大会代表直接选举的若干规定

起草单位：全国人大常委会法制委员会、民政部

说明人：全国人大常委会法制委员会副主任王汉斌

1983年3月5日五届常委会二十六次会议一审通过。

2. 中华人民共和国海上交通安全法

起草单位：交通部

说明人：交通部副部长钱永昌

1983年2月28日—3月5日五届常委会二十六次会议一审；

1983年9月2日六届常委会二次会议二审通过。

全国人民代表大会常务委员会关于修改《中华人民共和国对外贸易法》等十二部法律的决定（《中华人民共和国海上交通安全法》根据该决定修正）

起草单位：国务院法制办

说明人：国务院法制办主任宋大涵

2016年11月7日十二届常委会二十四次会议一审通过。

3. 中华人民共和国统计法

起草单位：国家统计局

说明人：国家统计局局长李成瑞

1983年8月25日—9月2日六届常委会二次会议一审；

1983年12月8日六届常委会三次会议二审通过。

全国人民代表大会常务委员会关于修改《中华人民共和国统计法》的决定

起草单位：国家统计局

说明人：国家统计局局长张塞

1995 年 8 月 23 日—8 月 29 日八届常委会十五次会议一审；
1996 年 5 月 15 日八届常委会十九次会议二审通过。

中华人民共和国统计法（修订）
起草单位：国家统计局
说明人：国家统计局局长马建堂
2008 年 12 月 22 日—12 月 27 日十一届常委会六次会议一审；
2009 年 6 月 27 日十一届常委会九次会议二审通过。

1984 年（7 件）

1. 中华人民共和国专利法

起草单位：中国专利局
说明人：中国专利局局长黄坤益
1983 年 11 月 25 日—12 月 8 日六届常委会三次会议一审；
1984 年 3 月 12 日六届常委会四次会议二审通过。

全国人民代表大会常务委员会关于修改《中华人民共和国专利法》的决定
起草单位：国家专利局
说明人：国家专利局局长高卢麟
1992 年 6 月 23 日—7 月 1 日七届常委会二十六次会议一审；
1992 年 9 月 4 日七届常委会二十七次会议二审通过。

全国人民代表大会常务委员会关于修改《中华人民共和国专利法》的决定
起草单位：国家知识产权局
说明人：国家知识产权局局长姜颖
2000 年 4 月 25 日—4 月 29 日九届常委会十五次会议一审；
2000 年 7 月 3 日—7 月 8 日九届常委会十六次会议二审；
2000 年 8 月 25 日九届常委会十七次会议三审通过。

全国人民代表大会常务委员会关于修改《中华人民共和国专利法》的决定

起草单位：国家知识产权局

说明人：国家知识产权局局长田力普

2008 年 8 月 23 日—8 月 28 日十一届常委会四次会议一审；

2008 年 12 月 27 日十一届常委会六次会议二审通过。

2. 中华人民共和国水污染防治法

起草单位：国务院环境保护领导小组

说明人：城乡建设环境保护部部长李锡铭

1984 年 2 月 29 日—3 月 12 日六届常委会四次会议一审；

1984 年 5 月 11 日六届常委会五次会议二审通过。

全国人民代表大会常务委员会关于修改《中华人民共和国水污染防治法》的决定

起草单位：全国人大环资委

说明人：全国人大环资委副主任委员秦仲达

1995 年 10 月 23 日—10 月 30 日八届常委会十六次会议一审；

1996 年 5 月 15 日八届常委会十九次会议二审通过。

中华人民共和国水污染防治法（修订）

起草单位：国家环境保护总局

说明人：国家环境保护总局局长周生贤

2007 年 8 月 24 日—8 月 30 日十届常委会二十九次会议一审；

2007 年 12 月 23 日—12 月 29 日十届常委会三十一次会议二审；

2008 年 2 月 28 日十届常委会三十二次会议三审通过。

全国人民代表大会常务委员会关于修改《中华人民共和国水污染防治法》的决定

起草单位：环境保护部

说明人：环境保护部部长陈吉宁

2016 年 12 月 29 日—12 月 25 日十二届常委会二十五次会议一审；

2017 年 6 月 27 日十二届常委会二十八次会议二审通过。

3. 中华人民共和国民族区域自治法

起草单位：全国人大民委

说明人：全国人大常委会副委员长、民族委员会主任阿沛·阿旺晋美

1984 年 2 月 29 日—3 月 12 日六届常委会四次会议一审；

1984 年 5 月 5 日—5 月 11 日六届常委会五次会议二审；

1984 年 5 月 31 日六届人大二次会议通过。

全国人民代表大会常务委员会关于修改《中华人民共和国民族区域自治法》的决定

起草单位：全国人大民委

说明人：全国人大常委会副委员长铁木尔·达瓦买提

2000 年 10 月 23 日—10 月 31 日九届常委会十八次会议一审；

2000 年 12 月 22 日—12 月 28 日九届常委会十九次会议二审；

2001 年 2 月 28 日九届常委会二十次会议三审通过。

4. 中华人民共和国兵役法

起草单位：中央军委修改兵役法领导小组

说明人：中央军委委员、总参谋长杨得志

1983 年 11 月 25 日—12 月 8 日六届常委会三次会议一审；

1984 年 2 月 29 日—3 月 12 日六届常委会四次会议二审；

1984 年 5 月 31 日六届人大二次会议通过。

全国人民代表大会常务委员会关于修改《中华人民共和国兵役法》的决定

起草单位：国防部

说明人：中央军委委员、总参谋长傅全有

1998年10月27日—11月4日九届常委会五次会议一审；

1998年12月29日九届常委会六次会议二审通过。

全国人民代表大会常务委员会关于修改部分法律的决定（《中华人民共和国兵役法》根据该决定作了修改）

起草单位：全国人大法律委、全国人大常委会法工委

说明人：全国人大常委会法工委主任李适时

2009年6月22日十一届常委会九次会议一审；

2009年8月27日十一届常委会十次会议二审通过。

全国人民代表大会常务委员会关于修改《中华人民共和国兵役法》的决定

起草单位：总参谋部

说明人：中国人民解放军副总参谋长孙建国

2011年6月27日—6月30日十一届常委会二十一次会议一审；

2011年10月29日十一届常委会二十三次会议二审通过。

5. 中华人民共和国药品管理法

起草单位：卫生部

说明人：卫生部副部长谭云鹤

1984年7月4日—7月7日六届常委会六次会议一审；

1984年9月20日六届常委会七次会议二审通过。

中华人民共和国药品管理法（修订）

起草单位：国家药品监督管理局

说明人：国家药品监督管理局局长郑筱萸

2000年8月21日—8月25日九届常委会十七次会议一审；

2000年12月22日—12月28日九届常委会十九次会议二审；

2001年2月28日九届常委会二十次会议三审通过。

全国人民代表大会常务委员会关于修改《中华人民共和国海洋环境保护法》等七部法律的决定（《中华人民共和国药品管理法》根据该决定修正）

起草单位：国务院法制办

说明人：国务院法制办主任宋大涵

2013 年 12 月 28 日十二届常委会六次会议一审通过。

全国人民代表大会常务委员会关于修改《中华人民共和国药品管理法》的决定

起草单位：国务院法制办

说明人：国务院法制办主任宋大涵

2015 年 4 月 24 日十二届常委会十四次会议一审通过。

6. 中华人民共和国森林法

起草单位：林业部

说明人：林业部部长杨钟

1984 年 7 月 4 日—7 月 7 日六届常委会六次会议一审；

1984 年 9 月 20 日六届常委会七次会议二审通过。

全国人民代表大会常务委员会关于修改《中华人民共和国森林法》的决定

起草单位：林业部

说明人：林业部部长陈耀邦

1997 年 10 月 27 日—11 月 1 日八届常委会二十八次会议一审；

1998 年 4 月 29 日九届常委会二次会议二审通过。

中华人民共和国森林法（试行）

起草单位：国家林业总局

说明人：国家林业总局局长罗玉川

1979 年 2 月 23 日五届常委会六次会议一审原则通过。

全国人民代表大会常务委员会关于修改部分法律的决定（《中华人民共和国森林法》根据该决定作了修改）

起草单位：全国人大法律委、全国人大常委会法工委

说明人：全国人大常委会法工委主任李适时

2009 年 6 月 22 日十一届常委会九次会议一审；

2009 年 8 月 27 日十一届常委会十次会议二审通过。

7. 全国人民代表大会常务委员会关于在沿海港口城市设立海事法院的决定

起草单位：最高人民法院

说明人：最高人民法院院长郑天翔

1984 年 11 月 14 日六届常委会八次会议一审通过。

1985 年（4 件）

1. 中华人民共和国会计法

起草单位：财政部

说明人：财政部副部长迟海滨

1984 年 9 月 11 日—9 月 20 日六届常委会七次会议一审；

1985 年 1 月 21 日六届常委会九次会议二审通过。

全国人民代表大会常务委员会关于修改《中华人民共和国会计法》的决定

起草单位：财政部

说明人：财政部部长刘仲藜

1993 年 10 月 22 日—10 月 31 日八届常委会四次会议一审；

1993 年 12 月 29 日八届常委会五次会议二审通过。

中华人民共和国会计法（修订）

起草单位：财政部

说明人：财政部部长项怀诚

1999 年 6 月 22 日—6 月 28 日九届常委会十次会议一审；

1999 年 8 月 24 日—8 月 30 日九届常委会十一次会议二审；

1999 年 10 月 31 日九届常委会十二次会议三审通过。

全国人民代表大会常务委员会关于修改《中华人民共和国会计法》等十一部法律的决定

起草单位：国务院法制办

说明人：国务院法制办党组书记、副主任袁曙宏

2017 年 11 月 4 日十二届常委会三十次会议一审通过。

2. 中华人民共和国继承法

起草单位：全国人大常委会法工委

说明人：全国人大常委会秘书长、法工委主任王汉斌

1985 年 1 月 10 日—1 月 21 日六届常委会九次会议一审；

1985 年 3 月 15 日—3 月 21 日六届常委会十次会议二审；

1985 年 4 月 10 日六届人大三次会议通过。

3. 中华人民共和国草原法

起草单位：农牧渔业部、国家农委

说明人：农牧渔业部部长何康

1984 年 11 月 6 日—11 月 14 日六届常委会八次会议一审；

1985 年 6 月 18 日六届常委会十一次会议二审通过。

中华人民共和国草原法（修订）

起草单位：农业部、国务院法制办

说明人：农业部部长杜青林

2002 年 8 月 23 日—8 月 29 日九届常委会二十九次会议一审；

2002 年 10 月 25 日—10 月 28 日九届常委会三十次会议二审；

2002 年 12 月 28 日九届常委会三十一次会议三审通过。

全国人民代表大会常务委员会关于修改部分法律的决定（《中华人民共和国草原法》根据该决定作了修改）

起草单位：全国人大法律委、全国人大常委会法工委

说明人：全国人大常委会法工委主任李适时

2009 年 6 月 22 日十一届常委会九次会议一审；

2009 年 8 月 27 日十一届常委会十次会议二审通过。

全国人民代表大会常务委员会关于修改《中华人民共和国文物保护法》等十二部法律的决定（《中华人民共和国草原法》根据该决定修正）

起草单位：国务院法制办

说明人：国务院法制办主任宋大涵

2013 年 6 月 29 日十二届常委会三次会议一审通过。

4. 中华人民共和国计量法①

起草单位：国家计量局

说明人：国家计量局局长白景中

1985 年 6 月 8 日—6 月 18 日六届常委会十一次会议一审；

1985 年 9 月 6 日六届常委会十二次会议二审通过。

全国人民代表大会常务委员会关于修改部分法律的决定（《中华人民共和国计量法》根据该决定作了修改）

起草单位：全国人大法律委、全国人大常委会法工委

说明人：全国人大常委会法工委主任李适时

2009 年 6 月 22 日十一届常委会九次会议一审；

2009 年 8 月 27 日十一届常委会十次会议二审通过。

全国人民代表大会常务委员会关于修改《中华人民共和国海洋环境保护法》等七部法律的决定（《中华人民共和国计量法》根据该决定修正）

起草单位：国务院法制办

说明人：国务院法制办主任宋大涵

2013 年 12 月 28 日十二届常委会六次会议一审通过。

全国人民代表大会常务委员会关于修改《中华人民共和国计量法》等五部法律的决定

起草单位：国务院法制办

说明人：国务院法制办主任宋大涵

2015 年 4 月 24 日十二届常委会十四次会议一审通过。

① 2018 年 10 月 26 日十三届全国人大常委会第六次会议通过全国人民代表大会常务委员会关于修改《中华人民共和国野生动物保护法》等十五部法律的决定，计量法根据该决定修正。

全国人民代表大会常务委员会关于修改《中华人民共和国招标投标法》、《中华人民共和国计量法》的决定

起草单位：国务院法制办

说明人：国务院法制办党组书记、副主任袁曙宏

2017 年 12 月 27 日十二届常委会三十一次会议一审通过。

1986 年（9 件）

1. 中华人民共和国渔业法

起草单位：农牧渔业部

说明人：农牧渔业部副部长朱荣

1985 年 11 月 8 日—11 月 22 日六届常委会十三次会议一审；

1986 年 1 月 20 日六届常委会十四次会议二审通过。

全国人民代表大会常务委员会关于修改《中华人民共和国渔业法》的决定

起草单位：农业部

说明人：农业部部长陈耀邦

2000 年 7 月 3 日—7 月 8 日九届常委会十六次会议一审；

2000 年 8 月 21 日—8 月 25 日九届常委会十七次会议二审；

2000 年 10 月 31 日九届常委会十八次会议三审通过。

全国人民代表大会常务委员会关于修改《中华人民共和国渔业法》的决定

起草单位：全国人大常委会法工委

说明人：全国人大常委会法工委副主任安建

2004 年 8 月 28 日十届常委会十一次会议一审通过。

全国人民代表大会常务委员会关于修改部分法律的决定（《中华人民共和国渔业法》根据该决定作了修改）

起草单位：全国人大法律委、全国人大常委会法工委

说明人：全国人大常委会法工委主任李适时

2009 年 6 月 22 日十一届常委会九次会议一审；

2009 年 8 月 27 日十一届常委会十次会议二审通过。

全国人民代表大会常务委员会关于修改《中华人民共和国海洋环境保护法》等七部法律的决定（《中华人民共和国渔业法》根据该决定修正）

起草单位：国务院法制办

说明人：国务院法制办主任宋大涵

2013 年 12 月 28 日十二届常委会六次会议一审通过。

2. 中华人民共和国矿产资源法

起草单位：地质矿产部

说明人：地质矿产部部长朱训

1986 年 3 月 19 日六届常委会十五次会议一审通过。

全国人民代表大会常务委员会关于修改《中华人民共和国矿产资源法》的决定

起草单位：地质矿产部

说明人：地质矿产部部长宋瑞祥

1996 年 6 月 28 日—7 月 5 日八届常委会二十次会议一审；

1996 年 8 月 29 日八届常委会二十一次会议二审通过。

全国人民代表大会常务委员会关于修改部分法律的决定（《中华人民共和国矿产资源法》根据该决定作了修改）

起草单位：全国人大法律委、全国人大常委会法工委

说明人：全国人大常委会法工委主任李适时

2009 年 6 月 22 日十一届常委会九次会议一审；

2009 年 8 月 27 日十一届常委会十次会议二审通过。

3. 中华人民共和国民法通则

起草单位：全国人大常委会法工委

说明人：全国人大常委会秘书长、法工委主任王汉斌

1985 年 11 月 8 日—11 月 22 日六届常委会十三次会议一审；

1986 年 3 月 11 日—3 月 19 日六届常委会十五次会议二审；

1986 年 4 月 12 日六届人大四次会议通过。

全国人民代表大会常务委员会关于修改部分法律的决定（《中华人民共和国民法通则》根据该决定作了修改）

起草单位：全国人大法律委、全国人大常委会法工委

说明人：全国人大常委会法工委主任李适时

2009 年 6 月 22 日十一届常委会九次会议一审；

2009 年 8 月 27 日十一届常委会十次会议二审通过。

4. 中华人民共和国外资企业法①

起草单位：对外经济贸易部

说明人：对外经济贸易部部长郑拓斌

1986 年 1 月 10 日—1 月 20 日六届常委会十四次会议一审；

1986 年 3 月 11 日—3 月 19 日六届常委会十五次会议二审；

1986 年 4 月 12 日六届人大四次会议通过。

全国人民代表大会常务委员会关于修改《中华人民共和国外资企业法》的决定

起草单位：对外贸易经济合作部、国务院法制办

说明人：对外贸易经济合作部部长石广生

2000 年 10 月 31 日九届常委会十八次会议一审通过。

全国人民代表大会常务委员会关于修改《中华人民共和国外资企业法》等四部法律的决定

起草单位：商务部

说明人：商务部部长高虎城

2016 年 9 月 3 日十二届常委会二十二次会议一审通过。

---

① 2019 年 3 月 15 日十三届全国人大二次会议通过《中华人民共和国外商投资法》，自 2020 年 1 月 1 日起施行，《中华人民共和国外资企业法》同时废止。

5. 中华人民共和国义务教育法[①]

起草单位：国家教育委员会

说明人：国务院副总理兼国家教育委员会主任李鹏

1986 年 1 月 10 日—1 月 20 日六届常委会十四次会议一审；

1986 年 3 月 11 日—3 月 19 日六届常委会十五次会议二审；

1986 年 4 月 12 日六届人大四次会议通过。

中华人民共和国义务教育法（修订）

起草单位：教育部

说明人：教育部部长周济

2006 年 2 月 25 日—2 月 28 日十届常委会二十次会议一审；

2006 年 4 月 25 日—4 月 29 日十届常委会二十一次会议二审；

2006 年 6 月 29 日十届常委会二十二次会议三审通过。

全国人民代表大会常务委员会关于修改《中华人民共和国义务教育法》等五部法律的决定

起草单位：国务院法制办

说明人：国务院法制办主任宋大涵

2015 年 4 月 24 日十二届常委会十四次会议一审通过。

6. 中华人民共和国土地管理法

起草单位：农牧渔业部、国家农委

说明人：农牧渔业部副部长相重扬

1986 年 3 月 11 日—3 月 19 日六届常委会十五次会议一审；

1986 年 6 月 25 日六届常委会十六次会议二审通过。

全国人民代表大会常务委员会关于修改《中华人民共和国土地管理法》的决定

起草单位：国家土地管理局

---

① 2018 年 12 月 29 日十三届全国人大常委会第七次会议通过全国人民代表大会常务委员会关于修改《中华人民共和国产品质量法》等五部法律的决定，义务教育法根据该决定修正。

说明人：国家土地管理局局长王先进
1988 年 8 月 29 日—9 月 5 日七届常委会三次会议一审；
1988 年 12 月 29 日七届常委会五次会议二审通过。

中华人民共和国土地管理法（修订）
起草单位：国家土地管理局
说明人：国土资源部部长周永康
1998 年 4 月 26 日—4 月 29 日九届常委会二次会议一审；
1998 年 6 月 22 日—6 月 26 日九届常委会三次会议二审；
1998 年 8 月 29 日九届常委会四次会议三审通过。

全国人民代表大会常务委员会关于修改《中华人民共和国土地管理法》的决定
起草单位：国土资源部
说明人：国土资源部部长孙文盛
2004 年 8 月 28 日十届常委会十一次会议一审通过。

7. 中华人民共和国外交特权与豁免条例

起草单位：外交部
说明人：外交部副部长钱其琛
1986 年 6 月 16 日—6 月 25 日六届常委会十六次会议一审；
1986 年 9 月 5 日六届常委会十七次会议二审通过。

8. 中华人民共和国国境卫生检疫法[①]

起草单位：卫生部
说明人：卫生部副部长何界生
1986 年 8 月 27 日—9 月 5 日六届常委会十七次会议一审；
1986 年 12 月 2 日六届常委会十八次会议二审通过。

---

① 2018 年 4 月 27 日十三届全国人大常委会第二次会议通过全国人民代表大会常务委员会关于修改《中华人民共和国国境卫生检疫法》等六部法律的决定。

全国人民代表大会常务委员会关于修改《中华人民共和国国境卫生检疫法》的决定

起草单位：国务院法制办、国家质检总局

说明人：国务院法制办主任曹康泰

2007 年 12 月 29 日十届常委会三十一次会议一审通过。

全国人民代表大会常务委员会关于修改部分法律的决定（《中华人民共和国国境卫生检疫法》根据该决定作了修改）

起草单位：全国人大法律委、全国人大常委会法工委

说明人：全国人大常委会法工委主任李适时

2009 年 6 月 22 日十一届常委会九次会议一审；

2009 年 8 月 27 日十一届常委会十次会议二审通过。

9. 中华人民共和国邮政法

起草单位：邮电部

说明人：邮电部部长杨泰芳

1986 年 8 月 27 日—9 月 5 日六届常委会十七次会议一审；

1986 年 12 月 2 日六届常委会十八次会议二审通过。

中华人民共和国邮政法（修订）

起草单位：国务院法制办

说明人：国务院法制办主任曹康泰

2008 年 10 月 23 日—10 月 28 日十一届常委会五次会议一审；

2009 年 4 月 24 日十一届常委会八次会议二审通过。

全国人民代表大会常务委员会关于修改《中华人民共和国邮政法》的决定

起草单位：国家邮政局

说明人：国家邮政局局长马军胜

2012 年 10 月 26 日十一届常委会二十九次会议一审通过。

全国人民代表大会常务委员会关于修改《中华人民共和国义务教育法》等五部法律的决定（《中华人民共和国邮政法》根据该决定修正）

起草单位：国务院法制办

说明人：国务院法制办主任宋大涵

2015 年 4 月 24 日十二届常委会十四次会议一审通过。

1987 年（5 件）

1. 中华人民共和国海关法

起草单位：海关总署

说明人：海关总署署长戴杰

1986 年 11 月 15 日—12 月 2 日六届常委会十八次会议一审；

1987 年 1 月 22 日六届常委会十九次会议二审通过。

全国人民代表大会常务委员会关于修改《中华人民共和国海关法》的决定

起草单位：海关总署、国务院法制办

说明人：海关总署署长钱冠林

1999 年 12 月 17 日—12 月 25 日九届常委会十三次会议一审；

2000 年 4 月 25 日—4 月 29 日九届常委会十五次会议二审；

2000 年 7 月 8 日九届常委会十六次会议三审通过。

全国人民代表大会常务委员会关于修改《中华人民共和国文物保护法》等十二部法律的决定（《中华人民共和国海关法》根据该决定修正）

起草单位：国务院法制办

说明人：国务院法制办主任宋大涵

2013 年 6 月 29 日十二届常委会三次会议一审通过。

全国人民代表大会常务委员会关于修改《中华人民共和国海洋环境保护法》等七部法律的决定（《中华人民共和国海关法》根据该决定修正）

起草单位：国务院法制办

说明人：国务院法制办主任宋大涵

2013 年 12 月 28 日十二届常委会六次会议一审通过。

全国人民代表大会常务委员会关于修改《中华人民共和国对外贸易法》等十二部法律的决定（《中华人民共和国海关法》根据该决定修正）

起草单位：国务院法制办

说明人：国务院法制办主任宋大涵

2016 年 11 月 7 日十二届常委会二十四次会议一审通过。

全国人民代表大会常务委员会关于修改《中华人民共和国会计法》等十一部法律的决定（《中华人民共和国海关法》根据该决定修正）

起草单位：国务院法制办

说明人：国务院法制办党组书记、副主任袁曙宏

2017 年 11 月 4 日十二届常委会三十次会议一审通过。

2. 全国人民代表大会常务委员会关于对中华人民共和国缔结或者参加的国际条约所规定的罪行行使刑事管辖权的决定

起草单位：国务院法制局

说明人：国务院法制局局长孙琬钟

1987 年 6 月 23 日六届常委会二十一次会议一审通过。

3. 中华人民共和国大气污染防治法①

起草单位：国务院环境保护领导小组

说明人：城乡建设环境保护部部长叶如棠

1987 年 6 月 11 日—6 月 23 日六届常委会二十一次会议一审；

1987 年 9 月 5 日六届常委会二十二次会议二审通过。

全国人民代表大会常务委员会关于修改《中华人民共和国大气污染防治法》的决定

起草单位：全国人大环资委

说明人：全国人大环资委副主任委员林宗棠

① 2018 年 10 月 26 日十三届全国人大常委会第六次会议通过全国人民代表大会常务委员会关于修改《中华人民共和国野生动物保护法》等十五部法律的决定，大气污染防治法根据该决定修正。

1994 年 10 月 21 日—10 月 27 日八届常委会十次会议一审；
1995 年 8 月 29 日八届常委会十五次会议二审通过。

中华人民共和国大气污染防治法（修订）
起草单位：全国人大环资委
说明人：全国人大环资委副主任委员曲格平
1999 年 8 月 24 日—8 月 30 日九届常委会十一次会议一审；
1999 年 12 月 17 日—12 月 25 日九届常委会十二次会议二审；
2000 年 4 月 29 日九届常委会十五次会议三审通过。

中华人民共和国大气污染防治法（修订）
起草单位：环境保护部
说明人：环境保护部部长周生贤
2014 年 12 月 22 日—12 月 28 日十二届常委会十二次会议一审；
2015 年 6 月 24 日—7 月 1 日十二届常委会十五次会议二审；
2015 年 8 月 29 日十二届常委会十六次会议三审通过。

4. 中华人民共和国档案法
起草单位：国家档案局
说明人：国家档案局局长韩毓虎
1987 年 6 月 11 日—6 月 23 日六届常委会二十一次会议一审；
1987 年 9 月 5 日六届常委会二十二次会议二审通过。

全国人民代表大会常务委员会关于修改《中华人民共和国档案法》的决定
起草单位：国家档案局
说明人：国家档案局局长王刚
1996 年 5 月 7 日—5 月 15 日八届常委会十九次会议一审；
1996 年 7 月 5 日八届常委会二十次会议二审通过。

全国人民代表大会常务委员会关于修改《中华人民共和国对外贸易法》等十二部法律的决定（《中华人民共和国档案法》根据该决定修正）
起草单位：国务院法制办

说明人：国务院法制办主任宋大涵

2016 年 11 月 7 日十二届常委会二十四次会议一审通过。

5. 中华人民共和国全国人民代表大会常务委员会议事规则

起草单位：全国人大常委会法工委、全国人大常委会办公厅

说明人：全国人大常委会秘书长、法工委主任王汉斌

1987 年 8 月 28 日—9 月 5 日六届常委会二十二次会议一审；

1987 年 11 月 24 日六届常委会二十三次会议二审通过。

全国人民代表大会常务委员会关于修改《中华人民共和国全国人民代表大会常务委员会议事规则》的决定

起草单位：全国人大常委会法工委

说明人：全国人大常委会法工委副主任李飞

2009 年 4 月 24 日十一届常委会八次会议一审通过。

1988 年（8 件）

1. 中华人民共和国水法

起草单位：水利电力部

说明人：水利电力部部长钱正英

1987 年 11 月 12 日—11 月 24 日六届常委会二十三次会议一审；

1988 年 1 月 21 日六届常委会二十四次会议二审通过。

中华人民共和国水法（修订）

起草单位：水利部

说明人：水利部部长汪恕诚

2001 年 12 月 24 日—12 月 29 日九届常委会二十五次会议一审；

2002 年 4 月 24 日—4 月 28 日九届常委会二十七次会议二审；

2002 年 6 月 24 日—6 月 29 日九届常委会二十八次会议三审；

2002 年 8 月 29 日九届常委会二十九次会议四审通过。

全国人民代表大会常务委员会关于修改部分法律的决定（《中华人民共和国水法》根据该决定作了修改）

起草单位：全国人大法律委、全国人大常委会法工委

说明人：全国人大常委会法工委主任李适时

2009 年 6 月 22 日十一届常委会九次会议一审；

2009 年 8 月 27 日十一届常委会十次会议二审通过。

全国人民代表大会常务委员会关于修改《中华人民共和国节约能源法》等六部法律的决定（《中华人民共和国水法》根据该决定修正）

起草单位：国家发展和改革委员会

说明人：国家发展和改革委员会副主任张勇

2016 年 7 月 2 日十二届常委会二十一次会议一审通过。

2. 中华人民共和国全民所有制工业企业法

起草单位：国家经济委员会

说明人：国家经济委员会主任吕东

1985 年 1 月 10 日—1 月 21 日六届常委会九次会议一审；

1986 年 11 月 15 日—12 月 2 日六届常委会十八次会议二审；

1987 年 3 月 10 日—3 月 19 日六届常委会二十次会议三审；

1988 年 1 月 11 日—1 月 21 日六届常委会二十四次会议四审；

1988 年 3 月 5 日—3 月 12 日六届常委会二十五次会议五审；

1988 年 4 月 13 日七届人大一次会议通过。

全国人民代表大会常务委员会关于修改部分法律的决定（《中华人民共和国全民所有制工业企业法》根据该决定作了修改）

起草单位：全国人大法律委、全国人大常委会法工委

说明人：全国人大常委会法工委主任李适时

2009 年 6 月 22 日十一届常委会九次会议一审；

2009 年 8 月 27 日十一届常委会十次会议二审通过。

3. 中华人民共和国中外合作经营企业法[①]

起草单位：对外经济贸易部

说明人：对外经济贸易部部长郑拓斌

1988 年 1 月 11 日—1 月 21 日六届常委会二十四次会议一审；

1988 年 3 月 5 日—3 月 12 日六届常委会二十五次会议二审；

1988 年 4 月 13 日七届人大一次会议通过。

全国人民代表大会常务委员会关于修改《中华人民共和国中外合作经营企业法》的决定

起草单位：对外贸易经济合作部、国务院法制办

说明人：对外贸易经济合作部部长石广生

2000 年 10 月 31 日九届常委会十八次会议一审通过。

全国人民代表大会常务委员会关于修改《中华人民共和国外资企业法》等四部法律的决定（《中华人民共和国中外合作经营企业法》根据该决定修正）

起草单位：商务部

说明人：商务部部长高虎城

2016 年 9 月 3 日十二届常委会二十二次会议一审通过。

全国人民代表大会常务委员会关于修改《中华人民共和国对外贸易法》等十二部法律的决定（《中华人民共和国中外合作经营企业法》根据该决定修正）

起草单位：国务院法制办

说明人：国务院法制办主任宋大涵

2016 年 11 月 7 日十二届常委会二十四次会议一审通过。

全国人民代表大会常务委员会关于修改《中华人民共和国会计法》等十一部法律的决定（《中华人民共和国中外合作经营企业法》根据该决定修正）

起草单位：国务院法制办

---

① 2019 年 3 月 15 日十三届全国人大二次会议通过《中华人民共和国外商投资法》，自 2020 年 1 月 1 日起施行，《中华人民共和国中外合作经营企业法》同时废止。

说明人：国务院法制办党组书记、副主任袁曙宏

2017 年 11 月 4 日十二届常委会三十次会议一审通过。

4. 中国人民解放军军官军衔条例

起草单位：总政治部

说明人：中央军委委员、总政治部主任杨白冰

1988 年 4 月 13 日七届常委会一次会议一审；

1988 年 7 月 1 日七届常委会二次会议二审通过。

全国人民代表大会常务委员会关于修改《中国人民解放军军官军衔条例》的决定

起草单位：总政治部

说明人：中央军委委员、总政治部主任于永波

1994 年 5 月 12 日八届常委会七次会议一审通过。

5. 全国人民代表大会常务委员会关于批准中央军事委员会《关于授予军队离休干部中国人民解放军功勋荣誉章的规定》的决定

起草单位：总政治部

说明人：中央军委委员、总政治部主任杨白冰

1988 年 4 月 13 日七届常委会一次会议一审；

1988 年 7 月 1 日七届常委会二次会议二审通过。

6. 中华人民共和国保守国家秘密法

起草单位：国家保密工作部门

说明人：国务院副秘书长张文寿

1988 年 1 月 11 日—1 月 21 日六届常委会二十四次会议一审；

1988 年 9 月 5 日七届常委会三次会议二审通过。

中华人民共和国保守国家秘密法（修订）

起草单位：国家保密局

说明人：国家保密局局长夏勇

2009 年 6 月 22 日—6 月 27 日十一届常委会九次会议一审；

2010 年 2 月 24 日—2 月 24 日十一届常委会十三次会议二审；

2010 年 4 月 29 日十一届常委会十四次会议三审通过。

7. 中华人民共和国野生动物保护法①

起草单位：林业部、农业部

说明人：林业部部长高德占

1988 年 8 月 29 日—9 月 5 日七届常委会三次会议一审；

1988 年 11 月 8 日七届常委会四次会议二审通过。

全国人民代表大会常务委员会关于修改《中华人民共和国野生动物保护法》的决定

起草单位：全国人大常委会法工委

说明人：全国人大常委会法工委副主任安建

2004 年 8 月 28 日十届常委会十一次会议一审通过。

全国人民代表大会常务委员会关于修改部分法律的决定（《中华人民共和国野生动物保护法》根据该决定作了修改）

起草单位：全国人大法律委、全国人大常委会法工委

说明人：全国人大常委会法工委主任李适时

2009 年 6 月 22 日十一届常委会九次会议一审；

2009 年 8 月 27 日十一届常委会十次会议二审通过。

中华人民共和国野生动物保护法（修订）

起草单位：全国人大环资委

说明人：全国人大环资委副主任委员王鸿举

2015 年 12 月 21 日—12 月 27 日十二届常委会十八次会议一审；

① 2018 年 10 月 26 日十三届全国人大常委会第六次会议通过全国人民代表大会常务委员会关于修改《中华人民共和国野生动物保护法》等十五部法律的决定。

2016年4月25日—4月28日十二届常委会二十次会议二审；

2016年7月2日十二届常委会二十一次会议三审通过。

8. 中华人民共和国标准化法

起草单位：国家标准局

说明人：国家技术监督局局长徐志坚

1988年8月29日—9月5日七届常委会三次会议一审；

1988年10月31日—11月8日七届常委会四次会议二审；

1988年12月29日七届常委会五次会议三审通过。

中华人民共和国标准化法（修订）

起草单位：国家质检总局

说明人：国家标准化管理委员会主任田世宏

2017年4月24日—4月27日十二届常委会二十七次会议一审；

2017年8月28日—9月1日十二届常委会二十九次会议二审；

2017年11月4日十二届常委会三十次会议三审通过。

1989年（7件）

1. 中华人民共和国传染病防治法

起草单位：卫生部

说明人：卫生部部长陈敏章

1988年12月23日—12月29日七届常委会五次会议一审；

1989年2月21日七届常委会六次会议二审通过。

中华人民共和国传染病防治法（修订）

起草单位：卫生部

说明人：卫生部常务副部长高强

2004年4月2日—4月6日十届常委会八次会议一审；

2004年6月21日—6月25日十届常委会十次会议二审；

2004年8月28日十届常委会十一次会议三审通过。

全国人民代表大会常务委员会关于修改《中华人民共和国文物保护法》等十二部法律的决定（《中华人民共和国传染病防治法》根据该决定修正）

起草单位：国务院法制办

说明人：国务院法制办主任宋大涵

2013 年 6 月 29 日十二届常委会三次会议一审通过。

2. 中华人民共和国进出口商品检验法①

起草单位：国家商检局

说明人：国家商检局局长朱震元

1988 年 12 月 23 日—12 月 29 日七届常委会五次会议一审；

1989 年 2 月 21 日七届常委会六次会议二审通过。

全国人民代表大会常务委员会关于修改《中华人民共和国进出口商品检验法》的决定

起草单位：国家质量监督检验检疫总局、国务院法制办

说明人：国家质量监督检验检疫总局局长李长江

2002 年 2 月 27 日—2 月 28 日九届常委会二十六次会议一审；

2002 年 4 月 28 日九届常委会二十七次会议二审通过。

全国人民代表大会常务委员会关于修改《中华人民共和国文物保护法》等十二部法律的决定（《中华人民共和国进出口商品检验法》根据该决定修正）

起草单位：国务院法制办

说明人：国务院法制办主任宋大涵

2013 年 6 月 29 日十二届常委会三次会议一审通过。

3. 中华人民共和国全国人民代表大会议事规则

起草单位：全国人大常委会法工委

① 2018 年 4 月 27 日十三届全国人大常委会第二次会议通过全国人民代表大会常务委员会关于修改《中华人民共和国国境卫生检疫法》等六部法律的决定，进出口商品检验法根据该决定修正。2018 年 12 月 29 日十三届全国人大常委会第七次会议通过全国人民代表大会常务委员会关于修改《中华人民共和国产品质量法》等五部法律的决定，进出口商品检验法根据该决定修正。

说明人：全国人大常委会副委员长、法工委主任王汉斌

1989 年 2 月 15 日—2 月 21 日七届常委会六次会议一审；

1989 年 4 月 4 日七届人大二次会议通过。

4. 中华人民共和国行政诉讼法

起草单位：全国人大常委会法工委

说明人：全国人大常委会副委员长、法工委主任王汉斌

1988 年 10 月 31 日—11 月 8 日七届常委会四次会议一审；

1989 年 2 月 15 日—2 月 21 日七届常委会六次会议二审；

1989 年 4 月 4 日七届人大二次会议通过。

全国人民代表大会常务委员会关于修改《中华人民共和国行政诉讼法》的决定

起草单位：全国人大常委会法工委

说明人：全国人大常委会法工委副主任信春鹰

2013 年 12 月 23 日—12 月 28 日十二届常委会六次会议一审；

2014 年 8 月 25 日—8 月 31 日十二届常委会十次会议二审；

2014 年 11 月 1 日十二届常委会十一次会议三审通过。

全国人民代表大会常务委员会关于修改《中华人民共和国民事诉讼法》和《中华人民共和国行政诉讼法》的决定

起草单位：最高人民检察院

说明人：最高人民检察院检察长曹建明

2017 年 6 月 27 日十二届常委会二十八次会议一审通过。

5. 中华人民共和国集会游行示威法

起草单位：公安部

说明人：国务委员兼公安部部长王芳

1989 年 6 月 29 日—7 月 6 日七届常委会八次会议一审；

1989 年 8 月 29 日—9 月 4 日七届常委会九次会议二审；

1989 年 10 月 31 日七届常委会十次会议三审通过。

全国人民代表大会常务委员会关于修改部分法律的决定（《中华人民共和国集会游行示威法》根据该决定作了修改）

起草单位：全国人大法律委、全国人大常委会法工委

说明人：全国人大常委会法工委主任李适时

2009 年 6 月 22 日十一届常委会九次会议一审；

2009 年 8 月 27 日十一届常委会十次会议二审通过。

6. 中华人民共和国城市居民委员会组织法①

起草单位：民政部

说明人：民政部部长崔乃夫

1989 年 8 月 29 日—9 月 4 日七届常委会九次会议一审；

1989 年 10 月 25 日—10 月 31 日七届常委会十次会议二审；

1989 年 12 月 26 日七届常委会十一次会议三审通过。

7. 中华人民共和国环境保护法

起草单位：国家环境保护局

说明人：国家环境保护局局长曲格平

1989 年 10 月 25 日—10 月 31 日七届常委会十次会议一审；

1989 年 12 月 26 日七届常委会十一次会议二审通过。

中华人民共和国环境保护法（试行）

起草单位：国务院环境保护领导小组

说明人：国家基本建设委员会副主任、国务院环境保护领导小组办公室主任李超伯

1979 年 9 月 13 日五届常委会十一次会议一审原则通过。

---

① 2018 年 12 月 29 日十三届全国人大常委会第七次会议通过全国人民代表大会常务委员会关于修改《中华人民共和国村民委员会组织法》《中华人民共和国城市居民委员会组织法》的决定。

中华人民共和国环境保护法（修订）

起草单位：全国人大环资委

说明人：全国人大环资委主任委员汪光焘

2012 年 8 月 27 日—8 月 31 日十一届常委会二十八次会议一审；

2013 年 6 月 26 日—6 月 29 日十二届常委会三次会议二审；

2013 年 10 月 21 日—10 月 25 日十二届常委会五次会议三审；

2014 年 4 月 24 日十二届常委会八次会议四审通过。

1990 年（9 件）

1. 中华人民共和国军事设施保护法

起草单位：总参谋部

说明人：中央军委委员、中国人民解放军总参谋长迟浩田

1989 年 12 月 20 日—12 月 26 日七届常委会十一次会议一审；

1990 年 2 月 23 日七届常委会十二次会议二审通过。

全国人民代表大会常务委员会关于修改部分法律的决定（《中华人民共和国军事设施保护法》根据该决定作了修改）

起草单位：全国人大法律委、全国人大常委会法工委

说明人：全国人大常委会法工委主任李适时

2009 年 6 月 22 日十一届常委会九次会议一审；

2009 年 8 月 27 日十一届常委会十次会议二审通过。

全国人民代表大会常务委员会关于修改《中华人民共和国军事设施保护法》的决定

起草单位：总参谋部

说明人：中国人民解放军副总参谋长戚建国

2013 年 12 月 23 日—12 月 28 日十二届常委会六次会议一审；

2014 年 6 月 27 日十二届常委会九次会议二审通过。

2. 中华人民共和国香港特别行政区基本法

起草单位：香港特别行政区基本法起草委员会

说明人：香港特别行政区基本法起草委员会主任委员姬鹏飞

1989 年 2 月 15 日—2 月 21 日七届常委会六次会议一审；

1990 年 2 月 19 日—2 月 23 日七届常委会十二次会议二审；

1990 年 4 月 4 日七届人大三次会议通过。

3. 中华人民共和国国旗法

起草单位：国务院法制局

说明人：国务院法制局局长孙琬钟

1990 年 2 月 19 日—2 月 23 日七届常委会十二次会议一审；

1990 年 3 月 12 日—3 月 15 日七届常委会十三次会议二审；

1990 年 6 月 28 日七届常委会十四次会议三审通过。

全国人民代表大会常务委员会关于修改部分法律的决定（《中华人民共和国国旗法》根据该决定作了修改）

起草单位：全国人大法律委、全国人大常委会法工委

说明人：全国人大常委会法工委主任李适时

2009 年 6 月 22 日十一届常委会九次会议一审；

2009 年 8 月 27 日十一届常委会十次会议二审通过。

4. 中华人民共和国著作权法

起草单位：国家版权局

说明人：国家版权局局长宋木文

1989 年 12 月 20 日—12 月 26 日七届常委会十一次会议一审；

1990 年 2 月 19 日—2 月 23 日七届常委会十二次会议二审；

1990 年 6 月 20 日—6 月 28 日七届常委会十四次会议三审；

1990 年 9 月 7 日七届常委会十五次会议四审通过。

全国人民代表大会常务委员会关于修改《中华人民共和国著作权法》的决定

起草单位：国家版权局、国务院法制办

说明人：新闻出版署署长兼国家版权局局长于友先

1998 年 12 月 23 日—12 月 29 日九届常委会六次会议一审；

2000 年 12 月 22 日—12 月 28 日九届常委会十九次会议二审；

2001 年 4 月 24 日—4 月 28 日九届常委会二十二次会议三审；

2001 年 10 月 27 日九届常委会二十四次会议四审通过。

全国人民代表大会常务委员会关于修改《中华人民共和国著作权法》的决定

起草单位：国家版权局

说明人：国家版权局局长柳斌杰

2010 年 2 月 26 日十一届常委会十三次会议一审通过。

5. 中华人民共和国铁路法

起草单位：铁道部

说明人：铁道部部长李森茂

1990 年 2 月 19 日—2 月 23 日七届常委会十二次会议一审；

1990 年 9 月 7 日七届常委会十五次会议二审通过。

全国人民代表大会常务委员会关于修改部分法律的决定（《中华人民共和国铁路法》根据该决定作了修改）

起草单位：全国人大法律委、全国人大常委会法工委

说明人：全国人大常委会法工委主任李适时

2009 年 6 月 22 日十一届常委会九次会议一审；

2009 年 8 月 27 日十一届常委会十次会议二审通过。

全国人民代表大会常务委员会关于修改《中华人民共和国义务教育法》等五部法律的决定（《中华人民共和国铁路法》根据该决定修正）

起草单位：国务院法制办

说明人：国务院法制办主任宋大涵

2015 年 4 月 24 日十二届常委会十四次会议一审通过。

6. 中华人民共和国归侨侨眷权益保护法

起草单位：全国人大华侨委

说明人：全国人大华侨委副主任委员何英

1990 年 6 月 20 日—6 月 28 日七届常委会十四次会议一审；

1990 年 9 月 7 日七届常委会十五次会议二审通过。

全国人民代表大会常务委员会关于修改《中华人民共和国归侨侨眷权益保护法》的决定

起草单位：全国人大华侨委

说明人：全国人大华侨委主任委员甘子玉

2000 年 8 月 21 日—8 月 25 日九届常委会十七次会议一审；

2000 年 10 月 31 日九届常委会十八次会议二审通过。

全国人民代表大会常务委员会关于修改部分法律的决定（《中华人民共和国归侨侨眷权益保护法》根据该决定作了修改）

起草单位：全国人大法律委、全国人大常委会法工委

说明人：全国人大常委会法工委主任李适时

2009 年 6 月 22 日十一届常委会九次会议一审；

2009 年 8 月 27 日十一届常委会十次会议二审通过。

7. 中华人民共和国领事特权与豁免条例

起草单位：外交部

说明人：外交部部长钱其琛

1990 年 8 月 28 日—9 月 7 日七届常委会十五次会议一审；

1990 年 10 月 30 日七届常委会十六次会议二审通过。

8. 中华人民共和国缔结条约程序法

起草单位：外交部

说明人：外交部部长钱其琛

1990 年 8 月 28 日—9 月 7 日七届常委会十五次会议一审；

1990 年 12 月 28 日七届常委会十七次会议二审通过。

9. 中华人民共和国残疾人保障法[①]

起草单位：民政部、中国残疾人联合会

说明人：民政部部长崔乃夫

1990 年 10 月 25 日—10 月 30 日七届常委会十六次会议一审；

1990 年 12 月 28 日七届常委会十七次会议二审通过。

中华人民共和国残疾人保障法（修订）

起草单位：民政部

说明人：民政部部长李学举

2008 年 2 月 26 日—2 月 28 日十届常委会三十二次会议一审；

2008 年 4 月 24 日十一届二次会议二审通过。

1991 年（7 件）

1. 中华人民共和国国徽法

起草单位：国务院法制局

说明人：国务院法制局局长孙琬钟

1990 年 12 月 20 日—12 月 28 日七届常委会十七次会议一审；

1991 年 3 月 2 日七届常委会十八次会议二审通过。

全国人民代表大会常务委员会关于修改部分法律的决定（《中华人民共和国国徽法》根据该决定作了修改）

起草单位：全国人大法律委、全国人大常委会法工委

说明人：全国人大常委会法工委主任李适时

2009 年 6 月 22 日十一届常委会九次会议一审；

2009 年 8 月 27 日十一届常委会十次会议二审通过。

2. 中华人民共和国民事诉讼法

起草单位：全国人大常委会法工委、最高人民法院

---

① 2018 年 10 月 26 日十三届全国人大常委会第六次会议通过全国人民代表大会常务委员会关于修改《中华人民共和国野生动物保护法》等十五部法律的决定，残疾人保障法根据该决定修正。

说明人：全国人大常委会副委员长、全国人大法律委主任委员王汉斌

1990 年 12 月 20 日—12 月 28 日七届常委会十七次会议一审；

1991 年 2 月 25 日—3 月 2 日七届常委会十八次会议二审；

1991 年 4 月 9 日七届人大四次会议通过。

全国人民代表大会常务委员会关于修改《中华人民共和国民事诉讼法》的决定

起草单位：全国人大常委会法工委、全国人大内司委、最高人民法院、最高人民检察院

说明人：全国人大常委会法工委副主任王胜明

2007 年 6 月 24 日—6 月 29 日十届常委会二十八次会议一审；

2007 年 8 月 24 日—8 月 30 日十届常委会二十九次会议二审；

2007 年 10 月 28 日十届常委会三十次会议三审通过。

中华人民共和国民事诉讼法（试行）

起草单位：全国人民代表大会常务委员会法制委员会

说明人：全国人民代表大会常务委员会法制委员会副主任高克林

1981 年 11 月 20 日—11 月 26 日五届常委会二十一次会议一审；

1981 年 11 月 30 日—12 月 13 日五届人大四次会议原则批准了《中华人民共和国民事诉讼法（草案）》，授权全国人民代表大会常务委员会修改后公布试行。

1982 年 3 月 8 日五届常委会二十二次会议二审通过。

全国人民代表大会常务委员会关于修改《中华人民共和国民事诉讼法》的决定

起草单位：全国人大常委会法工委

说明人：全国人大常委会法工委副主任王胜明

2011 年 10 月 24 日—10 月 29 日十一届常委会二十三次会议一审；

2012 年 4 月 24 日—4 月 27 日十一届常委会二十六次会议二审；

2012 年 8 月 31 日十一届常委会二十八次会议三审通过。

全国人民代表大会常务委员会关于修改《中华人民共和国民事诉讼法》和《中华人民共和国行政诉讼法》的决定

起草单位：最高人民检察院

说明人：最高人民检察院检察长曹建明

2017 年 6 月 27 日十二届常委会二十八次会议一审通过。

3. 中华人民共和国水土保持法

起草单位：水利部

说明人：水利部部长杨振怀

1991 年 2 月 25 日—3 月 2 日七届常委会十八次会议一审；

1991 年 6 月 29 日七届常委会二十次会议二审通过。

全国人民代表大会常务委员会关于修改部分法律的决定（《中华人民共和国水土保持法》根据该决定作了修改）

起草单位：全国人大法律委、全国人大常委会法工委

说明人：全国人大常委会法工委主任李适时

2009 年 6 月 22 日十一届常委会九次会议一审；

2009 年 8 月 27 日十一届常委会十次会议二审通过。

中华人民共和国水土保持法（修订）

起草单位：水利部

说明人：水利部副部长周英

2010 年 8 月 23 日—8 月 28 日十一届常委会十六次会议一审；

2010 年 12 月 25 日十一届常委会十八次会议二审通过。

4. 中华人民共和国烟草专卖法

起草单位：国家烟草专卖局

说明人：国家烟草专卖局局长江明

1990 年 6 月 20 日—6 月 28 日七届常委会十四次会议一审；

1991 年 6 月 29 日七届常委会二十次会议二审通过。

全国人民代表大会常务委员会关于修改部分法律的决定（《中华人民共和国烟草专卖法》根据该决定作了修改）

起草单位：全国人大法律委、全国人大常委会法工委

说明人：全国人大常委会法工委主任李适时

2009 年 6 月 22 日十一届常委会九次会议一审；

2009 年 8 月 27 日十一届常委会十次会议二审通过。

全国人民代表大会常务委员会关于修改《中华人民共和国海洋环境保护法》等七部法律的决定（《中华人民共和国烟草专卖法》根据该决定修正）

起草单位：国务院法制办

说明人：国务院法制办主任宋大涵

2013 年 12 月 28 日十二届常委会六次会议一审通过。

全国人民代表大会常务委员会关于修改《中华人民共和国计量法》等五部法律的决定（《中华人民共和国烟草专卖法》根据该决定修正）

起草单位：国务院法制办

说明人：国务院法制办主任宋大涵

2015 年 4 月 24 日十二届常委会十四次会议一审通过。

5. 中华人民共和国未成年人保护法

起草单位：共青团中央、国家教育委员会

说明人：国务委员兼国家教育委员会主任李铁映

1991 年 6 月 21 日—6 月 29 日七届常委会二十次会议一审；

1991 年 9 月 4 日七届常委会二十一次会议二审通过。

中华人民共和国未成年人保护法（修订）

起草单位：全国人大内司委

说明人：全国人大内司委副主任委员祝铭山

2006 年 8 月 22 日—8 月 27 日十届常委会二十三次会议一审；

2006 年 10 月 27 日—10 月 31 日十届常委会二十四次会议二审；

2006 年 12 月 29 日十届常委会二十五次会议三审通过。

全国人民代表大会常务委员会关于修改《中华人民共和国未成年人保护法》的决定

起草单位：全国人大常委会法工委

说明人：全国人大常委会法工委主任李适时

2012 年 10 月 26 日十一届常委会二十九次会议一审通过。

6. 中华人民共和国进出境动植物检疫法

起草单位：农业部

说明人：农业部部长刘中一

1991 年 8 月 27 日—9 月 4 日七届常委会二十一次会议一审；

1991 年 10 月 30 日七届常委会二十二次会议二审通过。

全国人民代表大会常务委员会关于修改部分法律的决定（《中华人民共和国进出境动植物检疫法》根据该决定作了修改）

起草单位：全国人大法律委、全国人大常委会法工委

说明人：全国人大常委会法工委主任李适时

2009 年 6 月 22 日十一届常委会九次会议一审；

2009 年 8 月 27 日十一届常委会十次会议二审通过。

7. 中华人民共和国收养法

起草单位：司法部

说明人：司法部副部长金鉴

1991 年 6 月 21 日—6 月 29 日七届常委会二十次会议一审；

1991 年 12 月 29 日七届常委会二十三次会议二审通过。

全国人民代表大会常务委员会关于修改《中华人民共和国收养法》的决定

起草单位：民政部、国务院法制办

说明人：民政部部长多吉才让

1998 年 8 月 24 日—8 月 29 日九届常委会四次会议一审；

1998 年 11 月 4 日九届常委会五次会议二审通过。

1992 年（9 件）

1. 中华人民共和国领海及毗连区法

起草单位：国家海洋局

说明人：国家海洋局局长严宏谟

1991 年 10 月 25 日—10 月 30 日七届常委会二十二次会议一审；

1992 年 2 月 25 日七届常委会二十四次会议二审通过。

2. 中华人民共和国全国人民代表大会和地方各级人民代表大会代表法

起草单位：全国人大常委会办公厅

说明人：全国人大常委会副秘书长曹志

1991 年 12 月 23 日—12 月 29 日七届常委会二十三次会议一审；

1992 年 2 月 20 日—2 月 25 日七届常委会二十四次会议二审；

1992 年 4 月 3 日七届人大五次会议通过。

全国人民代表大会常务委员会关于修改部分法律的决定（《中华人民共和国全国人民代表大会和地方各级人民代表大会代表法》根据该决定作了修改）

起草单位：全国人大法律委、全国人大常委会法工委

说明人：全国人大常委会法工委主任李适时

2009 年 6 月 22 日十一届常委会九次会议一审；

2009 年 8 月 27 日十一届常委会十次会议二审通过。

全国人民代表大会常务委员会关于修改《中华人民共和国全国人民代表大会和地方各级人民代表大会代表法》的决定

起草单位：全国人大常委会法工委

说明人：全国人大常委会法工委主任李适时

2010 年 8 月 23 日—8 月 28 日十一届常委会十六次会议一审；

2010 年 10 月 28 日十一届常委会十七次会议二审通过。

全国人民代表大会常务委员会关于修改《中华人民共和国地方各级人民代表大会和地方各级人民政府组织法》、《中华人民共和国全国人民代表大会和地方各级人民代表大会选举法》、《中华人民共和国全国人民代表大会和地方各级人民代表大会代表法》的决定

起草单位：全国人大常委会法工委

说明人：全国人大常委会法工委副主任郑淑娜

2015 年 8 月 29 日十二届常委会十六次会议一审通过。

3. 中华人民共和国工会法

起草单位：全国人大常委会法工委、全国总工会

说明人：全国人大常委会副委员长、法工委主任王汉斌

1991 年 12 月 23 日—12 月 29 日七届常委会二十三次会议一审；

1992 年 2 月 20 日—2 月 25 日七届常委会二十四次会议二审；

1992 年 4 月 3 日七届人大五次会议通过。

全国人民代表大会常务委员会关于修改《中华人民共和国工会法》的决定

起草单位：全国人大常委会法工委、全国总工会

说明人：全国人大常委会法工委副主任张春生

2001 年 8 月 27 日—8 月 31 日九届常委会二十三次会议一审；

2001 年 10 月 27 日九届常委会二十四次会议二审通过。

全国人民代表大会常务委员会关于修改部分法律的决定（《中华人民共和国工会法》根据该决定作了修改）

起草单位：全国人大法律委、全国人大常委会法工委

说明人：全国人大常委会法工委主任李适时

2009 年 6 月 22 日十一届常委会九次会议一审；

2009 年 8 月 27 日十一届常委会十次会议二审通过。

4. 中华人民共和国妇女权益保障法①

起草单位：全国人大内司委

说明人：全国人大内司委副主任委员邹瑜

1991 年 10 月 25 日—10 月 30 日七届常委会二十二次会议一审；

1991 年 12 月 23 日—12 月 29 日七届常委会二十三次会议二审；

1992 年 4 月 3 日七届人大五次会议通过。

全国人民代表大会常务委员会关于修改《中华人民共和国妇女权益保障法》的决定

起草单位：中华全国妇女联合会

说明人：国务院法制办主任曹康泰

2005 年 6 月 26 日—7 月 1 日十届常委会十六次会议一审；

2005 年 8 月 28 日十届常委会十七次会议二审通过。

5. 中华人民共和国人民警察警衔条例

起草单位：公安部

说明人：公安部部长陶驷驹

1991 年 12 月 23 日—12 月 29 日七届常委会二十三次会议一审；

1992 年 7 月 1 日七届常委会二十六次会议二审通过。

全国人民代表大会常务委员会关于修改部分法律的决定（《中华人民共和国人民警察警衔条例》根据该决定作了修改）

起草单位：全国人大法律委、全国人大常委会法工委

说明人：全国人大常委会法工委主任李适时

2009 年 6 月 22 日十一届常委会九次会议一审；

2009 年 8 月 27 日十一届常委会十次会议二审通过。

6. 中华人民共和国税收征收管理法

起草单位：财政部

---

① 2018 年 10 月 26 日十二届全国人大常委会第六次会议通过全国人民代表大会常务委员会关于修改《中华人民共和国野生动物保护法》等十五部法律的决定，妇女权益保障法根据该决定修正。

说明人：国务委员兼财政部部长王丙乾

1992 年 2 月 20 日—2 月 25 日七届常委会二十四次会议一审；

1992 年 6 月 23 日—7 月 1 日七届常委会二十六次会议二审；

1992 年 9 月 4 日七届常委会二十七次会议三审通过。

全国人民代表大会常务委员会关于修改《中华人民共和国税收征收管理法》的决定

起草单位：国家税务总局

说明人：国家税务总局局长刘仲藜

1995 年 2 月 28 日八届常委会十二次会议一审通过。

中华人民共和国税收征收管理法（修订）

起草单位：国家税务总局、财政部、国务院法制办

说明人：国家税务总局局长金人庆

2000 年 8 月 21 日—8 月 25 日九届常委会十七次会议一审；

2000 年 10 月 23 日—10 月 31 日九届常委会十八次会议二审；

2000 年 12 月 22 日—12 月 28 日九届常委会十九次会议三审；

2001 年 4 月 28 日九届常委会二十一次会议四审通过。

全国人民代表大会常务委员会关于修改《中华人民共和国文物保护法》等十二部法律的决定（《中华人民共和国税收征收管理法》根据该决定修正）

起草单位：国务院法制办

说明人：国务院法制办主任宋大涵

2013 年 6 月 29 日十二届常委会三次会议一审通过。

全国人民代表大会常务委员会关于修改《中华人民共和国港口法》等七部法律的决定（《中华人民共和国税收征收管理法》根据该决定修正）

起草单位：国务院法制办

说明人：国务院法制办主任宋大涵

2015 年 4 月 24 日十二届常委会十四次会议一审通过。

7. 中华人民共和国海商法

起草单位：国务院法制局

说明人：国务院法制局局长杨景宇

1992 年 6 月 23 日—7 月 1 日七届常委会二十六次会议一审；

1992 年 11 月 7 日七届常委会二十八次会议二审通过。

8. 中华人民共和国矿山安全法

起草单位：劳动人事部

说明人：劳动人事部部长阮崇武

1992 年 8 月 28 日—9 月 4 日七届常委会二十七次会议一审；

1992 年 11 月 7 日七届常委会二十八次会议二审通过。

全国人民代表大会常务委员会关于修改部分法律的决定（《中华人民共和国矿山安全法》根据该决定作了修改）

起草单位：全国人大法律委、全国人大常委会法工委

说明人：全国人大常委会法工委主任李适时

2009 年 6 月 22 日十一届常委会九次会议一审；

2009 年 8 月 27 日十一届常委会十次会议二审通过。

9. 中华人民共和国测绘法

起草单位：国家测绘局

说明人：国家测绘局局长金祥文

1992 年 8 月 28 日—9 月 4 日七届常委会二十七次会议一审；

1992 年 12 月 28 日七届常委会二十九次会议二审通过。

中华人民共和国测绘法（修订）

起草单位：国土资源部、国家测绘局

说明人：国土资源部部长田凤山

2002 年 6 月 24 日—6 月 29 日九届常委会二十八次会议一审；

2002 年 8 月 29 日九届常委会二十九次会议二审通过。

中华人民共和国测绘法（修订）

起草单位：国土资源部、测绘地信局

说明人：国土资源部副部长张德霖

2016 年 10 月 31 日—11 月 7 日十二届常委会二十四次会议一审；

2017 年 4 月 27 日十二届常委会二十七次会议二审通过。

1993 年（12 件）

1. 中华人民共和国产品质量法①

起草单位：国家技术监督局

说明人：国家技术监督局局长徐鹏航

1992 年 10 月 30 日—11 月 7 日七届常委会二十八次会议一审；

1993 年 2 月 22 日七届常委会三十次会议二审通过。

全国人民代表大会常务委员会关于修改《中华人民共和国产品质量法》的决定

起草单位：国家质量技术监督局、国务院法制办

说明人：国家质量技术监督局局长李传卿

1999 年 10 月 25 日—10 月 31 日九届常委会十二次会议一审；

2000 年 4 月 25 日—4 月 29 日九届常委会十五次会议二审；

2000 年 7 月 8 日九届常委会十六次会议三审通过。

全国人民代表大会常务委员会关于修改部分法律的决定（《中华人民共和国产品质量法》根据该决定作了修改）

起草单位：全国人大法律委、全国人大常委会法工委

说明人：全国人大常委会法工委主任李适时

2009 年 6 月 22 日十一届常委会九次会议一审；

2009 年 8 月 27 日十一届常委会十次会议二审通过。

---

① 2018 年 12 月 29 日十三届全国人大常委会第七次会议通过全国人民代表大会常务委员会关于修改《中华人民共和国产品质量法》等五部法律的决定。

2. 中华人民共和国澳门特别行政区基本法

起草单位：澳门特别行政区基本法起草委员会

说明人：澳门特别行政区基本法起草委员会主任委员姬鹏飞

1992 年 3 月 14 日—3 月 16 日七届常委会二十五次会议一审；

1993 年 2 月 15 日—2 月 22 日七届常委会三十次会议二审；

1993 年 3 月 31 日八届人大一次会议通过。

3. 中华人民共和国科学技术进步法

起草单位：国家科学技术委员会

说明人：国务委员兼国家科委主任宋健

1992 年 10 月 30 日—11 月 7 日七届常委会二十八次会议一审；

1993 年 7 月 2 日八届常委会二次会议二审通过。

中华人民共和国科学技术进步法（修订）

起草单位：科学技术部

说明人：科学技术部部长万钢

2007 年 8 月 24 日—8 月 30 日十届常委会二十九次会议一审；

2007 年 12 月 29 日十届常委会三十一次会议二审通过。

4. 中华人民共和国农业法

起草单位：农业部、国家计委

说明人：农业部部长刘中一

1993 年 2 月 15 日—2 月 22 日七届常委会三十次会议一审；

1993 年 7 月 2 日八届常委会二次会议二审通过。

中华人民共和国农业法（修订）

起草单位：全国人大农委

说明人：全国人大农委主任委员高德占

2002 年 6 月 24 日—6 月 29 日九届常委会二十八次会议一审；

2002 年 10 月 25 日—10 月 28 日九届常委会三十次会议二审；

2002 年 12 月 28 日九届常委会三十一次会议三审通过。

全国人民代表大会常务委员会关于修改部分法律的决定（《中华人民共和国农业法》根据该决定作了修改）

起草单位：全国人大法律委、全国人大常委会法工委

说明人：全国人大常委会法工委主任李适时

2009 年 6 月 22 日十一届常委会九次会议一审；

2009 年 8 月 27 日十一届常委会十次会议二审通过。

全国人民代表大会常务委员会关于修改《中华人民共和国农业法》的决定

起草单位：全国人大农委

说明人：全国人大农委副主任委员刘振伟

2012 年 12 月 28 日十一届常委会三十次会议一审通过。

5. 中华人民共和国农业技术推广法

起草单位：农业部

说明人：农业部部长刘中一

1992 年 12 月 22 日—12 月 28 日七届常委会二十九次会议一审；

1993 年 7 月 2 日八届常委会二次会议二审通过。

全国人民代表大会常务委员会关于修改《中华人民共和国农业技术推广法》的决定

起草单位：全国人大农委

说明人：全国人大农委主任委员王云龙

2012 年 4 月 24 日—4 月 27 日十一届常委会二十六次会议一审；

2012 年 8 月 31 日十一届常委会二十八次会议二审通过。

6. 中华人民共和国反不正当竞争法

起草单位：国家工商行政管理局

说明人：国家工商行政管理局局长刘敏学

1993 年 6 月 22 日—7 月 2 日八届常委会二次会议一审；

1993 年 9 月 2 日八届常委会三次会议二审通过。

中华人民共和国反不正当竞争法（修订）

起草单位：国家工商行政管理总局

说明人：国家工商行政管理总局局长张茅

2017 年 2 月 22 日—2 月 24 日十二届常委会二十六次会议一审；

2017 年 8 月 28 日—9 月 1 日十二届常委会二十九次会议二审；

2017 年 11 月 4 日十二届常委会三十次会议三审通过。

7. 中华人民共和国消费者权益保护法

起草单位：国家工商行政管理局

说明人：国家工商行政管理局局长刘敏学

1993 年 8 月 25 日—9 月 2 日八届常委会三次会议一审；

1993 年 10 月 31 日八届常委会四次会议二审通过。

全国人民代表大会常务委员会关于修改部分法律的决定（《中华人民共和国消费者权益保护法》根据该决定作了修改）

起草单位：全国人大法律委、全国人大常委会法工委

说明人：全国人大常委会法工委主任李适时

2009 年 6 月 22 日十一届常委会九次会议一审；

2009 年 8 月 27 日十一届常委会十次会议二审通过。

全国人民代表大会常务委员会关于修改《中华人民共和国消费者权益保护法》的决定

起草单位：全国人大常委会法工委

说明人：全国人大常委会法工委主任李适时

2013 年 4 月 23 日—4 月 25 日十二届常委会二次会议一审；

2013 年 8 月 26 日—8 月 30 日十二届常委会四次会议二审；

2013 年 10 月 25 日十二届常委会五次会议三审通过。

8. 中华人民共和国教师法

起草单位：国家教育委员会

说明人：国家教育委员会主任朱开轩
1993 年 10 月 31 日八届常委会四次会议一审通过。

全国人民代表大会常务委员会关于修改部分法律的决定（《中华人民共和国教师法》根据该决定作了修改）
起草单位：全国人大法律委、全国人大常委会法工委
说明人：全国人大常委会法工委主任李适时
2009 年 6 月 22 日十一届常委会九次会议一审；
2009 年 8 月 27 日十一届常委会十次会议二审通过。

9. 中华人民共和国注册会计师法

起草单位：财政部
说明人：财政部部长刘仲藜
1993 年 8 月 25 日—9 月 3 日八届常委会三次会议一审；
1993 年 10 月 31 日八届常委会四次会议二审通过。

全国人民代表大会常务委员会关于修改《中华人民共和国保险法》等五部法律的决定（《中华人民共和国注册会计师法》根据该决定修正）
起草单位：国务院法制办
说明人：国务院法制办主任宋大涵
2014 年 8 月 31 日十二届常委会十次会议一审通过。

10. 中华人民共和国红十字会法

起草单位：中国红十字会总会
说明人：卫生部副部长顾英奇
1993 年 8 月 25 日—9 月 2 日八届常委会三次会议一审；
1993 年 10 月 31 日八届常委会四次会议二审通过。

全国人民代表大会常务委员会关于修改部分法律的决定（《中华人民共和国红十字会法》根据该决定作了修改）
起草单位：全国人大法律委、全国人大常委会法工委

说明人：全国人大常委会法工委主任李适时
2009 年 6 月 22 日十一届常委会九次会议一审；
2009 年 8 月 27 日十一届常委会十次会议二审通过。

中华人民共和国红十字会法（修订）
起草单位：全国人大教科文卫委
说明人：全国人大教科文卫委副主任委员王陇德
2016 年 6 月 27 日—7 月 2 日十二届常委会二十一次会议一审；
2016 年 10 月 31 日—11 月 7 日十二届常委会二十四次会议二审；
2017 年 2 月 24 日十二届常委会二十六次会议三审通过。

11. 中华人民共和国公司法①

起草单位：全国人大常委会法工委
说明人：全国人大常委会法工委副主任卞耀武
1993 年 2 月 15 日—2 月 22 日七届常委会三十次会议一审；
1993 年 6 月 22 日—7 月 2 日八届常委会二次会议二审；
1993 年 12 月 29 日八届常委会五次会议三审通过。

全国人民代表大会常务委员会关于修改《中华人民共和国公司法》的决定
起草单位：国务院法制办
说明人：国务院法制办主任杨景宇
1999 年 12 月 25 日九届常委会十三次会议一审通过。

全国人民代表大会常务委员会关于修改《中华人民共和国公司法》的决定
起草单位：全国人大常委会法工委
说明人：全国人大常委会法工委副主任安建
2004 年 8 月 28 日十届常委会十一次会议一审通过。

① 2018 年 10 月 26 日十三届全国人大常委会第六次会议通过全国人民代表大会常务委员会关于修改《中华人民共和国公司法》的决定。

中华人民共和国公司法（修订）

起草单位：国务院法制办

说明人：国务院法制办主任曹康泰

2005 年 2 月 25 日—2 月 28 日十届常委会十四次会议一审；

2005 年 8 月 23 日—8 月 28 日十届常委会十七次会议二审；

2005 年 10 月 27 日十届常委会十八次会议三审通过。

全国人民代表大会常务委员会关于修改《中华人民共和国海洋环境保护法》等七部法律的决定（《中华人民共和国公司法》根据该决定修正）

起草单位：国务院法制办

说明人：国务院法制办主任宋大涵

2013 年 12 月 28 日十二届常委会六次会议一审通过。

12. 全国人民代表大会常务委员会关于外商投资企业和外国企业适用增值税、消费税、营业税等税收暂行条例的决定

起草单位：财政部

说明人：财政部副部长项怀诚

1993 年 12 月 29 日八届常委会五次会议一审通过。

1994 年（11 件）

1. 中华人民共和国台湾同胞投资保护法

起草单位：对外贸易经济合作部

说明人：对外贸易经济合作部部长吴仪

1993 年 12 月 20 日—12 月 29 日八届常委会五次会议一审；

1994 年 3 月 5 日八届常委会六次会议二审通过。

全国人民代表大会常务委员会关于修改《中华人民共和国外资企业法》等四部法律的决定（《中华人民共和国台湾同胞投资保护法》根据该决定修正）

起草单位：商务部

说明人：商务部部长高虎城

2016 年 9 月 3 日十二届常委会二十二次会议一审通过。

2. 中华人民共和国预算法①

起草单位：财政部

说明人：财政部部长刘仲藜

1993 年 10 月 22 日—10 月 31 日八届常委会四次会议一审；

1993 年 12 月 20 日—12 月 29 日八届常委会五次会议二审；

1994 年 3 月 22 日八届人大二次会议通过。

全国人民代表大会常务委员会关于修改《中华人民共和国预算法》的决定

起草单位：全国人大常委会预算工委、财政部

说明人：财政部部长谢旭人

2011 年 12 月 26 日—12 月 31 日十一届常委会二十四次会议一审；

2012 年 6 月 26 日—6 月 30 日十一届常委会二十七次会议二审；

2014 年 4 月 21 日—4 月 24 日十二届常委会八次会议三审；

2014 年 8 月 31 日十二届常委会十次会议四审通过。

3. 中华人民共和国国家赔偿法

起草单位：全国人大常委会法工委

说明人：全国人大常委会法工委副主任胡康生

1993 年 10 月 22 日—10 月 31 日八届常委会四次会议一审；

1994 年 5 月 12 日八届常委会七次会议二审通过。

全国人民代表大会常务委员会关于修改《中华人民共和国国家赔偿法》的决定

起草单位：全国人大常委会法工委

说明人：全国人大常委会法工委主任李适时

2008 年 10 月 23 日—10 月 28 日十一届常委会五次会议一审；

2009 年 6 月 22 日—6 月 27 日十一届常委会九次会议二审；

---

① 2018 年 12 月 29 日十三届全国人大常委会第七次会议通过全国人民代表大会常务委员会关于修改《中华人民共和国产品质量法》等五部法律的决定，预算法根据该决定修正。

2009 年 10 月 27 日—10 月 31 日十一届常委会十一次会议三审；

2010 年 4 月 29 日十一届常委会十四次会议四审通过。

全国人民代表大会常务委员会关于修改《中华人民共和国国家赔偿法》的决定

起草单位：全国人大常委会法工委

说明人：全国人大常委会法工委主任李适时

2012 年 10 月 26 日十一届常委会二十九次会议一审通过。

4. 中华人民共和国对外贸易法

起草单位：对外贸易经济合作部

说明人：对外贸易经济合作部部长吴仪

1993 年 12 月 20 日—12 月 29 日八届常委会五次会议一审；

1994 年 5 月 12 日八届常委会七次会议二审通过。

中华人民共和国对外贸易法（修订）

起草单位：商务部、国务院法制办

说明人：商务部部长吕福源

2003 年 12 月 22 日—12 月 27 日十届常委会六次会议一审；

2004 年 2 月 26 日—2 月 29 日十届常委会七次会议二审；

2004 年 4 月 6 日十届常委会八次会议三审通过。

全国人民代表大会常务委员会关于修改《中华人民共和国对外贸易法》等十二部法律的决定

起草单位：国务院法制办

说明人：国务院法制办主任宋大涵

2016 年 11 月 7 日十二届常委会二十四次会议一审通过。

5. 中华人民共和国城市房地产管理法

起草单位：建设部

说明人：建设部副部长叶如棠

1994 年 5 月 5 日—5 月 12 日八届常委会七次会议一审；

1994 年 7 月 5 日八届常委会八次会议二审通过。

全国人民代表大会常务委员会关于修改《中华人民共和国城市房地产管理法》的决定

起草单位：国务院法制办、建设部

说明人：建设部部长汪光焘

2007 年 8 月 30 日十届常委会二十九次会议一审通过。

全国人民代表大会常务委员会关于修改部分法律的决定（《中华人民共和国城市房地产管理法》根据该决定作了修改）

起草单位：全国人大法律委、全国人大常委会法工委

说明人：全国人大常委会法工委主任李适时

2009 年 6 月 22 日十一届常委会九次会议一审；

2009 年 8 月 27 日十一届常委会十次会议二审通过。

6. 中华人民共和国劳动法①

起草单位：国家劳动总局

说明人：劳动部部长李伯勇

1994 年 3 月 2 日—3 月 5 日八届常委会六次会议一审；

1994 年 7 月 5 日八届常委会八次会议二审通过。

全国人民代表大会常务委员会关于修改部分法律的决定（《中华人民共和国劳动法》根据该决定作了修改）

起草单位：全国人大法律委、全国人大常委会法工委

说明人：全国人大常委会法工委主任李适时

2009 年 6 月 22 日十一届常委会九次会议一审；

2009 年 8 月 27 日十一届常委会十次会议二审通过。

---

① 2018 年 12 月 29 日十三届全国人大常委会第七次会议通过全国人民代表大会常务委员会关于修改《中华人民共和国劳动法》等七部法律的决定。

7. 中华人民共和国审计法

起草单位：审计署

说明人：审计署审计长郭振乾

1994 年 6 月 28 日—7 月 5 日八届常委会八次会议一审；

1994 年 8 月 31 日八届常委会九次会议二审通过。

全国人民代表大会常务委员会关于修改《中华人民共和国审计法》的决定

起草单位：审计署

说明人：审计署审计长李金华

2005 年 10 月 22 日—10 月 27 日十届常委会十八次会议一审；

2006 年 2 月 28 日十届常委会二十次会议二审通过。

8. 中华人民共和国仲裁法

起草单位：全国人大常委会法工委

说明人：全国人大常委会法工委主任顾昂然

1994 年 6 月 28 日—7 月 5 日八届常委会八次会议一审；

1994 年 8 月 31 日八届常委会九次会议二审通过。

全国人民代表大会常务委员会关于修改部分法律的决定（《中华人民共和国仲裁法》根据该决定作了修改）

起草单位：全国人大法律委、全国人大常委会法工委

说明人：全国人大常委会法工委主任李适时

2009 年 6 月 22 日十一届常委会九次会议一审；

2009 年 8 月 27 日十一届常委会十次会议二审通过。

全国人民代表大会常务委员会关于修改《中华人民共和国法官法》等八部法律的决定（《中华人民共和国仲裁法》根据该决定修正）

起草单位：全国人大内司委

说明人：全国人大内司委副主任委员邓昌友

2017 年 9 月 1 日十二届常委会二十九次会议一审通过。

9. 中华人民共和国母婴保健法

起草单位：卫生部

说明人：卫生部部长陈敏章

1993 年 12 月 20 日—12 月 29 日八届常委会五次会议一审；

1994 年 10 月 27 日八届常委会十次会议二审通过。

全国人民代表大会常务委员会关于修改部分法律的决定（《中华人民共和国母婴保健法》根据该决定作了修改）

起草单位：全国人大法律委、全国人大常委会法工委

说明人：全国人大常委会法工委主任李适时

2009 年 6 月 22 日十一届常委会九次会议一审；

2009 年 8 月 27 日十一届常委会十次会议二审通过。

全国人民代表大会常务委员会关于修改《中华人民共和国会计法》等十一部法律的决定（《中华人民共和国母婴保健法》根据该决定修正）

起草单位：国务院法制办

说明人：国务院法制办党组书记、副主任袁曙宏

2017 年 11 月 4 日十二届常委会三十次会议一审通过。

10. 中华人民共和国广告法①

起草单位：国家工商行政管理局

说明人：国家工商行政管理局局长刘敏学

1994 年 8 月 24 日—8 月 31 日八届常委会九次会议一审；

1994 年 10 月 27 日八届常委会十次会议二审通过。

中华人民共和国广告法（修订）

起草单位：国家工商行政管理总局

说明人：国家工商行政管理总局局长张茅

---

① 2018 年 10 月 26 日十三届全国人大常委会第六次会议通过全国人民代表大会常务委员会关于修改《中华人民共和国野生动物保护法》等十五部法律的决定，广告法根据该决定修正。

2014 年 8 月 25 日—8 月 31 日十二届常委会十次会议一审；
2014 年 12 月 22 日—12 月 28 日十二届常委会十二次会议二审；
2015 年 4 月 24 日十二届常委会十四次会议三审通过。

11. 中华人民共和国监狱法

起草单位：司法部
说明人：司法部部长肖扬
1994 年 10 月 21 日—10 月 27 日八届常委会十次会议一审；
1994 年 12 月 29 日八届常委会十一次会议二审通过。

全国人民代表大会常务委员会关于修改《中华人民共和国监狱法》的决定
起草单位：全国人大常委会法工委
说明人：全国人大常委会法工委主任李适时
2012 年 10 月 26 日十一届常委会二十九次会议一审通过。

1995 年（14 件）

1. 中华人民共和国法官法

起草单位：最高人民法院
说明人：最高人民法院院长任建新
1994 年 5 月 5 日—5 月 12 日八届常委会七次会议一审；
1994 年 12 月 21 日—12 月 29 日八届常委会十一次会议二审；
1995 年 2 月 28 日八届常委会十二次会议三审通过。

全国人民代表大会常务委员会关于修改《中华人民共和国法官法》的决定
起草单位：最高人民法院
说明人：最高人民法院院长肖扬
2000 年 7 月 3 日—7 月 8 日九届常委会十六次会议一审；
2001 年 4 月 24 日—4 月 28 日九届常委会二十一次会议二审；
2001 年 6 月 30 日九届常委会二十二次会议三审通过。

全国人民代表大会常务委员会关于修改《中华人民共和国法官法》等八部法律的决定

起草单位：全国人大内司委

说明人：全国人大内司委副主任委员邓昌友

2017 年 9 月 1 日十二届常委会二十九次会议一审通过。

2. 中华人民共和国检察官法

起草单位：最高人民检察院

说明人：最高人民检察院检察长张思卿

1994 年 5 月 5 日—5 月 12 日八届常委会七次会议一审；

1994 年 12 月 21 日—12 月 29 日八届常委会十一次会议二审；

1995 年 2 月 28 日八届常委会十二次会议三审通过。

全国人民代表大会常务委员会关于修改《中华人民共和国检察官法》的决定

起草单位：最高人民检察院

说明人：最高人民检察院检察长韩杼滨

2000 年 7 月 3 日—7 月 8 日九届常委会十六次会议一审；

2001 年 4 月 24 日—4 月 28 日九届常委会二十一次会议二审；

2001 年 6 月 30 日九届常委会二十二次会议三审通过。

全国人民代表大会常务委员会关于修改《中华人民共和国法官法》等八部法律的决定（《中华人民共和国检察官法》根据该决定修正）

起草单位：全国人大内司委

说明人：全国人大内司委副主任委员邓昌友

2017 年 9 月 1 日十二届常委会二十九次会议一审通过。

3. 中华人民共和国人民警察法

起草单位：公安部

说明人：公安部部长陶驷驹

1994 年 12 月 21 日—12 月 29 日八届常委会十一次会议一审；

1995 年 2 月 28 日八届常委会十二次会议二审通过。

全国人民代表大会常务委员会关于修改《中华人民共和国人民警察法》的决定

起草单位：全国人大常委会法工委

说明人：全国人大常委会法工委主任李适时

2012 年 10 月 26 日十一届常委会二十九次会议一审通过。

4. 中华人民共和国教育法

起草单位：国家教育委员会

说明人：国家教育委员会主任朱开轩

1994 年 12 月 21 日—12 月 29 日八届常委会十一次会议一审；

1995 年 3 月 18 日八届人大三次会议通过。

全国人民代表大会常务委员会关于修改部分法律的决定（《中华人民共和国教育法》根据该决定作了修改）

起草单位：全国人大法律委、全国人大常委会法工委

说明人：全国人大常委会法工委主任李适时

2009 年 6 月 22 日十一届常委会九次会议一审；

2009 年 8 月 27 日十一届常委会十次会议二审通过。

全国人民代表大会常务委员会关于修改《中华人民共和国教育法》的决定

起草单位：教育部

说明人：教育部部长袁贵仁

2015 年 8 月 24 日—8 月 29 日十二届常委会十六次会议一审；

2015 年 12 月 27 日十二届常委会十八次会议二审通过。

5. 中华人民共和国中国人民银行法

起草单位：中国人民银行

说明人：中国人民银行副行长周正庆

1994 年 6 月 28 日—7 月 5 日八届常委会八次会议一审；
1994 年 8 月 24 日—9 月 1 日八届常委会九次会议二审；
1994 年 12 月 21 日—12 月 29 日八届常委会十一次会议三审；
1995 年 3 月 18 日八届人大三次会议通过。

全国人民代表大会常务委员会关于修改《中华人民共和国中国人民银行法》的决定

起草单位：中国人民银行、国务院法制办、中国银监会
说明人：中国人民银行行长周小川
2003 年 8 月 22 日—8 月 27 日十届常委会四次会议一审；
2003 年 10 月 23 日—10 月 28 日十届常委会五次会议二审；
2003 年 12 月 27 日十届常委会六次会议三审通过。

6. 中华人民共和国商业银行法

起草单位：中国人民银行
说明人：中国人民银行副行长周正庆
1994 年 8 月 24 日—8 月 31 日八届常委会九次会议一审；
1994 年 12 月 21 日—12 月 29 日八届常委会十一次会议二审；
1995 年 5 月 10 日八届常委会十三次会议三审通过。

全国人民代表大会常务委员会关于修改《中华人民共和国商业银行法》的决定

起草单位：中国银行业监督管理委员会、国务院法制办、中国人民银行
说明人：中国银行业监督管理委员会主席刘明康
2003 年 8 月 22 日—8 月 27 日十届常委会四次会议一审；
2003 年 10 月 23 日—10 月 28 日十届常委会五次会议二审；
2003 年 12 月 27 日十届常委会六次会议三审通过。

全国人民代表大会常务委员会关于修改《中华人民共和国商业银行法》的决定

起草单位：中国银行业监督管理委员会

说明人：中国银行业监督管理委员会主席尚福林

2015 年 8 月 29 日十二届常委会十六次会议一审通过。

7. 中华人民共和国票据法

起草单位：中国人民银行

说明人：中国人民银行副行长周正庆

1995 年 2 月 21 日—2 月 28 日八届常委会十二次会议一审；

1995 年 5 月 10 日八届常委会十三次会议二审通过。

全国人民代表大会常务委员会关于修改《中华人民共和国票据法》的决定

起草单位：全国人大常委会法工委

说明人：全国人大常委会法工委副主任安建

2004 年 8 月 28 日十届常委会十一次会议一审通过。

8. 中华人民共和国预备役军官法

起草单位：总政治部

说明人：中央军委委员、总参谋长张万年

1995 年 2 月 21 日—2 月 28 日八届常委会十二次会议一审；

1995 年 5 月 10 日八届常委会十三次会议二审通过。

全国人民代表大会常务委员会关于修改《中华人民共和国预备役军官法》的决定

起草单位：总政治部

说明人：中央军委委员、总政治部主任李继耐

2010 年 6 月 22 日—6 月 25 日十一届常委会十五次会议一审；

2010 年 8 月 28 日十一届常委会十六次会议二审通过。

9. 中华人民共和国担保法

起草单位：全国人大常委会法工委

说明人：全国人大常委会法工委主任顾昂然

1995 年 2 月 21 日—2 月 28 日八届常委会十二次会议一审；

1995 年 6 月 30 日八届常委会十四次会议二审通过。

10. 中华人民共和国保险法

起草单位：中国人民银行

说明人：中国人民银行副行长周正庆

1995 年 2 月 21 日—2 月 28 日八届常委会十二次会议一审；

1995 年 6 月 30 日八届常委会十四次会议二审通过。

全国人民代表大会常务委员会关于修改《中华人民共和国保险法》的决定

起草单位：中国保险监督管理委员会、国务院法制办

说明人：中国保险监督管理委员会主席马永伟

2002 年 6 月 24 日—6 月 29 日九届常委会二十八次会议一审；

2002 年 8 月 23 日—8 月 29 日九届常委会二十九次会议二审；

2002 年 10 月 28 日九届常委会三十次会议三审通过。

中华人民共和国保险法（修订）

起草单位：中国保险监督管理委员会

说明人：中国保险监督管理委员会主席吴定富

2008 年 8 月 23 日—8 月 28 日十一届常委会四次会议一审；

2008 年 12 月 22 日—12 月 27 日十一届常委会六次会议二审；

2009 年 2 月 28 日十一届常委会七次会议三审通过。

全国人民代表大会常务委员会关于修改《中华人民共和国保险法》等五部法律的决定

起草单位：国务院法制办

说明人：国务院法制办主任宋大涵

2014 年 8 月 31 日十二届常委会十次会议一审通过。

全国人民代表大会常务委员会关于修改《中华人民共和国计量法》等五部法律的决定（《中华人民共和国保险法》根据该决定修正）

起草单位：国务院法制办

说明人：国务院法制办主任宋大涵

2015 年 4 月 24 日十二届常委会十四次会议一审通过。

11. 中华人民共和国体育法

起草单位：国家体育运动委员会

说明人：国家体育运动委员会主任伍绍祖

1995 年 6 月 23 日—6 月 30 日八届常委会十四次会议一审；

1995 年 8 月 29 日八届常委会十五次会议二审通过。

全国人民代表大会常务委员会关于修改部分法律的决定（《中华人民共和国体育法》根据该决定作了修改）

起草单位：全国人大法律委、全国人大常委会法工委

说明人：全国人大常委会法工委主任李适时

2009 年 6 月 22 日十一届常委会九次会议一审；

2009 年 8 月 27 日十一届常委会十次会议二审通过。

全国人民代表大会常务委员会关于修改《中华人民共和国对外贸易法》等十二部法律的决定（《中华人民共和国体育法》根据该决定修正）

起草单位：国务院法制办

说明人：国务院法制办主任宋大涵

2016 年 11 月 7 日十二届常委会二十四次会议一审通过。

12. 中华人民共和国固体废物污染环境防治法

起草单位：国家环境保护局

说明人：国家环境保护局局长解振华

1995 年 8 月 23 日—8 月 29 日八届常委会十五次会议一审；

1995 年 10 月 30 日八届常委会十六次会议二审通过。

中华人民共和国固体废物污染环境防治法（修订）

起草单位：全国人大环资委

说明人：全国人大环资委主任委员毛如柏

2004 年 10 月 22 日—10 月 27 日十届常委会十二次会议一审；

2004 年 12 月 29 日十届常委会十三次会议二审通过。

全国人民代表大会常务委员会关于修改《中华人民共和国文物保护法》等十二部法律的决定（《中华人民共和国固体废物污染环境防治法》根据该决定修正）

起草单位：国务院法制办

说明人：国务院法制办主任宋大涵

2013 年 6 月 29 日十二届常委会三次会议一审通过。

全国人民代表大会常务委员会关于修改《中华人民共和国港口法》等七部法律的决定（《中华人民共和国固体废物污染环境防治法》根据该决定修正）

起草单位：国务院法制办

说明人：国务院法制办主任宋大涵

2015 年 4 月 24 日十二届常委会十四次会议一审通过。

全国人民代表大会常务委员会关于修改《中华人民共和国对外贸易法》等十二部法律的决定（《中华人民共和国固体废物污染环境防治法》根据该决定修正）

起草单位：国务院法制办

说明人：国务院法制办主任宋大涵

2016 年 11 月 7 日十二届常委会二十四次会议一审通过。

13. 中华人民共和国民用航空法①

起草单位：中国民用航空总局

说明人：中国民用航空总局局长陈光毅

1995 年 6 月 23 日—6 月 30 日八届常委会十四次会议一审；

1995 年 10 月 30 日八届常委会十六次会议二审通过。

---

① 2018 年 12 月 29 日十三届全国人大常委会第七次会议通过全国人民代表大会常务委员会关于修改《中华人民共和国劳动法》等七部法律的决定，民用航空法根据该决定修正。

全国人民代表大会常务委员会关于修改部分法律的决定（《中华人民共和国民用航空法》根据该决定作了修改）

起草单位：全国人大法律委、全国人大常委会法工委

说明人：全国人大常委会法工委主任李适时

2009 年 6 月 22 日十一届常委会九次会议一审；

2009 年 8 月 27 日十一届常委会十次会议二审通过。

全国人民代表大会常务委员会关于修改《中华人民共和国计量法》等五部法律的决定（《中华人民共和国民用航空法》根据该决定修正）

起草单位：国务院法制办

说明人：国务院法制办主任宋大涵

2015 年 4 月 24 日十二届常委会十四次会议一审通过。

全国人民代表大会常务委员会关于修改《中华人民共和国对外贸易法》等十二部法律的决定（《中华人民共和国民用航空法》根据该决定修正）

起草单位：国务院法制办

说明人：国务院法制办主任宋大涵

2016 年 11 月 7 日十二届常委会二十四次会议一审通过。

全国人民代表大会常务委员会关于修改《中华人民共和国会计法》等十一部法律的决定（《中华人民共和国民用航空法》根据该决定修正）

起草单位：国务院法制办

说明人：国务院法制办党组书记、副主任袁曙宏

2017 年 11 月 4 日十二届常委会三十次会议一审通过。

14. 中华人民共和国电力法[①]

起草单位：电力工业部

说明人：电力工业部部长史大桢

---

① 2018 年 12 月 29 日十三届全国人大常委会第七次会议通过全国人民代表大会常务委员会关于修改《中华人民共和国电力法》等四部法律的决定。

1995年10月23日—10月30日八届常委会十六次会议一审；
1995年12月28日八届常委会十七次会议二审通过。

全国人民代表大会常务委员会关于修改部分法律的决定（《中华人民共和国电力法》根据该决定作了修改）

起草单位：全国人大法律委、全国人大常委会法工委
说明人：全国人大常委会法工委主任李适时
2009年6月22日十一届常委会九次会议一审；
2009年8月27日十一届常委会十次会议二审通过。

全国人民代表大会常务委员会关于修改《中华人民共和国电力法》等六部法律的决定

起草单位：国务院法制办
说明人：国务院法制办主任宋大涵
2015年4月24日十二届常委会十四次会议一审通过。

1996年（14件）

1. 中华人民共和国戒严法

起草单位：全国人大常委会法工委、中央军委法制局
说明人：全国人大常委会法工委副主任乔晓阳
1995年12月20日—12月28日八届常委会十七次会议一审；
1996年3月1日八届常委会十八次会议二审通过。

2. 中华人民共和国行政处罚法

起草单位：全国人大常委会法工委
说明人：全国人大常委会秘书长曹志
1995年10月23日—10月30日八届常委会十六次会议一审；
1996年2月28日—3月1日八届常委会十八次会议二审；
1996年3月17日八届人大四次会议通过。

全国人民代表大会常务委员会关于修改部分法律的决定（《中华人民共和国行政处罚法》根据该决定作了修改）

起草单位：全国人大法律委、全国人大常委会法工委

说明人：全国人大常委会法工委主任李适时

2009 年 6 月 22 日十一届常委会九次会议一审；

2009 年 8 月 27 日十一届常委会十次会议二审通过。

全国人民代表大会常务委员会关于修改《中华人民共和国法官法》等八部法律的决定（《中华人民共和国行政处罚法》根据该决定修正）

起草单位：全国人大内司委

说明人：全国人大内司委副主任委员邓昌友

2017 年 9 月 1 日十二届常委会二十九次会议一审通过。

3. 中华人民共和国律师法

起草单位：司法部

说明人：司法部部长肖扬

1995 年 10 月 23 日—10 月 30 日八届常委会十六次会议一审；

1996 年 5 月 15 日八届常委会十八次会议二审通过。

全国人民代表大会常务委员会关于修改《中华人民共和国律师法》的决定

起草单位：司法部

说明人：司法部部长张福森

2001 年 12 月 29 日九届常委会二十五次会议一审通过。

中华人民共和国律师法（修订）

起草单位：司法部

说明人：司法部部长吴爱英

2007 年 6 月 24 日—6 月 29 日十届常委会二十八次会议一审；

2007 年 8 月 24 日—8 月 30 日十届常委会二十九次会议二审；

2007 年 10 月 28 日十届常委会三十次会议三审通过。

全国人民代表大会常务委员会关于修改《中华人民共和国律师法》的决定

起草单位：全国人大常委会法工委

说明人：全国人大常委会法工委主任李适时

2012 年 10 月 26 日十一届常委会二十九次会议一审通过。

全国人民代表大会常务委员会关于修改《中华人民共和国法官法》等八部法律的决定（《中华人民共和国律师法》根据该决定修正）

起草单位：全国人大内司委

说明人：全国人大内司委副主任委员邓昌友

2017 年 9 月 1 日十二届常委会二十九次会议一审通过。

4. 中华人民共和国职业教育法

起草单位：国家教育委员会

说明人：国家教育委员会主任朱开轩

1995 年 12 月 20 日—12 月 28 日八届常委会十七次会议一审；

1996 年 5 月 15 日八届常委会十九次会议二审通过。

5. 中华人民共和国促进科技成果转化法

起草单位：全国人大教科文卫委

说明人：全国人大教科文卫委副主任委员李绪鄂

1995 年 12 月 20 日—12 月 28 日八届常委会十七次会议一审；

1996 年 5 月 15 日八届常委会十九次会议二审通过。

全国人民代表大会常务委员会关于修改《中华人民共和国促进科技成果转化法》的决定

起草单位：科学技术部

说明人：科学技术部部长万钢

2015 年 2 月 25 日—2 月 27 日十二届常委会十三次会议一审；

2015 年 8 月 29 日十二届常委会十六次会议二审通过。

6. 中华人民共和国拍卖法

起草单位：国内贸易部

说明人：国内贸易部部长陈邦柱

1995 年 12 月 20 日—12 月 28 日八届常委会十七次会议一审；

1996 年 7 月 5 日八届常委会二十次会议二审通过。

全国人民代表大会常务委员会关于修改《中华人民共和国拍卖法》的决定

起草单位：全国人大常委会法工委

说明人：全国人大常委会法工委副主任安建

2004 年 8 月 28 日十届常委会十一次会议一审通过。

全国人民代表大会常务委员会关于修改《中华人民共和国电力法》等六部法律的决定（《中华人民共和国拍卖法》根据该决定修正）

起草单位：国务院法制办

说明人：国务院法制办主任宋大涵

2015 年 4 月 24 日十二届常委会十四次会议一审通过。

7. 中华人民共和国枪支管理法

起草单位：公安部

说明人：公安部部长陶驷驹

1996 年 5 月 7 日—5 月 15 日八届常委会十九次会议一审；

1996 年 7 月 5 日八届常委会二十次会议二审通过。

全国人民代表大会常务委员会关于修改部分法律的决定（《中华人民共和国枪支管理法》根据该决定修正）

起草单位：全国人大法律委、全国人大常委会法工委

说明人：全国人大常委会法工委主任李适时

2009 年 6 月 22 日十一届常委会九次会议一审；

2009 年 8 月 27 日十一届常委会十次会议二审通过。

全国人民代表大会常务委员会关于修改《中华人民共和国港口法》等七部法律的决定（《中华人民共和国枪支管理法》根据该决定修正）

起草单位：国务院法制办

说明人：国务院法制办主任宋大涵

2015 年 4 月 24 日十二届常委会十四次会议一审通过。

8. 中华人民共和国煤炭法

起草单位：煤炭工业部

说明人：煤炭工业部部长王森浩

1996 年 6 月 28 日—7 月 5 日八届常委会二十次会议一审；

1996 年 8 月 29 日八届常委会二十一次会议二审通过。

全国人民代表大会常务委员会关于修改部分法律的决定（《中华人民共和国煤炭法》根据该决定修正）

起草单位：全国人大法律委、全国人大常委会法工委

说明人：全国人大常委会法工委主任李适时

2009 年 6 月 22 日十一届常委会九次会议一审；

2009 年 8 月 27 日十一届常委会十次会议二审通过。

全国人民代表大会常务委员会关于修改《中华人民共和国煤炭法》的决定

起草单位：全国人大财经委

说明人：全国人大财经委主任委员石秀诗

2011 年 4 月 22 日十一届常委会二十次会议一审通过。

全国人民代表大会常务委员会关于修改《中华人民共和国文物保护法》等十二部法律的决定（《中华人民共和国煤炭法》根据该决定修正）

起草单位：国务院法制办

说明人：国务院法制办主任宋大涵

2013 年 6 月 29 日十二届常委会三次会议一审通过。

全国人民代表大会常务委员会关于修改《中华人民共和国对外贸易法》等十二部法律的决定（《中华人民共和国煤炭法》根据该决定修正）

起草单位：国务院法制办

说明人：国务院法制办主任宋大涵

2016 年 11 月 7 日十二届常委会二十四次会议一审通过。

9. 中华人民共和国老年人权益保障法[①]

起草单位：全国人大内司委

说明人：全国人大内司委主任委员孟连昆

1996 年 6 月 28 日—7 月 5 日八届常委会二十次会议一审；

1996 年 8 月 29 日八届常委会二十一次会议二审通过。

全国人民代表大会常务委员会关于修改部分法律的决定（《中华人民共和国老年人权益保障法》根据该决定修正）

起草单位：全国人大法律委、全国人大常委会法工委

说明人：全国人大常委会法工委主任李适时

2009 年 6 月 22 日十一届常委会九次会议一审；

2009 年 8 月 27 日十一届常委会十次会议二审通过。

中华人民共和国老年人权益保障法（修订）

起草单位：全国人大内司委

说明人：全国人大内司委副主任委员张学忠

2012 年 6 月 26 日—6 月 30 日十一届常委会二十七次会议一审；

2012 年 12 月 28 日十一届常委会三十次会议二审通过。

全国人民代表大会常务委员会关于修改《中华人民共和国电力法》等六部法律的决定（《中华人民共和国老年人权益保障法》根据该决定修正）

起草单位：国务院法制办

说明人：国务院法制办主任宋大涵

2015 年 4 月 24 日十二届常委会十四次会议一审通过。

---

① 2018 年 12 月 29 日十三届全国人大常委会第七次会议通过全国人民代表大会常务委员会关于修改《中华人民共和国劳动法》等七部法律的决定，老年人权益保障法根据该决定修正。

10. 中国人民解放军选举全国人民代表大会和地方人民代表大会代表的办法

起草单位：总政治部

说明人：总政治部副主任黄玉昆

1981 年 6 月 10 日五届常委会十九次会议一审通过。

中国人民解放军选举全国人民代表大会和县级以上地方各级人民代表大会代表的办法

起草单位：总政治部

说明人：中央军委委员、总政治部主任于永波

1996 年 8 月 23 日—8 月 29 日八届常委会二十一次会议一审；

1996 年 10 月 29 日八届常委会二十二次会议二审通过《中国人民解放军选举全国人民代表大会和地方人民代表大会代表的办法（修订）》，将名称改为现名。

全国人民代表大会常务委员会关于修改《中国人民解放军选举全国人民代表大会和县级以上地方各级人民代表大会代表的办法》的决定

起草单位：总政治部

说明人：中央军委委员、总政治部主任李继耐

2012 年 6 月 30 日十一届常委会二十七次会议一审通过。

11. 中华人民共和国人民防空法

起草单位：国家人防委

说明人：中央军委委员、中国人民解放军总参谋长傅全有

1996 年 8 月 23 日—8 月 29 日八届常委会二十一次会议一审；

1996 年 10 月 29 日八届常委会二十二次会议二审通过。

全国人民代表大会常务委员会关于修改部分法律的决定（《中华人民共和国人民防空法》根据该决定修正）

起草单位：全国人大法律委、全国人大常委会法工委

说明人：全国人大常委会法工委主任李适时

2009 年 6 月 22 日十一届常委会九次会议一审；

2009 年 8 月 27 日十一届常委会十次会议二审通过。

12. 中华人民共和国环境噪声污染防治法①

起草单位：全国人大环资委

说明人：全国人大环资委副主任委员林宗棠

1996 年 8 月 23 日—8 月 29 日八届常委会二十一次会议一审；

1996 年 10 月 29 日八届常委会二十二次会议二审通过。

13. 中华人民共和国乡镇企业法

起草单位：全国人大财经委

说明人：全国人大财经委员会主任委员柳随年

1996 年 8 月 23 日—8 月 29 日八届常委会二十一次会议一审；

1996 年 10 月 29 日八届常委会二十二次会议二审通过。

14. 中华人民共和国香港特别行政区驻军法

起草单位：总参谋部

说明人：中央军委委员、总参谋长傅全有

1996 年 10 月 23 日—10 月 29 日八届常委会二十二次会议一审；

1996 年 12 月 30 日八届常委会二十三次会议二审通过。

1997 年（11 件）

1. 中华人民共和国合伙企业法

起草单位：全国人大财经委

说明人：全国人大财经委员会副主任委员黄毅诚

1996 年 10 月 23 日—10 月 29 日八届常委会二十二次会议一审；

1997 年 2 月 23 日八届常委会二十四次会议二审通过。

---

① 2018 年 12 月 29 日十三届全国人大常委会第七次会议通过全国人民代表大会常务委员会关于修改《中华人民共和国劳动法》等七部法律的决定，环境噪声污染防治法根据该决定修正。

中华人民共和国合伙企业法（修订）

起草单位：全国人大财经委

说明人：全国人大财经委副主任委员严义埙

2006年4月25日—4月29日十届常委会二十一次会议一审；

2006年6月24日—6月29日十届常委会二十二次会议二审；

2006年8月27日十届常委会二十三次会议三审通过。

2. 中华人民共和国国防法

起草单位：国防法起草委员会

说明人：中央军委副主席、国务委员兼国防部长迟浩田

1996年5月7日—5月15日八届常委会十九次会议一审；

1996年12月24日—12月30日八届常委会二十三次会议二审；

1997年3月14日八届人大五次会议通过。

全国人民代表大会常务委员会关于修改部分法律的决定（《中华人民共和国国防法》根据该决定修正）

起草单位：全国人大法律委、全国人大常委会法工委

说明人：全国人大常委会法工委主任李适时

2009年6月22日十一届常委会九次会议一审；

2009年8月27日十一届常委会十次会议二审通过。

3. 中华人民共和国行政监察法①

起草单位：监察部

说明人：监察部部长曹庆泽

1995年12月20日—12月28日八届常委会十七次会议一审；

1996年12月24日—12月30日八届常委会二十三次会议二审；

1997年5月9日八届常委会二十五次会议三审通过。

---

① 2018年3月20日十三届全国人大一次会议通过《中华人民共和国监察法》，自公布之日起施行，行政监察法同时废止。

全国人民代表大会常务委员会关于修改《中华人民共和国行政监察法》的决定

起草单位：监察部

说明人：监察部部长马驭

2010 年 2 月 24 日—2 月 26 日十一届常委会十三次会议二审；

2010 年 6 月 25 日十一届常委会十五次会议二审通过。

4. 中华人民共和国公路法

起草单位：交通部

说明人：交通部部长黄镇东

1997 年 2 月 19 日—2 月 25 日八届常委会二十四次会议一审；

1997 年 7 月 3 日八届常委会二十六次会议二审通过。

全国人民代表大会常务委员会关于修改《中华人民共和国公路法》的决定

起草单位：交通部

说明人：交通部部长黄镇东

1998 年 10 月 27 日—11 月 4 日九届常委会五次会议一审；

1999 年 4 月 26 日—4 月 29 日九届常委会九次会议二审；

1999 年 10 月 31 日九届常委会十二次会议三审通过。

全国人民代表大会常务委员会关于修改《中华人民共和国公路法》的决定

起草单位：全国人大常委会法工委

说明人：全国人大常委会法工委副主任安建

2004 年 8 月 28 日十届常委会十一次会议一审通过。

全国人民代表大会常务委员会关于修改部分法律的决定（《中华人民共和国公路法》根据该决定修正）

起草单位：全国人大法律委、全国人大常委会法工委

说明人：全国人大常委会法工委主任李适时

2009 年 6 月 22 日十一届常委会九次会议一审；

2009 年 8 月 27 日十一届常委会十次会议二审通过。

全国人民代表大会常务委员会关于修改《中华人民共和国对外贸易法》等十二部法律的决定（《中华人民共和国公路法》根据该决定修正）

起草单位：国务院法制办

说明人：国务院法制办主任宋大涵

2016 年 11 月 7 日十二届常委会二十四次会议一审通过。

全国人民代表大会常务委员会关于修改《中华人民共和国会计法》等十一部法律的决定（《中华人民共和国公路法》根据该决定修正）

起草单位：国务院法制办

说明人：国务院法制办党组书记、副主任袁曙宏

2017 年 11 月 4 日十二届常委会三十次会议一审通过。

5. 中华人民共和国动物防疫法

起草单位：农业部

说明人：农业部部长刘江

1997 年 2 月 19 日—2 月 25 日八届常委会二十四次会议一审；

1997 年 7 月 3 日八届常委会二十六次会议二审通过。

中华人民共和国动物防疫法（修订）

起草单位：农业部

说明人：农业部部长孙政才

2007 年 4 月 24 日—4 月 27 日十届常委会二十七次会议一审；

2007 年 8 月 30 日十届常委会二十九次会议二审通过。

全国人民代表大会常务委员会关于修改《中华人民共和国文物保护法》等十二部法律的决定（《中华人民共和国动物防疫法》根据该决定修正）

起草单位：国务院法制办

说明人：国务院法制办主任宋大涵

2013 年 6 月 29 日十二届常委会三次会议一审通过。

全国人民代表大会常务委员会关于修改《中华人民共和国电力法》等六部法律的决定（《中华人民共和国动物防疫法》根据该决定修正）

起草单位：国务院法制办

说明人：国务院法制办主任宋大涵

2015 年 4 月 24 日十二届常委会十四次会议一审通过。

6. 中华人民共和国防洪法

起草单位：水利部

说明人：水利部部长钮茂生

1997 年 6 月 27 日—7 月 3 日八届常委会二十六次会议一审；

1997 年 8 月 29 日八届常委会二十七次会议二审通过。

全国人民代表大会常务委员会关于修改部分法律的决定（《中华人民共和国防洪法》根据该决定修正）

起草单位：全国人大法律委、全国人大常委会法工委

说明人：全国人大常委会法工委主任李适时

2009 年 6 月 22 日十一届常委会九次会议一审；

2009 年 8 月 27 日十一届常委会十次会议二审通过。

全国人民代表大会常务委员会关于修改《中华人民共和国港口法》等七部法律的决定（《中华人民共和国防洪法》根据该决定修正）

起草单位：国务院法制办

说明人：国务院法制办主任宋大涵

2015 年 4 月 24 日十二届常委会十四次会议一审通过。

全国人民代表大会常务委员会关于修改《中华人民共和国节约能源法》等六部法律的决定（《中华人民共和国防洪法》根据该决定修正）

起草单位：国家发展和改革委员会

说明人：国家发展和改革委员会副主任张勇

2016 年 7 月 2 日十二届常委会二十一次会议一审通过。

7. 中华人民共和国建筑法

起草单位：建设部

说明人：建设部部长侯捷

1996 年 8 月 23 日—8 月 29 日八届常委会二十一次会议一审；

1997 年 11 月 1 日八届常委会二十八次会议二审通过。

全国人民代表大会常务委员会关于修改《中华人民共和国建筑法》的决定

起草单位：全国人大财经委

说明人：全国人大财经委主任委员石秀诗

2011 年 4 月 22 日十一届常委会二十次会议一审通过。

8. 中华人民共和国节约能源法①

起草单位：国家计委、国家经贸委

说明人：国家计委主任陈锦华

1995 年 5 月 5 日—5 月 10 日八届常委会十三次会议一审；

1995 年 6 月 23 日—6 月 30 日八届常委会十四次会议二审；

1996 年 6 月 28 日—7 月 5 日八届常委会二十次会议三审；

1997 年 11 月 1 日八届常委会二十八次会议四审通过。

中华人民共和国节约能源法（修订）

起草单位：全国人大财经委、国家发改委、国务院法制办

说明人：全国人大财经委主任委员傅志寰

2007 年 6 月 24 日—6 月 29 日十届常委会二十八次会议一审；

2007 年 10 月 28 日十届常委会三十次会议二审通过。

---

① 2018 年 10 月 26 日十三届全国人大常委会第六次会议通过全国人民代表大会常务委员会关于修改《中华人民共和国野生动物保护法》等十五部法律的决定，节约能源法根据该决定修正。

全国人民代表大会常务委员会关于修改《中华人民共和国节约能源法》等六部法律的决定

起草单位：国家发展和改革委员会

说明人：国家发展和改革委员会副主任张勇

2016 年 7 月 2 日十二届常委会二十一次会议一审通过。

9. 中华人民共和国献血法

起草单位：卫生部

说明人：卫生部部长陈敏章

1996 年 12 月 24 日—12 月 30 日八届常委会二十三次会议一审；

1997 年 5 月 6 日—5 月 9 日八届常委会二十五次会议二审；

1997 年 12 月 29 日八届常委会二十九次会议三审通过。

10. 中华人民共和国防震减灾法

起草单位：国家地震局

说明人：国家地震局局长陈章立

1997 年 8 月 25 日—8 月 29 日八届常委会二十七次会议一审；

1997 年 12 月 29 日八届常委会二十九次会议二审通过。

中华人民共和国防震减灾法（修订）

起草单位：国家地震局

说明人：国家地震局局长陈建民

2008 年 10 月 23 日—10 月 28 日十一届常委会五次会议一审；

2008 年 12 月 27 日十一届常委会六次会议二审通过。

11. 中华人民共和国价格法

起草单位：国家计划委员会

说明人：国家计划委员会主任陈锦华

1997 年 8 月 25 日—8 月 29 日八届常委会二十七次会议一审；

1997 年 12 月 29 日八届常委会二十九次会议二审通过。

1998 年（6 件）

1. 中华人民共和国消防法

起草单位：公安部

说明人：公安部部长陶驷驹

1997 年 10 月 27 日—11 月 1 日八届常委会二十八次会议一审；

1998 年 4 月 29 日九届常委会二次会议二审通过。

中华人民共和国消防法（修订）

起草单位：公安部

说明人：公安部副部长刘金国

2008 年 4 月 22 日—4 月 24 日十一届常委会二次会议一审；

2008 年 6 月 24 日—6 月 26 日十一届常委会三次会议二审；

2008 年 10 月 28 日十一届常委会五次会议三审通过。

2. 中华人民共和国专属经济区和大陆架法

起草单位：外交部

说明人：外交部副部长李肇星

1996 年 12 月 24 日—12 月 30 日八届常委会二十三次会议一审；

1998 年 6 月 26 日九届常委会三次会议二审通过。

3. 中华人民共和国执业医师法

起草单位：卫生部

说明人：卫生部部长陈敏章

1995 年 6 月 23 日—6 月 30 日八届常委会十四次会议一审；

1998 年 6 月 26 日九届常委会三次会议二审通过。

全国人民代表大会常务委员会关于修改部分法律的决定（《中华人民共和国执业医师法》根据该决定修正）

起草单位：全国人大法律委、全国人大常委会法工委

说明人：全国人大常委会法工委主任李适时

2009 年 6 月 22 日十一届常委会九次会议一审；

2009 年 8 月 27 日十一届常委会十次会议二审通过。

4. 中华人民共和国高等教育法[①]

起草单位：国家教育委员会

说明人：国家教育委员会主任朱开轩

1997 年 6 月 27 日—7 月 3 日八届常委会二十六次会议一审；

1997 年 12 月 24 日—12 月 29 日八届常委会二十九次会议二审；

1998 年 4 月 26 日—4 月 29 日九届常委会二次会议三审；

1998 年 8 月 29 日九届常委会四次会议四审通过。

全国人民代表大会常务委员会关于修改《中华人民共和国高等教育法》的决定

起草单位：教育部

说明人：教育部部长袁贵仁

2015 年 8 月 24 日—8 月 29 日十二届常委会十六次会议一审；

2015 年 12 月 27 日十二届常委会十八次会议二审通过。

5. 中华人民共和国村民委员会组织法[②]

起草单位：民政部、国务院法制办

说明人：民政部部长多吉才让

1998 年 6 月 22 日—6 月 26 日九届常委会三次会议一审；

1998 年 8 月 24 日—8 月 29 日九届常委会四次会议二审；

1998 年 11 月 4 日九届常委会五次会议三审通过。

中华人民共和国村民委员会组织法（试行）

起草单位：民政部

---

① 2018 年 12 月 29 日十三届全国人大常委会第七次会议通过关于修改《中华人民共和国电力法》等四部法律的决定，高等教育法根据该决定修正。

② 2018 年 12 月 29 日十三届全国人大常委会第七次会议通过全国人民代表大会常务委员会关于修改《中华人民共和国村民委员会组织法》《中华人民共和国城市居民委员会组织法》的决定。

说明人：民政部副部长邹恩同
1987 年 1 月 12 日—1 月 22 日六届常委会十九次会议一审；
1987 年 3 月 10 日—3 月 19 日六届常委会二十次会议二审；
1987 年 11 月 24 日六届常委会二十三次会议三审通过。

中华人民共和国村民委员会组织法（修订）
起草单位：民政部
说明人：民政部部长李学举
2009 年 12 月 22 日—12 月 26 日十一届常委会十二次会议一审；
2010 年 6 月 22 日—6 月 25 日十一届常委会十五次会议二审；
2010 年 10 月 28 日十一届常委会十七次会议三审通过。

6. 中华人民共和国证券法

起草单位：全国人大财经委
说明人：全国人大财经委主任委员柳随年
1993 年 8 月 25 日—9 月 2 日八届常委会三次会议一审；
1993 年 12 月 20 日—12 月 29 日八届常委会五次会议二审；
1994 年 6 月 28 日—7 月 5 日八届常委会八次会议三审；
1998 年 10 月 27 日—11 月 4 日九届常委会五次会议四审；
1998 年 12 月 29 日九届常委会六次会议五审通过。

全国人民代表大会常务委员会关于修改《中华人民共和国证券法》的决定
起草单位：全国人大常委会法工委
说明人：全国人大常委会法工委副主任安建
2004 年 8 月 28 日十届常委会十一次会议一审通过。

中华人民共和国证券法（修订）
起草单位：全国人大财经委
说明人：全国人大财经委副主任委员周正庆
2005 年 4 月 24 日—4 月 27 日十届常委会十五次会议一审；

2005 年 8 月 23 日—8 月 28 日十届常委会十七次会议二审；

2005 年 10 月 27 日十届常委会十八次会议三审通过。

全国人民代表大会常务委员会关于修改《中华人民共和国文物保护法》等十二部法律的决定（《中华人民共和国证券法》根据该决定修正）

起草单位：国务院法制办

说明人：国务院法制办主任宋大涵

2013 年 6 月 29 日十二届常委会三次会议一审通过。

全国人民代表大会常务委员会关于修改《中华人民共和国保险法》等五部法律的决定（《中华人民共和国证券法》根据该决定修正）

起草单位：国务院法制办

说明人：国务院法制办主任宋大涵

2014 年 8 月 31 日十二届常委会十次会议一审通过。

1999 年（9 件）

1. 中华人民共和国合同法

起草单位：全国人大常委会法工委

说明人：全国人大常委会法工委主任顾昂然

1998 年 8 月 24 日—8 月 29 日九届常委会四次会议一审；

1998 年 10 月 27 日—11 月 4 日九届常委会五次会议二审；

1998 年 12 月 23 日—12 月 29 日九届常委会六次会议三审；

1999 年 1 月 29 日—1 月 30 日九届常委会七次会议四审；

1999 年 3 月 15 日九届人大二次会议通过。

2. 中华人民共和国行政复议法

起草单位：国务院法制办

说明人：国务院法制办主任杨景宇

1998 年 10 月 27 日—11 月 4 日九届常委会五次会议一审；

1998 年 12 月 23 日—12 月 29 日九届常委会六次会议二审；

1999 年 4 月 29 日九届常委会九次会议三审通过。

全国人民代表大会常务委员会关于修改部分法律的决定（《中华人民共和国行政复议法》根据该决定修正）

起草单位：全国人大法律委、全国人大常委会法工委

说明人：全国人大常委会法工委主任李适时

2009 年 6 月 22 日十一届常委会九次会议一审；

2009 年 8 月 27 日十一届常委会十次会议二审通过。

全国人民代表大会常务委员会关于修改《中华人民共和国法官法》等八部法律的决定（《中华人民共和国行政复议法》根据该决定修正）

起草单位：全国人大内司委

说明人：全国人大内司委副主任委员邓昌友

2017 年 9 月 1 日十二届常委会二十九次会议一审通过。

3. 中华人民共和国澳门特别行政区驻军法

起草单位：总参谋部

说明人：中央军委委员、总参谋长傅全有

1999 年 4 月 26 日—4 月 29 日九届常委会九次会议一审；

1999 年 6 月 28 日九届常委会十次会议二审通过。

4. 中华人民共和国公益事业捐赠法

起草单位：全国人大常委会法工委、全国人大华侨委

说明人：全国人大常委会法工委副主任张春生

1999 年 4 月 26 日—4 月 29 日九届常委会九次会议一审；

1999 年 6 月 28 日九届常委会十次会议二审通过。

5. 中华人民共和国预防未成年人犯罪法

起草单位：全国人大内司委、共青团中央

说明人：全国人大内司委主任委员侯宗宾

1998 年 4 月 26 日—4 月 29 日九届常委会二次会议一审；

1999 年 4 月 26 日—4 月 29 日九届常委会九次会议二审；

1999 年 6 月 28 日九届常委会十次会议三审通过。

全国人民代表大会常务委员会关于修改《中华人民共和国预防未成年人犯罪法》的决定

起草单位：全国人大常委会法工委

说明人：全国人大常委会法工委主任李适时

2012 年 10 月 26 日十一届常委会二十九次会议一审通过。

6. 中华人民共和国个人独资企业法

起草单位：全国人大财经委

说明人：全国人大财经委副主任委员姚振炎

1999 年 4 月 26 日—4 月 29 日九届常委会九次会议一审；

1999 年 6 月 22 日—6 月 28 日九届常委会十次会议二审；

1999 年 8 月 30 日九届常委会十一次会议三审通过。

7. 中华人民共和国招标投标法

起草单位：国家发展计划委员会

说明人：国家发展计划委员会主任曾培炎

1999 年 4 月 26 日—4 月 29 日九届常委会九次会议一审；

1999 年 6 月 22 日—6 月 28 日九届常委会十次会议二审；

1999 年 8 月 30 日九届常委会十一次会议三审通过。

全国人民代表大会常务委员会关于修改《中华人民共和国招标投标法》、《中华人民共和国计量法》的决定

起草单位：国务院法制办

说明人：国务院法制办党组书记、副主任袁曙宏

2017 年 12 月 27 日十二届常委会三十一次会议一审通过。

8. 中华人民共和国气象法

起草单位：中国气象局

说明人：中国气象局局长温克刚

1999 年 6 月 22 日—6 月 28 日九届常委会十次会议一审；

1999 年 8 月 24 日—8 月 30 日九届常委会十一次会议二审；

1999 年 10 月 31 日九届常委会十二次会议三审通过。

全国人民代表大会常务委员会关于修改部分法律的决定（《中华人民共和国气象法》根据该决定修正）

起草单位：全国人大法律委、全国人大常委会法工委

说明人：全国人大常委会法工委主任李适时

2009 年 6 月 22 日十一届常委会九次会议一审；

2009 年 8 月 27 日十一届常委会十次会议二审通过。

全国人民代表大会常务委员会关于修改《中华人民共和国保险法》等五部法律的决定（《中华人民共和国气象法》根据该决定修正）

起草单位：国务院法制办

说明人：国务院法制办主任宋大涵

2014 年 8 月 31 日十二届常委会十次会议一审通过。

全国人民代表大会常务委员会关于修改《中华人民共和国对外贸易法》等十二部法律的决定（《中华人民共和国气象法》根据该决定修正）

起草单位：国务院法制办

说明人：国务院法制办主任宋大涵

2016 年 11 月 7 日十二届常委会二十四次会议一审通过。

9. 中华人民共和国海事诉讼特别程序法

起草单位：最高人民法院

说明人：最高人民法院副院长李国光

1999 年 8 月 24 日—8 月 30 日九届常委会十一次会议一审；

1999 年 10 月 25 日—10 月 31 日九届常委会十二次会议二审；

1999 年 12 月 25 日九届常委会十三次会议三审通过。

2000 年（5 件）

1. 中华人民共和国立法法

起草单位：全国人大常委会法工委

说明人：全国人大常委会法工委主任顾昂然

1999 年 10 月 25 日—10 月 31 日九届常委会十二次会议一审；

1999 年 12 月 17 日—12 月 25 日九届常委会十三次会议二审；

2000 年 3 月 15 日九届人大三次会议通过。

全国人民代表大会关于修改《中华人民共和国立法法》的决定

起草单位：全国人大常委会法工委

说明人：全国人大常委会副委员长李建国

2014 年 8 月 25 日—8 月 31 日十二届常委会十次会议一审；

2014 年 12 月 22 日—12 月 28 日十二届常委会十二次会议二审；

2015 年 3 月 15 日十二届人大三次会议通过。

2. 中华人民共和国种子法

起草单位：全国人大农委

说明人：全国人大农委主任委员高德占

1999 年 12 月 17 日—12 月 25 日九届常委会十三次会议一审；

2000 年 4 月 25 日—4 月 29 日九届常委会十五次会议二审；

2000 年 7 月 8 日九届常委会十六次会议三审通过。

全国人民代表大会常务委员会关于修改《中华人民共和国种子法》的决定

起草单位：全国人大常委会法工委

说明人：全国人大常委会法工委副主任安建

2004 年 8 月 28 日十届常委会十一次会议一审通过。

全国人民代表大会常务委员会关于修改《中华人民共和国文物保护法》等十二部法律的决定（《中华人民共和国种子法》根据该决定修正）

起草单位：国务院法制办

说明人：国务院法制办主任宋大涵
2013 年 6 月 29 日十二届常委会三次会议一审通过。

中华人民共和国种子法（修订）
起草单位：全国人大农委
说明人：全国人大农委副主任委员刘振伟
2015 年 4 月 20 日—4 月 24 日十二届常委会十四次会议一审；
2015 年 11 月 4 日十二届常委会十七次会议二审通过。

3. 中华人民共和国国家通用语言文字法

起草单位：全国人大教科文卫委
说明人：全国人大教科文卫委副主任委员汪家镠
2000 年 7 月 3 日—7 月 8 日九届常委会十六次会议一审；
2000 年 8 月 21 日—8 月 25 日九届常委会十七次会议二审；
2000 年 10 月 31 日九届常委会十八次会议三审通过。

4. 中华人民共和国现役军官法

起草单位：总政治部
说明人：中央军委委员、总政治部主任于永波
2000 年 12 月 28 日九届常委会十九次会议一审通过《全国人民代表大会常务委员会关于修改〈中华人民共和国现役军官服役条例〉的决定》，将名称改为现名。

中华人民共和国现役军官服役条例
起草单位：总政治部
说明人：中央军委委员、总政治部主任杨白冰
1988 年 6 月 25 日—7 月 1 日七届常委会二次会议一审；
1988 年 9 月 5 日七届常委会三次会议二审通过。

全国人民代表大会常务委员会关于修改《中华人民共和国现役军官服役条例》的决定
起草单位：总政治部

说明人：中央军委委员、总政治部主任于永波

1994 年 5 月 12 日八届常委会七次会议一审通过。

5. 中华人民共和国引渡法

起草单位：全国人大常委会法工委

说明人：全国人大常委会法工委副主任胡康生

2000 年 8 月 21 日—8 月 25 日九届常委会十七次会议一审；

2000 年 10 月 23 日—10 月 31 日九届常委会十八次会议二审；

2000 年 12 月 28 日九届常委会十九次会议三审通过。

2001 年（6 件）

1. 中华人民共和国信托法

起草单位：全国人大财经委员会

说明人：全国人大财经委员会副主任委员张绪武

1996 年 12 月 24 日—12 月 30 日八届常委会二十三次会议一审；

2000 年 7 月 3 日—7 月 8 日九届常委会十六次会议二审；

2001 年 4 月 28 日九届常委会二十一次会议三审通过。

2. 中华人民共和国国防教育法①

起草单位：总政治部

说明人：中央军委副主席、国务委员兼国防部长迟浩田

2000 年 12 月 22 日—12 月 28 日九届常委会十九次会议一审；

2001 年 4 月 28 日九届常委会二十一次会议二审通过。

3. 中华人民共和国防沙治沙法②

起草单位：全国人大环资委、全国人大农委

① 2018 年 4 月 27 日十三届全国人大常委会第二次会议通过全国人民代表大会常务委员会关于修改《中华人民共和国国境卫生检疫法》等六部法律的决定，国防教育法根据该决定修正。

② 2018 年 10 月 26 日十三届全国人大常委会第六次会议通过全国人民代表大会常务委员会关于修改《中华人民共和国野生动物保护法》等十五部法律的决定，防沙治沙法根据该决定修正。

说明人：全国人大环资委主任委员曲格平

2001 年 2 月 26 日—2 月 28 日九届常委会二十次会议一审；

2001 年 6 月 26 日—6 月 30 日九届常委会二十二次会议二审；

2001 年 8 月 31 日九届常委会二十三次会议三审通过。

4. 中华人民共和国海域使用管理法

起草单位：国土资源部、财政部、国家海洋局

说明人：国土资源部部长田凤山

2001 年 6 月 26 日—6 月 30 日九届常委会二十二次会议一审；

2001 年 8 月 27 日—8 月 31 日九届常委会二十三次会议二审；

2001 年 10 月 27 日九届常委会二十四次会议三审通过。

5. 中华人民共和国职业病防治法①

起草单位：卫生部、国务院法制办

说明人：卫生部部长张文康

2001 年 6 月 26 日—6 月 30 日九届常委会二十二次会议一审；

2001 年 8 月 27 日—8 月 31 日九届常委会二十三次会议二审；

2001 年 10 月 27 日九届常委会二十四次会议三审通过。

全国人民代表大会常务委员会关于修改《中华人民共和国职业病防治法》的决定

起草单位：卫生部

说明人：卫生部部长陈竺

2011 年 6 月 27 日—6 月 30 日十一届常委会二十一次会议一审；

2011 年 10 月 24 日—10 月 29 日十一届常委会二十三次会议二审；

2011 年 12 月 31 日十一届常委会二十四次会议三审通过。

① 2018 年 12 月 29 日十三届全国人大常委会第七次会议通过全国人民代表大会常务委员会关于修改《中华人民共和国劳动法》等七部法律的决定，职业病防治法根据该决定修正。

全国人民代表大会常务委员会关于修改《中华人民共和国节约能源法》等六部法律的决定（《中华人民共和国职业病防治法》根据该决定修正）

起草单位：国家发展和改革委员会

说明人：国家发展和改革委员会副主任张勇

2016 年 7 月 2 日十二届常委会二十一次会议一审通过。

全国人民代表大会常务委员会关于修改《中华人民共和国会计法》等十一部法律的决定（《中华人民共和国职业病防治法》根据该决定修正）

起草单位：国务院法制办

说明人：国务院法制办党组书记、副主任袁曙宏

2017 年 11 月 4 日十二届常委会三十次会议一审通过。

6. 中华人民共和国人口与计划生育法

起草单位：国家计划生育委员会

说明人：国家计划生育委员会主任张维庆

2001 年 4 月 24 日—4 月 28 日九届常委会二十一次会议一审；

2001 年 6 月 26 日—6 月 30 日九届常委会二十二次会议二审；

2001 年 12 月 29 日九届常委会二十五次会议三审通过。

全国人民代表大会常务委员会关于修改《中华人民共和国人口与计划生育法》的决定

起草单位：国家计划生育委员会

说明人：国家卫生和计划生育委员会主任李斌

2015 年 12 月 27 日十二届常委会十八次会议一审通过。

2002 年（8 件）

1. 中华人民共和国政府采购法

起草单位：全国人大财经委

说明人：全国人大财经委副主任委员姚振炎

2001 年 10 月 22 日—10 月 27 日九届常委会二十四次会议一审；

2001年12月24日—12月29日九届常委会二十五次会议二审；

2002年6月29日九届常委会二十八次会议三审通过。

全国人民代表大会常务委员会关于修改《中华人民共和国保险法》等五部法律的决定（《中华人民共和国政府采购法》根据该决定修正）

起草单位：国务院法制办

说明人：国务院法制办主任宋大涵

2014年8月31日十二届常委会十次会议一审通过。

2. 中华人民共和国科学技术普及法

起草单位：全国人大教科文卫委

说明人：全国人大教科文卫委副主任委员朱丽兰

2002年4月24日—4月28日九届常委会二十八次会议一审；

2002年6月29日九届常委会二十九次会议二审通过。

3. 中华人民共和国清洁生产促进法

起草单位：全国人大环资委

说明人：全国人大环资委副主任委员李蒙

2002年4月24日—4月28日九届常委会二十七次会议一审；

2002年6月29日九届二十八次会议二审通过。

全国人民代表大会常务委员会关于修改《中华人民共和国清洁生产促进法》的决定

起草单位：全国人大环资委

说明人：全国人大环资委主任委员汪光焘

2011年10月24日—10月29日十一届常委会二十三次会议一审；

2012年2月29日十一届常委会二十五次会议二审通过。

4. 中华人民共和国中小企业促进法

起草单位：全国人大财经委

说明人：全国人大财经委副主任委员曾宪林

2001 年 12 月 24 日—12 月 29 日九届常委会二十五次会议一审；
2002 年 4 月 24 日—4 月 28 日九届常委会二十七次会议二审；
2002 年 6 月 29 日九届常委会二十八次会议三审通过。

中华人民共和国中小企业促进法（修订）
起草单位：全国人大财经委
说明人：全国人大财经委副主任委员乌日图
2016 年 10 月 31 日—11 月 7 日十二届常委会二十四次会议一审；
2017 年 6 月 22 日—6 月 27 日十二届常委会二十八次会议二审；
2017 年 9 月 1 日十二届常委会二十九次会议三审通过。

5. 中华人民共和国安全生产法
起草单位：国家经济贸易委员会
说明人：国家经济贸易委员会主任李荣融
2001 年 12 月 24 日—12 月 29 日九届常委会二十五次会议一审；
2002 年 4 月 24 日—4 月 28 日九届常委会二十七次会议二审；
2002 年 6 月 29 日九届常委会二十八次会议三审通过。

全国人民代表大会常务委员会关于修改部分法律的决定（《中华人民共和国安全生产法》根据该决定修正）
起草单位：全国人大法律委、全国人大常委会法工委
说明人：全国人大常委会法工委主任李适时
2009 年 6 月 22 日十一届常委会九次会议一审；
2009 年 8 月 27 日十一届常委会十次会议二审通过。

全国人民代表大会常务委员会关于修改《中华人民共和国安全生产法》的决定
起草单位：国家安全生产监督管理总局
说明人：国家安全生产监督管理总局局长杨栋梁
2014 年 2 月 25 日—2 月 27 日十二届常委会七次会议一审；
2014 年 8 月 31 日十二届常委会十次会议二审通过。

6. 中华人民共和国农村土地承包法①

起草单位：全国人大农委

说明人：全国人大农委副主任委员柳随年

2001 年 6 月 26 日—6 月 30 日九届常委会二十二次会议一审；

2002 年 6 月 24 日—6 月 29 日九届常委会二十八次会议二审；

2002 年 8 月 29 日九届常委会二十九次会议三审通过。

全国人民代表大会常务委员会关于修改部分法律的决定（《中华人民共和国农村土地承包法》根据该决定修正）

起草单位：全国人大法律委、全国人大常委会法工委

说明人：全国人大常委会法工委主任李适时

2009 年 6 月 22 日十一届常委会九次会议一审；

2009 年 8 月 27 日十一届常委会十次会议二审通过。

7. 中华人民共和国环境影响评价法②

起草单位：全国人大环资委

说明人：全国人大环资委副主任委员王涛

2000 年 12 月 22 日—12 月 28 日九届常委会十九次会议一审；

2002 年 8 月 23 日—8 月 29 日九届常委会二十九次会议二审；

2002 年 10 月 28 日九届常委会三十次会议三审通过。

全国人民代表大会常务委员会关于修改《中华人民共和国节约能源法》等六部法律的决定（《中华人民共和国环境影响评价法》根据该决定修正）

起草单位：国家发展和改革委员会

说明人：国家发展和改革委员会副主任张勇

2016 年 7 月 2 日十二届常委会二十一次会议一审通过。

---

① 2018 年 12 月 29 日十三届全国人大常委会第七次会议通过全国人民代表大会常务委员会关于修改《中华人民共和国农村土地承包法》的决定。

② 2018 年 12 月 29 日十三届全国人大常委会第七次会议通过全国人民代表大会常务委员会关于修改《中华人民共和国劳动法》等七部法律的决定，环境影响评价法根据该决定修正。

8. 中华人民共和国民办教育促进法[①]

起草单位：全国人大教科文卫委

说明人：全国人大教科文卫委副主任委员汪家镠

2002 年 6 月 24 日—6 月 29 日九届常委会二十八次会议一审；

2002 年 8 月 23 日—8 月 29 日九届常委会二十九次会议二审；

2002 年 10 月 25 日—10 月 28 日九届常委会三十次会议三审；

2002 年 12 月 28 日九届常委会三十一次会议四审通过。

全国人民代表大会常务委员会关于修改《中华人民共和国文物保护法》等十二部法律的决定（《中华人民共和国民办教育促进法》根据该决定修正）

起草单位：国务院法制办

说明人：国务院法制办主任宋大涵

2013 年 6 月 29 日十二届常委会三次会议一审通过。

全国人民代表大会常务委员会关于修改《中华人民共和国民办教育促进法》的决定

起草单位：教育部

说明人：教育部部长袁贵仁

2015 年 8 月 24 日—8 月 29 日十二届常委会十六次会议一审；

2015 年 12 月 21 日—12 月 27 日十二届常委会十八次会议二审；

2016 年 11 月 7 日十二届常委会二十四次会议三审通过。

2003 年（8 件）

1. 中华人民共和国海关关衔条例

起草单位：海关总署

说明人：海关总署署长牟新生

2002 年 12 月 23 日—12 月 28 日九届常委会三十一次会议一审；

2003 年 2 月 28 日九届常委会三十二次会议二审通过。

---

① 2018 年 12 月 29 日十三届全国人大常委会第七次会议通过全国人民代表大会常务委员会关于修改《中华人民共和国劳动法》等七部法律的决定，民办教育促进法根据该决定修正。

2. 中华人民共和国居民身份证法

起草单位：公安部

说明人：公安部部长贾春旺

2002 年 10 月 25 日—10 月 28 日九届常委会三十次会议一审；

2002 年 12 月 23 日—12 月 28 日九届常委会三十一次会议二审；

2003 年 4 月 25 日—4 月 26 日十届常委会二次会议三审；

2003 年 6 月 28 日十届常委会三次会议四审通过。

全国人民代表大会常务委员会关于修改《中华人民共和国居民身份证法》的决定

起草单位：公安部

说明人：公安部副部长杨焕宁

2011 年 10 月 29 日十一届常委会二十三次会议一审通过。

3. 中华人民共和国放射性污染防治法

起草单位：国家环境保护总局

说明人：国家环境保护总局局长解振华

2002 年 12 月 23 日—12 月 28 日九届常委会三十一次会议一审；

2003 年 4 月 25 日—4 月 26 日十届常委会二次会议二审；

2003 年 6 月 28 日十届常委会三次会议三审通过。

4. 中华人民共和国港口法①

起草单位：交通部

说明人：交通部部长张春贤

2002 年 12 月 23 日—12 月 28 日九届常委会三十一次会议一审；

2003 年 4 月 25 日—4 月 26 日十届常委会二次会议二审；

2003 年 6 月 28 日十届常委会三次会议三审通过。

---

① 2018 年 12 月 29 日十二届全国人大常委会第七次会议通过全国人民代表大会常务委员会关于修改《中华人民共和国电力法》等四部法律的决定，港口法根据该决定修正。

全国人民代表大会常务委员会关于修改《中华人民共和国港口法》等七部法律的决定

起草单位：国务院法制办

说明人：国务院法制办主任宋大涵

2015 年 4 月 24 日十二届常委会十四次会议一审通过。

全国人民代表大会常务委员会关于修改《中华人民共和国会计法》等十一部法律的决定（《中华人民共和国港口法》根据该决定修正）

起草单位：国务院法制办

说明人：国务院法制办党组书记、副主任袁曙宏

2017 年 11 月 4 日十二届常委会三十次会议一审通过。

5. 中华人民共和国行政许可法

起草单位：国务院法制办

说明人：国务院法制办主任杨景宇

2002 年 8 月 23 日—8 月 29 日九届常委会二十九次会议一审；

2002 年 12 月 23 日—12 月 28 日九届常委会三十一次会议二审；

2003 年 6 月 23 日—6 月 28 日十届常委会三次会议三审；

2003 年 8 月 27 日十届常委会四次会议四审通过。

6. 中华人民共和国证券投资基金法

起草单位：全国人大财经委

说明人：全国人大财经委副主任委员厉以宁

2002 年 8 月 23 日—8 月 29 日九届常委会二十九次会议一审；

2003 年 6 月 23 日—6 月 28 日十届常委会三次会议二审；

2003 年 10 月 28 日十届常委会五次会议三审通过。

中华人民共和国证券投资基金法（修订）

起草单位：全国人大财经委

说明人：全国人大财经委副主任委员吴晓灵

2012 年 6 月 26 日—6 月 30 日十一届常委会二十七次会议一审；

2012 年 10 月 26 日十一届常委会二十九次会议二审；

2012 年 12 月 28 日十一届常委会三十次会议三审通过。

全国人民代表大会常务委员会关于修改《中华人民共和国港口法》等七部法律的决定（《中华人民共和国证券投资基金法》根据该决定修正）

起草单位：国务院法制办

说明人：国务院法制办主任宋大涵

2015 年 4 月 24 日十二届常委会十四次会议一审通过。

7. 中华人民共和国道路交通安全法

起草单位：公安部

说明人：公安部部长贾春旺

2001 年 12 月 24 日—12 月 29 日九届常委会二十五次会议一审；

2002 年 8 月 23 日—8 月 29 日九届常委会二十九次会议二审；

2003 年 6 月 23 日—6 月 28 日十届常委会三次会议三审；

2003 年 10 月 28 日十届常委会五次会议四审通过。

全国人民代表大会常务委员会关于修改《中华人民共和国道路交通安全法》的决定

起草单位：国务院法制办、公安部

说明人：公安部副部长白景富

2007 年 10 月 24 日—10 月 28 日十届常委会三十次会议一审；

2007 年 12 月 29 日十届常委会三十一次会议二审通过。

全国人民代表大会常务委员会关于修改《中华人民共和国道路交通安全法》的决定

起草单位：公安部

说明人：公安部副部长杨焕宁

2011 年 4 月 22 日十一届常委会二十次会议一审通过。

8. 中华人民共和国银行业监督管理法

起草单位：中国银行业监督管理委员会、国务院法制办、中国人民银行

说明人：中国银行业监督管理委员会主席刘明康

2003 年 8 月 22 日—8 月 27 日十届常委会四次会议一审；

2003 年 10 月 23 日—10 月 28 日十届常委会五次会议二审；

2003 年 12 月 27 日十届常委会六次会议三审通过。

全国人民代表大会常务委员会关于修改《中华人民共和国银行业监督管理法》的决定

起草单位：国务院法制办、中国银行业监督管理委员会

说明人：中国银行业监督管理委员会主席刘明康

2006 年 10 月 31 日十届常委会二十四次会议一审通过。

2004 年（2 件）

1. 中华人民共和国农业机械化促进法①

起草单位：全国人大农委

说明人：全国人大农委主任委员刘明祖

2004 年 2 月 26 日—2 月 29 日十届常委会七次会议一审；

2004 年 6 月 25 日十届常委会十次会议二审通过。

2. 中华人民共和国电子签名法

起草单位：国务院法制办

说明人：国务院法制办主任曹康泰

2004 年 4 月 2 日—4 月 6 日十届常委会八次会议一审；

2004 年 6 月 21 日—6 月 25 日十届常委会十次会议二审；

2004 年 8 月 28 日十届常委会十一次会议三审通过。

① 2018 年 10 月 26 日十三届全国人大常委会第六次会议通过全国人民代表大会常务委员会关于修改《中华人民共和国野生动物保护法》等十五部法律的决定，农业机械化促进法根据该决定修正。

全国人民代表大会常务委员会关于修改《中华人民共和国电力法》等六部法律的决定（《中华人民共和国电子签名法》根据该决定修正）

起草单位：国务院法制办

说明人：国务院法制办主任宋大涵

2015 年 4 月 24 日十二届常委会十四次会议一审通过。

2005 年（7 件）

1. 中华人民共和国可再生能源法

起草单位：全国人大环资委

说明人：全国人大环资委主任委员毛如柏

2004 年 12 月 25 日—12 月 29 日十届常委会十三次会议一审；

2005 年 2 月 28 日十届常委会十四次会议二审通过。

全国人民代表大会常务委员会关于修改《中华人民共和国可再生能源法》的决定

起草单位：全国人大环资委

说明人：全国人大环资委主任委员汪光焘

2009 年 8 月 24 日—8 月 27 日十一届常委会十次会议一审；

2009 年 12 月 26 日十一届常委会十二次会议二审通过。

2. 反分裂国家法

起草单位：全国人大常委会法工委

说明人：全国人大常委会副委员长王兆国

2004 年 12 月 25 日—12 月 29 日十届常委会十三次会议一审；

2005 年 3 月 14 日十届人大三次会议通过。

3. 中华人民共和国公务员法①

起草单位：中组部、人事部

① 2018 年 12 月 29 日十三届全国人大常委会第七次会议通过《中华人民共和国公务员法》（修订）。

说明人：人事部部长张柏林

2004 年 12 月 25 日—12 月 29 日十届常委会十三次会议一审；

2005 年 4 月 27 日十届常委会十五次会议通过。

全国人民代表大会常务委员会关于修改《中华人民共和国法官法》等八部法律的决定（《中华人民共和国公务员法》根据该决定修正）

起草单位：全国人大内司委

说明人：全国人大内司委副主任委员邓昌友

2017 年 9 月 1 日十二届常委会二十九次会议一审通过。

4. 中华人民共和国治安管理处罚法

起草单位：公安部

说明人：公安部副部长田期玉

2004 年 10 月 22 日—10 月 27 日十届常委会十二次会议一审；

2005 年 6 月 26 日—7 月 1 日十届常委会十六次会议二审；

2005 年 8 月 28 日十届常委会十七会议三审通过。

中华人民共和国治安管理处罚条例

起草单位：公安部

说明人：公安部部长阮崇武

1986 年 3 月 11 日—3 月 19 日六届常委会十五次会议一审；

1986 年 6 月 16 日—6 月 25 日六届常委会十六次会议二审；

1986 年 9 月 5 日六届常委会十七次会议三审通过。

全国人民代表大会常务委员会关于修改《中华人民共和国治安管理处罚条例》的决定

起草单位：公安部

说明人：公安部部长陶驷驹

1994 年 5 月 12 日八届常委会七次会议一审通过。

全国人民代表大会常务委员会关于修改《中华人民共和国治安管理处罚法》的决定

起草单位：全国人大常委会法工委

说明人：全国人大常委会法工委主任李适时

2012 年 10 月 26 日十一届常委会二十九次会议一审通过。

5. 中华人民共和国公证法

起草单位：司法部

说明人：司法部部长张福森

2004 年 12 月 25 日—12 月 29 日十届常委会十三次会议一审；

2005 年 6 月 26 日—7 月 1 日十届常委会十六次会议二审；

2005 年 8 月 28 日十届常委会十七次会议三审通过。

全国人民代表大会常务委员会关于修改《中华人民共和国义务教育法》等五部法律的决定（《中华人民共和国公证法》根据该决定修正）

起草单位：国务院法制办

说明人：国务院法制办主任宋大涵

2015 年 4 月 24 日十二届常委会十四次会议一审通过。

全国人民代表大会常务委员会关于修改《中华人民共和国法官法》等八部法律的决定（《中华人民共和国公证法》根据该决定修正）

起草单位：全国人大内司委

说明人：全国人大内司委副主任委员邓昌友

2017 年 9 月 1 日十二届常委会二十九次会议一审通过。

6. 中华人民共和国外国中央银行财产司法强制措施豁免法

起草单位：外交部

说明人：外交部副部长武大伟

2005 年 8 月 23 日—8 月 28 日十届常委会十七次会议一审；

2005 年 10 月 25 日十届常委会十八次会议二审通过。

7. 中华人民共和国畜牧法

起草单位：全国人大农委

说明人：全国人大农委副主任委员舒惠国

2005 年 8 月 23 日—8 月 28 日十届常委会十七次会议一审；

2005 年 12 月 29 日十届常委会十九次会议二审通过。

全国人民代表大会常务委员会关于修改《中华人民共和国计量法》等五部法律的决定（《中华人民共和国畜牧法》根据该决定修正）

起草单位：国务院法制办

说明人：国务院法制办主任宋大涵

2015 年 4 月 24 日十二届常委会十四次会议一审通过。

2006 年（6 件）

1. 中华人民共和国农产品质量安全法[①]

起草单位：农业部

说明人：农业部部长杜青林

2005 年 10 月 22 日—10 月 27 日十届常委会十八次会议一审；

2006 年 2 月 25 日—2 月 28 日十届常委会二十次会议二审；

2006 年 4 月 29 日十届常委会二十一次会议三审通过。

2. 中华人民共和国护照法

起草单位：国务院法制办、外交部、公安部

说明人：国务院法制办主任曹康泰

2005 年 12 月 24 日—12 月 29 日十届常委会十九次会议一审；

2006 年 4 月 29 日十届常委会二十一次会议二审通过。

3. 中华人民共和国各级人民代表大会常务委员会监督法

起草单位：全国人大常委会法工委

① 2018 年 10 月 26 日十三届全国人大常委会第六次会议通过全国人民代表大会常务委员会关于修改《中华人民共和国野生动物保护法》等十五部法律的决定，农产品质量安全法根据该决定修正。

说明人：全国人大法律委主任委员王维澄

2002 年 8 月 23 日—8 月 29 日九届常委会二十九次会议一审；

2004 年 8 月 23 日—8 月 28 日十届常委会十一次会议二审；

2006 年 6 月 24 日—6 月 29 日十届常委会二十二次会议三审；

2006 年 8 月 27 日十届常委会二十三次会议四审通过。

4. 中华人民共和国企业破产法

起草单位：全国人大财经委

说明人：全国人大财经委副主任委员贾志杰

2004 年 6 月 21 日—6 月 25 日十届常委会十次会议一审；

2004 年 10 月 22 日—10 月 27 日十届常委会十二次会议二审；

2006 年 8 月 27 日十届常委会二十三次会议三审通过。

中华人民共和国企业破产法（试行）

起草单位：国家经济委员会

说明人：国家经济委员会副主任张彦宁

1986 年 6 月 16 日—6 月 25 日六届常委会十六次会议一审；

1986 年 8 月 27 日—9 月 5 日六届常委会十七次会议二审；

1986 年 12 月 2 日六届常委会十八次会议三审通过。

5. 中华人民共和国农民专业合作社法

起草单位：全国人大农委

说明人：全国人大农委副主任委员李春亭

2006 年 6 月 24 日—6 月 29 日十届常委会二十二次会议一审；

2006 年 8 月 22 日—8 月 27 日十届常委会二十三次会议二审；

2006 年 10 月 31 日十届常委会二十四次会议三审通过。

中华人民共和国农民专业合作社法（修订）

起草单位：全国人大农委

说明人：全国人大农委副主任委员陈光国

2017 年 6 月 22 日—6 月 27 日十二届常委会二十八次会议一审；
2017 年 12 月 27 日十二届常委会三十一次会议二审通过。

6. 中华人民共和国反洗钱法

起草单位：全国人大常委会预算工委
说明人：全国人大常委会预算工委副主任冯淑萍
2006 年 4 月 25 日—4 月 29 日十届常委会二十一次会议一审；
2006 年 8 月 22 日—8 月 27 日十届常委会二十三次会议二审；
2006 年 10 月 31 日十届常委会二十四次会议三审通过。

2007 年（9 件）

1. 中华人民共和国物权法

（一审为《民法典·物权编》）
起草单位：全国人大常委会法工委
说明人：全国人大常委会副委员长王兆国
2002 年 12 月 23 日—12 月 28 日九届常委会三十一次会议一审；
2004 年 10 月 22 日—10 月 27 日十届常委会十二次会议二审；
2005 年 6 月 26 日—7 月 1 日十届常委会十六次会议三审；
2005 年 10 月 22 日—10 月 27 日十届常委会十八次会议四审；
2006 年 8 月 22 日—8 月 27 日十届常委会二十三次会议五审；
2006 年 10 月 27 日—10 月 31 日十届常委会二十四次会议六审；
2006 年 12 月 24 日—12 月 29 日十届常委会二十五次会议七审；
2007 年 3 月 16 日十届人大五次会议通过。

2. 中华人民共和国企业所得税法①

起草单位：财政部、税务总局、国务院法制办
说明人：财政部部长金人庆

① 2018 年 12 月 29 日十三届全国人大常委会第七次会议通过全国人民代表大会常务委员会关于修改《中华人民共和国电力法》等四部法律的决定，企业所得税法根据该决定修正。

2006 年 12 月 24 日—12 月 29 日十届常委会二十五次会议一审；

2007 年 3 月 16 日十届人大五次会议通过。

全国人民代表大会常务委员会关于修改《中华人民共和国企业所得税法》的决定

起草单位：财政部、税务总局、国务院法制办

说明人：财政部部长肖捷

2017 年 2 月 24 日十二届常委会二十六次会议一审通过。

中华人民共和国外商投资企业和外国企业所得税法

起草单位：财政部

说明人：国务委员兼财政部部长王丙乾

1990 年 12 月 20 日—12 月 28 日七届常委会十七次会议一审；

1991 年 2 月 25 日—3 月 2 日七届常委会十八次会议二审；

1991 年 4 月 9 日七届人大四次会议通过。

3. 中华人民共和国劳动合同法

起草单位：劳动和社会保障部

说明人：劳动和社会保障部部长田成平

2005 年 12 月 24 日—12 月 29 日十届常委会十九次会议一审；

2006 年 12 月 24 日—12 月 29 日十届常委会二十五次会议二审；

2007 年 4 月 24 日—4 月 27 日十届常委会二十七次会议三审；

2007 年 6 月 29 日十届常委会二十八次会议四审通过。

全国人民代表大会常务委员会关于修改《中华人民共和国劳动合同法》的决定

起草单位：全国人大财经委

说明人：全国人大财经委副主任委员乌日图

2012 年 6 月 26 日—6 月 30 日十一届常委会二十七次会议一审；

2012 年 12 月 28 日十一届常委会三十次会议二审通过。

4. 中华人民共和国反垄断法

起草单位：商务部、工商总局

说明人：国务院法制办主任曹康泰

2006 年 6 月 24 日—6 月 29 日十届常委会二十二次会议一审；

2007 年 6 月 24 日—6 月 29 日十届常委会二十八次会议二审；

2007 年 8 月 30 日十届常委会二十九次会议三审通过。

5. 中华人民共和国突发事件应对法

起草单位：国务院法制办

说明人：国务院法制办主任曹康泰

2006 年 6 月 24 日—6 月 29 日十届常委会二十二次会议一审；

2007 年 6 月 24 日—6 月 29 日十届常委会二十八次会议二审；

2007 年 8 月 30 日十届常委会二十九次会议三审通过。

6. 中华人民共和国就业促进法

起草单位：劳动和社会保障部

说明人：劳动和社会保障部部长田成平

2007 年 2 月 26 日—2 月 28 日十届常委会二十六次会议一审；

2007 年 6 月 24 日—6 月 29 日十届常委会二十八次会议二审；

2007 年 8 月 30 日十届常委会二十九次会议三审通过。

全国人民代表大会常务委员会关于修改《中华人民共和国电力法》等六部法律的决定（《中华人民共和国就业促进法》根据该决定修正）

起草单位：国务院法制办

说明人：国务院法制办主任宋大涵

2015 年 4 月 24 日十二届常委会十四次会议一审通过。

7. 中华人民共和国城乡规划法

起草单位：建设部

说明人：建设部部长汪光焘

2007年4月24日—4月27日十届常委会二十七次会议一审；

2007年8月24日—8月30日十届常委会二十九次会议二审；

2007年10月28日十届常委会三十次会议三审通过。

全国人民代表大会常务委员会关于修改《中华人民共和国港口法》等七部法律的决定（《中华人民共和国城乡规划法》根据该决定修正）

起草单位：国务院法制办

说明人：国务院法制办主任宋大涵

2015年4月24日十二届常委会十四次会议一审通过。

中华人民共和国城市规划法

起草单位：建设部

说明人：建设部部长林汉雄

1989年10月25日—10月31日七届常委会十次会议一审；

1989年12月26日七届常委会十一次会议二审通过。

8. 中华人民共和国禁毒法

起草单位：公安部

说明人：公安部副部长张新枫

2006年8月22日—8月27日十届常委会二十三次会议一审；

2007年10月24日—10月28日十届常委会三十次会议二审；

2007年12月29日十届常委会三十一次会议三审通过。

9. 中华人民共和国劳动争议调解仲裁法

起草单位：全国人大常委会法工委

说明人：全国人大常委会法工委副主任信春鹰

2007年8月24日—8月30日十届常委会二十九次会议一审；

2007年10月24日—10月28日十届常委会三十次会议二审；

2007年12月29日十届常委会三十一次会议三审通过。

2008年（2件）

1. 中华人民共和国循环经济促进法①

起草单位：全国人大环资委

说明人：全国人大环资委副主任委员冯之浚

2007年8月23日—8月30日十届常委会二十九次会议一审；

2008年6月24日—6月26日十一届常委会三次会议二审；

2008年8月29日十一届常委会四次会议三审通过。

2. 中华人民共和国企业国有资产法

起草单位：全国人大财经委

说明人：全国人大财经委副主任委员石广生

2007年12月23日—12月29日十届人大常委会三十一次会议一审；

2008年6月24日—6月26日十一届人大常委会三次会议二审；

2008年10月28日十一届常委会五次会议三审通过。

2009年（6件）

1. 中华人民共和国食品安全法②

起草单位：国务院法制办

说明人：国务院法制办主任曹康泰

2007年12月23日—12月29日十届常委会三十一次会议一审；

2008年8月23日—8月28日十一届常委会四次会议二审；

2008年10月23日—10月28日十一届常委会五次会议三审；

2009年2月28日十一届常委会七次会议四审通过。

---

① 2018年10月26日十三届全国人大常委会第六次会议通过全国人民代表大会常务委员会关于修改《中华人民共和国野生动物保护法》等十五部法律的决定，循环经济促进法根据该决定修正。

② 2018年12月29日十三届全国人大常委会第七次会议通过全国人民代表大会常务委员会关于修改《中华人民共和国产品质量法》等五部法律的决定，食品安全法根据该决定修正。

中华人民共和国食品安全法（修订）

起草单位：国家食品药品监督管理总局

说明人：国家食品药品监督管理总局局长张勇

2014 年 6 月 23 日—6 月 27 日十二届常委会九次会议一审；

2014 年 12 月 22 日—12 月 28 日十二届常委会十二次会议二审；

2015 年 4 月 24 日十二届常委会十四次会议三审通过。

中华人民共和国食品卫生法（试行）

起草单位：卫生部

说明人：卫生部副部长王伟

1982 年 11 月 19 日五届常委会二十五次会议一审通过。

中华人民共和国食品卫生法

起草单位：卫生部

说明人：卫生部部长陈敏章

1995 年 8 月 23 日—8 月 29 日八届常委会十五次会议一审；

1995 年 10 月 30 日八届常委会十六次会议二审通过。

2. 农村土地承包经营纠纷调解仲裁法

起草单位：农业部

说明人：农业部部长孙政才

2008 年 12 月 22 日—12 月 27 日十一届常委会六次会议一审；

2009 年 4 月 20 日—4 月 24 日十一届常委会八次会议二审；

2009 年 6 月 27 日十一届常委会九次会议三审通过。

3. 中华人民共和国人民武装警察法

起草单位：武警总部

说明人：中国人民武装警察部队司令员吴双战

2009 年 4 月 20 日—4 月 24 日十一届常委会八次会议一审；

2009 年 8 月 27 日十一届常委会十次会议二审通过。

4. 中华人民共和国驻外外交人员法

起草单位：外交部

说明人：外交部副部长王光亚

2009 年 6 月 22 日—6 月 27 日十一届常委会九次会议一审；

2009 年 10 月 31 日十一届常委会十一次会议二审通过。

5. 中华人民共和国侵权责任法

起草单位：全国人大常委会法工委

说明人：全国人大法律委副主任委员李适时

2002 年 12 月 23 日—12 月 28 日九届常委会三十一次会议一审《民法（草案）》，其中第八编为侵权责任法；

2008 年 12 月 22 日—12 月 27 日十一届常委会六次会议二审；

2009 年 10 月 27 日—10 月 31 日十一届常委会十一次会议三审；

2009 年 12 月 26 日十一届常委会十二次会议四审通过。

6. 中华人民共和国海岛保护法

起草单位：全国人大环资委

说明人：全国人大环资委主任委员汪光焘

2009 年 6 月 22 日—6 月 27 日十一届常委会九次会议一审；

2009 年 10 月 27 日—10 月 31 日十一届常委会十一次会议二审；

2009 年 12 月 26 日十一届常委会十二次会议三审通过。

2010 年（5 件）

1. 中华人民共和国国防动员法

起草单位：国家国防动员委员会

说明人：国务委员、中央军委委员、国防部部长梁光烈

2009 年 4 月 20 日—4 月 24 日十一届常委会八次会议一审；

2009 年 12 月 22 日—12 月 26 日十一届常委会十二次会议二审；

2010 年 2 月 26 日十一届常委会十三次会议三审通过。

2. 石油天然气管道保护法

起草单位：国务院法制办

说明人：国务院法制办主任曹康泰

2009 年 10 月 27 日—10 月 31 日十一届常委会十一次会议一审；

2010 年 4 月 26 日—4 月 29 日十一届常委会十四次会议二审；

2010 年 6 月 25 日十一届常委会十五次会议三审通过。

3. 中华人民共和国人民调解法

起草单位：司法部

说明人：司法部部长吴爱英

2010 年 6 月 22 日—6 月 25 日十一届常委会十五次会议一审；

2010 年 8 月 28 日十一届常委会十六次会议二审通过。

4. 中华人民共和国社会保险法

起草单位：劳动和社会保障部

说明人：劳动和社会保障部部长田成平

2007 年 12 月 23 日—12 月 29 日十届常委会三十一次会议一审；

2008 年 12 月 22 日—12 月 27 日十一届常委会六次会议二审；

2009 年 12 月 22 日—12 月 26 日十一届常委会十二次会议三审；

2010 年 10 月 28 日十一届常委会十七次会议四审通过。

5. 中华人民共和国涉外民事关系法律适用法

起草单位：全国人大常委会法工委

说明人：全国人大法律委主任委员胡康生

2002 年 12 月 23 日—12 月 28 日九届常委会第三十一次会议审议《民法（草案）》；

2010 年 8 月 23 日—8 月 28 日十一届常委会十六次会议二审；

2010 年 10 月 28 日十一届常委会十七次会议三审通过。

2011 年（3 件）

1. 中华人民共和国非物质文化遗产法

起草单位：文化部

说明人：文化部部长蔡武

2010 年 8 月 23 日—8 月 28 日十一届常委会十六次会议一审；

2010 年 12 月 20 日—12 月 25 日十一届常委会十八次会议二审；

2011 年 2 月 25 日十一届常委会十九次会议三审通过。

2. 中华人民共和国车船税法

起草单位：财政部、国家税务总局

说明人：国家税务总局局长谢旭人

2010 年 10 月 25 日—10 月 28 日十一届常委会十七次会议一审；

2011 年 2 月 25 日十一届常委会十九次会议二审通过。

3. 中华人民共和国行政强制法

起草单位：全国人大常委会法工委

说明人：全国人大常委会法工委副主任信春鹰

2005 年 12 月 24 日—12 月 29 日十届常委会十九次会议一审；

2007 年 10 月 24 日—10 月 28 日十届常委会三十次会议二审；

2009 年 8 月 24 日—8 月 27 日十一届常委会十次会议三审；

2011 年 4 月 20 日—4 月 22 日十一届常委会二十次会议四审；

2011 年 6 月 30 日十一届常委会二十一次会议五审通过。

2012 年（3 件）

1. 中华人民共和国军人保险法

起草单位：总后勤部

说明人：中央军委委员、总后勤部主任廖锡龙

2011 年 12 月 26 日—12 月 31 日十一届常委会二十四次会议一审；

2012 年 4 月 27 日十一届常委会二十六次会议二审通过。

2. 中华人民共和国出境入境管理法

起草单位：公安部

说明人：公安部副部长杨焕宁

2011 年 12 月 26 日—12 月 31 日十一届常委会二十四次会议一审；

2012 年 4 月 24 日—4 月 27 日十一届常委会二十六次会议二审；

2012 年 6 月 30 日十一届常委会二十七次会议三审通过。

中华人民共和国公民出境入境管理法

起草单位：公安部

说明人：公安部副部长陶驷驹

1985 年 8 月 26 日—9 月 6 日六届常委会十二次会议一审；

1985 年 11 月 22 日六届常委会十三次会议二审通过。

全国人民代表大会常务委员会关于修改部分法律的决定（《中华人民共和国公民出境入境管理法》根据该决定修正）

起草单位：全国人大法律委、全国人大常委会法工委

说明人：全国人大常委会法工委主任李适时

2009 年 6 月 22 日十一届常委会九次会议一审；

2009 年 8 月 27 日十一届常委会十次会议二审通过。

中华人民共和国外国人入境出境管理法

起草单位：公安部

说明人：公安部副部长陶驷驹

1985 年 8 月 26 日—9 月 6 日六届常委会十二次会议一审；

1985 年 11 月 22 日六届常委会十三次会议二审通过。

3. 中华人民共和国精神卫生法①

起草单位：卫生部

① 2018 年 4 月 27 日十三届全国人大常委会第二次会议通过全国人民代表大会常务委员会关于修改《中华人民共和国国境卫生检疫法》等六部法律的决定，精神卫生法根据该决定修正。

说明人：卫生部部长陈竺

2011年10月24日—10月29日十一届常委会二十三次会议一审；

2012年8月27日—8月31日十一届常委会二十八次会议二审；

2012年10月29日十一届常委会二十九次会议三审通过。

2013年（2件）

1. 中华人民共和国旅游法①

起草单位：全国人大财经委

说明人：全国人大财经委副主任委员尹中卿

2012年8月27日—8月31日十一届常委会二十八次会议一审；

2012年12月24日—12月28日十一届常委会三十次会议二审；

2013年4月25日十二届常委会二次会议三审通过。

全国人民代表大会常务委员会关于修改《中华人民共和国对外贸易法》等十二部法律的决定（《中华人民共和国旅游法》根据该决定修正）

起草单位：国务院法制办

说明人：国务院法制办主任宋大涵

2016年11月7日十二届常委会二十四次会议一审通过。

2. 中华人民共和国特种设备安全法

起草单位：全国人大财经委

说明人：全国人大财经委副主任委员闻世震

2012年8月27日—8月31日十一届常委会二十八次会议一审；

2013年4月23日—4月25日十二届常委会二次会议二审；

2013年6月29日十二届常委会三次会议三审通过。

---

① 2018年10月26日十三届全国人大常委会第六次会议通过全国人民代表大会常务委员会关于修改《中华人民共和国野生动物保护法》等十五部法律的决定，旅游法根据该决定修正。

2014 年（2 件）

1. 中华人民共和国反间谍法

起草单位：国家安全部

说明人：国家安全部部长耿惠昌

2014 年 8 月 25 日—8 月 31 日十二届常委会十次会议一审；

2014 年 11 月 1 日十二届常委会十一次会议二审通过。

2. 中华人民共和国航道法

起草单位：交通运输部

说明人：交通运输部部长杨传堂

2014 年 4 月 21 日—4 月 24 日十二届常委会八次会议一审；

2014 年 12 月 28 日十二届常委会十二次会议二审通过。

全国人民代表大会常务委员会关于修改《中华人民共和国节约能源法》等六部法律的决定（《中华人民共和国航道法》根据该决定修正）

起草单位：国家发展和改革委员会

说明人：国家发展和改革委员会副主任张勇

2016 年 7 月 2 日十二届常委会二十一次会议一审通过。

2015 年（4 件）

1. 中华人民共和国国家安全法

起草单位：中央国家安全委员会办公室

说明人：全国人大常委会法工委主任李适时

2014 年 12 月 22 日—12 月 28 日十二届常委会十二次会议一审；

2015 年 4 月 20 日—4 月 24 日十二届常委会十四次会议二审；

2015 年 7 月 1 日十二届常委会十五次会议三审通过。

2. 中华人民共和国反恐怖主义法①

起草单位：公安部

说明人：全国人大常委会法工委副主任郎胜

2014 年 10 月 27 日—11 月 1 日十二届常委会十一次会议一审；

2015 年 2 月 25 日—2 月 27 日十二届常委会十三次会议二审；

2015 年 12 月 27 日十二届常委会十八次会议三审通过。

3. 中华人民共和国反家庭暴力法

起草单位：国务院妇女儿童工作委员会

说明人：国务院妇女儿童工作委员会副主任宋秀岩

2015 年 8 月 24 日—8 月 29 日十二届常委会十六次会议一审；

2015 年 12 月 27 日十二届常委会十八次会议二审通过。

4. 中华人民共和国国家勋章和国家荣誉称号法

起草单位：全国人大常委会法工委

说明人：全国人大常委会法工委主任李适时

2015 年 8 月 24 日—8 月 29 日十二届常委会十六次会议一审；

2015 年 12 月 27 日十二届常委会十八次会议二审通过。

2016 年（10 件）

1. 中华人民共和国深海海底区域资源勘探开发法

起草单位：全国人大环资委

说明人：全国人大环资委主任委员陆浩

2015 年 10 月 30 日—11 月 4 日十二届常委会十七次会议一审；

2016 年 2 月 26 日十二届常委会十九次会议二审通过。

2. 中华人民共和国慈善法

起草单位：全国人大内司委

① 2018 年 4 月 27 日十三届全国人大常委会第二次会议通过全国人民代表大会常务委员会关于修改《中华人民共和国国境卫生检疫法》等六部法律的决定，反恐怖主义法根据该决定修正。

说明人：全国人大常委会副委员长李建国
2015 年 10 月 30 日—11 月 4 日十二届常委会十七次会议一审；
2015 年 12 月 21 日—12 月 27 日十二届常委会十八次会议二审；
2016 年 3 月 16 日十二届人大四次会议通过。

3. 中华人民共和国境外非政府组织境内活动管理法

起草单位：公安部
说明人：公安部副部长杨焕宁
2014 年 12 月 22 日—12 月 28 日十二届常委会十二次会议一审；
2015 年 4 月 20 日—4 月 24 日十二届常委会十四次会议二审；
2016 年 4 月 28 日十二届常委会二十次会议三审通过。

全国人民代表大会常务委员会关于修改《中华人民共和国会计法》等十一部法律的决定（《中华人民共和国境外非政府组织境内活动管理法》根据该决定修正）

起草单位：国务院法制办
说明人：国务院法制办党组书记、副主任袁曙宏
2017 年 11 月 4 日十二届常委会三十次会议一审通过。

4. 中华人民共和国资产评估法

起草单位：全国人大财经委
说明人：全国人大财经委副主任委员乌日图
2012 年 2 月 27 日—2 月 29 日十一届常委会二十五次会议一审；
2013 年 8 月 26 日—8 月 30 日十二届常委会四次会议二审；
2015 年 8 月 24 日—8 月 29 日十二届常委会十六次会议三审；
2016 年 7 月 2 日十二届常委会二十一次会议四审通过。

5. 中华人民共和国国防交通法

起草单位：总后勤部
说明人：中央军委委员、中央军委后勤保障部部长赵克石

2016年4月25日—4月28日十二届常委会二十次会议一审；

2016年9月3日十二届常委会二十二次会议二审通过。

6. 中华人民共和国网络安全法

起草单位：全国人大常委会法工委

说明人：全国人大常委会法工委副主任郎胜

2015年6月24日—7月1日十二届常委会十五次会议一审；

2016年6月27日—7月2日十二届常委会二十一次会议二审；

2016年11月7日十二届常委会二十四次会议三审通过。

7. 中华人民共和国电影产业促进法

起草单位：国家新闻出版广电总局

说明人：国家新闻出版广电总局局长蔡赴朝

2015年10月30日—11月4日十二届常委会十七次会议一审；

2016年8月29日—9月3日十二届常委会二十二次会议二审；

2016年11月7日十二届常委会二十四次会议三审通过。

8. 中华人民共和国中医药法

起草单位：国家卫生和计划生育委员会

说明人：国家卫生和计划生育委员会副主任、中医药管理局局长王国强

2015年12月21日—12月27日十二届常委会十八次会议一审；

2016年8月29日—9月3日十二届常委会二十二次会议二审；

2016年12月25日十二届常委会二十五次会议三审通过。

9. 中华人民共和国公共文化服务保障法

起草单位：全国人大教科文卫委

说明人：全国人大教科文卫委主任委员柳斌杰

2016年4月25日—4月28日十二届常委会二十次会议一审；

2016年10月31日—11月7日十二届常委会二十四次会议二审；

2016年12月25日十二届常委会二十五次会议三审通过。

10. 中华人民共和国环境保护税法①

起草单位：财政部

说明人：财政部部长楼继伟

2016 年 8 月 29 日—9 月 3 日十二届常委会二十二次会议一审；

2016 年 12 月 25 日十二届常委会二十五次会议二审通过。

2017 年（7 件）

1. 中华人民共和国民法总则

起草单位：全国人大常委会法工委

说明人：全国人大常委会副委员长李建国

2016 年 6 月 27 日—7 月 2 日十二届常委会二十一次会议一审；

2016 年 10 月 31 日—11 月 7 日十二届常委会二十四次会议二审；

2016 年 12 月 19 日—12 月 25 日十二届常委会二十五次会议三审；

2017 年 3 月 15 日十二届人大五次会议通过。

2. 中华人民共和国国家情报法②

起草单位：国家安全部

说明人：国家安全部部长陈文清

2016 年 12 月 19 日—12 月 25 日十二届常委会二十五次会议一审；

2017 年 6 月 27 日十二届常委会二十八次会议二审通过。

3. 中华人民共和国核安全法

起草单位：全国人大环资委

说明人：全国人大环资委副主任委员张云川

2016 年 10 月 31 日—11 月 7 日十二届常委会二十四次会议一审；

---

① 2018 年 10 月 26 日十三届全国人大常委会第六次会议通过全国人民代表大会常务委员会关于修改《中华人民共和国野生动物保护法》等十五部法律的决定，环境保护税法根据该决定修正。

② 2017 年 4 月 27 日十三届全国人大常委会第二次会议通过全国人民代表大会常务委员会关于修改《中华人民共和国国境卫生检疫法》等六部法律的决定，国家情报法根据该决定修正。

2017 年 4 月 24 日—4 月 27 日十二届常委会二十七次会议二审；

2017 年 9 月 1 日十二届常委会二十九次会议三审通过。

4. 中华人民共和国国歌法

起草单位：全国人大常委会法工委

说明人：全国人大常委会法工委主任沈春耀

2017 年 6 月 22 日—6 月 27 日十二届常委会二十八次会议一审；

2017 年 9 月 1 日十二届常委会二十九次会议二审通过。

5. 中华人民共和国公共图书馆法①

起草单位：文化部

说明人：文化部部长雒树刚

2017 年 6 月 22 日—6 月 27 日十二届常委会二十八次会议一审；

2017 年 11 月 4 日十二届常委会三十次会议二审通过。

6. 中华人民共和国烟叶税法

起草单位：财政部

说明人：财政部部长肖捷

2017 年 8 月 28 日—9 月 1 日十二届常委会二十九次会议一审；

2017 年 12 月 27 日十二届常委会三十一次会议二审通过。

7. 中华人民共和国船舶吨税法②

起草单位：财政部

说明人：财政部部长肖捷

2017 年 10 月 30 日—11 月 4 日十二届常委会三十次会议一审；

2017 年 12 月 27 日十二届常委会三十一次会议二审通过。

---

① 2018 年 10 月 26 日十三届全国人大常委会第六次会议通过全国人民代表大会常务委员会关于修改《中华人民共和国野生动物保护法》等十五部法律的决定，公共图书馆法根据该决定修正。

② 2018 年 10 月 26 日十三届全国人大常委会第六次会议通过全国人民代表大会常务委员会关于修改《中华人民共和国野生动物保护法》等十五部法律的决定，船舶吨税法根据该决定修正。

（二）1978 年年底以前通过的法律

1. 中华人民共和国户口登记条例

1958 年 1 月 9 日全国人民代表大会常务委员会第九十一次会议通过

2. 全国人民代表大会常务委员会关于批准《国务院关于工人退休、退职的暂行办法》的决议

1978 年 5 月 24 日第五届全国人民代表大会常务委员会第二次会议通过

3. 全国人民代表大会常务委员会关于批准《国务院关于安置老弱病残干部的暂行办法》的决议

1978 年 5 月 24 日第五届全国人民代表大会常务委员会第二次会议通过

注：

1979 年以来通过的现行有效的 260 件法律中，“条例”6 件、“决议”3 件、“决定”4 件、“议事规则”2 件、“若干规定”1 件、“通则”1 件、“办法”1 件、总则 1 件。①

条例（6 件）：

1. 中华人民共和国外交特权与豁免条例
2. 中华人民共和国领事特权与豁免条例
3. 中国人民解放军军官军衔条例
4. 中华人民共和国人民警察警衔条例
5. 中华人民共和国学位条例
6. 中华人民共和国海关关衔条例

决议（3 件）：

1. 全国人民代表大会常务委员会关于批准《国务院关于老干部离职休养的暂行规定》的决议

2. 第五届全国人民代表大会常务委员会关于批准《广东省经济特区条

① 2018 年 10 月 26 日十三届全国人大常委会第六次会议通过《中华人民共和国消防救援衔条例》。

例》的决议

3. 全国人民代表大会常务委员会关于批准《国务院关于职工探亲待遇的规定》的决议

决定（4 件）：

1. 全国人民代表大会常务委员会关于在沿海港口城市设立海事法院的决定

2. 全国人民代表大会常务委员会关于批准中央军事委员会《关于授予军队离休干部中国人民解放军功勋荣誉章的决定》的决定

3. 全国人民代表大会常务委员会关于外商投资企业和外国企业适用增值税、消费税、营业税等税收暂行条例的决定

4. 全国人民代表大会常务委员会关于对中华人民共和国缔结或者参加的国际条约所规定的罪行行使刑事管辖权的决定

议事规则（2 件）：

1. 中华人民共和国全国人民代表大会常务委员会议事规则

2. 中华人民共和国全国人民代表大会议事规则

若干规定（1 件）：

全国人民代表大会常务委员会关于县级以下人民代表大会代表直接选举的若干规定

通则（1 件）：

中华人民共和国民法通则

办法（1 件）：

中国人民解放军选举全国人民代表大会和县级以上地方人民代表大会代表的办法

总则（1 件）：

中华人民共和国民法总则

二、现行有效的法律分类目录（按法律部门分类）

（截至 2018 年 2 月 24 日十二届全国人大常委会第三十三次会议闭幕，现

行有效法律263件，其中1979年以前的3件，1979年以后的260件，以通过时间为序)①

中华人民共和国宪法（1982年）

中华人民共和国宪法修正案（1988年）

中华人民共和国宪法修正案（1993年）

中华人民共和国宪法修正案（1999年）

中华人民共和国宪法修正案（2004年）②

宪法相关法（41件）

1. 中华人民共和国地方各级人民代表大会和地方各级人民政府组织法（1979年通过，1982年修正，1986年修正，1995年修正，2004年修正，2015年修正）

2. 中华人民共和国全国人民代表大会和地方各级人民代表大会选举法（1979年通过，1982年修正，1986年修正，1995年修正，2004年修正，2010年修正，2015年修正）

3. 中华人民共和国人民法院组织法（1979年通过，1983年修正，1986年修改，2006年修正）

4. 中华人民共和国人民检察院组织法（1979年通过，1983年修正，1986年修改）

5. 中华人民共和国国籍法（1980年）

6. 中华人民共和国全国人民代表大会组织法（1982年）

7. 中华人民共和国国务院组织法（1982年）

8. 全国人民代表大会常务委员会关于县级以下人民代表大会代表直接选

---

① 截至2019年3月，现行有效法律272件。新增宪法相关法类3件（《中华人民共和国监察法》《中华人民共和国人民陪审员法》《中华人民共和国英雄烈士保护法》），行政法类2件（《中华人民共和国土壤污染防治法》《中华人民共和国消防救援衔条例》），经济法类4件（《中华人民共和国电子商务法》《中华人民共和国耕地占用税法》《中华人民共和国车辆购置税法》《中华人民共和国外商投资法》），诉讼与非诉讼程序类1件（《中华人民共和国国际刑事司法协助法》）；减少行政类1件（《中华人民共和国行政监察法》）。

② 2018年3月11日十三届全国人大一次会议通过《中华人民共和国宪法修正案》。

举的若干规定（1983 年）

9. 中华人民共和国民族区域自治法（1984 年通过，2001 年修正）

10. 全国人民代表大会常务委员会关于在沿海港口城市设立海事法院的决定（1984 年）

11. 中华人民共和国外交特权与豁免条例（1986 年）

12. 中华人民共和国全国人民代表大会常务委员会议事规则（1987 年通过，2009 年修正）

13. 全国人民代表大会常务委员会关于批准中央军事委员会《关于授予军队离休干部中国人民解放军功勋荣誉章的规定》的决定（1988 年）

14. 中华人民共和国全国人民代表大会议事规则（1989 年）

15. 中华人民共和国集会游行示威法（1989 年通过，2009 年法律清理修改）

16. 中华人民共和国城市居民委员会组织法（1989 年）

17. 中华人民共和国香港特别行政区基本法（1990 年）

18. 中华人民共和国国旗法（1990 年通过，2009 年法律清理修改）

19. 中华人民共和国领事特权与豁免条例（1990 年）

20. 中华人民共和国缔结条约程序法（1990 年）

21. 中华人民共和国国徽法（1991 年通过，2009 年法律清理修改）

22. 中华人民共和国领海及毗连区法（1992 年）

23. 中华人民共和国全国人民代表大会和地方各级人民代表大会代表法（1992 年通过，2009 年法律清理修改，2010 年修正，2015 年修正）

24. 中华人民共和国澳门特别行政区基本法（1993 年）

25. 中华人民共和国国家赔偿法（1994 年通过，2010 年修正，2012 年修正）

26. 中华人民共和国法官法（1995 年通过，2001 年修正，2017 年修正）

27. 中华人民共和国检察官法（1995 年通过，2001 年修正，2017 年修正）

28. 中华人民共和国戒严法（1996 年）

29. 中国人民解放军选举全国人民代表大会和县级以上地方各级人民代表

大会代表的办法（1981 年通过，1996 年修订时修改为现名称，2012 年修正）

30. 中华人民共和国香港特别行政区驻军法（1996 年）

31. 中华人民共和国国防法（1997 年通过，2009 年法律清理修改）

32. 中华人民共和国专属经济区和大陆架法（1998 年）

33. 中华人民共和国村民委员会组织法（1998 年通过，2010 年修订）

34. 中华人民共和国澳门特别行政区驻军法（1999 年）

35. 中华人民共和国立法法（2000 年通过，2015 年修正）

36. 反分裂国家法（2005 年）

37. 中华人民共和国外国中央银行财产司法强制措施豁免法（2005 年）

38. 中华人民共和国各级人民代表大会常务委员会监督法（2006 年）

39. 中华人民共和国国家安全法（2015 年）

40. 中华人民共和国国家勋章和国家荣誉称号法（2015 年）

41. 中华人民共和国国歌法（2017 年）

民法商法（34 件）

1. 中华人民共和国中外合资经营企业法（1979 年通过，1990 年修正，2001 年修正，2016 年修正）

2. 中华人民共和国婚姻法（1980 年通过，2001 年修正）

3. 中华人民共和国商标法（1982 年通过，1993 年修正，2001 年修正，2013 年修正）

4. 中华人民共和国专利法（1984 年通过，1992 年修正，2000 年修正，2008 年修正）

5. 中华人民共和国继承法（1985 年）

6. 中华人民共和国民法通则（1986 年通过，2009 年法律清理修改）

7. 中华人民共和国外资企业法（1986 年通过，2000 年修正，2016 年修正）

8. 中华人民共和国全民所有制工业企业法（1988 年通过，2009 年法律清理修改）

9. 中华人民共和国中外合作经营企业法（1988 年通过，2000 年修正，

2016 年 9 月修正，2016 年 11 月修正，2017 年修正）

10. 中华人民共和国著作权法（1990 年通过，2001 年修正，2010 年修正）

11. 中华人民共和国收养法（1991 年通过，1998 年修正）

12. 中华人民共和国海商法（1992 年）

13. 中华人民共和国消费者权益保护法（1993 年通过，2009 年法律清理修改，2013 年修正）

14. 中华人民共和国公司法（1993 年通过，1999 年修正，2004 年修正，2005 年修订，2013 年修正）

15. 中华人民共和国商业银行法（1995 年通过，2003 年修正，2015 年修正）

16. 中华人民共和国票据法（1995 年通过，2004 年修正）

17. 中华人民共和国担保法（1995 年）

18. 中华人民共和国保险法（1995 年通过，2002 年修正，2009 年修订，2014 年修正，2015 年修正）

19. 中华人民共和国拍卖法（1996 年通过，2004 年修正，2015 年修正）

20. 中华人民共和国合伙企业法（1997 年通过，2006 年修订）

21. 中华人民共和国证券法（1998 年通过，2004 年修正，2005 年修订，2013 年修正，2014 年修正）

22. 中华人民共和国合同法（1999 年）

23. 中华人民共和国个人独资企业法（1999 年）

24. 中华人民共和国招标投标法（1999 年通过，2017 年修正）

25. 中华人民共和国信托法（2001 年）

26. 中华人民共和国农村土地承包法（2002 年通过，2009 年法律清理修改）

27. 中华人民共和国证券投资基金法（2003 年通过，2012 年修正，2015 年修正）

28. 中华人民共和国电子签名法（2004 年通过，2015 年修正）

29. 中华人民共和国企业破产法（2006 年）

30. 中华人民共和国农民专业合作社法（2006 年通过，2017 年修订）

31. 中华人民共和国物权法（2007 年）

32. 中华人民共和国侵权责任法（2009 年）

33. 中华人民共和国涉外民事关系法律适用法（2010 年）

34. 中华人民共和国民法总则（2017 年）

行政法（86 件）

1. 中华人民共和国户口登记条例（1958 年）

2. 全国人民代表大会常务委员会关于批准《国务院关于安置老弱病残干部的暂行办法》的决议（1978 年）

3. 中华人民共和国学位条例（1980 年通过，2004 年修正）

4. 全国人民代表大会常务委员会关于批准《国务院关于老干部离职休养的暂行规定》的决议（1980 年）

5. 中华人民共和国海洋环境保护法（1982 年通过，1999 年修订，2013 年修正，2016 年修正，2017 年修正）

6. 中华人民共和国文物保护法（1982 年通过，1991 年修正，2002 年修订，2007 年修正，2013 年修正，2015 年修正，2017 年修正）

7. 中华人民共和国海上交通安全法（1983 年通过，2016 年修正）

8. 中华人民共和国水污染防治法（1984 年通过，1996 年修正，2008 年修订，2017 年修正）

9. 中华人民共和国兵役法（1984 年通过，1998 年修正，2009 年法律清理修改，2011 年修正）

10. 中华人民共和国药品管理法（1984 年通过，2001 年修订，2013 年修正，2015 年修正）

11. 中华人民共和国义务教育法（1986 年通过，2006 年修订，2015 年修正）

12. 中华人民共和国土地管理法（1986 年通过，1988 年修正，1998 年修订，2004 年修正）

13. 中华人民共和国国境卫生检疫法（1986 年通过，2007 年修正，2009

年法律清理修改）

14. 中华人民共和国海关法（1987 年通过，2000 年修正，2013 年 6 月修正，2013 年 12 月修正，2016 年修正，2017 年修正）

15. 中华人民共和国大气污染防治法（1987 年通过，1995 年修正，2000 年修订，2015 年修订）

16. 中华人民共和国档案法（1987 年通过，1996 年修正，2016 年修正）

17. 中国人民解放军军官军衔条例（1988 年通过，1994 年修正）

18. 中华人民共和国保守国家秘密法（1988 年通过，2010 年修订）

19. 中华人民共和国野生动物保护法（1988 年通过，2004 年修正，2009 年法律清理修改，2016 年修订）

20. 中华人民共和国传染病防治法（1989 年通过，2004 年修订，2013 年修正）

21. 中华人民共和国环境保护法（1989 年通过，2014 年修订）

22. 中华人民共和国军事设施保护法（1990 年通过，2009 年法律清理修改，2014 年修正）

23. 中华人民共和国人民警察警衔条例（1992 年通过，2009 年法律清理修改）

24. 中华人民共和国测绘法（1992 年通过，2002 年修订，2017 年修订）

25. 中华人民共和国科学技术进步法（1993 年通过，2007 年修订）

26. 中华人民共和国教师法（1993 年通过，2009 年法律清理修改）

27. 中华人民共和国城市房地产管理法（1994 年通过，2007 年修正，2009 年法律清理修改）

28. 中华人民共和国监狱法（1994 年通过，2012 年修正）

29. 中华人民共和国人民警察法（1995 年通过，2012 年修正）

30. 中华人民共和国教育法（1995 年通过，2009 年法律清理修改，2015 年修正）

31. 中华人民共和国预备役军官法（1995 年通过，2010 年修正）

32. 中华人民共和国体育法（1995 年通过，2009 年法律清理修改，2016 年修正）

33. 中华人民共和国固体废物污染环境防治法（1995 年通过，2004 年修订，2013 年修正，2015 年修正，2016 年修正）

34. 中华人民共和国行政处罚法（1996 年通过，2009 年法律清理修改，2017 年修正）

35. 中华人民共和国律师法（1996 年通过，2001 年修正，2007 年修订，2012 年修正，2017 年修正）

36. 中华人民共和国促进科技成果转化法（1996 年通过，2015 年修正）

37. 中华人民共和国职业教育法（1996 年）

38. 中华人民共和国枪支管理法（1996 年通过，2009 年法律清理修改，2015 年修正）

39. 中华人民共和国环境噪声污染防治法（1996 年）

40. 中华人民共和国人民防空法（1996 年通过，2009 年法律清理修改）

41. 中华人民共和国行政监察法（1997 年通过，2010 年修正）

42. 中华人民共和国献血法（1997 年）

43. 中华人民共和国防震减灾法（1997 年通过，2008 年修订）

44. 中华人民共和国消防法（1998 年通过，2008 年修订）

45. 中华人民共和国执业医师法（1998 年通过，2009 年法律清理修改）

46. 中华人民共和国高等教育法（1998 年通过，2015 年修正）

47. 中华人民共和国行政复议法（1999 年通过，2009 年法律清理修改，2017 年修正）

48. 中华人民共和国气象法（1999 年通过，2009 年法律清理修改，2014 年修正，2016 年修正）

49. 中华人民共和国国家通用语言文字法（2000 年）

50. 中华人民共和国现役军官法（1988 年通过，1994 年修正，2000 年修正时修改为现名称）

51. 中华人民共和国国防教育法（2001 年）

52. 中华人民共和国防沙治沙法（2001 年）

53. 中华人民共和国人口与计划生育法（2001 年通过，2015 年修正）

54. 中华人民共和国科学技术普及法（2002 年）

55. 中华人民共和国环境影响评价法（2002 年通过，2016 年修正）

56. 中华人民共和国民办教育促进法（2002 年通过，2013 年修正，2016 年修正）

57. 中华人民共和国海关关衔条例（2003 年）

58. 中华人民共和国居民身份证法（2003 年通过，2011 年修正）

59. 中华人民共和国放射性污染防治法（2003 年）

60. 中华人民共和国行政许可法（2003 年）

61. 中华人民共和国道路交通安全法（2003 年通过，2007 年修正，2011 年修正）

62. 中华人民共和国公务员法（2005 年通过，2017 年修正）

63. 中华人民共和国治安管理处罚法（2005 年通过，2012 年修正）

64. 中华人民共和国公证法（2005 年通过，2015 年修正，2017 年修正）

65. 中华人民共和国护照法（2006 年）

66. 中华人民共和国突发事件应对法（2007 年）

67. 中华人民共和国城乡规划法（2007 年通过，2015 年修正）

68. 中华人民共和国禁毒法（2007 年）

69. 中华人民共和国食品安全法（2009 年通过，2015 年修订）

70. 中华人民共和国人民武装警察法（2009 年）

71. 中华人民共和国驻外外交人员法（2009 年）

72. 中华人民共和国海岛保护法（2009 年）

73. 中华人民共和国国防动员法（2010 年）

74. 中华人民共和国非物质文化遗产法（2011 年）

75. 中华人民共和国行政强制法（2011 年）

76. 中华人民共和国出境入境管理法（2012 年）

77. 中华人民共和国精神卫生法（2012 年）

78. 中华人民共和国反间谍法（2014 年通过，1993 年 2 月 22 日七届全国人大常委会第三十次会议通过的国家安全法同时废止）

79. 中华人民共和国反恐怖主义法（2015 年）

80. 中华人民共和国国防交通法（2016 年）

81. 中华人民共和国电影产业促进法（2016 年）

82. 中华人民共和国中医药法（2016 年）

83. 中华人民共和国公共文化服务保障法（2016 年）

84. 中华人民共和国国家情报法（2017 年）

85. 中华人民共和国核安全法（2017 年）

86. 中华人民共和国公共图书馆法（2017 年）

经济法（66 件）

1. 全国人民代表大会常务委员会关于批准《广东省经济特区条例》的决议（1980 年）

2. 中华人民共和国个人所得税法（1980 年通过，1993 年修正，1999 年修正，2005 年修正，2007 年 8 月修正，2007 年 12 月修正，2011 年修正）

3. 中华人民共和国统计法（1983 年通过，1996 年修正，2009 年修订）

4. 中华人民共和国森林法（1984 年通过，1998 年修正，2009 年法律清理修改）

5. 中华人民共和国会计法（1985 年通过，1993 年修正，1999 年修订，2017 年修正）

6. 中华人民共和国草原法（1985 年通过，2002 年修订，2009 年法律清理修改，2013 年修正）

7. 中华人民共和国计量法（1985 年通过，2009 年法律清理修改，2013 年修正，2015 年修正，2017 年修正）

8. 中华人民共和国渔业法（1986 年通过，2000 年修正，2004 年修正，2009 年法律清理修改，2013 年修正）

9. 中华人民共和国矿产资源法（1986 年通过，1996 年修正，2009 年法律清理修改）

10. 中华人民共和国邮政法（1986 年通过，2009 年修订，2012 年修正，2015 年修正）

11. 中华人民共和国水法（1988 年通过，2002 年修订，2009 年法律清理修改，2016 年修正）

12. 中华人民共和国标准化法（1988 年通过，2017 年修订）

13. 中华人民共和国进出口商品检验法（1989 年通过，2002 年修正，2013 年修正）

14. 中华人民共和国铁路法（1990 年通过，2009 年法律清理修改，2015 年修正）

15. 中华人民共和国烟草专卖法（1991 年通过，2009 年法律清理修改，2013 年修正，2015 年修正）

16. 中华人民共和国水土保持法（1991 年通过，2009 年法律清理修改，2010 年修订）

17. 中华人民共和国进出境动植物检疫法（1991 年通过，2009 年法律清理修改）

18. 中华人民共和国税收征收管理法（1992 年通过，1995 年修正，2001 年修订，2013 年修正，2015 年修正）

19. 中华人民共和国产品质量法（1993 年通过，2000 年修正，2009 年法律清理修改）

20. 中华人民共和国农业技术推广法（1993 年通过，2012 年修正）

21. 中华人民共和国农业法（1993 年通过，2002 年修订，2009 年法律清理修改，2012 年修正）

22. 中华人民共和国反不正当竞争法（1993 年通过，2017 年修订）

23. 中华人民共和国注册会计师法（1993 年通过，2014 年修正）

24. 全国人民代表大会常务委员会关于外商投资企业和外国企业适用增值税、消费税、营业税等税收暂行条例的决定（1993 年）

25. 中华人民共和国台湾同胞投资保护法（1994 年通过，2016 年修正）

26. 中华人民共和国预算法（1994 年通过，2014 年修正）

27. 中华人民共和国对外贸易法（1994 年通过，2004 年修订，2016 年修正）

28. 中华人民共和国审计法（1994 年通过，2006 年修正）

29. 中华人民共和国广告法（1994 年通过，2015 年修订）

30. 中华人民共和国中国人民银行法（1995 年通过，2003 年修正）

31. 中华人民共和国民用航空法（1995 年通过，2009 年法律清理修改，2015 年修正，2016 年修正，2017 年修正）

32. 中华人民共和国电力法（1995 年通过，2009 年法律清理修改，2015 年修正）

33. 中华人民共和国煤炭法（1996 年通过，2009 年法律清理修改，2011 年修正，2013 年修正，2016 年修正）

34. 中华人民共和国乡镇企业法（1996 年）

35. 中华人民共和国公路法（1997 年通过，1999 年修正，2004 年修正，2009 年法律清理修改，2016 年修正，2017 年修正）

36. 中华人民共和国动物防疫法（1997 年通过，2007 年修订，2013 年修正，2015 年修正）

37. 中华人民共和国防洪法（1997 年通过，2009 年法律清理修改，2015 年修正，2016 年修正）

38. 中华人民共和国节约能源法（1997 年通过，2007 年修订，2016 年修正）

39. 中华人民共和国建筑法（1997 年通过，2011 年修正）

40. 中华人民共和国价格法（1997 年）

41. 中华人民共和国种子法（2000 年通过，2004 年修正，2013 年修正，2015 年修订）

42. 中华人民共和国海域使用管理法（2001 年）

43. 中华人民共和国政府采购法（2002 年通过，2014 年修正）

44. 中华人民共和国中小企业促进法（2002 年通过，2017 年修订）

45. 中华人民共和国清洁生产促进法（2002 年通过，2012 年修正）

46. 中华人民共和国港口法（2003 年通过，2015 年修正，2017 年修正）

47. 中华人民共和国银行业监督管理法（2003 年通过，2006 年修正）

48. 中华人民共和国农业机械化促进法（2004 年）

49. 中华人民共和国可再生能源法（2005 年通过，2009 年修正）

50. 中华人民共和国畜牧法（2005 年通过，2015 年修正）

51. 中华人民共和国农产品质量安全法（2006 年）

52. 中华人民共和国反洗钱法（2006 年）
53. 中华人民共和国企业所得税法（2007 年通过，2017 年修正）
54. 中华人民共和国反垄断法（2007 年）
55. 中华人民共和国循环经济促进法（2008 年）
56. 中华人民共和国企业国有资产法（2008 年）
57. 中华人民共和国石油天然气管道保护法（2010 年）
58. 中华人民共和国车船税法（2011 年）
59. 中华人民共和国旅游法（2013 年通过，2016 年修正）
60. 中华人民共和国航道法（2014 年通过，2016 年修正）
61. 中华人民共和国深海海底区域资源勘探开发法（2016 年）
62. 中华人民共和国资产评估法（2016 年）
63. 中华人民共和国网络安全法（2016 年）
64. 中华人民共和国环境保护税法（2016 年）
65. 中华人民共和国烟叶税法（2017 年）
66. 中华人民共和国船舶吨税法（2017 年）

社会法（24 件）

1. 全国人民代表大会常务委员会关于批准《国务院关于工人退休、退职的暂行办法》的决议（1978 年）
2. 全国人民代表大会常务委员会关于批准《国务院关于职工探亲待遇的规定》的决议（1981 年）
3. 中华人民共和国归侨侨眷权益保护法（1990 年通过，2000 年修正，2009 年法律清理修改）
4. 中华人民共和国残疾人保障法（1990 年通过，2008 年修订）
5. 中华人民共和国未成年人保护法（1991 年通过，2006 年修订，2012 年修正）
6. 中华人民共和国工会法（1992 年通过，2001 年修正，2009 年法律清理修改）
7. 中华人民共和国妇女权益保障法（1992 年通过，2005 年修正）

8. 中华人民共和国矿山安全法（1992 年通过，2009 年法律清理修改）

9. 中华人民共和国红十字会法（1993 年通过，2009 年法律清理修改，2017 年修订）

10. 中华人民共和国劳动法（1994 年通过，2009 年法律清理修改）

11. 中华人民共和国母婴保健法（1994 年通过，2009 年法律清理修改，2017 年修正）

12. 中华人民共和国老年人权益保障法（1996 年通过，2009 年法律清理修改，2012 年修订，2015 年修正）

13. 中华人民共和国预防未成年人犯罪法（1999 年通过，2012 年修正）

14. 中华人民共和国公益事业捐赠法（1999 年）

15. 中华人民共和国职业病防治法（2001 年通过，2011 年修正，2016 年修正，2017 年修正）

16. 中华人民共和国安全生产法（2002 年通过，2009 年法律清理修改，2014 年修正）

17. 中华人民共和国劳动合同法（2007 年通过，2012 年修正）

18. 中华人民共和国就业促进法（2007 年通过，2015 年修正）

19. 中华人民共和国社会保险法（2010 年）

20. 中华人民共和国军人保险法（2012 年）

21. 中华人民共和国特种设备安全法（2013 年）

22. 中华人民共和国反家庭暴力法（2015 年）

23. 中华人民共和国慈善法（2016 年）

24. 中华人民共和国境外非政府组织境内活动管理法（2016 年通过，2017 年修正）

刑法（1 件）

中华人民共和国刑法（1979 年通过，1997 年修订，2009 年法律清理修改）

全国人民代表大会常务委员会关于惩治骗购外汇、逃汇和非法买卖外汇犯罪的决定（1998 年）

中华人民共和国刑法修正案（1999 年）

中华人民共和国刑法修正案（二）（2001 年）

中华人民共和国刑法修正案（三）（2001 年）

中华人民共和国刑法修正案（四）（2002 年）

中华人民共和国刑法修正案（五）（2005 年）

中华人民共和国刑法修正案（六）（2006 年）

中华人民共和国刑法修正案（七）（2009 年）

中华人民共和国刑法修正案（八）（2011 年）

中华人民共和国刑法修正案（九）（2015 年）

中华人民共和国刑法修正案（十）（2017 年）

诉讼与非诉讼程序法（10 件）

1. 中华人民共和国刑事诉讼法（1979 年通过，1996 年修正，2012 年修正）

2. 全国人民代表大会常务委员会关于对中华人民共和国缔结或者参加的国际条约所规定的罪行行使刑事管辖权的决定（1987 年）

3. 中华人民共和国行政诉讼法（1989 年通过，2014 年修正，2017 年修正）

4. 中华人民共和国民事诉讼法（1991 年通过，2007 年修正，2012 年修正，2017 年修正）

5. 中华人民共和国仲裁法（1994 年通过，2009 年法律清理修改，2017 年修正）

6. 中华人民共和国海事诉讼特别程序法（1999 年）

7. 中华人民共和国引渡法（2000 年）

8. 中华人民共和国劳动争议调解仲裁法（2007 年）

9. 中华人民共和国农村土地承包经营纠纷调解仲裁法（2009 年）

10. 中华人民共和国人民调解法（2010 年）

第二章　建国以来通过的法律

一、1979年以来通过的法律

（1979年共14件）

（其中：法律12件，有关法律问题的决定2件）

法律12件：

1. 中华人民共和国森林法（试行）

（1979年2月23日第五届全国人民代表大会常务委员会第六次会议通过）

2. 中华人民共和国逮捕拘留条例

（1979年2月23日第五届全国人民代表大会常务委员会第六次会议通过）

3. 第五届全国人民代表大会第二次会议关于修正《中华人民共和国宪法》若干规定的决议

（1979年7月1日第五届全国人民代表大会第二次会议通过）

4. 中华人民共和国地方各级人民代表大会和地方各级人民政府组织法

（1979年7月1日第五届全国人民代表大会第二次会议通过）

5. 中华人民共和国全国人民代表大会和地方各级人民代表大会选举法

（1979年7月1日第五届全国人民代表大会第二次会议通过）

6. 中华人民共和国人民法院组织法

（1979年7月1日第五届全国人民代表大会第二次会议通过）

7. 中华人民共和国人民检察院组织法

（1979年7月1日第五届全国人民代表大会第二次会议通过）

8. 中华人民共和国刑法

（1979 年 7 月 1 日第五届全国人民代表大会第二次会议通过）

9. 中华人民共和国刑事诉讼法

（1979 年 7 月 1 日第五届全国人民代表大会第二次会议通过）

10. 中华人民共和国中外合资经营企业法

（1979 年 7 月 1 日第五届全国人民代表大会第二次会议通过）

11. 中华人民共和国环境保护法（试行）

（1979 年 9 月 13 日第五届全国人民代表大会常务委员会第十一次会议通过）

12. 全国人民代表大会常务委员会关于批准《国务院关于劳动教养的补充规定》的决议

（1979 年 11 月 29 日第五届全国人民代表大会常务委员会第十二次会议通过）

有关法律问题的决定 2 件：

13. 全国人民代表大会常务委员会关于省、自治区、直辖市可以在一九七九年设立人民代表大会常务委员会和将革命委员会改为人民政府的决议

（1979 年 9 月 13 日第五届全国人民代表大会常务委员会第十一次会议通过）

14. 全国人民代表大会常务委员会关于中华人民共和国建国以来制定的法律、法令效力问题的决议

（1979 年 11 月 29 日第五届全国人民代表大会常务委员会第十二次会议通过）

1980 年共 13 件

（其中：法律 9 件，有关法律问题的决定 4 件）

法律 9 件：

1. 中华人民共和国学位条例

（1980 年 2 月 12 日第五届全国人民代表大会常务委员会第十三次会议通过）

2. 第五届全国人民代表大会常务委员会关于批准《广东省经济特区条例》的决议

（1980年8月26日第五届全国人民代表大会常务委员会第十五次会议通过）

3. 中华人民共和国律师暂行条例

（1980年8月26日第五届全国人民代表大会常务委员会第十五次会议通过）

4. 中华人民共和国国籍法

（1980年9月10日第五届全国人民代表大会第三次会议通过）

5. 中华人民共和国婚姻法

（1980年9月10日第五届全国人民代表大会第三次会议通过）

6. 中华人民共和国个人所得税法

（1980年9月10日第五届全国人民代表大会第三次会议通过）

7. 第五届全国人民代表大会第三次会议关于修改《中华人民共和国宪法》第四十五条的决议

（1980年9月10日第五届全国人民代表大会第三次会议通过）

8. 中华人民共和国中外合资经营企业所得税法

（1980年9月10日第五届全国人民代表大会第三次会议通过）

9. 全国人民代表大会常务委员会关于批准《国务院关于老干部离职休养的暂行规定》的决议

（1980年9月29日第五届全国人民代表大会常务委员会第十六次会议通过）

有关法律问题的决定4件

10. 全国人民代表大会常务委员会关于刑事诉讼法实施问题的决定

（1980年2月12日第五届全国人民代表大会常务委员会第十三次会议通过）

11. 全国人民代表大会常务委员会关于县级直接选举工作问题的决定

（1980年2月12日第五届全国人民代表大会常务委员会第十三次会议通过）

12. 全国人民代表大会常务委员会关于实施刑事诉讼法规划问题的决议

（1980 年 4 月 16 日第五届全国人民代表大会常务委员会第十四次会议通过）

13. 第五届全国人民代表大会第三次会议关于修改宪法和成立宪法修改委员会的决议

（1980 年 9 月 10 日第五届全国人民代表大会第三次会议通过）

1981 年 13 件

（其中：法律 5 件，有关法律问题的决定 8 件）

法律 5 件：

1. 全国人民代表大会常务委员会关于批准《国务院关于职工探亲待遇的规定》的决议

（1981 年 3 月 6 日第五届全国人民代表大会常务委员会第十七次会议通过）

2. 中国人民解放军选举全国人民代表大会和地方各级人民代表大会代表的办法

（1981 年 6 月 10 日第五届全国人民代表大会常务委员会第十九次会议通过）

3. 中华人民共和国惩治军人违反职责罪暂行条例

（1981 年 6 月 10 日第五届全国人民代表大会常务委员会第十九次会议通过）

4. 中华人民共和国经济合同法

（1981 年 12 月 13 日第五届全国人民代表大会第四次会议通过）

5. 中华人民共和国外国企业所得税法

（1981 年 12 月 13 日第五届全国人民代表大会第四次会议通过）

有关法律问题的决定 8 件：

6. 全国人民代表大会常务委员会关于处理逃跑或者重新犯罪的劳改犯和劳教人员的决定

（1981 年 6 月 10 日第五届全国人民代表大会常务委员会第十九次会议通过）

7. 全国人民代表大会常务委员会关于死刑案件核准问题的决定

（1981年6月10日第五届全国人民代表大会常务委员会第十九次会议通过）

8. 全国人民代表大会常务委员会关于加强法律解释工作的决议

（1981年6月10日第五届全国人民代表大会常务委员会第十九次会议通过）

9. 全国人民代表大会常务委员会关于全国县级直接选举工作总结报告的决议

（1981年9月10日第五届全国人民代表大会常务委员会第二十次会议通过）

10. 全国人民代表大会常务委员会关于刑事案件办案期限问题的决定

（1981年9月10日第五届全国人民代表大会常务委员会第二十次会议通过）

11. 全国人民代表大会常务委员会关于授权广东省、福建省人民代表大会及其常务委员会制定所属经济特区的各项单行经济法规的决议

（1981年11月26日第五届全国人民代表大会常务委员会第二十一次会议通过）

12. 第五届全国人民代表大会第四次会议关于开展全民义务植树运动的决议

（1981年12月13日第五届全国人民代表大会第四次会议通过）

13. 第五届全国人民代表大会第四次会议关于推迟审议宪法修改草案的决议

（1981年12月13日第五届全国人民代表大会第四次会议通过）

1982年21件

（其中：宪法1件，法律10件，有关法律问题的决定10件）

宪法1件：

1. 中华人民共和国宪法

（1982年12月4日第五届全国人民代表大会第五次会议通过）

法律 10 件：

2. 中华人民共和国民事诉讼法（试行）

（1982 年 3 月 8 日第五届全国人民代表大会常务委员会第二十二次会议通过）

3. 全国人民代表大会常务委员会关于批准《国家建设征用土地条例》的决议

（1982 年 5 月 4 日第五届全国人民代表大会常务委员会第二十三次会议通过）

4. 中华人民共和国海洋环境保护法

（1982 年 8 月 23 日第五届全国人民代表大会常务委员会第二十四次会议通过）

5. 中华人民共和国商标法

（1982 年 8 月 23 日第五届全国人民代表大会常务委员会第二十四次会议通过）

6. 中华人民共和国食品卫生法（试行）

（1982 年 11 月 19 日第五届全国人民代表大会常务委员会第二十五次会议通过）

7. 中华人民共和国文物保护法

（1982 年 11 月 19 日第五届全国人民代表大会常务委员会第二十五次会议通过）

8. 第五届全国人民代表大会第五次会议关于修改《中华人民共和国全国人民代表大会和地方各级人民代表大会选举法》的若干规定的决议

（1982 年 12 月 10 日第五届全国人民代表大会第五次会议通过）

9. 中华人民共和国国务院组织法

（1982 年 12 月 10 日第五届全国人民代表大会第五次会议通过）

10. 中华人民共和国全国人民代表大会组织法

（1982 年 12 月 10 日第五届全国人民代表大会第五次会议通过）

11. 第五届全国人民代表大会第五次会议关于修改《中华人民共和国地

方各级人民代表大会和地方各级人民政府组织法》的若干规定的决议

（1982 年 12 月 10 日第五届全国人民代表大会第五次会议通过）

有关法律问题的决定 10 件：

12. 全国人民代表大会常务委员会关于国务院机构改革问题的决议

（1982 年 3 月 8 日第五届全国人民代表大会常务委员会第二十二次会议通过）

13. 全国人民代表大会常务委员会关于宽大释放全部在押的原国民党县团以下党政军特人员的决定

（1982 年 3 月 8 日第五届全国人民代表大会常务委员会第二十二次会议通过）

14. 全国人民代表大会常务委员会关于严惩严重破坏经济的罪犯的决定

（1982 年 3 月 8 日第五届全国人民代表大会常务委员会第二十二次会议通过）

15. 全国人民代表大会常务委员会关于国务院部委机构改革实施方案的决议

（1982 年 5 月 4 日第五届全国人民代表大会常务委员会第二十三次会议通过）

16. 全国人民代表大会常务委员会关于批准国务院直属机构改革实施方案的决议

（1982 年 8 月 23 日第五届全国人民代表大会常务委员会第二十四次会议通过）

17. 全国人民代表大会常务委员会关于批准长江南通港、张家港对外国籍船舶开放的决定

（1982 年 11 月 19 日第五届全国人民代表大会常务委员会第二十五次会议通过）

18. 全国人民代表大会常务委员会关于延长本届人民公社、镇人民代表大会任期的决议

（1982 年 11 月 19 日第五届全国人民代表大会常务委员会第二十五次会议通过）

19. 第五届全国人民代表大会第五次会议关于本届全国人民代表大会常务委员会职权的决议

（1982 年 12 月 4 日第五届全国人民代表大会第五次会议通过）

20. 第五届全国人民代表大会第五次会议关于中华人民共和国国歌的决议

（1982 年 12 月 4 日第五届全国人民代表大会第五次会议通过）

21. 第五届全国人民代表大会第五次会议关于第六届全国人民代表大会代表名额和选举问题的决议

（1982 年 12 月 10 日第五届全国人民代表大会第五次会议通过）

1983 年 16 件

（其中：法律 6 件，有关法律问题的决定 10 件）

法律 6 件：

1. 全国人民代表大会常务委员会关于县级以下人民代表大会代表直接选举的若干规定

（1983 年 3 月 5 日第五届全国人民代表大会常务委员会第二十六次会议通过）

2. 全国人民代表大会常务委员会关于修改《中华人民共和国人民法院组织法》的决定

（1983 年 9 月 2 日第六届全国人民代表大会常务委员会第二次会议通过）

3. 全国人民代表大会常务委员会关于修改《中华人民共和国人民检察院组织法》的决定

（1983 年 9 月 2 日第六届全国人民代表大会常务委员会第二次会议通过）

4. 全国人民代表大会常务委员会关于修改《中华人民共和国中外合资经营企业所得税法》的决定

（1983 年 9 月 2 日第六届全国人民代表大会常务委员会第二次会议通过）

5. 中华人民共和国海上交通安全法

（1983 年 9 月 2 日第六届全国人民代表大会常务委员会第二次会议通过）

6. 中华人民共和国统计法

（1983 年 12 月 8 日第六届全国人民代表大会常务委员会第三次会议通过）

有关法律问题的决定 10 件：

7. 台湾省出席第六届全国人民代表大会代表协商选举方案

（1983 年 3 月 5 日第五届全国人民代表大会常务委员会第二十六次会议通过）

8. 第六届全国人民代表大会少数民族代表名额分配方案

（1983 年 3 月 5 日第五届全国人民代表大会常务委员会第二十六次会议通过）

9. 全国人民代表大会常务委员会关于由对外经济贸易部行使原外国投资管理委员会的批准权的决定

（1983 年 3 月 5 日第五届全国人民代表大会常务委员会第二十六次会议通过）

10. 全国人民代表大会常务委员会关于地区和市合并后市人民代表大会提前换届问题的决定

（1983 年 5 月 9 日第五届全国人民代表大会常务委员会第二十七次会议通过）

11. 第六届全国人民代表大会第一次会议选举、表决和通过议案办法

（1983 年 6 月 7 日第六届全国人民代表大会第一次会议通过）

12. 全国人民代表大会常务委员会关于国家安全机关行使公安机关的侦查、拘留、预审和执行逮捕的职权的决定

（1983 年 9 月 2 日第六届全国人民代表大会常务委员会第二次会议通过）

13. 全国人民代表大会常务委员会关于严惩严重危害社会治安的犯罪分子的决定

（1983 年 9 月 2 日第六届全国人民代表大会常务委员会第二次会议通过）

14. 全国人民代表大会常务委员会关于迅速审判严重危害社会治安的犯罪分子的程序的决定

（1983 年 9 月 2 日第六届全国人民代表大会常务委员会第二次会议通过）

15. 全国人民代表大会常务委员会关于授权国务院对职工退休退职办法进行部分修改和补充的决定

（1983 年 9 月 2 日第六届全国人民代表大会常务委员会第二次会议通过）

16. 全国人民代表大会常务委员会关于县、乡两级人民代表大会代表选举时间的决定

（1983 年 9 月 2 日第六届全国人民代表大会常务委员会第二次会议通过）

1984 年 11 件

（其中：法律 8 件，有关法律问题的决定 3 件）

法律 8 件：

1. 中华人民共和国专利法

（1984 年 3 月 12 日第六届全国人民代表大会常务委员会第四次会议通过）

2. 全国人民代表大会常务委员会关于批准《中华人民共和国消防条例》的决议

（1984 年 5 月 11 日第六届全国人民代表大会常务委员会第五次会议通过）

3. 中华人民共和国水污染防治法

（1984 年 5 月 11 日第六届全国人民代表大会常务委员会第五次会议通过）

4. 中华人民共和国民族区域自治法

（1984 年 5 月 31 日第六届全国人民代表大会第二次会议通过）

5. 中华人民共和国兵役法

（1984 年 5 月 31 日第六届全国人民代表大会第二次会议通过）

6. 中华人民共和国森林法

（1984 年 9 月 20 日第六届全国人民代表大会常务委员会第七次会议通过）

7. 中华人民共和国药品管理法

（1984 年 9 月 20 日第六届全国人民代表大会常务委员会第七次会议通过）

8. 全国人民代表大会常务委员会关于在沿海港口城市设立海事法院的决定

（1984 年 11 月 14 日第六届全国人民代表大会常务委员会第八次会议通过）

有关法律问题的决定 3 件：

9. 第六届全国人民代表大会第二次会议关于海南行政区建置的决定

（1984 年 5 月 31 日第六届全国人民代表大会第二次会议通过）

10. 全国人民代表大会常务委员会关于刑事案件办案期限的补充规定

（1984 年 7 月 7 日第六届全国人民代表大会常务委员会第六次会议通过）

11. 全国人民代表大会常务委员会关于授权国务院改革工商税制发布有关税收条例草案试行的决定

（1984 年 9 月 18 日第六届全国人民代表大会常务委员会第七次会议通过）

1985 年 12 件

（其中：法律 8 件，有关法律问题的决定 4 件）

法律 8 件：

1. 中华人民共和国会计法

（1985 年 1 月 21 日第六届全国人民代表大会常务委员会第九次会议通过）

2. 中华人民共和国涉外经济合同法

（1985 年 3 月 21 日第六届全国人民代表大会常务委员会第十次会议通过）

3. 中华人民共和国继承法

（1985 年 4 月 10 日第六届全国人民代表大会第三次会议通过）

4. 中华人民共和国草原法

（1985 年 6 月 18 日第六届全国人民代表大会常务委员会第十一次会议通过）

5. 中华人民共和国居民身份证条例

（1985 年 9 月 6 日第六届全国人民代表大会常务委员会第十二次会议通过）

6. 中华人民共和国计量法

（1985 年 9 月 6 日第六届全国人民代表大会常务委员会第十二次会议通过）

7. 中华人民共和国公民出境入境管理法

（1985 年 11 月 22 日第六届全国人民代表大会常务委员会第十三次会议通过）

8. 中华人民共和国外国人入境出境管理法

（1985 年 11 月 22 日第六届全国人民代表大会常务委员会第十三次会议通过）

有关法律问题的决定 4 件：

9. 全国人民代表大会常务委员会关于教师节的决定

（1985 年 1 月 21 日第六届全国人民代表大会常务委员会第九次会议通过）

10. 全国人民代表大会关于成立中华人民共和国香港特别行政区基本法起草委员会的决定

（1985 年 4 月 10 日第六届全国人民代表大会第三次会议通过）

11. 全国人民代表大会关于授权国务院在经济体制改革和对外开放方面可以制定暂行的规定或者条例的决定

（1985 年 4 月 10 日第六届全国人民代表大会第三次会议通过）

12. 全国人民代表大会常务委员会关于在公民中基本普及法律常识的决议

（1985 年 11 月 22 日第六届全国人民代表大会常务委员会第十三次会议通过）

1986 年 15 件

（其中：法律 13 件，有关法律问题的决定 2 件）

法律 13 件：

1. 中华人民共和国渔业法

（1986 年 1 月 20 日第六届全国人民代表大会常务委员会第十四次会议通过）

2. 中华人民共和国矿产资源法

（1986 年 3 月 19 日第六届全国人民代表大会常务委员会第十五次会议通过）

3. 中华人民共和国民法通则

（1986 年 4 月 12 日第六届全国人民代表大会第四次会议通过）

4. 中华人民共和国外资企业法

（1986 年 4 月 12 日第六届全国人民代表大会第四次会议通过）

5. 中华人民共和国义务教育法

（1986 年 4 月 12 日第六届全国人民代表大会第四次会议通过）

6. 中华人民共和国土地管理法

（1986 年 6 月 25 日第六届全国人民代表大会常务委员会第十六次会议通过）

7. 中华人民共和国外交特权与豁免条例

（1986 年 9 月 5 日第六届全国人民代表大会常务委员会第十七次会议通过）

8. 中华人民共和国治安管理处罚条例

（1986 年 9 月 5 日第六届全国人民代表大会常务委员会第十七次会议通过）

9. 中华人民共和国企业破产法（试行）

（1986 年 12 月 2 日第六届全国人民代表大会常务委员会第十八次会议通过）

10. 中华人民共和国邮政法

（1986 年 12 月 2 日第六届全国人民代表大会常务委员会第十八次会议通过）

11. 中华人民共和国国境卫生检疫法

（1986 年 12 月 2 日第六届全国人民代表大会常务委员会第十八次会议通过）

12. 全国人民代表大会常务委员会关于修改《中华人民共和国地方各级人民代表大会和地方各级人民政府组织法》的决定

（1986 年 12 月 2 日第六届全国人民代表大会常务委员会第十八次会议通过）

13. 全国人民代表大会常务委员会关于修改《中华人民共和国全国人民代表大会和地方各级人民代表大会选举法》的决定

（1986 年 12 月 2 日第六届全国人民代表大会常务委员会第十八次会议通过）

有关法律问题的决定 2 件：

14. 全国人民代表大会常务委员会关于批准长江南京港对外国籍船舶开放的决定

（1986 年 1 月 20 日第六届全国人民代表大会常务委员会第十四次会议通过）

15. 全国人民代表大会常务委员会关于县、乡两级人民代表大会代表选举时间的决定

（1986 年 9 月 5 日第六届全国人民代表大会常务委员会第十七次会议通过）

1987 年 13 件

（其中：法律 7 件，有关法律问题的决定 6 件）

法律 7 件：

1. 中华人民共和国海关法

（1987 年 1 月 22 日第六届全国人民代表大会常务委员会第十九次会议通过）

2. 全国人民代表大会常务委员会关于对中华人民共和国缔结或者参加的国际条约所规定的罪行行使刑事管辖权的决定

（1987 年 6 月 23 日第六届全国人民代表大会常务委员会第二十一次会议通过）

3. 中华人民共和国技术合同法

（1987 年 6 月 23 日第六届全国人民代表大会常务委员会第二十一次会议通过）

4. 中华人民共和国大气污染防治法

（1987 年 9 月 5 日第六届全国人民代表大会常务委员会第二十二次会议通过）

5. 中华人民共和国档案法

（1987 年 9 月 5 日第六届全国人民代表大会常务委员会第二十二次会议通过）

6. 中华人民共和国全国人民代表大会常务委员会议事规则

（1987 年 11 月 24 日第六届全国人民代表大会常务委员会第二十三次会议通过）

7. 中华人民共和国村民委员会组织法（试行）

（1987 年 11 月 24 日第六届全国人民代表大会常务委员会第二十三次会议通过）

有关法律问题的决定 6 件：

8. 全国人民代表大会常务委员会关于加强法制教育维护安定团结的决定

（1987 年 1 月 22 日第六届全国人民代表大会常务委员会第十九次会议通过）

9. 全国人民代表大会关于《中华人民共和国村民委员会组织法（草案）》的决定

（1987 年 4 月 11 日第六届全国人民代表大会第五次会议通过）

10. 全国人民代表大会关于第七届全国人民代表大会代表名额和选举问题的决定

（1987 年 4 月 11 日第六届全国人民代表大会第五次会议通过）

11. 全国人民代表大会常务委员会关于第七届全国人民代表大会少数民族代表名额分配方案的决定

（1987 年 9 月 5 日第六届全国人民代表大会常务委员会第二十二次会议通过）

12. 全国人民代表大会常务委员会关于台湾省出席第七届全国人民代表大会代表协商选举方案的决定

（1987 年 9 月 5 日第六届全国人民代表大会常务委员会第二十二次会议通过）

13. 全国人民代表大会常务委员会关于批准法制工作委员会关于对 1978 年底以前颁布的法律进行清理情况和意见报告的决定

（1987 年 11 月 24 日第六届全国人民代表大会常务委员会第二十三次会议通过）

1988 年 23 件

（其中：宪法修正案 1 件，法律 10 件，有关法律问题的决定 12 件）

宪法修正案 1 件：

1. 中华人民共和国宪法修正案

（1988 年 4 月 12 日第七届全国人民代表大会第一次会议通过）

法律 10 件：

2. 中华人民共和国水法

（1988 年 1 月 21 日第六届全国人民代表大会常务委员会第二十四次会议通过）

3. 中华人民共和国全民所有制工业企业法

（1988 年 4 月 13 日第七届全国人民代表大会第一次会议通过）

4. 中华人民共和国中外合作经营企业法

（1988 年 4 月 13 日第七届全国人民代表大会第一次会议通过）

5. 全国人民代表大会常务委员会关于批准中央军事委员会《关于授予军队离休干部中国人民解放军功勋荣誉章的规定》的决定

（1988 年 7 月 1 日第七届全国人民代表大会常务委员会第二次会议通过）

6. 中国人民解放军军官军衔条例

（1988 年 7 月 1 日第七届全国人民代表大会常务委员会第二次会议通过）

7. 中国人民解放军现役军官服役条例

（1988 年 9 月 5 日第七届全国人民代表大会常务委员会第三次会议通过）

8. 中华人民共和国保守国家秘密法

（1988 年 9 月 5 日第七届全国人民代表大会常务委员会第三次会议通过）

9. 中华人民共和国野生动物保护法

（1988 年 11 月 8 日第七届全国人民代表大会常务委员会第四次会议通过）

10. 全国人民代表大会常务委员会关于修改《中华人民共和国土地管理法》的决定

（1988 年 12 月 29 日第七届全国人民代表大会常务委员会第五次会议通过）

11. 中华人民共和国标准化法

（1988 年 12 月 29 日第七届全国人民代表大会常务委员会第五次会议通过）

有关法律问题的决定 12 件：

12. 全国人民代表大会常务委员会关于惩治贪污罪贿赂罪的补充规定

（1988 年 1 月 21 日第六届全国人民代表大会常务委员会第二十四次会议通过）

13. 全国人民代表大会常务委员会关于惩治走私罪的补充规定

（1988 年 1 月 21 日第六届全国人民代表大会常务委员会第二十四次会议通过）

14. 第七届全国人民代表大会第一次会议通过议案和第七届全国人民代表大会各专门委员会组成人员人选办法

（1988 年 3 月 25 日第七届全国人民代表大会第一次会议通过）

15. 第七届全国人民代表大会第一次会议选举办法

（1988 年 4 月 2 日第七届全国人民代表大会第一次会议通过）

16. 第七届全国人民代表大会第一次会议关于国务院机构改革方案的决定

（1988 年 4 月 9 日第七届全国人民代表大会第一次会议通过）

17. 全国人民代表大会关于成立中华人民共和国澳门特别行政区基本法起草委员会的决定

（1988 年 4 月 13 日第七届全国人民代表大会第一次会议通过）

18. 全国人民代表大会关于建立海南经济特区的决议

（1988 年 4 月 13 日第七届全国人民代表大会第一次会议通过）

19. 全国人民代表大会关于设立海南省的决定

（1988 年 4 月 13 日第七届全国人民代表大会第一次会议通过）

20. 全国人民代表大会常务委员会关于确认 1955 年至 1965 年期间授予的军官军衔的决定

（1988 年 7 月 1 日第七届全国人民代表大会常务委员会第二次会议通过）

21. 全国人民代表大会常务委员会关于海南省人民代表会议代行海南省

人民代表大会职权的决定

（1988 年 7 月 1 日第七届全国人民代表大会常务委员会第二次会议通过）

22. 全国人民代表大会常务委员会关于惩治泄露国家秘密犯罪的补充规定

（1988 年 9 月 5 日第七届全国人民代表大会常务委员会第三次会议通过）

23. 全国人民代表大会常务委员会关于惩治捕杀国家重点保护的珍贵、濒危野生动物犯罪的补充规定

（1988 年 11 月 8 日第七届全国人民代表大会常务委员会第四次会议通过）

1989 年 11 件

（其中：法律 8 件，有关法律问题的决定 3 件）

法律 8 件：

1. 中华人民共和国传染病防治法

（1989 年 2 月 21 日第七届全国人民代表大会常务委员会第六次会议通过）

2. 中华人民共和国进出口商品检验法

（1989 年 2 月 21 日第七届全国人民代表大会常务委员会第六次会议通过）

3. 中华人民共和国全国人民代表大会议事规则

（1989 年 4 月 4 日第七届全国人民代表大会第二次会议通过）

4. 中华人民共和国行政诉讼法

（1989 年 4 月 4 日第七届全国人民代表大会第二次会议通过）

5. 中华人民共和国集会游行示威法

（1989 年 10 月 31 日第七届全国人民代表大会常务委员会第十次会议通过）

6. 中华人民共和国城市规划法

（1989 年 12 月 26 日第七届全国人民代表大会常务委员会第十一次会议通过）

7. 中华人民共和国城市居民委员会组织法

(1989 年 12 月 26 日第七届全国人民代表大会常务委员会第十一次会议通过)

8. 中华人民共和国环境保护法

(1989 年 12 月 26 日第七届全国人民代表大会常务委员会第十一次会议通过)

有关法律问题的决定 3 件:

9. 全国人民代表大会常务委员会关于海南省出席第七届全国人民代表大会代表团组成的决定

(1989 年 2 月 21 日第七届全国人民代表大会常务委员会第六次会议通过)

10. 全国人民代表大会关于国务院提请审议授权深圳市制定深圳经济特区法规和规章的议案的决定

(1989 年 4 月 4 日第七届全国人民代表大会第二次会议通过)

11. 全国人民代表大会常务委员会关于县、乡两级人民代表大会代表选举时间的决定

(1989 年 9 月 4 日第七届全国人民代表大会常务委员会第九次会议通过)

1990 年 20 件

(其中:法律 10 件,有关法律问题的决定 10 件)

法律 10 件:

1. 中华人民共和国军事设施保护法

(1990 年 2 月 23 日第七届全国人民代表大会常务委员会第十二次会议通过)

2. 中华人民共和国香港特别行政区基本法

(1990 年 4 月 4 日第七届全国人民代表大会第三次会议通过)

3. 全国人民代表大会关于修改《中华人民共和国中外合资经营企业法》的决定

(1990 年 4 月 4 日第七届全国人民代表大会第三次会议通过)

4. 中华人民共和国国旗法

（1990 年 6 月 28 日第七届全国人民代表大会常务委员会第十四次会议通过）

5. 中华人民共和国归侨侨眷权益保护法

（1990 年 9 月 7 日第七届全国人民代表大会常务委员会第十五次会议通过）

6. 中华人民共和国铁路法

（1990 年 9 月 7 日第七届全国人民代表大会常务委员会第十五次会议通过）

7. 中华人民共和国著作权法

（1990 年 9 月 7 日第七届全国人民代表大会常务委员会第十五次会议通过）

8. 中华人民共和国领事特权与豁免条例

（1990 年 10 月 30 日第七届全国人民代表大会常务委员会第十六次会议通过）

9. 中华人民共和国残疾人保障法

（1990 年 12 月 28 日第七届全国人民代表大会常务委员会第十七次会议通过）

10. 中华人民共和国缔结条约程序法

（1990 年 12 月 28 日第七届全国人民代表大会常务委员会第十七次会议通过）

有关法律问题的决定 10 件：

11. 第七届全国人民代表大会第三次会议选举和决定任免办法

（1990 年 3 月 29 日第七届全国人民代表大会第三次会议通过）

12. 第七届全国人民代表大会第三次会议关于《中华人民共和国香港特别行政区基本法（草案）》的审议程序和表决办法

（1990 年 3 月 29 日第七届全国人民代表大会第三次会议通过）

13. 全国人民代表大会关于香港特别行政区第一届政府和立法会产生办法的决定

（1990 年 4 月 2 日第七届全国人民代表大会第三次会议通过）

14. 全国人民代表大会关于《中华人民共和国香港特别行政区基本法》的决定

（1990年4月4日第七届全国人民代表大会第三次会议通过）

15. 全国人民代表大会关于设立香港特别行政区的决定

（1990年4月4日第七届全国人民代表大会第三次会议通过）

16. 全国人民代表大会关于批准香港特别行政区基本法起草委员会关于设立全国人民代表大会常务委员会香港特别行政区基本法委员会的建议的决定

（1990年4月4日第七届全国人民代表大会第三次会议通过）

17. 全国人民代表大会常务委员会关于《中华人民共和国香港特别行政区基本法》英文本的决定

（1990年6月28日第七届全国人民代表大会常务委员会第十四次会议通过）

18. 全国人民代表大会常务委员会关于惩治侮辱中华人民共和国国旗国徽罪的决定

（1990年6月28日第七届全国人民代表大会常务委员会第十四次会议通过）

19. 全国人民代表大会常务委员会关于惩治走私、制作、贩卖、传播淫秽物品的犯罪分子的决定

（1990年12月28日第七届全国人民代表大会常务委员会第十七次会议通过）

20. 全国人民代表大会常务委员会关于禁毒的决定

（1990年12月28日第七届全国人民代表大会常务委员会第十七次会议通过）

1991年16件

（其中：法律9件，有关法律问题的决定7件）

法律9件：

1. 中华人民共和国国徽法

（1991年3月2日第七届全国人民代表大会常务委员会第十八次会议通过）

2. 中华人民共和国外商投资企业和外国企业所得税法

（1991 年 4 月 9 日第七届全国人民代表大会第四次会议通过）

3. 中华人民共和国民事诉讼法

（1991 年 4 月 9 日第七届全国人民代表大会第四次会议通过）

4. 全国人民代表大会常务委员会关于修改《中华人民共和国文物保护法》第三十条、第三十一条的决定

（1991 年 6 月 29 日第七届全国人民代表大会常务委员会第二十次会议通过）

5. 中华人民共和国水土保持法

（1991 年 6 月 29 日第七届全国人民代表大会常务委员会第二十次会议通过）

6. 中华人民共和国烟草专卖法

（1991 年 6 月 29 日第七届全国人民代表大会常务委员会第二十次会议通过）

7. 中华人民共和国未成年人保护法

（1991 年 9 月 4 日第七届全国人民代表大会常务委员会第二十一次会议通过）

8. 中华人民共和国进出境动植物检疫法

（1991 年 10 月 30 日第七届全国人民代表大会常务委员会第二十二次会议通过）

9. 中华人民共和国收养法

（1991 年 12 月 29 日第七届全国人民代表大会常务委员会第二十三次会议通过）

有关法律问题的决定 7 件：

10. 全国人民代表大会常务委员会关于加强社会治安综合治理的决定

（1991 年 3 月 2 日第七届全国人民代表大会常务委员会第十八次会议通过）

11. 全国人民代表大会常务委员会关于深入开展法制宣传教育的决议

（1991 年 3 月 2 日第七届全国人民代表大会常务委员会第十八次会议通过）

12. 第七届全国人民代表大会第四次会议选举和决定任命办法

（1991年4月3日第七届全国人民代表大会第四次会议通过）

13. 全国人民代表大会常务委员会关于惩治盗掘古文化遗址古墓葬犯罪的补充规定

（1991年6月29日第七届全国人民代表大会常务委员会第二十次会议通过）

14. 全国人民代表大会常务委员会关于严禁卖淫嫖娼的决定

（1991年9月4日第七届全国人民代表大会常务委员会第二十一次会议通过）

15. 全国人民代表大会常务委员会关于严惩拐卖、绑架妇女、儿童的犯罪分子的决定

（1991年9月4日第七届全国人民代表大会常务委员会第二十一次会议通过）

16. 全国人民代表大会常务委员会关于批准武汉、九江、芜湖港对外国籍船舶开放的决定

（1991年10月30日第七届全国人民代表大会常务委员会第二十二次会议通过）

1992年17件

（其中：法律10件，有关法律问题的决定7件）

法律10件：

1. 中华人民共和国领海及毗连区法

（1992年2月25日第七届全国人民代表大会常务委员会第二十四次会议通过）

2. 中华人民共和国妇女权益保障法

（1992年4月3日第七届全国人民代表大会第五次会议通过）

3. 中华人民共和国工会法

（1992年4月3日第七届全国人民代表大会第五次会议通过）

4. 中华人民共和国全国人民代表大会和地方各级人民代表大会代表法

（1992年4月3日第七届全国人民代表大会第五次会议通过）

5. 中华人民共和国人民警察警衔条例

（1992 年 7 月 1 日第七届全国人民代表大会常务委员会第二十六次会议通过）

6. 全国人民代表大会常务委员会关于修改《中华人民共和国专利法》的决定

（1992 年 9 月 4 日第七届全国人民代表大会常务委员会第二十七次会议通过）

7. 中华人民共和国税收征收管理法

（1992 年 9 月 4 日第七届全国人民代表大会常务委员会第二十七次会议通过）

8. 中华人民共和国海商法

（1992 年 11 月 7 日第七届全国人民代表大会常务委员会第二十八次会议通过）

9. 中华人民共和国矿山安全法

（1992 年 11 月 7 日第七届全国人民代表大会常务委员会第二十八次会议通过）

10. 中华人民共和国测绘法

（1992 年 12 月 28 日第七届全国人民代表大会常务委员会第二十九次会议通过）

有关法律问题的决定 7 件：

11. 第七届全国人民代表大会第五次会议关于第八届全国人民代表大会代表名额和选举问题的决定

（1992 年 4 月 3 日第七届全国人民代表大会第五次会议通过）

12. 全国人民代表大会常务委员会关于授权深圳市人民代表大会及其常务委员会和深圳市人民政府分别制定法规和规章在深圳经济特区实施的决定

（1992 年 7 月 1 日第七届全国人民代表大会常务委员会第二十六次会议通过）

13. 全国人民代表大会常务委员会关于县、乡两级人民代表大会代表选举时间的决定

（1992年7月1日第七届全国人民代表大会常务委员会第二十六次会议通过）

14. 第八届全国人民代表大会少数民族代表名额分配方案

（1992年9月4日第七届全国人民代表大会常务委员会第二十七次会议通过）

15. 全国人民代表大会常务委员会关于惩治偷税、抗税犯罪的补充规定

（1992年9月4日第七届全国人民代表大会常务委员会第二十七次会议通过）

16. 台湾省出席第八届全国人民代表大会代表协商选举方案

（1992年9月4日第七届全国人民代表大会常务委员会第二十七次会议通过）

17. 全国人民代表大会常务委员会关于惩治劫持航空器犯罪分子的决定

（1992年12月28日第七届全国人民代表大会常务委员会第二十九次会议通过）

1993年34件

（其中：宪法修正案1件，法律17件，有关法律问题的决定16件）

宪法修正案1件：

1. 中华人民共和国宪法修正案

（1993年3月29日第八届全国人民代表大会第一次会议通过）

法律17件：

2. 中华人民共和国产品质量法

（1993年2月22日第七届全国人民代表大会常务委员会第三十次会议通过）

3. 全国人民代表大会常务委员会关于修改《中华人民共和国商标法》的决定

（1993年2月22日第七届全国人民代表大会常务委员会第三十次会议通过）

4. 中华人民共和国国家安全法

（1993年2月22日第七届全国人民代表大会常务委员会第三十次会议通过）

5. 中华人民共和国澳门特别行政区基本法

（1993 年 3 月 31 日第八届全国人民代表大会第一次会议通过）

6. 中华人民共和国农业法

（1993 年 7 月 2 日第八届全国人民代表大会常务委员会第二次会议通过）

7. 中华人民共和国农业技术推广法

（1993 年 7 月 2 日第八届全国人民代表大会常务委员会第二次会议通过）

8. 中华人民共和国科学技术进步法

（1993 年 7 月 2 日第八届全国人民代表大会常务委员会第二次会议通过）

9. 全国人民代表大会常务委员会关于修改《中华人民共和国经济合同法》的决定

（1993 年 9 月 2 日第八届全国人民代表大会常务委员会第三次会议通过）

10. 中华人民共和国反不正当竞争法

（1993 年 9 月 2 日第八届全国人民代表大会常务委员会第三次会议通过）

11. 全国人民代表大会常务委员会关于修改《中华人民共和国个人所得税法》的决定

（1993 年 10 月 31 日第八届全国人民代表大会常务委员会第四次会议通过）

12. 中华人民共和国红十字会法

（1993 年 10 月 31 日第八届全国人民代表大会常务委员会第四次会议通过）

13. 中华人民共和国教师法

（1993 年 10 月 31 日第八届全国人民代表大会常务委员会第四次会议通过）

14. 中华人民共和国消费者权益保护法

（1993 年 10 月 31 日第八届全国人民代表大会常务委员会第四次会议通过）

15. 中华人民共和国注册会计师法

（1993 年 10 月 31 日第八届全国人民代表大会常务委员会第四次会议通过）

16. 中华人民共和国公司法

（1993 年 12 月 29 日第八届全国人民代表大会常务委员会第五次会议通过）

17. 全国人民代表大会常务委员会关于修改《中华人民共和国会计法》的决定

（1993 年 12 月 29 日第八届全国人民代表大会常务委员会第五次会议通过）

18. 全国人民代表大会常务委员会关于外商投资企业和外国企业适用增值税、消费税、营业税等税收暂行条例的决定

（1993 年 12 月 29 日第八届全国人民代表大会常务委员会第五次会议通过）

有关法律问题的决定 16 件：

19. 全国人民代表大会常务委员会关于惩治假冒注册商标犯罪的补充规定

（1993 年 2 月 22 日第七届全国人民代表大会常务委员会第三十次会议通过）

20. 第八届全国人民代表大会第一次会议通过第八届全国人民代表大会各专门委员会组成人员人选办法

（1993 年 3 月 15 日第八届全国人民代表大会第一次会议通过）

21. 第八届全国人民代表大会第一次会议关于《中华人民共和国澳门特别行政区基本法（草案）》的审议程序和表决办法

（1993 年 3 月 20 日第八届全国人民代表大会第一次会议通过）

22. 第八届全国人民代表大会第一次会议选举和决定任命办法

（1993 年 3 月 20 日第八届全国人民代表大会第一次会议通过）

23. 第八届全国人民代表大会第一次会议关于国务院机构改革方案的决定

（1993 年 3 月 22 日第八届全国人民代表大会第一次会议通过）

24. 全国人民代表大会关于《中华人民共和国澳门特别行政区基本法》的决定

（1993 年 3 月 31 日第八届全国人民代表大会第一次会议通过）

25. 全国人民代表大会关于批准澳门特别行政区基本法起草委员会关于设立全国人民代表大会常务委员会澳门特别行政区基本法委员会的建议的决定

（1993年3月31日第八届全国人民代表大会第一次会议通过）

26. 全国人民代表大会关于设立中华人民共和国澳门特别行政区的决定

（1993年3月31日第八届全国人民代表大会第一次会议通过）

27. 全国人民代表大会关于授权全国人民代表大会常务委员会设立香港特别行政区筹备委员会的准备工作机构的决定

（1993年3月31日第八届全国人民代表大会第一次会议通过）

28. 全国人民代表大会关于澳门特别行政区第一届政府、立法会和司法机关产生办法的决定

（1993年3月31日第八届全国人民代表大会第一次会议通过）

29. 全国人民代表大会常务委员会组成人员守则

（1993年7月2日第八届全国人民代表大会常务委员会第二次会议通过）

30. 全国人民代表大会常务委员会关于惩治生产、销售伪劣商品犯罪的决定

（1993年7月2日第八届全国人民代表大会常务委员会第二次会议通过）

31. 全国人民代表大会常务委员会关于设立全国人民代表大会常务委员会香港特别行政区筹备委员会预备工作委员会的决定

（1993年7月2日第八届全国人民代表大会常务委员会第二次会议通过）

32. 全国人民代表大会常务委员会关于《中华人民共和国澳门特别行政区基本法》葡萄牙文本的决定

（1993年7月2日第八届全国人民代表大会常务委员会第二次会议通过）

33. 全国人民代表大会常务委员会关于加强对法律实施情况检查监督的若干规定

（1993年9月2日第八届全国人民代表大会常务委员会第三次会议通过）

34. 全国人民代表大会常务委员会关于中国人民解放军保卫部门对军队内部发生的刑事案件行使公安机关的侦查、拘留、预审和执行逮捕的职权的决定

（1993年12月29日第八届全国人民代表大会常务委员会第五次会议通过）

1994年20件

（其中：法律14件，有关法律问题的决定6件）

法律14件：

1. 中华人民共和国台湾同胞投资保护法

（1994年3月5日第八届全国人民代表大会常务委员会第六次会议通过）

2. 中华人民共和国预算法

（1994年3月22日第八届全国人民代表大会第二次会议通过）

3. 全国人民代表大会常务委员会关于修改《中国人民解放军现役军官服役条例》的决定

（1994年5月12日第八届全国人民代表大会常务委员会第七次会议通过）

4. 全国人民代表大会常务委员会关于修改《中国人民解放军军官军衔条例》的决定

（1994年5月12日第八届全国人民代表大会常务委员会第七次会议通过）

5. 中华人民共和国国家赔偿法

（1994年5月12日第八届全国人民代表大会常务委员会第七次会议通过）

6. 全国人民代表大会常务委员会关于修改《中华人民共和国治安管理处罚条例》的决定

（1994年5月12日第八届全国人民代表大会常务委员会第七次会议通过）

7. 中华人民共和国对外贸易法

（1994年5月12日第八届全国人民代表大会常务委员会第七次会议通过）

8. 中华人民共和国城市房地产管理法

（1994年7月5日第八届全国人民代表大会常务委员会第八次会议通过）

9. 中华人民共和国劳动法

（1994年7月5日第八届全国人民代表大会常务委员会第八次会议通过）

10. 中华人民共和国审计法

（1994 年 8 月 31 日第八届全国人民代表大会常务委员会第九次会议通过）

11. 中华人民共和国仲裁法

（1994 年 8 月 31 日第八届全国人民代表大会常务委员会第九次会议通过）

12. 中华人民共和国母婴保健法

（1994 年 10 月 27 日第八届全国人民代表大会常务委员会第十次会议通过）

13. 中华人民共和国广告法

（1994 年 10 月 27 日第八届全国人民代表大会常务委员会第十次会议通过）

14. 中华人民共和国监狱法

（1994 年 12 月 29 日第八届全国人民代表大会常务委员会第十一次会议通过）

有关法律问题的决定 6 件：

15. 全国人民代表大会常务委员会关于严惩组织、运送他人偷越国（边）境犯罪的补充规定

（1994 年 3 月 5 日第八届全国人民代表大会常务委员会第六次会议通过）

16. 第八届全国人民代表大会第二次会议选举办法

（1994 年 3 月 15 日第八届全国人民代表大会第二次会议通过）

17. 全国人民代表大会关于将全国人民代表大会环境保护委员会改为全国人民代表大会环境与资源保护委员会的决定

（1994 年 3 月 22 日第八届全国人民代表大会第二次会议通过）

18. 全国人民代表大会关于授权厦门市人民代表大会及其常务委员会和厦门市人民政府分别制定法规和规章在厦门经济特区实施的决定

（1994 年 3 月 22 日第八届全国人民代表大会第二次会议通过）

19. 全国人民代表大会常务委员会关于惩治侵犯著作权的犯罪的决定

（1994 年 7 月 5 日第八届全国人民代表大会常务委员会第八次会议通过）

20. 全国人民代表大会常务委员会关于郑耀棠等32名全国人民代表大会代表所提议案的决定

（1994年8月31日第八届全国人民代表大会常务委员会第九次会议通过）

1995年24件

（其中：法律19件，有关法律问题的决定5件）

法律19件：

1. 全国人民代表大会常务委员会关于修改《中华人民共和国地方各级人民代表大会和地方各级人民政府组织法》的决定

（1995年2月28日第八届全国人民代表大会常务委员会第十二次会议通过）

2. 全国人民代表大会常务委员会关于修改《中华人民共和国全国人民代表大会和地方各级人民代表大会选举法》的决定

（1995年2月28日第八届全国人民代表大会常务委员会第十二次会议通过）

3. 全国人民代表大会常务委员会关于修改《中华人民共和国税收征收管理法》的决定

（1995年2月28日第八届全国人民代表大会常务委员会第十二次会议通过）

4. 中华人民共和国法官法

（1995年2月28日第八届全国人民代表大会常务委员会第十二次会议通过）

5. 中华人民共和国检察官法

（1995年2月28日第八届全国人民代表大会常务委员会第十二次会议通过）

6. 中华人民共和国人民警察法

（1995年2月28日第八届全国人民代表大会常务委员会第十二次会议通过）

7. 中华人民共和国教育法

（1995 年 3 月 18 日第八届全国人民代表大会第三次会议通过）

8. 中华人民共和国中国人民银行法

（1995 年 3 月 18 日第八届全国人民代表大会第三次会议通过）

9. 中华人民共和国商业银行法

（1995 年 5 月 10 日第八届全国人民代表大会常务委员会第十三次会议通过）

10. 中华人民共和国票据法

（1995 年 5 月 10 日第八届全国人民代表大会常务委员会第十三次会议通过）

11. 中华人民共和国预备役军官法

（1995 年 5 月 10 日第八届全国人民代表大会常务委员会第十三次会议通过）

12. 中华人民共和国担保法

（1995 年 6 月 30 日第八届全国人民代表大会常务委员会第十四次会议通过）

13. 中华人民共和国保险法

（1995 年 6 月 30 日第八届全国人民代表大会常务委员会第十四次会议通过）

14. 全国人民代表大会常务委员会关于修改《中华人民共和国大气污染防治法》的决定

（1995 年 8 月 29 日第八届全国人民代表大会常务委员会第十五次会议通过）

15. 中华人民共和国体育法

（1995 年 8 月 29 日第八届全国人民代表大会常务委员会第十五次会议通过）

16. 中华人民共和国民用航空法

（1995 年 10 月 30 日第八届全国人民代表大会常务委员会第十六次会议通过）

17. 中华人民共和国食品卫生法

（1995 年 10 月 30 日第八届全国人民代表大会常务委员会第十六次会议通过）

18. 中华人民共和国固体废物污染环境防治法

（1995 年 10 月 30 日第八届全国人民代表大会常务委员会第十六次会议通过）

19. 中华人民共和国电力法

（1995 年 12 月 28 日第八届全国人民代表大会常务委员会第十七次会议通过）

有关法律问题的决定 5 件：

20. 全国人民代表大会常务委员会关于惩治违反公司法的犯罪的决定

（1995 年 2 月 28 日第八届全国人民代表大会常务委员会第十二次会议通过）

21. 第八届全国人民代表大会第三次会议选举和决定任命办法

（1995 年 3 月 11 日第八届全国人民代表大会第三次会议通过）

22. 全国人民代表大会常务委员会关于惩治破坏金融秩序犯罪的决定

（1995 年 6 月 30 日第八届全国人民代表大会常务委员会第十四次会议通过）

23. 全国人民代表大会常务委员会关于乡级人民代表大会代表选举时间的决定

（1995 年 6 月 30 日第八届全国人民代表大会常务委员会第十四次会议通过）

24. 全国人民代表大会常务委员会关于惩治虚开、伪造和非法出售增值税专用发票犯罪的决定

（1995 年 10 月 30 日第八届全国人民代表大会常务委员会第十六次会议通过）

1996 年 22 件

（其中：法律 19 件，法律解释 1 件，有关法律问题的决定 2 件）

法律 19 件：

1. 中华人民共和国戒严法

（1996 年 3 月 1 日第八届全国人民代表大会常务委员会第十八次会议通过）

2. 全国人民代表大会关于修改《中华人民共和国刑事诉讼法》的决定

（1996 年 3 月 17 日第八届全国人民代表大会第四次会议通过）

3. 中华人民共和国行政处罚法

（1996 年 3 月 17 日第八届全国人民代表大会第四次会议通过）

4. 中华人民共和国律师法

（1996 年 5 月 15 日第八届全国人民代表大会常务委员会第十九次会议通过）

5. 中华人民共和国职业教育法

（1996 年 5 月 15 日第八届全国人民代表大会常务委员会第十九次会议通过）

6. 中华人民共和国促进科技成果转化法

（1996 年 5 月 15 日第八届全国人民代表大会常务委员会第十九次会议通过）

7. 全国人民代表大会常务委员会关于修改《中华人民共和国水污染防治法》的决定

（1996 年 5 月 15 日第八届全国人民代表大会常务委员会第十九次会议通过）

8. 全国人民代表大会常务委员会关于修改《中华人民共和国统计法》的决定

（1996 年 5 月 15 日第八届全国人民代表大会常务委员会第十九次会议通过）

9. 全国人民代表大会常务委员会关于修改《中华人民共和国档案法》的决定

（1996 年 7 月 5 日第八届全国人民代表大会常务委员会第二十次会议通过）

10. 中华人民共和国拍卖法

（1996 年 7 月 5 日第八届全国人民代表大会常务委员会第二十次会议通过）

11. 中华人民共和国枪支管理法

（1996 年 7 月 5 日第八届全国人民代表大会常务委员会第二十次会议通过）

12. 全国人民代表大会常务委员会关于修改《中华人民共和国矿产资源法》的决定

（1996 年 8 月 29 日第八届全国人民代表大会常务委员会第二十一次会议通过）

13. 中华人民共和国老年人权益保障法

（1996 年 8 月 29 日第八届全国人民代表大会常务委员会第二十一次会议通过）

14. 中华人民共和国煤炭法

（1996 年 8 月 29 日第八届全国人民代表大会常务委员会第二十一次会议通过）

15. 中国人民解放军选举全国人民代表大会和县级以上地方各级人民代表大会代表的办法（修订）

（1996 年 10 月 29 日第八届全国人民代表大会常务委员会第二十二次会议通过）

16. 中华人民共和国乡镇企业法

（1996 年 10 月 29 日第八届全国人民代表大会常务委员会第二十二次会议通过）

17. 中华人民共和国环境噪声污染防治法

（1996 年 10 月 29 日第八届全国人民代表大会常务委员会第二十二次会议通过）

18. 中华人民共和国人民防空法

（1996 年 10 月 29 日第八届全国人民代表大会常务委员会第二十二次会议通过）

19. 中华人民共和国香港特别行政区驻军法

（1996 年 12 月 30 日第八届全国人民代表大会常务委员会第二十三次会议通过）

法律解释 1 件：

20. 全国人民代表大会常务委员会关于《中华人民共和国国籍法》在香港特别行政区实施的几个问题的解释

（1996年5月15日第八届全国人民代表大会常务委员会第十九次会议通过）

有关法律问题的决定2件：

21. 全国人民代表大会关于授权汕头市和珠海市人民代表大会及其常务委员会、人民政府分别制定法规和规章在各自的经济特区实施的决定

（1996年3月17日第八届全国人民代表大会第四次会议通过）

22. 全国人民代表大会常务委员会关于继续开展法制宣传教育的决议

（1996年5月15日第八届全国人民代表大会常务委员会第十九次会议通过）

1997年23件

（其中：法律12件，有关法律问题的决定11件）

法律12件：

1. 中华人民共和国合伙企业法

（1997年2月23日第八届全国人民代表大会常务委员会第二十四次会议通过）

2. 中华人民共和国国防法

（1997年3月14日第八届全国人民代表大会第五次会议通过）

3. 中华人民共和国刑法（修订）

（1997年3月14日第八届全国人民代表大会第五次会议通过）

4. 中华人民共和国行政监察法

（1997年5月9日第八届全国人民代表大会常务委员会第二十五次会议通过）

5. 中华人民共和国动物防疫法

（1997年7月3日第八届全国人民代表大会常务委员会第二十六次会议通过）

6. 中华人民共和国公路法

（1997年7月3日第八届全国人民代表大会常务委员会第二十六次会议通过）

7. 中华人民共和国防洪法

（1997年8月29日第八届全国人民代表大会常务委员会第二十七次会议通过）

8. 中华人民共和国建筑法

（1997年11月1日第八届全国人民代表大会常务委员会第二十八次会议通过）

9. 中华人民共和国节约能源法

（1997年11月1日第八届全国人民代表大会常务委员会第二十八次会议通过）

10. 中华人民共和国防震减灾法

（1997年12月29日第八届全国人民代表大会常务委员会第二十九次会议通过）

11. 中华人民共和国价格法

（1997年12月29日第八届全国人民代表大会常务委员会第二十九次会议通过）

12. 中华人民共和国献血法

（1997年12月29日第八届全国人民代表大会常务委员会第二十九次会议通过）

有关法律问题的决定11件：

13. 全国人民代表大会常务委员会关于根据《中华人民共和国香港特别行政区基本法》第一百六十条处理香港原有法律的决定

（1997年2月23日第八届全国人民代表大会常务委员会第二十四次会议通过）

14. 第八届全国人民代表大会第五次会议关于批准设立重庆直辖市的决定

（1997年3月14日第八届全国人民代表大会第五次会议通过）

15. 中华人民共和国香港特别行政区选举第九届全国人民代表大会代表的办法

（1997年3月14日第八届全国人民代表大会第五次会议通过）

16. 第八届全国人民代表大会第五次会议关于第九届全国人民代表大会代表名额和选举问题的决定

（1997 年 3 月 14 日第八届全国人民代表大会第五次会议通过）

17. 全国人民代表大会常务委员会关于成立重庆市第一届人民代表大会筹备组的决定

（1997 年 5 月 9 日第八届全国人民代表大会常务委员会第二十五次会议通过）

18. 全国人民代表大会常务委员会关于省、自治区、直辖市人民代表大会代表名额的决定

（1997 年 5 月 9 日第八届全国人民代表大会常务委员会第二十五次会议通过）

19. 第九届全国人民代表大会少数民族代表名额分配方案

（1997 年 5 月 9 日第八届全国人民代表大会常务委员会第二十五次会议通过）

20. 台湾省出席第九届全国人民代表大会代表协商选举方案

（1997 年 5 月 9 日第八届全国人民代表大会常务委员会第二十五次会议通过）

21. 全国人民代表大会常务委员会关于批准全国人民代表大会香港特别行政区筹备委员会结束工作的建议的决定

（1997 年 7 月 3 日第八届全国人民代表大会常务委员会第二十六次会议通过）

22. 全国人民代表大会常务委员会关于县级人民代表大会代表选举时间的决定

（1997 年 7 月 3 日第八届全国人民代表大会常务委员会第二十六次会议通过）

23. 全国人民代表大会常务委员会关于《中华人民共和国香港特别行政区基本法》附件三所列全国性法律增减的决定

（1997 年 7 月 3 日第八届全国人民代表大会常务委员会第二十六次会议通过）

1998年20件

（其中：法律11件，法律解释1件，有关法律问题的决定8件）

法律11件：

1. 全国人民代表大会常务委员会关于修改《中华人民共和国森林法》的决定

（1998年4月29日第九届全国人民代表大会常务委员会第二次会议通过）

2. 中华人民共和国消防法

（1998年4月29日第九届全国人民代表大会常务委员会第二次会议通过）

3. 中华人民共和国专属经济区和大陆架法

（1998年6月26日第九届全国人民代表大会常务委员会第三次会议通过）

4. 中华人民共和国执业医师法

（1998年6月26日第九届全国人民代表大会常务委员会第三次会议通过）

5. 中华人民共和国高等教育法

（1998年8月29日第九届全国人民代表大会常务委员会第四次会议通过）

6. 中华人民共和国土地管理法（修订）

（1998年8月29日第九届全国人民代表大会常务委员会第四次会议通过）

7. 全国人民代表大会常务委员会关于修改《中华人民共和国收养法》的决定

（1998年11月4日第九届全国人民代表大会常务委员会第五次会议通过）

8. 中华人民共和国村民委员会组织法

（1998年11月4日第九届全国人民代表大会常务委员会第五次会议通过）

9. 全国人民代表大会常务委员会关于修改《中华人民共和国兵役法》的决定

（1998 年 12 月 29 日第九届全国人民代表大会常务委员会第六次会议通过）

10. 中华人民共和国证券法

（1998 年 12 月 29 日第九届全国人民代表大会常务委员会第六次会议通过）

11. 全国人民代表大会常务委员会关于惩治骗购外汇、逃汇和非法买卖外汇犯罪的决定

（1998 年 12 月 29 日第九届全国人民代表大会常务委员会第六次会议通过）

法律解释 1 件：

12. 全国人民代表大会常务委员会关于《中华人民共和国国籍法》在澳门特别行政区实施的几个问题的解释

（1998 年 12 月 29 日第九届全国人民代表大会常务委员会第六次会议通过）

有关法律问题的决定 8 件：

13. 第九届全国人民代表大会第一次会议关于设立第九届全国人民代表大会专门委员会的决定

（1998 年 3 月 6 日第九届全国人民代表大会第一次会议通过）

14. 第九届全国人民代表大会第一次会议通过第九届全国人民代表大会各专门委员会组成人员人选办法

（1998 年 3 月 6 日第九届全国人民代表大会第一次会议通过）

15. 第九届全国人民代表大会第一次会议关于国务院机构改革方案的决定

（1998 年 3 月 10 日第九届全国人民代表大会第一次会议通过）

16. 第九届全国人民代表大会第一次会议选举和决定任命办法

（1998 年 3 月 10 日第九届全国人民代表大会第一次会议通过）

17. 全国人民代表大会常务委员会关于补选出缺的香港特别行政区第九届全国人民代表大会代表的决定

（1998 年 10 月 27 日第九届全国人民代表大会常务委员会第五次会议通过）

18. 全国人民代表大会常务委员会关于增加《中华人民共和国香港特别行政区基本法》附件三所列全国性法律的决定

（1998 年 11 月 4 日第九届全国人民代表大会常务委员会第五次会议通过）

19. 全国人民代表大会常务委员会关于新疆维吾尔自治区生产建设兵团设置人民法院和人民检察院的决定

（1998 年 12 月 29 日第九届全国人民代表大会常务委员会第六次会议通过）

20. 全国人民代表大会常务委员会关于设立全国人民代表大会常务委员会预算工作委员会的决定

（1998 年 12 月 29 日第九届全国人民代表大会常务委员会第六次会议通过）

1999 年 24 件

（其中：宪法修正案 1 件，法律 15 件，法律解释 1 件，有关法律问题的决定 7 件）

宪法修正案 1 件：

1. 中华人民共和国宪法修正案

（1999 年 3 月 15 日第九届全国人民代表大会第二次会议通过）

法律 15 件：

2. 中华人民共和国合同法

（1999 年 3 月 15 日第九届全国人民代表大会第二次会议通过）

3. 中华人民共和国行政复议法

（1999 年 4 月 29 日第九届全国人民代表大会常务委员会第九次会议通过）

4. 中华人民共和国澳门特别行政区驻军法

（1999 年 6 月 28 日第九届全国人民代表大会常务委员会第十次会议通过）

5. 中华人民共和国公益事业捐赠法

（1999 年 6 月 28 日第九届全国人民代表大会常务委员会第十次会议通过）

6. 中华人民共和国预防未成年人犯罪法

（1999 年 6 月 28 日第九届全国人民代表大会常务委员会第十次会议通过）

7. 全国人民代表大会常务委员会关于修改《中华人民共和国个人所得税法》的决定

（1999 年 8 月 30 日第九届全国人民代表大会常务委员会第十一次会议通过）

8. 中华人民共和国个人独资企业法

（1999 年 8 月 30 日第九届全国人民代表大会常务委员会第十一次会议通过）

9. 中华人民共和国招标投标法

（1999 年 8 月 30 日第九届全国人民代表大会常务委员会第十一次会议通过）

10. 中华人民共和国气象法

（1999 年 10 月 31 日第九届全国人民代表大会常务委员会第十二次会议通过）

11. 中华人民共和国会计法（修订）

（1999 年 10 月 31 日第九届全国人民代表大会常务委员会第十二次会议通过）

12. 全国人民代表大会常务委员会关于修改《中华人民共和国公路法》的决定

（1999 年 10 月 31 日第九届全国人民代表大会常务委员会第十二次会议通过）

13. 全国人民代表大会常务委员会关于修改《中华人民共和国公司法》的决定

（1999 年 12 月 25 日第九届全国人民代表大会常务委员会第十三次会议通过）

14. 中华人民共和国海事诉讼特别程序法

（1999 年 12 月 25 日第九届全国人民代表大会常务委员会第十三次会议通过）

15. 中华人民共和国海洋环境保护法（修订）

（1999 年 12 月 25 日第九届全国人民代表大会常务委员会第十三次会议通过）

16. 中华人民共和国刑法修正案

（1999 年 12 月 25 日第九届全国人民代表大会常务委员会第十三次会议通过）

法律解释 1 件：

17. 全国人民代表大会常务委员会关于《中华人民共和国香港特别行政区基本法》第二十二条第四款和第二十四条第二款第（三）项的解释

（1999 年 6 月 26 日第九届全国人民代表大会常务委员会第十次会议通过）

有关法律问题的决定 7 件：

18. 全国人民代表大会常务委员会关于香港特别行政区第九届全国人民代表大会代表辞去代表职务的办法的决定

（1999 年 1 月 30 日第九届全国人民代表大会常务委员会第七次会议通过）

19. 中华人民共和国澳门特别行政区第九届全国人民代表大会代表的产生办法

（1999 年 3 月 15 日第九届全国人民代表大会第二次会议通过）

20. 全国人民代表大会常务委员会关于取缔邪教组织、防范和惩治邪教活动的决定

（1999 年 10 月 30 日第九届全国人民代表大会常务委员会第十二次会议通过）

21. 全国人民代表大会常务委员会关于根据《中华人民共和国澳门特别行政区基本法》第一百四十五条处理澳门原有法律的决定

（1999 年 10 月 31 日第九届全国人民代表大会常务委员会第十二次会议通过）

22. 全国人民代表大会常务委员会关于增加《中华人民共和国澳门特别行政区基本法》附件三所列全国性法律的决定

（1999 年 12 月 20 日第九届全国人民代表大会常务委员会第十三次会议通过）

23. 全国人民代表大会常务委员会关于加强中央预算审查监督的决定

（1999 年 12 月 25 日第九届全国人民代表大会常务委员会第十三次会议通过）

24. 全国人民代表大会常务委员会关于批准《全国人民代表大会澳门特别行政区筹备委员会工作情况的报告》和全国人民代表大会澳门特别行政区筹备委员会结束工作的建议的决定

（1999 年 12 月 25 日第九届全国人民代表大会常务委员会第十三次会议通过）

2000 年 16 件

（其中：法律 13 件，法律解释 1 件，有关法律问题的决定 2 件）

法律 13 件：

1. 中华人民共和国立法法

（2000 年 3 月 15 日第九届全国人民代表大会第三次会议通过）

2. 中华人民共和国大气污染防治法（修订）

（2000 年 4 月 29 日第九届全国人民代表大会常务委员会第十五次会议通过）

3. 全国人民代表大会常务委员会关于修改《中华人民共和国产品质量法》的决定

（2000 年 7 月 8 日第九届全国人民代表大会常务委员会第十六次会议通过）

4. 全国人民代表大会常务委员会关于修改《中华人民共和国海关法》的决定

（2000 年 7 月 8 日第九届全国人民代表大会常务委员会第十六次会议通过）

5. 中华人民共和国种子法

（2000 年 7 月 8 日第九届全国人民代表大会常务委员会第十六次会议通过）

6. 全国人民代表大会常务委员会关于修改《中华人民共和国专利法》的决定

（2000 年 8 月 25 日第九届全国人民代表大会常务委员会第十七次会议通过）

7. 全国人民代表大会常务委员会关于修改《中华人民共和国归侨侨眷权益保护法》的决定

（2000 年 10 月 31 日第九届全国人民代表大会常务委员会第十八次会议通过）

8. 全国人民代表大会常务委员会关于修改《中华人民共和国外资企业法》的决定

（2000 年 10 月 31 日第九届全国人民代表大会常务委员会第十八次会议通过）

9. 全国人民代表大会常务委员会关于修改《中华人民共和国渔业法》的决定

（2000 年 10 月 31 日第九届全国人民代表大会常务委员会第十八次会议通过）

10. 全国人民代表大会常务委员会关于修改《中华人民共和国中外合作经营企业法》的决定

（2000 年 10 月 31 日第九届全国人民代表大会常务委员会第十八次会议通过）

11. 中华人民共和国国家通用语言文字法

（2000 年 10 月 31 日第九届全国人民代表大会常务委员会第十八次会议通过）

12. 中华人民共和国现役军官法

（2000 年 12 月 28 日第九届全国人民代表大会常务委员会第十九次会议通过《全国人民代表大会常务委员会关于修改〈中国人民解放军现役军官服役条例〉的决定》，将原条例改为现名）

13. 中华人民共和国引渡法

（2000 年 12 月 28 日第九届全国人民代表大会常务委员会第十九次会议通过）

法律解释 1 件：

14. 全国人民代表大会常务委员会关于《中华人民共和国刑法》第九十三条第二款的解释

（2000 年 4 月 29 日第九届全国人民代表大会常务委员会第十五次会议通过）

有关法律问题的决定 2 件：

15. 全国人民代表大会常务委员会关于加强经济工作监督的决定

（2000 年 3 月 1 日第九届全国人民代表大会常务委员会第十四次会议通过）

16. 全国人民代表大会常务委员会关于维护互联网安全的决定

（2000 年 12 月 28 日第九届全国人民代表大会常务委员会第十九次会议通过）

2001 年 25 件

（其中：法律 19 件，法律解释 1 件，有关法律问题的决定 5 件）

法律 19 件：

1. 全国人民代表大会常务委员会关于修改《中华人民共和国民族区域自治法》的决定

（2001 年 2 月 28 日第九届全国人民代表大会常务委员会第二十次会议通过）

2. 中华人民共和国药品管理法（修订）

（2001 年 2 月 28 日第九届全国人民代表大会常务委员会第二十次会议通过）

3. 全国人民代表大会关于修改《中华人民共和国中外合资经营企业法》的决定

（2001 年 3 月 15 日第九届全国人民代表大会第四次会议通过）

4. 中华人民共和国信托法

（2001 年 4 月 28 日第九届全国人民代表大会常务委员会第二十一次会议通过）

5. 全国人民代表大会常务委员会关于修改《中华人民共和国婚姻法》的决定

（2001 年 4 月 28 日第九届全国人民代表大会常务委员会第二十一次会议通过）

6. 中华人民共和国税收征收管理法（修订）

（2001 年 4 月 28 日第九届全国人民代表大会常务委员会第二十一次会议通过）

7. 中华人民共和国国防教育法

（2001 年 4 月 28 日第九届全国人民代表大会常务委员会第二十一次会议通过）

8. 全国人民代表大会常务委员会关于修改《中华人民共和国法官法》的决定

（2001 年 6 月 30 日第九届全国人民代表大会常务委员会第二十二次会议通过）

9. 全国人民代表大会常务委员会关于修改《中华人民共和国检察官法》的决定

（2001 年 6 月 30 日第九届全国人民代表大会常务委员会第二十二次会议通过）

10. 中华人民共和国防沙治沙法

（2001 年 8 月 31 日第九届全国人民代表大会常务委员会第二十三次会议通过）

11. 中华人民共和国刑法修正案（二）

（2001 年 8 月 31 日第九届全国人民代表大会常务委员会第二十三次会议通过）

12. 中华人民共和国职业病防治法

（2001 年 10 月 27 日第九届全国人民代表大会常务委员会第二十四次会议通过）

13. 全国人民代表大会常务委员会关于修改《中华人民共和国工会法》的决定

（2001 年 10 月 27 日第九届全国人民代表大会常务委员会第二十四次会议通过）

14. 全国人民代表大会常务委员会关于修改《中华人民共和国商标法》的决定

（2001 年 10 月 27 日第九届全国人民代表大会常务委员会第二十四次会议通过）

15. 全国人民代表大会常务委员会关于修改《中华人民共和国著作权法》

的决定

（2001 年 10 月 27 日第九届全国人民代表大会常务委员会第二十四次会议通过）

16. 中华人民共和国海域使用管理法

（2001 年 10 月 27 日第九届全国人民代表大会常务委员会第二十四次会议通过）

17. 中华人民共和国人口与计划生育法

（2001 年 12 月 29 日第九届全国人民代表大会常务委员会第二十五次会议通过）

18. 中华人民共和国刑法修正案（三）

（2001 年 12 月 29 日第九届全国人民代表大会常务委员会第二十五次会议通过）

19. 全国人民代表大会常务委员会关于修改《中华人民共和国律师法》的决定

（2001 年 12 月 29 日第九届全国人民代表大会常务委员会第二十五次会议通过）

法律解释 1 件：

20. 全国人民代表大会常务委员会关于《中华人民共和国刑法》第二百二十八条、第三百四十二条、第四百一十条的解释

（2001 年 8 月 31 日第九届全国人民代表大会常务委员会第二十三次会议通过）

有关法律问题的决定 5 件：

21. 第九届全国人民代表大会第四次会议选举办法

（2001 年 3 月 9 日第九届全国人民代表大会第四次会议通过）

22. 全国人民代表大会常务委员会关于进一步开展法制宣传教育的决议

（2001 年 4 月 28 日第九届全国人民代表大会常务委员会第二十一次会议通过）

23. 全国人民代表大会常务委员会关于设立全民国防教育日的决定

（2001 年 8 月 31 日第九届全国人民代表大会常务委员会第二十三次会议

通过）

24. 全国人民代表大会常务委员会关于重庆市人民代表大会换届选举时间的决定

（2001 年 10 月 27 日第九届全国人民代表大会常务委员会第二十四次会议通过）

25. 全国人民代表大会常务委员会关于我国加入世界贸易组织的决定

（2000 年 8 月 25 日第九届全国人民代表大会常务委员会第十七次会议通过，2001 年 11 月 9 日公布）

2002 年 28 件

（其中：法律 16 件，法律解释 4 件，有关法律问题的决定 8 件）

法律 16 件：

1. 全国人民代表大会常务委员会关于修改《中华人民共和国进出口商品检验法》的决定

（2002 年 4 月 28 日第九届全国人民代表大会常务委员会第二十七次会议通过）

2. 中华人民共和国清洁生产促进法

（2002 年 6 月 29 日第九届全国人民代表大会常务委员会第二十八次会议通过）

3. 中华人民共和国政府采购法

（2002 年 6 月 29 日第九届全国人民代表大会常务委员会第二十八次会议通过）

4. 中华人民共和国安全生产法

（2002 年 6 月 29 日第九届全国人民代表大会常务委员会第二十八次会议通过）

5. 中华人民共和国中小企业促进法

（2002 年 6 月 29 日第九届全国人民代表大会常务委员会第二十八次会议通过）

6. 中华人民共和国科学技术普及法

（2002 年 6 月 29 日第九届全国人民代表大会常务委员会第二十八次会议通过）

7. 中华人民共和国测绘法（修订）

（2002 年 8 月 29 日第九届全国人民代表大会常务委员会第二十九次会议通过）

8. 中华人民共和国农村土地承包法

（2002 年 8 月 29 日第九届全国人民代表大会常务委员会第二十九次会议通过）

9. 中华人民共和国水法（修订）

（2002 年 8 月 29 日第九届全国人民代表大会常务委员会第二十九次会议通过）

10. 全国人民代表大会常务委员会关于修改《中华人民共和国保险法》的决定

（2002 年 10 月 28 日第九届全国人民代表大会常务委员会第三十次会议通过）

11. 中华人民共和国环境影响评价法

（2002 年 10 月 28 日第九届全国人民代表大会常务委员会第三十次会议通过）

12. 中华人民共和国文物保护法（修订）

（2002 年 10 月 28 日第九届全国人民代表大会常务委员会第三十次会议通过）

13. 中华人民共和国农业法（修订）

（2002 年 12 月 28 日第九届全国人民代表大会常务委员会第三十一次会议通过）

14. 中华人民共和国刑法修正案（四）

（2002 年 12 月 28 日第九届全国人民代表大会常务委员会第三十一次会议通过）

15. 中华人民共和国民办教育促进法

（2002 年 12 月 28 日第九届全国人民代表大会常务委员会第三十一次会

议通过）

16. 中华人民共和国草原法（修订）

（2002 年 12 月 28 日第九届全国人民代表大会常务委员会第三十一次会议通过）

法律解释 4 件：

17. 全国人民代表大会常务委员会关于《中华人民共和国刑法》第二百九十四条第一款的解释

（2002 年 4 月 28 日第九届全国人民代表大会常务委员会第二十七次会议通过）

18. 全国人民代表大会常务委员会关于《中华人民共和国刑法》第三百八十四条第一款的解释

（2002 年 4 月 28 日第九届全国人民代表大会常务委员会第二十七次会议通过）

19. 全国人民代表大会常务委员会关于《中华人民共和国刑法》第三百一十三条的解释

（2002 年 8 月 29 日第九届全国人民代表大会常务委员会第二十九次会议通过）

20. 全国人民代表大会常务委员会关于《中华人民共和国刑法》第九章渎职罪主体适用问题的解释

（2002 年 12 月 28 日第九届全国人民代表大会常务委员会第三十一次会议通过）

有关法律问题的决定 8 件：

21. 第九届全国人民代表大会第五次会议关于第十届全国人民代表大会代表名额和选举问题的决定

（2002 年 3 月 15 日第九届全国人民代表大会第五次会议通过）

22. 中华人民共和国香港特别行政区选举第十届全国人民代表大会代表的办法

（2002 年 3 月 15 日第九届全国人民代表大会第五次会议通过）

23. 中华人民共和国澳门特别行政区选举第十届全国人民代表大会代表

的办法

（2002 年 3 月 15 日第九届全国人民代表大会第五次会议通过）

24. 第十届全国人民代表大会少数民族代表名额分配方案

（2002 年 4 月 28 日第九届全国人民代表大会常务委员会第二十七次会议通过）

25. 台湾省出席第十届全国人民代表大会代表协商选举方案

（2002 年 4 月 28 日第九届全国人民代表大会常务委员会第二十七次会议通过）

26. 全国人民代表大会常务委员会关于澳门特别行政区第十届全国人民代表大会代表选举会议组成的补充规定

（2002 年 6 月 29 日第九届全国人民代表大会常务委员会第二十八次会议通过）

27. 全国人民代表大会常务委员会关于第一任全国人民代表大会常务委员会香港特别行政区基本法委员会成员继续履行职责的决定

（2002 年 6 月 29 日第九届全国人民代表大会常务委员会第二十八次会议通过）

28. 全国人民代表大会常务委员会关于香港特别行政区第十届全国人民代表大会代表选举会议组成的补充规定

（2002 年 6 月 29 日第九届全国人民代表大会常务委员会第二十八次会议通过）

2003 年 15 件

（其中：法律 10 件，有关法律问题的决定 5 件）

法律 10 件：

1. 中华人民共和国海关关衔条例

（2003 年 2 月 28 日第九届全国人民代表大会常务委员会第三十二次会议通过）

2. 中华人民共和国居民身份证法

（2003 年 6 月 28 日第十届全国人民代表大会常务委员会第三次会议通过）

3. 中华人民共和国港口法

（2003 年 6 月 28 日第十届全国人民代表大会常务委员会第三次会议通过）

4. 中华人民共和国放射性污染防治法

（2003 年 6 月 28 日第十届全国人民代表大会常务委员会第三次会议通过）

5. 中华人民共和国行政许可法

（2003 年 8 月 27 日第十届全国人民代表大会常务委员会第四次会议通过）

6. 中华人民共和国道路交通安全法

（2003 年 10 月 28 日第十届全国人民代表大会常务委员会第五次会议通过）

7. 中华人民共和国证券投资基金法

（2003 年 10 月 28 日第十届全国人民代表大会常务委员会第五次会议通过）

8. 中华人民共和国银行业监督管理法

（2003 年 12 月 27 日第十届全国人民代表大会常务委员会第六次会议通过）

9. 全国人民代表大会常务委员会关于修改《中华人民共和国中国人民银行法》的决定

（2003 年 12 月 27 日第十届全国人民代表大会常务委员会第六次会议通过）

10. 全国人民代表大会常务委员会关于修改《中华人民共和国商业银行法》的决定

（2003 年 12 月 27 日第十届全国人民代表大会常务委员会第六次会议通过）

有关法律问题的决定 5 件：

11. 第十届全国人民代表大会第一次会议关于设立第十届全国人民代表大会专门委员会的决定

（2003 年 3 月 6 日第十届全国人民代表大会第一次会议通过）

12. 第十届全国人民代表大会第一次会议关于第十届全国人民代表大会各专门委员会组成人员人选的表决办法

（2003年3月6日第十届全国人民代表大会第一次会议通过）

13. 第十届全国人民代表大会第一次会议选举和决定任命的办法

（2003年3月10日第十届全国人民代表大会第一次会议通过）

14. 第十届全国人民代表大会第一次会议关于国务院机构改革方案的决定

（2003年3月10日第十届全国人民代表大会第一次会议通过）

15. 全国人民代表大会常务委员会关于中国银行业监督管理委员会履行原由中国人民银行履行的监督管理职责的决定

（2003年4月26日第十届全国人民代表大会常务委员会第二次会议通过）

2004年23件

（其中：宪法修正案1件，法律17件，法律解释2件，有关法律问题的决定3件）

宪法修正案1件：

1. 中华人民共和国宪法修正案

（2004年3月14日第十届全国人民代表大会第二次会议通过）

法律17件：

2. 中华人民共和国对外贸易法（修订）

（2004年4月6日第十届全国人民代表大会常务委员会第八次会议通过）

3. 中华人民共和国农业机械化促进法

（2004年6月25日第十届全国人民代表大会常务委员会第十次会议通过）

4. 中华人民共和国传染病防治法（修订）

（2004年8月28日第十届全国人民代表大会常务委员会第十一次会议通过）

5. 中华人民共和国电子签名法

（2004年8月28日第十届全国人民代表大会常务委员会第十一次会议通过）

6. 全国人民代表大会常务委员会关于修改《中华人民共和国公路法》的决定

（2004 年 8 月 28 日第十届全国人民代表大会常务委员会第十一次会议通过）

7. 全国人民代表大会常务委员会关于修改《中华人民共和国公司法》的决定

（2004 年 8 月 28 日第十届全国人民代表大会常务委员会第十一次会议通过）

8. 全国人民代表大会常务委员会关于修改《中华人民共和国证券法》的决定

（2004 年 8 月 28 日第十届全国人民代表大会常务委员会第十一次会议通过）

9. 全国人民代表大会常务委员会关于修改《中华人民共和国票据法》的决定

（2004 年 8 月 28 日第十届全国人民代表大会常务委员会第十一次会议通过）

10. 全国人民代表大会常务委员会关于修改《中华人民共和国拍卖法》的决定

（2004 年 8 月 28 日第十届全国人民代表大会常务委员会第十一次会议通过）

11. 全国人民代表大会常务委员会关于修改《中华人民共和国野生动物保护法》的决定

（2004 年 8 月 28 日第十届全国人民代表大会常务委员会第十一次会议通过）

12. 全国人民代表大会常务委员会关于修改《中华人民共和国渔业法》的决定

（2004 年 8 月 28 日第十届全国人民代表大会常务委员会第十一次会议通过）

13. 全国人民代表大会常务委员会关于修改《中华人民共和国种子法》

的决定

（2004 年 8 月 28 日第十届全国人民代表大会常务委员会第十一次会议通过）

14. 全国人民代表大会常务委员会关于修改《中华人民共和国学位条例》的决定

（2004 年 8 月 28 日第十届全国人民代表大会常务委员会第十一次会议通过）

15. 全国人民代表大会常务委员会关于修改《中华人民共和国土地管理法》的决定

（2004 年 8 月 28 日第十届全国人民代表大会常务委员会第十一次会议通过）

16. 全国人民代表大会常务委员会关于修改《中华人民共和国全国人民代表大会和地方各级人民代表大会选举法》的决定

（2004 年 10 月 27 日第十届全国人民代表大会常务委员会第十二次会议通过）

17. 全国人民代表大会常务委员会关于修改《中华人民共和国地方各级人民代表大会和地方各级人民政府组织法》的决定

（2004 年 10 月 27 日第十届全国人民代表大会常务委员会第十二次会议通过）

18. 中华人民共和国固体废物污染环境防治法（修订）

（2004 年 12 月 29 日第十届全国人民代表大会常务委员会第十三次会议通过）

法律解释 2 件：

19. 全国人民代表大会常务委员会关于中华人民共和国香港特别行政区基本法附件一第七条和附件二第三条的解释

（2004 年 4 月 6 日第十届全国人民代表大会常务委员会第八次会议通过）

20. 全国人民代表大会常务委员会关于《中华人民共和国刑法》有关信用卡规定的解释

（2004 年 12 月 29 日第十届全国人民代表大会常务委员会第十三次会议通过）

有关法律问题的决定3件：

21. 全国人民代表大会常务委员会关于香港特别行政区2007年行政长官和2008年立法会产生办法有关问题的决定

（2004年4月26日第十届全国人民代表大会常务委员会第九次会议通过）

22. 全国人民代表大会常务委员会关于完善人民陪审员制度的决定①

（2004年8月28日第十届全国人民代表大会常务委员会第十一次会议通过）

23. 全国人民代表大会常务委员会关于县、乡两级人民代表大会代表选举时间的决定

（2004年10月27日第十届全国人民代表大会常务委员会第十二次会议通过）

2005年20件

（其中：法律12件，法律解释3件，有关法律问题的决定5件）

法律12件：

1. 中华人民共和国刑法修正案（五）

（2005年2月28日第十届全国人民代表大会常务委员会第十四次会议通过）

2. 中华人民共和国可再生能源法

（2005年2月28日第十届全国人民代表大会常务委员会第十四次会议通过）

3. 反分裂国家法

（2005年3月14日第十届全国人民代表大会第三次会议通过）

4. 中华人民共和国公务员法

（2005年4月27日第十届全国人民代表大会常务委员会第十五次会议通过）

---

① 2018年4月27日十三届全国人大常委会第二次会议通过《中华人民共和国人民陪审员法》，自公布之日起施行，《全国人民代表大会常务委员会关于完善人民陪审员制度的决定》同时废止。

5. 中华人民共和国治安管理处罚法

（2005 年 8 月 28 日第十届全国人民代表大会常务委员会第十七次会议通过）

6. 中华人民共和国公证法

（2005 年 8 月 28 日第十届全国人民代表大会常务委员会第十七次会议通过）

7. 全国人民代表大会常务委员会关于修改《中华人民共和国妇女权益保障法》的决定

（2005 年 8 月 28 日第十届全国人民代表大会常务委员会第十七次会议通过）

8. 中华人民共和国外国中央银行财产司法强制措施豁免法

（2005 年 10 月 25 日第十届全国人民代表大会常务委员会第十八次会议通过）

9. 中华人民共和国公司法（修订）

（2005 年 10 月 27 日第十届全国人民代表大会常务委员会第十八次会议通过）

10. 中华人民共和国证券法（修订）

（2005 年 10 月 27 日第十届全国人民代表大会常务委员会第十八次会议通过）

11. 全国人民代表大会常务委员会关于修改《中华人民共和国个人所得税法》的决定

（2005 年 10 月 27 日第十届全国人民代表大会常务委员会第十八次会议通过）

12. 中华人民共和国畜牧法

（2005 年 12 月 29 日第十届全国人民代表大会常务委员会第十九次会议通过）

法律解释 3 件：

13. 全国人民代表大会常务委员会关于香港特别行政区基本法第五十三条第二款的解释

（2005年4月27日第十届全国人民代表大会常务委员会第十五次会议通过）

14. 全国人民代表大会常务委员会关于《中华人民共和国刑法》有关文物的规定适用于具有科学价值的古脊椎动物化石、古人类化石的解释

（2005年12月29日第十届全国人民代表大会常务委员会第十九次会议通过）

15. 全国人民代表大会常务委员会关于《中华人民共和国刑法》有关出口退税、抵扣税款的其他发票规定的解释

（2005年12月29日第十届全国人民代表大会常务委员会第十九次会议通过）

有关法律问题的决定5件：

16. 全国人民代表大会常务委员会关于司法鉴定管理问题的决定

（2005年2月28日第十届全国人民代表大会常务委员会第十四次会议通过）

17. 第十届全国人民代表大会第三次会议选举和决定任命的办法

（2005年3月8日第十届全国人民代表大会第三次会议通过）

18. 全国人民代表大会常务委员会关于增加《中华人民共和国香港特别行政区基本法》附件三所列全国性法律的决定

（2005年10月27日第十届全国人民代表大会常务委员会第十八次会议通过）

19. 全国人民代表大会常务委员会关于增加《中华人民共和国澳门特别行政区基本法》附件三所列全国性法律的决定

（2005年10月27日第十届全国人民代表大会常务委员会第十八次会议通过）

20. 全国人民代表大会常务委员会关于废止《中华人民共和国农业税条例》的决定

（2005年12月29日第十届全国人民代表大会常务委员会第十九次会议通过）

2006 年 15 件

（其中：法律 13 件，有关法律问题的决定 2 件）

法律 13 件：

1. 全国人民代表大会常务委员会关于修改《中华人民共和国审计法》的决定

（2006 年 2 月 28 日第十届全国人民代表大会常务委员会第二十次会议通过）

2. 中华人民共和国农产品质量安全法

（2006 年 4 月 29 日第十届全国人民代表大会常务委员会第二十一次会议通过）

3. 中华人民共和国护照法

（2006 年 4 月 29 日第十届全国人民代表大会常务委员会第二十一次会议通过）

4. 中华人民共和国刑法修正案（六）

（2006 年 6 月 29 日第十届全国人民代表大会常务委员会第二十二次会议通过）

5. 中华人民共和国义务教育法（修订）

（2006 年 6 月 29 日第十届全国人民代表大会常务委员会第二十二次会议通过）

6. 中华人民共和国各级人民代表大会常务委员会监督法

（2006 年 8 月 27 日第十届全国人民代表大会常务委员会第二十三次会议通过）

7. 中华人民共和国企业破产法

（2006 年 8 月 27 日第十届全国人民代表大会常务委员会第二十三次会议通过）

8. 中华人民共和国合伙企业法（修订）

（2006 年 8 月 27 日第十届全国人民代表大会常务委员会第二十三次会议通过）

9. 中华人民共和国农民专业合作社法

（2006年10月31日第十届全国人民代表大会常务委员会第二十四次会议通过）

10. 中华人民共和国反洗钱法

（2006年10月31日第十届全国人民代表大会常务委员会第二十四次会议通过）

11. 全国人民代表大会常务委员会关于修改《中华人民共和国银行业监督管理法》的决定

（2006年10月31日第十届全国人民代表大会常务委员会第二十四次会议通过）

12. 全国人民代表大会常务委员会关于修改《中华人民共和国人民法院组织法》的决定

（2006年10月31日第十届全国人民代表大会常务委员会第二十四次会议通过）

13. 中华人民共和国未成年人保护法（修订）

（2006年12月29日第十届全国人民代表大会常务委员会第二十五次会议通过）

有关法律问题的决定2件：

14. 全国人民代表大会常务委员会关于加强法制宣传教育的决议

（2006年4月29日第十届全国人民代表大会常务委员会第二十一次会议通过）

15. 全国人民代表大会常务委员会关于授权香港特别行政区对深圳湾口岸港方口岸区实施管辖的决定

（2006年10月31日第十届全国人民代表大会常务委员会第二十四次会议通过）

2007年27件

（其中：法律20件，有关法律问题的决定7件）

法律20件：

1. 中华人民共和国物权法

（2007年3月16日第十届全国人民代表大会第五次会议通过）

2. 中华人民共和国企业所得税法

（2007 年 3 月 16 日第十届全国人民代表大会第五次会议通过）

3. 中华人民共和国劳动合同法

（2007 年 6 月 29 日第十届全国人民代表大会常务委员会第二十八次会议通过）

4. 全国人民代表大会常务委员会关于修改《中华人民共和国个人所得税法》的决定

（2007 年 6 月 29 日第十届全国人民代表大会常务委员会第二十八次会议通过）

5. 中华人民共和国反垄断法

（2007 年 8 月 30 日第十届全国人民代表大会常务委员会第二十九次会议通过）

6. 中华人民共和国突发事件应对法

（2007 年 8 月 30 日第十届全国人民代表大会常务委员会第二十九次会议通过）

7. 中华人民共和国就业促进法

（2007 年 8 月 30 日第十届全国人民代表大会常务委员会第二十九次会议通过）

8. 中华人民共和国动物防疫法（修订）

（2007 年 8 月 30 日第十届全国人民代表大会常务委员会第二十九次会议通过）

9. 全国人民代表大会常务委员会关于修改《中华人民共和国城市房地产管理法》的决定

（2007 年 8 月 30 日第十届全国人民代表大会常务委员会第二十九次会议通过）

10. 中华人民共和国城乡规划法

（2007 年 10 月 28 日第十届全国人民代表大会常务委员会第三十次会议通过）

11. 全国人民代表大会常务委员会关于修改《中华人民共和国民事诉讼法》的决定

（2007 年 10 月 28 日第十届全国人民代表大会常务委员会第三十次会议通过）

12. 中华人民共和国节约能源法（修订）

（2007 年 10 月 28 日第十届全国人民代表大会常务委员会第三十次会议通过）

13. 中华人民共和国律师法（修订）

（2007 年 10 月 28 日第十届全国人民代表大会常务委员会第三十次会议通过）

14. 中华人民共和国禁毒法

（2007 年 12 月 29 日第十届全国人民代表大会常务委员会第三十一次会议通过）

15. 中华人民共和国劳动争议调解仲裁法

（2007 年 12 月 29 日第十届全国人民代表大会常务委员会第三十一次会议通过）

16. 中华人民共和国科学技术进步法（修订）

（2007 年 12 月 29 日第十届全国人民代表大会常务委员会第三十一次会议通过）

17. 全国人民代表大会常务委员会关于修改《中华人民共和国道路交通安全法》的决定

（2007 年 12 月 29 日第十届全国人民代表大会常务委员会第三十一次会议通过）

18. 全国人民代表大会常务委员会关于修改《中华人民共和国国境卫生检疫法》的决定

（2007 年 12 月 29 日第十届全国人民代表大会常务委员会第三十一次会议通过）

19. 全国人民代表大会常务委员会关于修改《中华人民共和国文物保护法》的决定

（2007 年 12 月 29 日第十届全国人民代表大会常务委员会第三十一次会议通过）

20. 全国人民代表大会常务委员会关于修改《中华人民共和国个人所得税法》的决定

（2007 年 12 月 29 日第十届全国人民代表大会常务委员会第三十一次会议通过）

有关法律问题的决定 7 件：

21. 全国人民代表大会常务委员会关于第十一届全国人民代表大会代表名额和选举问题的决定

（2007 年 3 月 16 日第十届全国人民代表大会第五次会议通过）

22. 香港特别行政区选举第十一届全国人民代表大会代表的办法

（2007 年 3 月 16 日第十届全国人民代表大会第五次会议通过）

23. 澳门特别行政区选举第十一届全国人民代表大会代表的办法

（2007 年 3 月 16 日第十届全国人民代表大会第五次会议通过）

24. 第十一届全国人民代表大会代表名额分配方案

（2007 年 4 月 27 日第十届全国人民代表大会常务委员会第二十七次会议通过）

25. 第十一届全国人民代表大会少数民族代表名额分配方案

（2007 年 4 月 27 日第十届全国人民代表大会常务委员会第二十七次会议通过）

26. 台湾省出席第十一届全国人民代表大会代表协商选举方案

（2007 年 4 月 27 日第十届全国人民代表大会常务委员会第二十七次会议通过）

27. 全国人民代表大会常务委员会关于香港特别行政区 2012 年行政长官和立法会产生办法及有关普选问题的决定

（2007 年 12 月 29 日第十届全国人民代表大会常务委员会第三十一次会议通过）

2008 年 10 件

（其中：法律 7 件，有关法律问题的决定 3 件）

法律 7 件：

1. 中华人民共和国水污染防治法（修订）

（2008 年 2 月 28 日第十届全国人民代表大会常务委员会第三十二次会议通过）

2. 中华人民共和国残疾人保障法（修订）

（2008 年 4 月 24 日第十一届全国人民代表大会常务委员会第二次会议通过）

3. 中华人民共和国循环经济促进法

（2008 年 8 月 29 日第十一届全国人民代表大会常务委员会第四次会议通过）

4. 中华人民共和国企业国有资产法

（2008 年 10 月 28 日第十一届全国人民代表大会常务委员会第五次会议通过）

5. 中华人民共和国消防法（修订）

（2008 年 10 月 28 日第十一届全国人民代表大会常务委员会第五次会议通过）

6. 中华人民共和国防震减灾法（修订）

（2008 年 12 月 27 日第十一届全国人民代表大会常务委员会第六次会议通过）

7. 全国人民代表大会常务委员会关于修改《中华人民共和国专利法》的决定

（2008 年 12 月 27 日第十一届全国人民代表大会常务委员会第六次会议通过）

有关法律问题的决定 3 件：

8. 第十一届全国人民代表大会第一次会议表决第十一届全国人民代表大会各专门委员会主任委员、副主任委员、委员人选的办法

（2008 年 3 月 5 日第十一届全国人民代表大会第一次会议通过）

9. 第十一届全国人民代表大会第一次会议选举和决定任命的办法

（2008 年 3 月 11 日第十一届全国人民代表大会第一次会议通过）

10. 第十一届全国人民代表大会第一次会议关于国务院机构改革方案的决定

（2008 年 3 月 15 日第十一届全国人民代表大会第一次会议通过）

2009 年 15 件

（其中：法律 14 件，有关法律问题的决定 1 件）

法律 14 件：

1. 中华人民共和国食品安全法

（2009 年 2 月 28 日第十一届全国人民代表大会常务委员会第七次会议通过）

2. 中华人民共和国刑法修正案（七）

（2009 年 2 月 28 日第十一届全国人民代表大会常务委员会第七次会议通过）

3. 中华人民共和国保险法（修订）

（2009 年 2 月 28 日第十一届全国人民代表大会常务委员会第七次会议通过）

4. 中华人民共和国邮政法（修订）

（2009 年 4 月 24 日第十一届全国人民代表大会常务委员会第八次会议通过）

5. 全国人民代表大会常务委员会关于修改《中华人民共和国全国人民代表大会常务委员会议事规则》的决定

（2009 年 4 月 24 日第十一届全国人民代表大会常务委员会第八次会议通过）

6. 中华人民共和国农村土地承包经营纠纷调解仲裁法

（2009 年 6 月 27 日第十一届全国人民代表大会常务委员会第九次会议通过）

7. 中华人民共和国统计法（修订）

（2009 年 6 月 27 日第十一届全国人民代表大会常务委员会第九次会议通过）

8. 全国人民代表大会常务委员会关于废止部分法律的决定

（2009 年 6 月 27 日第十一届全国人民代表大会常务委员会第九次会议通过）

9. 全国人民代表大会常务委员会关于修改部分法律的决定

（2009 年 8 月 27 日第十一届全国人民代表大会常务委员会第十次会议通过）

10. 中华人民共和国人民武装警察法

（2009 年 8 月 27 日第十一届全国人民代表大会常务委员会第十次会议通过）

11. 中华人民共和国驻外外交人员法

（2009 年 10 月 31 日第十一届全国人民代表大会常务委员会第十一次会议通过）

12. 中华人民共和国侵权责任法

（2009 年 12 月 26 日第十一届全国人民代表大会常务委员会第十二次会议通过）

13. 中华人民共和国海岛保护法

（2009 年 12 月 26 日第十一届全国人民代表大会常务委员会第十二次会议通过）

14. 全国人民代表大会常务委员会关于修改《中华人民共和国可再生能源法》的决定

（2009 年 12 月 26 日第十一届全国人民代表大会常务委员会第十二次会议通过）

有关法律问题的决定 1 件：

15. 全国人民代表大会常务委员会关于授权澳门特别行政区对设在横琴岛的澳门大学新校区实施管辖的决定

（2009 年 6 月 27 日第十一届全国人民代表大会常务委员会第九次会议通过）

2010 年 16 件

（其中：法律 14 件，有关法律问题的决定 2 件）

法律 14 件：

1. 中华人民共和国国防动员法

（2010 年 2 月 26 日第十一届全国人民代表大会常务委员会第十三次会议通过）

2. 全国人民代表大会常务委员会关于修改《中华人民共和国著作权法》的决定

（2010 年 2 月 26 日第十一届全国人民代表大会常务委员会第十三次会议通过）

3. 全国人民代表大会关于修改《中华人民共和国全国人民代表大会和地方各级人民代表大会选举法》的决定

（2010 年 3 月 14 日第十一届全国人民代表大会第三次会议通过）

4. 中华人民共和国保守国家秘密法（修订）

（2010 年 4 月 29 日第十一届全国人民代表大会常务委员会第十四次会议通过）

5. 全国人民代表大会常务委员会关于修改《中华人民共和国国家赔偿法》的决定

（2010 年 4 月 29 日第十一届全国人民代表大会常务委员会第十四次会议通过）

6. 中华人民共和国石油天然气管道保护法

（2010 年 6 月 25 日第十一届全国人民代表大会常务委员会第十五次会议通过）

7. 全国人民代表大会常务委员会关于修改《中华人民共和国行政监察法》的决定

（2010 年 6 月 25 日第十一届全国人民代表大会常务委员会第十五次会议通过）

8. 全国人民代表大会常务委员会关于修改《中华人民共和国预备役军官法》的决定

（2010 年 8 月 28 日第十一届全国人民代表大会常务委员会第十六次会议通过）

9. 中华人民共和国人民调解法

（2010 年 8 月 28 日第十一届全国人民代表大会常务委员会第十六次会议通过）

10. 中华人民共和国社会保险法

（2010 年 10 月 28 日第十一届全国人民代表大会常务委员会第十七次会议通过）

11. 中华人民共和国涉外民事关系法律适用法

（2010 年 10 月 28 日第十一届全国人民代表大会常务委员会第十七次会议通过）

12. 中华人民共和国村民委员会组织法（修订）

（2010 年 10 月 28 日第十一届全国人民代表大会常务委员会第十七次会议通过）

13. 全国人民代表大会常务委员会关于修改《中华人民共和国全国人民代表大会和地方各级人民代表大会代表法》的决定

（2010 年 10 月 28 日第十一届全国人民代表大会常务委员会第十七次会议通过）

14. 中华人民共和国水土保持法（修订）

（2010 年 12 月 25 日第十一届全国人民代表大会常务委员会第十八次会议通过）

有关法律问题的决定 2 件：

15. 全国人民代表大会常务委员会关于批准《中华人民共和国香港特别行政区基本法附件一香港特别行政区行政长官的产生办法修正案》的决定

（2010 年 8 月 28 日第十一届全国人民代表大会常务委员会第十六次会议通过）

16. 中华人民共和国香港特别行政区基本法附件二香港特别行政区立法会的产生办法和表决程序修正案

（2010 年 8 月 28 日第十一届全国人民代表大会常务委员会第十六次会议予以备案）

2011年15件

（其中：法律11件，法律解释2件，有关法律问题的决定2件）

法律11件：

1. 中华人民共和国刑法修正案（八）

（2011年2月25日第十一届全国人民代表大会常务委员会第十九次会议通过）

2. 中华人民共和国非物质文化遗产法

（2011年2月25日第十一届全国人民代表大会常务委员会第十九次会议通过）

3. 中华人民共和国车船税法

（2011年2月25日第十一届全国人民代表大会常务委员会第十九次会议通过）

4. 全国人民代表大会常务委员会关于修改《中华人民共和国煤炭法》的决定

（2011年4月22日第十一届全国人民代表大会常务委员会第二十次会议通过）

5. 全国人民代表大会常务委员会关于修改《中华人民共和国建筑法》的决定

（2011年4月22日第十一届全国人民代表大会常务委员会第二十次会议通过）

6. 全国人民代表大会常务委员会关于修改《中华人民共和国道路交通安全法》的决定

（2011年4月22日第十一届全国人民代表大会常务委员会第二十次会议通过）

7. 全国人民代表大会常务委员会关于修改《中华人民共和国个人所得税法》的决定

（2011年6月30日第十一届全国人民代表大会常务委员会第二十一次会议通过）

8. 中华人民共和国行政强制法

（2011 年 6 月 30 日第十一届全国人民代表大会常务委员会第二十一次会议通过）

9. 全国人民代表大会常务委员会关于修改《中华人民共和国兵役法》的决定

（2011 年 10 月 29 日第十一届全国人民代表大会常务委员会第二十三次会议通过）

10. 全国人民代表大会常务委员会关于修改《中华人民共和国居民身份证法》的决定

（2011 年 10 月 29 日第十一届全国人民代表大会常务委员会第二十三次会议通过）

11. 全国人民代表大会常务委员会关于修改《中华人民共和国职业病防治法》的决定

（2011 年 12 月 31 日第十一届全国人民代表大会常务委员会第二十四次会议通过）

法律解释 2 件：

12. 全国人民代表大会常务委员会关于《中华人民共和国香港特别行政区基本法》第十三条第一款和第十九条的解释

（2011 年 8 月 26 日第十一届全国人民代表大会常务委员会第二十二次会议通过）

13. 全国人民代表大会常务委员会关于《中华人民共和国澳门特别行政区基本法》附件一第七条和附件二第三条的解释

（2011 年 12 月 31 日第十一届全国人民代表大会常务委员会第二十四次会议通过）

有关法律问题的决定 2 件：

14. 全国人民代表大会常务委员会关于进一步加强法制宣传教育的决议

（2011 年 4 月 22 日第十一届全国人民代表大会常务委员会第二十次会议通过）

15. 全国人民代表大会常务委员会关于加强反恐怖工作有关问题的决定

（2011 年 10 月 29 日第十一届全国人民代表大会常务委员会第二十三次会议通过）

2012 年 31 件

（其中：法律 20 件，有关法律问题的决定 11 件）

法律 20 件：

1. 全国人民代表大会常务委员会关于修改《中华人民共和国清洁生产促进法》的决定

（2012 年 2 月 29 日第十一届全国人民代表大会常务委员会第二十五次会议通过）

2. 全国人民代表大会关于修改《中华人民共和国刑事诉讼法》的决定

（2012 年 3 月 14 日第十一届全国人民代表大会第五次会议通过）

3. 中华人民共和国军人保险法

（2012 年 4 月 27 日第十一届全国人民代表大会常务委员会第二十六次会议通过）

4. 中华人民共和国出境入境管理法

（2012 年 6 月 30 日第十一届全国人民代表大会常务委员会第二十七次会议通过）

5. 全国人民代表大会常务委员会关于修改《中国人民解放军选举全国人民代表大会和县级以上地方各级人民代表大会代表的办法》的决定

（2012 年 6 月 30 日第十一届全国人民代表大会常务委员会第二十七次会议通过）

6. 全国人民代表大会常务委员会关于修改《中华人民共和国民事诉讼法》的决定

（2012 年 8 月 31 日第十一届全国人民代表大会常务委员会第二十八次会议通过）

7. 全国人民代表大会常务委员会关于修改《中华人民共和国农业技术推广法》的决定

（2012 年 8 月 31 日第十一届全国人民代表大会常务委员会第二十八次会议通过）

8. 中华人民共和国精神卫生法

（2012年10月26日第十一届全国人民代表大会常务委员会第二十九次会议通过）

9. 全国人民代表大会常务委员会关于修改《中华人民共和国监狱法》的决定

（2012年10月26日第十一届全国人民代表大会常务委员会第二十九次会议通过）

10. 全国人民代表大会常务委员会关于修改《中华人民共和国律师法》的决定

（2012年10月26日第十一届全国人民代表大会常务委员会第二十九次会议通过）

11. 全国人民代表大会常务委员会关于修改《中华人民共和国未成年人保护法》的决定

（2012年10月26日第十一届全国人民代表大会常务委员会第二十九次会议通过）

12. 全国人民代表大会常务委员会关于修改《中华人民共和国预防未成年人犯罪法》的决定

（2012年10月26日第十一届全国人民代表大会常务委员会第二十九次会议通过）

13. 全国人民代表大会常务委员会关于修改《中华人民共和国治安管理处罚法》的决定

（2012年10月26日第十一届全国人民代表大会常务委员会第二十九次会议通过）

14. 全国人民代表大会常务委员会关于修改《中华人民共和国国家赔偿法》的决定

（2012年10月26日第十一届全国人民代表大会常务委员会第二十九次会议通过）

15. 全国人民代表大会常务委员会关于修改《中华人民共和国人民警察法》的决定

（2012年10月26日第十一届全国人民代表大会常务委员会第二十九次会议通过）

16. 全国人民代表大会常务委员会关于修改《中华人民共和国邮政法》的决定

（2012年10月26日第十一届全国人民代表大会常务委员会第二十九次会议通过）

17. 中华人民共和国证券投资基金法（修订）

（2012年12月28日第十一届全国人民代表大会常务委员会第三十次会议通过）

18. 中华人民共和国老年人权益保障法（修订）

（2012年12月28日第十一届全国人民代表大会常务委员会第三十次会议通过）

19. 全国人民代表大会常务委员会关于修改《中华人民共和国劳动合同法》的决定

（2012年12月28日第十一届全国人民代表大会常务委员会第三十次会议通过）

20. 全国人民代表大会常务委员会关于修改《中华人民共和国农业法》的决定

（2012年12月28日第十一届全国人民代表大会常务委员会第三十次会议通过）

有关法律问题的决定11件：

21. 全国人民代表大会常务委员会关于澳门特别行政区2013年立法会产生办法和2014年行政长官产生办法有关问题的决定

（2012年2月29日第十一届全国人民代表大会常务委员会第二十五次会议通过）

22. 第十一届全国人民代表大会第五次会议关于第十二届全国人民代表大会代表名额和选举问题的决定

（2012年3月14日第十一届全国人民代表大会第五次会议通过）

23. 中华人民共和国香港特别行政区选举第十二届全国人民代表大会代

表的办法

（2012年3月14日第十一届全国人民代表大会第五次会议通过）

24. 中华人民共和国澳门特别行政区选举第十二届全国人民代表大会代表的办法

（2012年3月14日第十一届全国人民代表大会第五次会议通过）

25. 第十二届全国人民代表大会代表名额分配方案

（2012年4月27日第十一届全国人民代表大会常务委员会第二十六次会议通过）

26. 第十二届全国人民代表大会少数民族代表名额分配方案

（2012年4月27日第十一届全国人民代表大会常务委员会第二十六次会议通过）

27. 台湾省出席第十二届全国人民代表大会代表协商选举方案

（2012年4月27日第十一届全国人民代表大会常务委员会第二十六次会议通过）

28. 全国人民代表大会常务委员会关于批准《中华人民共和国澳门特别行政区基本法附件一澳门特别行政区行政长官的产生办法修正案》的决定

（2012年6月30日第十一届全国人民代表大会常务委员会第二十七次会议通过）

29. 中华人民共和国澳门特别行政区基本法附件二澳门特别行政区立法会的产生办法修正案

（2012年6月30日第十一届全国人民代表大会常务委员会第二十七次会议予以备案）

30. 全国人民代表大会常务委员会关于加强网络信息保护的决定

（2012年12月28日第十一届全国人民代表大会常务委员会第三十次会议通过）

31. 全国人民代表大会常务委员会关于授权国务院在广东省暂时调整部分法律规定的行政审批的决定

（2012年12月28日第十一届全国人民代表大会常务委员会第三十次会议通过）

2013 年共 12 件

（其中：法律 6 件，有关法律问题和重大问题的决定 6 件）

法律 6 件：

1. 中华人民共和国旅游法

（2013 年 4 月 25 日第十二届全国人大常委会第二次会议通过）

2. 中华人民共和国特种设备安全法

（2013 年 6 月 29 日第十二届全国人大常委会第三次会议通过）

3. 全国人民代表大会常务委员会关于修改《中华人民共和国文物保护法》等十二部法律的决定

（2013 年 6 月 29 日第十二届全国人大常委会第三次会议通过）

4. 全国人民代表大会常务委员会关于修改《中华人民共和国商标法》的决定

（2013 年 8 月 30 日第十二届全国人大常委会第四次会议通过）

5. 全国人民代表大会常务委员会关于修改《中华人民共和国消费者权益保护法》的决定

（2013 年 10 月 25 日第十二届全国人大常委会第五次会议通过）

6. 全国人民代表大会常务委员会关于修改《中华人民共和国海洋环境保护法》等七部法律的决定

（2013 年 12 月 28 日第十二届全国人大常委会第六次会议通过）

有关法律问题和重大问题的决定 6 件：

7. 第十二届全国人民代表大会第一次会议关于第十二届全国人民代表大会专门委员会的设立及其主任委员、副主任委员、委员人选的表决办法

（2013 年 3 月 5 日第十二届全国人民代表大会第一次会议通过）

8. 第十二届全国人民代表大会第一次会议选举和决定任命的办法

（2013 年 3 月 10 日第十二届全国人民代表大会第一次会议通过）

9. 第十二届全国人民代表大会第一次会议关于国务院机构改革和职能转变方案的决定

（2013 年 3 月 14 日第十二届全国人民代表大会第一次会议通过）

10. 全国人民代表大会常务委员会关于授权国务院在中国（上海）自由贸易试验区暂时调整有关法律规定的行政审批的决定

（2013 年 8 月 30 日第十二届全国人大常委会第四次会议通过）

11. 全国人民代表大会常务委员会关于废止有关劳动教养法律规定的决定

（2013 年 12 月 28 日第十二届全国人大常委会第六次会议通过）

12. 全国人民代表大会常务委员会关于调整完善生育政策的决议

（2013 年 12 月 28 日第十二届全国人大常委会第六次会议通过）

2014 年共 24 件

（其中：法律 8 件，法律解释 8 件，有关法律问题和重大问题的决定 8 件）

法律 8 件：

1. 中华人民共和国环境保护法（修订）

（2014 年 4 月 24 日第十二届全国人大常委会第八次会议通过）

2. 全国人民代表大会常务委员会关于修改《中华人民共和国军事设施保护法》的决定

（2014 年 6 月 27 日第十二届全国人大常委会第九次会议通过）

3. 全国人民代表大会常务委员会关于修改《中华人民共和国预算法》的决定

（2014 年 8 月 31 日第十二届全国人大常委会第十次会议通过）

4. 全国人民代表大会常务委员会关于修改《中华人民共和国安全生产法》的决定

（2014 年 8 月 31 日第十二届全国人大常委会第十次会议通过）

5. 全国人民代表大会常务委员会关于修改《中华人民共和国保险法》等五部法律的决定

（2014 年 8 月 31 日第十二届全国人大常委会第十次会议通过）

6. 全国人民代表大会常务委员会关于修改《中华人民共和国行政诉讼法》的决定

（2014 年 11 月 1 日第十二届全国人大常委会第十一次会议通过）

7. 中华人民共和国反间谍法

（2014 年 11 月 1 日第十二届全国人大常委会第十一次会议通过）

8. 中华人民共和国航道法

（2014 年 12 月 28 日第十二届全国人大常委会第十二次会议通过）

法律解释 8 件：

9. 全国人民代表大会常务委员会关于《中华人民共和国刑法》第三十条的解释

（2014 年 4 月 24 日第十二届全国人民代表大会常务委员会第八次会议通过）

10. 全国人民代表大会常务委员会关于《中华人民共和国刑法》第一百五十八条、第一百五十九条的解释

（2014 年 4 月 24 日第十二届全国人民代表大会常务委员会第八次会议通过）

11. 全国人民代表大会常务委员会关于《中华人民共和国刑法》第二百六十六条的解释

（2014 年 4 月 24 日第十二届全国人民代表大会常务委员会第八次会议通过）

12. 全国人民代表大会常务委员会关于《中华人民共和国刑法》第三百四十一条、第三百一十二条的解释

（2014 年 4 月 24 日第十二届全国人民代表大会常务委员会第八次会议通过）

13. 全国人民代表大会常务委员会关于《中华人民共和国刑事诉讼法》第七十九条第三款的解释

（2014 年 4 月 24 日第十二届全国人民代表大会常务委员会第八次会议通过）

14. 全国人民代表大会常务委员会关于《中华人民共和国刑事诉讼法》第二百七十一条第二款的解释

（2014 年 4 月 24 日第十二届全国人民代表大会常务委员会第八次会议通过）

15. 全国人民代表大会常务委员会关于《中华人民共和国刑事诉讼法》第二百五十四条第五款、第二百五十七条第二款的解释

（2014 年 4 月 24 日第十二届全国人民代表大会常务委员会第八次会议通过）

16. 全国人民代表大会常务委员会关于《中华人民共和国民法通则》第九十九条第一款、《中华人民共和国婚姻法》第二十二条的解释

（2014 年 11 月 1 日第十二届全国人民代表大会常务委员会第十一次会议通过）

有关法律问题和重大问题的决定 8 件：

17. 全国人民代表大会常务委员会关于确定中国人民抗日战争胜利纪念日的决定

（2014 年 2 月 27 日第十二届全国人民代表大会常务委员会第七次会议通过）

18. 全国人民代表大会常务委员会关于设立南京大屠杀死难者国家公祭日的决定

（2014 年 2 月 27 日第十二届全国人民代表大会常务委员会第七次会议通过）

19. 全国人民代表大会常务委员会关于授权最高人民法院、最高人民检察院在部分地区开展刑事案件速裁程序试点工作的决定

（2014 年 6 月 27 日第十二届全国人民代表大会常务委员会第九次会议通过）

20. 全国人民代表大会常务委员会关于设立烈士纪念日的决定

（2014 年 8 月 31 日第十二届全国人民代表大会常务委员会第十次会议通过）

21. 全国人民代表大会常务委员会关于在北京、上海、广州设立知识产权法院的决定

（2014 年 8 月 31 日第十二届全国人民代表大会常务委员会第十次会议通过）

22. 全国人民代表大会常务委员会关于香港特别行政区行政长官普选问

题和2016年立法会产生办法的决定

（2014年8月31日第十二届全国人民代表大会常务委员会第十次会议通过）

23. 全国人民代表大会常务委员会关于设立国家宪法日的决定

（2014年11月1日第十二届全国人民代表大会常务委员会第十一次会议通过）

24. 全国人民代表大会常务委员会关于授权国务院在中国（广东）自由贸易试验区、中国（天津）自由贸易试验区、中国（福建）自由贸易试验区以及中国（上海）自由贸易试验区扩展区域暂时调整有关法律规定的行政审批的决定

（2014年12月28日第十二届全国人民代表大会常务委员会第十二次会议通过）

2015年共31件

（其中：法律22件，有关法律问题和重大问题的决定9件）

法律22件：

1. 全国人民代表大会关于修改《中华人民共和国立法法》的决定

（2015年3月15日第十二届全国人民代表大会第三次会议通过）

2. 中华人民共和国食品安全法（修订）

（2015年4月24日第十二届全国人民代表大会常务委员会第十四次会议通过）

3. 中华人民共和国广告法（修订）

（2015年4月24日第十二届全国人民代表大会常务委员会第十四次会议通过）

4. 全国人民代表大会常务委员会关于修改《中华人民共和国港口法》等七部法律的决定

（2015年4月24日第十二届全国人民代表大会常务委员会第十四次会议通过）

5. 全国人民代表大会常务委员会关于修改《中华人民共和国电力法》等

六部法律的决定

（2015 年 4 月 24 日第十二届全国人民代表大会常务委员会第十四次会议通过）

6. 全国人民代表大会常务委员会关于修改《中华人民共和国义务教育法》等五部法律的决定

（2015 年 4 月 24 日第十二届全国人民代表大会常务委员会第十四次会议通过）

7. 全国人民代表大会常务委员会关于修改《中华人民共和国计量法》等五部法律的决定

（2015 年 4 月 24 日第十二届全国人民代表大会常务委员会第十四次会议通过）

8. 全国人民代表大会常务委员会关于修改《中华人民共和国药品管理法》的决定

（2015 年 4 月 24 日第十二届全国人民代表大会常务委员会第十四次会议通过）

9. 全国人民代表大会常务委员会关于修改《中华人民共和国文物保护法》的决定

（2015 年 4 月 24 日第十二届全国人民代表大会常务委员会第十四次会议通过）

10. 中华人民共和国国家安全法

（2015 年 7 月 1 日第十二届全国人民代表大会常务委员会第十五次会议通过）

11. 中华人民共和国刑法修正案（九）

（2015 年 8 月 29 日第十二届全国人民代表大会常务委员会第十六次会议通过）

12. 中华人民共和国大气污染防治法（修订）

（2015 年 8 月 29 日第十二届全国人民代表大会常务委员会第十六次会议通过）

13. 全国人民代表大会常务委员会关于修改《中华人民共和国促进科技

成果转化法》的决定

（2015 年 8 月 29 日第十二届全国人民代表大会常务委员会第十六次会议通过）

14. 全国人民代表大会常务委员会关于修改《中华人民共和国地方各级人民代表大会和地方各级人民政府组织法》、《中华人民共和国全国人民代表大会和地方各级人民代表大会选举法》、《中华人民共和国全国人民代表大会和地方各级人民代表大会代表法》的决定

（2015 年 8 月 29 日第十二届全国人民代表大会常务委员会第十六次会议通过）

15. 全国人民代表大会常务委员会关于修改《中华人民共和国商业银行法》的决定

（2015 年 8 月 29 日第十二届全国人民代表大会常务委员会第十六次会议通过）

16. 中华人民共和国种子法（修订）

（2015 年 11 月 4 日第十二届全国人民代表大会常务委员会第十七次会议通过）

17. 中华人民共和国反恐怖主义法

（2015 年 12 月 27 日第十二届全国人民代表大会常务委员会第十八次会议通过）

18. 中华人民共和国反家庭暴力法

（2015 年 12 月 27 日第十二届全国人民代表大会常务委员会第十八次会议通过）

19. 中华人民共和国国家勋章和国家荣誉称号法

（2015 年 12 月 27 日第十二届全国人民代表大会常务委员会第十八次会议通过）

20. 全国人民代表大会常务委员会关于修改《中华人民共和国教育法》的决定

（2015 年 12 月 27 日第十二届全国人民代表大会常务委员会第十八次会议通过）

21. 全国人民代表大会常务委员会关于修改《中华人民共和国高等教育法》的决定

（2015年12月27日第十二届全国人民代表大会常务委员会第十八次会议通过）

22. 全国人民代表大会常务委员会关于修改《中华人民共和国人口与计划生育法》的决定

（2015年12月27日第十二届全国人民代表大会常务委员会第十八次会议通过）

有关法律问题和重大问题的决定9件：

23. 全国人民代表大会常务委员会关于授权国务院在北京市大兴区等三十三个试点县（市、区）行政区域暂时调整实施有关法律规定的决定

（2015年2月27日第十二届全国人民代表大会常务委员会第十三次会议通过）

24. 全国人民代表大会常务委员会关于授权在部分地区开展人民陪审员制度改革试点工作的决定

（2015年4月24日第十二届全国人民代表大会常务委员会第十四次会议通过）

25. 全国人民代表大会常务委员会关于实行宪法宣誓制度的决定

（2015年7月1日第十二届全国人民代表大会常务委员会第十五次会议通过）

26. 全国人民代表大会常务委员会关于授权最高人民检察院在部分地区开展公益诉讼试点工作的决定

（2015年7月1日第十二届全国人民代表大会常务委员会第十五次会议通过）

27. 全国人民代表大会常务委员会关于特赦部分服刑罪犯的决定

（2015年8月29日第十二届全国人民代表大会常务委员会第十六次会议通过）

28. 全国人民代表大会常务委员会关于授权国务院在部分地方开展药品上市许可持有人制度试点和有关问题的决定

（2015 年 11 月 4 日第十二届全国人民代表大会常务委员会第十七次会议通过）

29. 全国人民代表大会常务委员会关于授权国务院在北京市大兴区等 232 个试点县（市、区）、天津市蓟县等 59 个试点县（市、区）行政区域分别暂时调整实施有关法律规定的决定

（2015 年 12 月 27 日第十二届全国人民代表大会常务委员会第十八次会议通过）

30. 全国人民代表大会常务委员会关于授权国务院在实施股票发行注册制改革中调整适用《中华人民共和国证券法》有关规定的决定

（2015 年 12 月 27 日第十二届全国人民代表大会常务委员会第十八次会议通过）

31. 全国人民代表大会常务委员会关于授权国务院在广东省暂时调整部分法律规定的行政审批试行期届满后有关问题的决定

（2015 年 12 月 27 日第十二届全国人民代表大会常务委员会第十八次会议通过）

2016 年共 24 件

（其中：法律 16 件，法律解释 1 件，有关法律问题和重大问题的决定 7 件）

法律 16 件：

1. 中华人民共和国深海海底区域资源勘探开发法

（2016 年 2 月 26 日第十二届全国人民代表大会常务委员会第十九次会议通过）

2. 中华人民共和国慈善法

（2016 年 3 月 16 日第十二届全国人民代表大会第四次会议通过）

3. 中华人民共和国境外非政府组织境内活动管理法

（2016 年 4 月 28 日第十二届全国人民代表大会常务委员会第二十次会议通过）

4. 中华人民共和国资产评估法

（2016 年 7 月 2 日第十二届全国人民代表大会常务委员会第二十一次会议通过）

5. 中华人民共和国野生动物保护法（修订）

（2016 年 7 月 2 日第十二届全国人民代表大会常务委员会第二十一次会议通过）

6. 全国人民代表大会常务委员会关于修改《中华人民共和国节约能源法》等六部法律的决定

（2016 年 7 月 2 日第十二届全国人民代表大会常务委员会第二十一次会议通过）

7. 中华人民共和国国防交通法

（2016 年 9 月 3 日第十二届全国人民代表大会常务委员会第二十二次会议通过）

8. 全国人民代表大会常务委员会关于修改《中华人民共和国外资企业法》等四部法律的决定

（2016 年 9 月 3 日第十二届全国人民代表大会常务委员会第二十二次会议通过）

9. 中华人民共和国网络安全法

（2016 年 11 月 7 日第十二届全国人民代表大会常务委员会第二十四次会议通过）

10. 全国人民代表大会常务委员会关于修改《中华人民共和国民办教育促进法》的决定

（2016 年 11 月 7 日第十二届全国人民代表大会常务委员会第二十四次会议通过）

11. 中华人民共和国电影产业促进法

（2016 年 11 月 7 日第十二届全国人民代表大会常务委员会第二十四次会议通过）

12. 全国人民代表大会常务委员会关于修改《中华人民共和国海洋环境保护法》的决定

（2016 年 11 月 7 日第十二届全国人民代表大会常务委员会第二十四次会议通过）

13. 全国人民代表大会常务委员会关于修改《中华人民共和国对外贸易法》等十二部法律的决定

（2016 年 11 月 7 日第十二届全国人民代表大会常务委员会第二十四次会议通过）

14. 中华人民共和国中医药法

（2016 年 12 月 25 日第十二届全国人民代表大会常务委员会第二十五次会议通过）

15. 中华人民共和国公共文化服务保障法

（2016 年 12 月 25 日第十二届全国人民代表大会常务委员会第二十五次会议通过）

16. 中华人民共和国环境保护税法

（2016 年 12 月 25 日第十二届全国人民代表大会常务委员会第二十五次会议通过）

法律解释 1 件：

17. 全国人民代表大会常务委员会关于《中华人民共和国香港特别行政区基本法》第一百零四条的解释

（2016 年 11 月 7 日第十二届全国人民代表大会常务委员会第二十四次会议通过）

有关法律问题和重大问题的决定 7 件：

18. 全国人民代表大会常务委员会关于开展第七个五年法治宣传教育的决议

（2016 年 4 月 28 日第十二届全国人民代表大会常务委员会第二十次会议通过）

19. 全国人民代表大会常务委员会关于授权最高人民法院、最高人民检察院在部分地区开展刑事案件认罪认罚从宽制度试点工作的决定

（2016 年 9 月 3 日第十二届全国人民代表大会常务委员会第二十二次会议通过）

20. 全国人民代表大会常务委员会关于成立辽宁省第十二届人民代表大会第七次会议筹备组的决定

（2016 年 9 月 13 日第十二届全国人民代表大会常务委员会第二十三次会议通过）

21. 全国人民代表大会常务委员会关于在北京市、山西省、浙江省开展国家监察体制改革试点工作的决定

（2016 年 12 月 25 日第十二届全国人民代表大会常务委员会第二十五次会议通过）

22. 全国人民代表大会常务委员会关于授权国务院在部分地区和部分在京中央机关暂时调整适用《中华人民共和国公务员法》有关规定的决定

（2016 年 12 月 25 日第十二届全国人民代表大会常务委员会第二十五次会议通过）

23. 全国人民代表大会常务委员会关于授权国务院在河北省邯郸市等 12 个试点城市行政区域暂时调整适用《中华人民共和国社会保险法》有关规定的决定

（2016 年 12 月 25 日第十二届全国人民代表大会常务委员会第二十五次会议通过）

24. 全国人民代表大会常务委员会关于军官制度改革期间暂时调整适用相关法律规定的决定

（2016 年 12 月 25 日第十二届全国人民代表大会常务委员会第二十五次会议通过）

2017 年共 34 件

（其中：法律 20 件，有关法律问题和重大问题的决定 14 件）

法律 20 件：

1. 中华人民共和国红十字会法（修订）

（2017 年 2 月 24 日第十二届全国人民代表大会常务委员会第二十六次会议通过）

2. 全国人民代表大会常务委员会关于修改《中华人民共和国企业所得税法》的决定

（2017 年 2 月 24 日第十二届全国人民代表大会常务委员会第二十六次会议通过）

3. 中华人民共和国民法总则

（2017 年 3 月 15 日第十二届全国人民代表大会第五次会议通过）

4. 中华人民共和国测绘法（修订）

（2017 年 4 月 27 日第十二届全国人民代表大会常务委员会第二十七次会议通过）

5. 中华人民共和国国家情报法

（2017 年 6 月 27 日第十二届全国人民代表大会常务委员会第二十八次会议通过）

6. 全国人民代表大会常务委员会关于修改《中华人民共和国水污染防治法》的决定

（2017 年 6 月 27 日第十二届全国人民代表大会常务委员会第二十八次会议通过）

7. 全国人民代表大会常务委员会关于修改《中华人民共和国民事诉讼法》和《中华人民共和国行政诉讼法》的决定

（2017 年 6 月 27 日第十二届全国人民代表大会常务委员会第二十八次会议通过）

8. 中华人民共和国核安全法

（2017 年 9 月 1 日第十二届全国人民代表大会常务委员会第二十九次会议通过）

9. 中华人民共和国中小企业促进法（修订）

（2017 年 9 月 1 日第十二届全国人民代表大会常务委员会第二十九次会议通过）

10. 中华人民共和国国歌法

（2017 年 9 月 1 日第十二届全国人民代表大会常务委员会第二十九次会议通过）

11. 全国人民代表大会常务委员会关于修改《中华人民共和国法官法》等八部法律的决定

（2017 年 9 月 1 日第十二届全国人民代表大会常务委员会第二十九次会议通过）

12. 中华人民共和国反不正当竞争法（修订）

（2017 年 11 月 4 日第十二届全国人民代表大会常务委员会第三十次会议通过）

13. 中华人民共和国标准化法（修订）

（2017 年 11 月 4 日第十二届全国人民代表大会常务委员会第三十次会议通过）

14. 中华人民共和国公共图书馆法

（2017 年 11 月 4 日第十二届全国人民代表大会常务委员会第三十次会议通过）

15. 中华人民共和国刑法修正案（十）

（2017 年 11 月 4 日第十二届全国人民代表大会常务委员会第三十次会议通过）

16. 全国人民代表大会常务委员会关于修改《中华人民共和国会计法》等十一部法律的决定

（2017 年 11 月 4 日第十二届全国人民代表大会常务委员会第三十次会议通过）

17. 中华人民共和国农民专业合作社法（修订）

（2017 年 12 月 27 日第十二届全国人民代表大会常务委员会第三十一次会议通过）

18. 中华人民共和国烟叶税法

（2017 年 12 月 27 日第十二届全国人民代表大会常务委员会第三十一次会议通过）

19. 中华人民共和国船舶吨税法

（2017 年 12 月 27 日第十二届全国人民代表大会常务委员会第三十一次会议通过）

20. 全国人民代表大会常务委员会关于修改《中华人民共和国招标投标法》、《中华人民共和国计量法》的决定

（2017 年 12 月 27 日第十二届全国人民代表大会常务委员会第三十一次会议通过）

有关法律问题和重大问题的决定 14 件：

21. 第十二届全国人民代表大会第五次会议关于第十三届全国人民代表大会代表名额和选举问题的决定

（2017 年 3 月 15 日第十二届全国人民代表大会第五次会议通过）

22. 中华人民共和国香港特别行政区选举第十三届全国人民代表大会代表的办法

（2017 年 3 月 15 日第十二届全国人民代表大会第五次会议通过）

23. 中华人民共和国澳门特别行政区选举第十三届全国人民代表大会代表的办法

（2017 年 3 月 15 日第十二届全国人民代表大会第五次会议通过）

24. 全国人民代表大会常务委员会关于延长人民陪审员制度改革试点期限的决定

（2017 年 4 月 27 日第十二届全国人民代表大会常务委员会第二十七次会议通过）

25. 第十三届全国人民代表大会代表名额分配方案

（2017 年 4 月 27 日第十二届全国人民代表大会常务委员会第二十七次会议通过）

26. 第十三届全国人民代表大会少数民族代表名额分配方案

（2017 年 4 月 27 日第十二届全国人民代表大会常务委员会第二十七次会议通过）

27. 台湾省出席第十三届全国人民代表大会代表协商选举方案

（2017 年 4 月 27 日第十二届全国人民代表大会常务委员会第二十七次会议通过）

28. 全国人民代表大会常务委员会关于增加《中华人民共和国香港特别行政区基本法》附件三所列全国性法律的决定

（2017 年 11 月 4 日第十二届全国人民代表大会常务委员会第三十次会议通过）

29. 全国人民代表大会常务委员会关于增加《中华人民共和国澳门特别行政区基本法》附件三所列全国性法律的决定

（2017 年 11 月 4 日第十二届全国人民代表大会常务委员会第三十次会议通过）

30. 全国人民代表大会常务委员会关于在全国各地推开国家监察体制改革试点工作的决定

（2017 年 11 月 4 日第十二届全国人民代表大会常务委员会第三十次会议通过）

31. 全国人民代表大会常务委员会关于中国人民武装警察部队改革期间暂时调整适用相关法律规定的决定

（2017 年 11 月 4 日第十二届全国人民代表大会常务委员会第三十次会议通过）

32. 全国人民代表大会常务委员会关于延长授权国务院在北京市大兴区等三十三个试点县（市、区）行政区域暂时调整实施有关法律规定期限的决定

（2017 年 11 月 4 日第十二届全国人民代表大会常务委员会第三十次会议通过）

33. 全国人民代表大会常务委员会关于批准《内地与香港特别行政区关于在广深港高铁西九龙站设立口岸实施"一地两检"的合作安排》的决定

（2017 年 12 月 27 日第十二届全国人民代表大会常务委员会第三十一次会议通过）

34. 全国人民代表大会常务委员会关于延长授权国务院在北京市大兴区等二百三十二个试点县（市、区）、天津市蓟州区等五十九个试点县（市、区）行政区域分别暂时调整实施有关法律规定期限的决定

（2017 年 12 月 27 日第十二届全国人民代表大会常务委员会第三十一次会议通过）

2018 年共 39 件

（其中：宪法修正案 1 件，法律 23 件，有关法律问题和重大问题的决定 15 件）

宪法修正案 1 件：

1. 中华人民共和国宪法修正案

（2018 年 3 月 11 日第十三届全国人民代表大会第一次会议通过）

法律23件：

1. 中华人民共和国监察法

（2018 年 3 月 20 日第十三届全国人民代表大会第一次会议通过）

2. 中华人民共和国人民陪审员法

（2018 年 4 月 27 日第十三届全国人民代表大会常务委员会第二次会议通过）

3. 中华人民共和国英雄烈士保护法

（2018 年 4 月 27 日第十三届全国人民代表大会常务委员会第二次会议通过）

4. 中华人民共和国电子商务法

（2018 年 8 月 31 日第十三届全国人民代表大会常务委员会第五次会议通过）

5. 中华人民共和国土壤污染防治法

（2018 年 8 月 31 日第十三届全国人民代表大会常务委员会第五次会议通过）

6. 中华人民共和国国际刑事司法协助法

（2018 年 10 月 26 日第十三届全国人民代表大会常务委员会第六次会议通过）

7. 中华人民共和国消防救援衔条例

（2018 年 10 月 26 日第十三届全国人民代表大会常务委员会第六次会议通过）

8. 中华人民共和国耕地占用税法

（2018 年 12 月 29 日第十三届全国人民代表大会常务委员会第七次会议通过）

9. 中华人民共和国车辆购置税法

（2018 年 12 月 29 日第十三届全国人民代表大会常务委员会第七次会议通过）

10. 全国人民代表大会常务委员会关于修改《中华人民共和国国境卫生检疫法》等六部法律的决定

（2018 年 4 月 27 日第十三届全国人民代表大会常务委员会第二次会议通过）

11. 全国人民代表大会常务委员会关于修改《中华人民共和国个人所得税法》的决定

（2018 年 8 月 31 日第十三届全国人民代表大会常务委员会第五次会议通过）

12. 全国人民代表大会常务委员会关于修改《中华人民共和国刑事诉讼法》的决定

（2018 年 10 月 26 日第十三届全国人民代表大会常务委员会第六次会议通过）

13. 中华人民共和国人民法院组织法（修订）

（2018 年 10 月 26 日第十三届全国人民代表大会常务委员会第六次会议通过）

14. 中华人民共和国人民检察院组织法（修订）

（2018 年 10 月 26 日第十三届全国人民代表大会常务委员会第六次会议通过）

15. 全国人民代表大会常务委员会关于修改《中华人民共和国公司法》的决定

（2018 年 10 月 26 日第十三届全国人民代表大会常务委员会第六次会议通过）

16. 全国人民代表大会常务委员会关于修改《中华人民共和国野生动物保护法》等十五部法律的决定

（2018 年 10 月 26 日第十三届全国人民代表大会常务委员会第六次会议通过）

十五部法律是：野生动物保护法、计量法、大气污染防治法、残疾人保障法、妇女权益保障法、广告法、节约能源法、防沙治沙法、农业机械化促进法、农产品质量安全法、循环经济促进法、旅游法、环境保护税法、公共图书馆法、船舶吨税法

17. 全国人民代表大会常务委员会关于修改《中华人民共和国农村土地

承包法》的决定

（2018 年 12 月 29 日第十三届全国人民代表大会常务委员会第七次会议通过）

18. 中华人民共和国公务员法（修订）

（2018 年 12 月 29 日第十三届全国人民代表大会常务委员会第七次会议通过）

19. 全国人民代表大会常务委员会关于修改《中华人民共和国村民委员会组织法》《中华人民共和国城市居民委员会组织法》的决定

（2018 年 12 月 29 日第十三届全国人民代表大会常务委员会第七次会议通过）

20. 全国人民代表大会常务委员会关于修改《中华人民共和国产品质量法》等五部法律的决定

（2018 年 12 月 29 日第十三届全国人民代表大会常务委员会第七次会议通过）

五部法律是：产品质量法、义务教育法、进出口商品检验法、预算法、食品安全法

21. 全国人民代表大会常务委员会关于修改《中华人民共和国电力法》等四部法律的决定

（2018 年 12 月 29 日第十三届全国人民代表大会常务委员会第七次会议通过）

四部法律是：电力法、高等教育法、港口法、企业所得税法

22. 全国人民代表大会常务委员会关于修改《中华人民共和国劳动法》等七部法律的决定

（2018 年 12 月 29 日第十三届全国人民代表大会常务委员会第七次会议通过）

七部法律是：劳动法、老年人权益保障法、环境噪声污染防治法、环境影响评价法、民办教育促进法、民用航空法、职业病防治法

23. 全国人民代表大会常务委员会关于修改《中华人民共和国社会保险法》的决定

（2018 年 12 月 29 日第十三届全国人民代表大会常务委员会第七次会议通过）

有关法律问题和重大问题的决定 15 件：

1. 全国人民代表大会常务委员会关于实行宪法宣誓制度的决定（修订）

（2018 年 2 月 24 日第十二届全国人民代表大会常务委员会第三十三次会议通过）

2. 全国人民代表大会常务委员会关于延长授权国务院在实施股票发行注册制改革中调整适用《中华人民共和国证券法》有关规定期限的决定

（2018 年 2 月 24 日第十二届全国人民代表大会常务委员会第三十三次会议通过）

3. 第十三届全国人民代表大会第一次会议关于设立第十三届全国人民代表大会专门委员会的决定

（2018 年 3 月 13 日第十三届全国人民代表大会第一次会议通过）

4. 第十三届全国人民代表大会第一次会议关于第十三届全国人民代表大会专门委员会主任委员、副主任委员、委员人选的表决办法

（2018 年 3 月 13 日第十三届全国人民代表大会第一次会议通过）

5. 第十三届全国人民代表大会第一次会议关于国务院机构改革方案的决定

（2018 年 3 月 17 日第十三届全国人民代表大会第一次会议通过）

6. 第十三届全国人民代表大会第一次会议选举和决定任命的办法

（2018 年 3 月 17 日第十三届全国人民代表大会第一次会议通过）

7. 全国人民代表大会常务委员会关于国务院机构改革涉及法律规定的行政机关职责调整问题的决定

（2018 年 4 月 27 日第十三届全国人民代表大会常务委员会第二次会议通过）

8. 全国人民代表大会常务委员会关于设立上海金融法院的决定

（2018 年 4 月 27 日第十三届全国人民代表大会常务委员会第二次会议通过）

9. 全国人民代表大会常务委员会关于全国人民代表大会宪法和法律委员会职责问题的决定

（2018 年 6 月 22 日第十三届全国人民代表大会常务委员会第三次会议通过）

10. 全国人民代表大会常务委员会关于中国海警局行使海上维权执法职权的决定

（2018年6月22日第十三届全国人民代表大会常务委员会第三次会议通过）

11. 全国人民代表大会常务委员会关于全面加强生态环境保护依法推动打好污染防治攻坚战的决议

（2018年7月10日第十三届全国人民代表大会常务委员会第四次会议通过）

12. 全国人民代表大会常务委员会关于延长授权国务院在部分地方开展药品上市许可持有人制度试点期限的决定

（2018年10月26日第十三届全国人民代表大会常务委员会第六次会议通过）

13. 全国人民代表大会常务委员会关于专利等知识产权案件诉讼程序若干问题的决定

（2018年10月26日第十三届全国人民代表大会常务委员会第六次会议通过）

14. 全国人民代表大会常务委员会关于延长授权国务院在北京市大兴区等三十三个试点县（市、区）行政区域暂时调整实施有关法律规定期限的决定

（2018年12月29日第十三届全国人民代表大会常务委员会第七次会议通过）

15. 全国人民代表大会常务委员会关于授权国务院提前下达部分新增地方政府债务限额的决定

（2018年12月29日第十三届全国人民代表大会常务委员会第七次会议通过）

2019年共1件

（截至2019年3月）

法律1件：

1. 中华人民共和国外商投资法

（2019年3月15日第十三届全国人民代表大会第二次会议通过）

二、1978年底以前制定的法律

（一）1949年9月至1954年9月制定或批准的法律和有关法律问题的决定（29件）

1949年（9件）

中国人民政治协商会议共同纲领

（1949年9月29日中国人民政治协商会议第一届全体会议通过）

1. 中华人民共和国中央人民政府组织法

（1949年9月27日中国人民政治协商会议第一届全体会议通过）

2. 中国人民政治协商会议组织法

（1949年9月27日中国人民政治协商会议第一届全体会议通过）

3. 关于中华人民共和国国都、纪年、国歌、国旗的决议

（1949年9月27日中国人民政治协商会议第一届全体会议通过）

4. 省各界人民代表会议组织通则

（1949年12月2日中央人民政府委员会第四次会议通过）

5. 市各界人民代表会议组织通则

（1949年12月2日中央人民政府委员会第四次会议通过）

6. 县各界人民代表会议组织通则

（1949年12月2日中央人民政府委员会第四次会议通过）

7. 中央人民政府政务院及所属各机关组织通则

（1949年12月2日中央人民政府委员会第四次会议通过）

8. 关于发行人民胜利折实公债的决定

（1949年12月2日中央人民政府委员会第四次会议通过）

9. 关于中华人民共和国国庆日的决议

（1949年12月2日中央人民政府委员会第四次会议通过）

1950 年（6 件）

10. 中华人民共和国婚姻法

（1950 年 4 月 13 日中央人民政府委员会第七次会议通过）

11. 中华人民共和国土地改革法

（1950 年 6 月 28 日中央人民政府委员会第八次会议通过）

12. 中华人民共和国工会法

（1950 年 6 月 28 日中央人民政府委员会第八次会议通过）

13. 人民法庭组织通则

（1950 年 7 月 14 日中央人民政府主席批准）

14. 新解放区农业税暂行条例

（1950 年 9 月 5 日中央人民政府委员会第九次会议批准）

15. 中央人民政府公布中华人民共和国国徽的命令

附：国徽图案、国徽图案制作说明、国徽使用方法

（1950 年 9 月 20 日公布）

1951 年（6 件）

16. 中华人民共和国惩治反革命条例

（1951 年 2 月 20 日中央人民政府委员会第十一次会议通过）

17. 保守国家机密暂行条例

（1951 年 6 月 7 日中央人民政府主席批准）

18. 中华人民共和国法院暂行组织条例

（1951 年 9 月 3 日中央人民政府委员会第十二次会议通过）

19. 中央人民政府最高人民检察署暂行条例

（1951 年 9 月 3 日中央人民政府委员会第十二次会议通过）

20. 各级地方人民检察署组织通则

（1951 年 9 月 3 日中央人民政府委员会第十二次会议通过）

21. 中央人民政府任免国家机关工作人员暂行条例

（1951 年 11 月 5 日中央人民政府委员会第十三次会议批准）

1952 年（5 件）

22. 中华人民共和国惩治贪污条例

（1952 年 4 月 18 日中央人民政府委员会第十四次会议批准）

23. 中央人民政府政务院关于与外国订立条约、协定、议定书、合同等的统一办法之决定

（1952 年 8 月 7 日中央人民政府委员会第十七次会议批准）

24. 中华人民共和国民族区域自治实施纲要

（1952 年 8 月 8 日中央人民政府委员会第十八次会议批准）

25. 各级人民政府民族事务委员会试行组织通则

（1952 年 8 月 9 日中央人民政府主席批准）

26. 中华人民共和国民兵组织暂行条例

（1952 年 11 月 28 日中央人民政府主席批准）

1953 年（3 件）

27. 关于召开全国人民代表大会及地方各级人民代表大会的决议

（1953 年 1 月 13 日中央人民政府委员会第二十次会议通过）

28. 中华人民共和国全国人民代表大会及地方各级人民代表大会选举法

（1953 年 2 月 11 日中央人民政府委员会第二十二次会议通过）

29. 1954 年国家经济建设公债条例

（1953 年 12 月 9 日中央人民政府委员会第二十九次会议通过）

（二）1954 年 9 月至 1978 年年底全国人民代表大会及其常务委员会通过的法律和有关问题的决定（107 件）

1954 年（13 件）

1. 中华人民共和国宪法

（1954 年 9 月 20 日第一届全国人民代表大会第一次会议通过）

2. 中华人民共和国全国人民代表大会组织法

（1954 年 9 月 20 日第一届全国人民代表大会第一次会议通过）

3. 中华人民共和国国务院组织法

（1954 年 9 月 21 日第一届全国人民代表大会第一次会议通过）

4. 中华人民共和国地方各级人民代表大会和地方各级人民委员会组织法

（1954 年 9 月 21 日第一届全国人民代表大会第一次会议通过）

5. 中华人民共和国人民法院组织法

（1954 年 9 月 21 日第一届全国人民代表大会第一次会议通过）

6. 中华人民共和国人民检察院组织法

（1954 年 9 月 21 日第一届全国人民代表大会第一次会议通过）

7. 关于中华人民共和国现行法律、法令继续有效的决议

（1954 年 9 月 26 日第一届全国人民代表大会第一次会议通过）

8. 关于同外国缔结条约的批准手续的决定

（1954 年 10 月 16 日第一届全国人民代表大会常务委员会第一次会议通过）

9. 中华人民共和国逮捕拘留条例

（1954 年 12 月 20 日第一届全国人民代表大会常务委员会第三次会议通过）

10. 1955 年国家经济建设公债条例

（1954 年 12 月 20 日第一届全国人民代表大会常务委员会第三次会议通过）

11. 城市居民委员会组织条例

（1954 年 12 月 31 日第一届全国人民代表大会常务委员会第四次会议通过）

12. 城市街道办事处组织条例

（1954 年 12 月 31 日第一届全国人民代表大会常务委员会第四次会议通过）

13. 公安派出所组织条例

（1954 年 12 月 31 日第一届全国人民代表大会常务委员会第四次会议通过）

1955年（17件）

14. 中国人民解放军军官服役条例

（1955年2月8日第一届全国人民代表大会常务委员会第六次会议通过）

15. 中华人民共和国授予中国人民解放军在中国人民革命战争时期有功人员的勋章奖章条例

（1955年2月12日第一届全国人民代表大会常务委员会第七次会议通过）

16. 关于规定勋章奖章授予中国人民解放军在中国人民革命战争时期有功人员的决议

（1955年2月12日第一届全国人民代表大会常务委员会第七次会议通过）

17. 关于规定勋章奖章授予中国人民解放军在保卫祖国和进行国防现代化建设中有功人员的决议

（1955年2月12日第一届全国人民代表大会常务委员会第七次会议通过）

18. 关于授予中国人民志愿军抗美援朝保家卫国有功人员勋章奖章的决议

（1955年2月12日第一届全国人民代表大会常务委员会第七次会议通过）

19. 关于省、县、乡改变建制后本届人民代表大会代表名额问题的决定

（1955年3月10日第一届全国人民代表大会常务委员会第八次会议通过）

20. 关于第一届地方各级人民代表大会任期问题的决定

（1955年3月10日第一届全国人民代表大会常务委员会第八次会议通过）

21. 关于解释法律问题的决议

（1955年6月23日第一届全国人民代表大会常务委员会第十七次会议通过）

22. 关于撤销热河省、西康省并修改中华人民共和国地方各级人民代表大会和地方各级人民委员会组织法第二十五条第二款第一项规定的决议

（1955 年 7 月 30 日第一届全国人民代表大会第二次会议通过）

23. 关于撤销燃料工业部设立煤炭工业部、电力工业部、石油工作部、农产品采购部并修改中华人民共和国国务院组织法第二条第一款条文的决议

（1955 年 7 月 30 日第一届全国人民代表大会第二次会议通过）

24. 第一届全国人民代表大会第二次会议关于授权常务委员会制定单行法规的决议

（1955 年 7 月 30 日第一届全国人民代表大会第二次会议通过）

25. 中华人民共和国兵役法

（1955 年 7 月 30 日第一届全国人民代表大会第二次会议通过）

26. 华侨申请使用国有的荒山荒地条例

（1955 年 8 月 6 日第一届全国人民代表大会常务委员会第二十次会议通过）

27. 关于在地方各级人民代表大会闭会期间省长、自治区主席、市长、州长、县长、区长、乡长、镇长和地方各级人民法院院长缺额补充问题的决定

（1955 年 11 月 8 日第一届全国人民代表大会常务委员会第二十三次会议通过）

28. 关于地方各级人民委员会的组成人员是否限于本级人民代表大会代表问题的决定

（1955 年 11 月 8 日第一届全国人民代表大会常务委员会第二十三次会议通过）

29. 关于处理违法的图书杂志的规定

（1955 年 11 月 8 日第一届全国人民代表大会常务委员会第二十三次会议通过）

30. 关于地方各级人民法院院长、人民检察院检察长可否兼任各级人民委员会的组成人员问题的决定

（1955 年 12 月 28 日第一届全国人民代表大会常务委员会第三十次会议通过）

1956 年（13 件）

31. 农业生产合作社示范章程

（1956 年 3 月 17 日第一届全国人民代表大会常务委员会第三十三次会议通过）

32. 关于处理在押日本侵略中国战争犯罪分子的决定

（1956 年 4 月 25 日第一届全国人民代表大会常务委员会第三十四次会议通过）

33. 文化娱乐税条例

（1956 年 5 月 3 日第一届全国人民代表大会常务委员会第三十五次会议通过）

34. 关于自治州人民代表大会和人民委员会每届任期问题的决定

（1956 年 5 月 8 日第一届全国人民代表大会常务委员会第三十九次会议通过）

35. 关于不公开进行审理的案件的决定

（1956 年 5 月 8 日第一届全国人民代表大会常务委员会第三十九次会议通过）

36. 关于被剥夺政治权利的人可否充当辩护人的决定

（1956 年 5 月 8 日第一届全国人民代表大会常务委员会第三十九次会议通过）

37. 关于县市市辖区乡民族乡镇人民代表大会代表名额等问题的决定

（1956 年 5 月 12 日第一届全国人民代表大会常务委员会第四十次会议通过）

38. 关于一九五六年直辖市和县以下各级人民代表大会代表选举时间的决定

（1956 年 5 月 12 日第一届全国人民代表大会常务委员会第四十次会议通过）

39. 高级农业生产合作社示范章程

（1956 年 6 月 30 日第一届全国人民代表大会第三次会议通过）

40. 关于修改中华人民共和国地方各级人民代表大会和地方各级人民委员会组织法第二十五条第二款第四项第五项规定的决议

（1956 年 6 月 30 日第一届全国人民代表大会第三次会议通过）

41. 关于对反革命分子的管制一律由人民法院判决的决定

（1956 年 11 月 16 日第一届全国人民代表大会常务委员会第五十一次会议通过）

42. 关于宽大处理和安置城市残余反革命分子的决定

（1956 年 11 月 16 日第一届全国人民代表大会常务委员会第五十一次会议通过）

43. 1957 年国家经济建设公债条例

（1956 年 12 月 29 日第一届全国人民代表大会常务委员会第五十二次会议通过）

1957 年（24 件）

44. 关于增加农业生产合作社社员自留地的决定

（1957 年 6 月 25 日第一届全国人民代表大会常务委员会第七十六次会议通过）

45. 中华人民共和国人民警察条例

（1957 年 6 月 25 日第一届全国人民代表大会常务委员会第七十六次会议通过）

46. 关于死刑案件由最高人民法院判决或者核准的决议

（1957 年 7 月 15 日第一届全国人民代表大会第四次会议通过）

47. 关于第二届全国人民代表大会代表选举问题的决议

（1957 年 7 月 15 日第一届全国人民代表大会第四次会议通过）

48. 国务院关于劳动教养问题的决定的决议

（1957 年 8 月 1 日第一届全国人民代表大会常务委员会第七十八次会议批准）

49. 华侨捐资兴办学校办法的决议

（1957 年 8 月 1 日第一届全国人民代表大会常务委员会第七十八次会议批准）

50. 华侨投资于国营华侨投资公司的优待办法的决议

（1957 年 8 月 1 日第一届全国人民代表大会常务委员会第七十八次会议通过）

51. 关于死刑案件由最高人民法院判决或者核准的决议如何执行问题给最高人民法院的批复

（1957 年 9 月 26 日第一届全国人大常委会委员长刘少奇、秘书长彭真发出）

52. 中华人民共和国治安管理处罚条例

（1957 年 10 月 22 日第一届全国人民代表大会常务委员会第八十一次会议通过）

53. 国务院关于国家行政机关工作人员的奖惩暂行规定的决议

（1957 年 10 月 23 日第一届全国人民代表大会常务委员会第八十二次会议通过）

54. 县级以上人民委员会任免国家机关工作人员条例

（1957 年 11 月 6 日第一届全国人民代表大会常务委员会第八十三次会议通过）

55. 1958 年国家经济建设公债条例

（1957 年 11 月 6 日第一届全国人民代表大会常务委员会第八十三次会议通过）

56. 关于省、直辖市人民代表大会会议可以每年举行一次的决定

（1957 年 11 月 14 日第一届全国人民代表大会常务委员会第八十四次会议通过）

57. 国务院关于改进工业管理体制的规定的决议

（1957 年 11 月 14 日第一届全国人民代表大会常务委员会第八十四次会议通过）

58. 国务院关于改进商业管理体制的规定的决议

（1957 年 11 月 14 日第一届全国人民代表大会常务委员会第八十四次会议通过）

59. 国务院关于改进财政管理体制的规定的决议

（1957 年 11 月 14 日第一届全国人民代表大会常务委员会第八十四次会议通过）

60. 国务院关于工人、职员回家探亲的假期和工资待遇的暂行规定

（1957 年 11 月 16 日第一届全国人民代表大会常务委员会第八十五次会议原则批准）

61. 国务院关于工人、职员退休处理的暂行规定

（1957 年 11 月 16 日第一届全国人民代表大会常务委员会第八十五次会议原则批准）

62. 国务院关于国营、公私合营、合作经营、个体经营的企业和事业单位的学徒的学习期限和生活补贴的暂行规定

（1957 年 11 月 16 日第一届全国人民代表大会常务委员会第八十五次会议原则批准）

63. 国务院关于企业、事业单位和国家机关中普通工和勤杂工的工资待遇的暂行规定

（1957 年 11 月 16 日第一届全国人民代表大会常务委员会第八十五次会议原则批准）

64. 关于 1958 年直辖市和县以下各级人民代表大会代表选举时间的决定

（1957 年 11 月 29 日第一届全国人民代表大会常务委员会第八十六次会议通过）

65. 消防监督条例

（1957 年 11 月 29 日第一届全国人民代表大会常务委员会第八十六次会议原则批准）

66. 国务院关于调整获利较大的经济作物的农业税附加比例的规定

（1957 年 12 月 7 日第一届全国人民代表大会常务委员会第八十七次会议原则批准）

67. 中华人民共和国国境卫生检疫条例

（1957 年 12 月 23 日第一届全国人民代表大会常务委员会第八十八次会议通过）

1958 年（14 件）

68. 国家建设征用土地办法

（1958 年 1 月 6 日第一届全国人民代表大会常务委员会第九十次会议原则通过）

69. 关于适当提高高级农业生产合作社公积金比例的决定

（1958 年 1 月 6 日第一届全国人民代表大会常务委员会第九十次会议通过）

70. 国务院关于农业生产合作社股份基金的补充规定

（1958 年 1 月 6 日第一届全国人民代表大会常务委员会第九十次会议通过）

71. 中华人民共和国户口登记条例

（1958 年 1 月 9 日第一届全国人民代表大会常务委员会第九十一次会议通过）

72. 国务院关于工人、职员退休处理的暂行规定

（1957 年 11 月 16 日第一届全国人民代表大会常务委员会第八十五次会议原则通过）

73. 关于地方各级人民代表大会代表名额问题的决定

（1958 年 3 月 19 日第一届全国人民代表大会常务委员会第九十五次会议通过）

74. 中华人民共和国农业税条例

（1958 年 6 月 3 日第一届全国人民代表大会常务委员会第九十六次会议通过）

75. 国务院关于改进税收管理体制的规定

（1958 年 6 月 5 日第一届全国人民代表大会常务委员会第九十七次会议原则通过）

76. 关于批准设立最高人民法院西藏分院和最高人民检察院西藏分院的决议

（1958 年 6 月 5 日第一届全国人民代表大会常务委员会第九十七次会议通过）

77. 民族自治地方财政管理暂行办法

（1958 年 6 月 5 日第一届全国人民代表大会常务委员会第九十七次会议原则通过）

78. 中华人民共和国地方经济建设公债条例

（1958 年 6 月 5 日第一届全国人民代表大会常务委员会第九十七次会议通过）

79. 关于第二届全国人民代表大会代表选举时间和第二届全国人民代表大会第一次会议召开时间的决定

（1958 年 6 月 29 日第一届全国人民代表大会常务委员会第九十八次会议通过）

80. 中华人民共和国政府关于领海的声明

（1958 年 9 月 4 日第一届全国人民代表大会常务委员会第一百次会议批准）

81. 中华人民共和国工商统一税条例（草案）

（1958 年 9 月 11 日第一届全国人民代表大会常务委员会第一百零一次会议通过试行）

1959 年（3 件）

82. 关于撤销司法部、监察部的决议

（1959 年 4 月 28 日第二届全国人民代表大会第一次会议通过）

83. 关于直辖市和较大的市可以领导县、自治县的决定

（1959 年 9 月 17 日第二届全国人民代表大会常务委员会第九次会议通过）

84. 关于特赦确实改恶从善的罪犯的决定

（1959 年 9 月 17 日第二届全国人民代表大会常务委员会第九次会议通过）

1960 年（3 件）

85. 关于最高人民法院和地方各级人民法院助理审判员任免问题的决定

（1960 年 1 月 21 日第二届全国人民代表大会常务委员会第十二次会议通过）

86. 一九五六年到一九六七年全国农业发展纲要

（1960年4月10日第二届全国人民代表大会第二次会议通过）

87. 关于特赦确实改恶从善的蒋介石集团和伪满洲国的战争罪犯的决定

（1960年11月19日第二届全国人民代表大会常务委员会第三十二次会议通过）

1961年（1件）

88. 关于特赦确实改恶从善的蒋介石集团和伪满洲国的战争罪犯的决定

（1961年12月16日第二届全国人民代表大会常务委员会第四十七次会议通过）

1963年（4件）

89. 商标管理条例

（1963年3月30日第二届全国人民代表大会常务委员会第九十一次会议通过）

90. 关于特赦确实改恶从善的蒋介石集团、伪满洲国和伪蒙疆自治政府的战争罪犯的决定

（1963年3月30日第二届全国人民代表大会常务委员会第九十一次会议通过）

91. 中国人民解放军军官服役条例（修正）

（1963年9月28日第二届全国人民代表大会常务委员会第一百零二次会议修正通过）

92. 关于第三届全国人民代表大会代表名额和选举问题的决议

（1963年12月3日第二届全国人民代表大会第四次会议通过）

1964年（3件）

93. 外国人入境出境过境居留旅行管理条例

（1964年3月13日第二届全国人民代表大会常务委员会第一百一十四次会议批准）

94. 第三届全国人民代表大会三百名少数民族代表名额分配方案

（1964 年 7 月 22 日第二届全国人民代表大会常务委员会第一百二十四次会议批准）

95. 关于特赦确实改恶从善的蒋介石集团、伪满洲国和伪蒙疆自治政府的战争罪犯的决定

（1964 年 12 月 12 日第二届全国人民代表大会常务委员会第一百三十五次会议批准）

1965 年（2 件）

96. 关于军士和兵的现役期限的决定

（1965 年 1 月 19 日第三届全国人民代表大会常务委员会第一次会议通过）

97. 关于取消中国人民解放军军衔制度的决定

（1965 年 5 月 22 日第三届全国人民代表大会常务委员会第九次会议通过）

1966 年（1 件）

98. 关于特赦确实改恶从善的蒋介石集团、伪满洲国和伪蒙疆自治政府的战争罪犯的决定

（1966 年 3 月 29 日第三届全国人民代表大会常务委员会第二十九次会议通过）

1975 年（2 件）

99. 中华人民共和国宪法

（1975 年 1 月 17 日中华人民共和国第四届全国人民代表大会第一次会议通过）

100. 关于特赦释放全部在押战争罪犯的决定

（1975 年 3 月 17 日第四届全国人民代表大会常务委员会第二次会议通过）

1978年（7件）

101. 中华人民共和国宪法

（1978年3月5日中华人民共和国第五届全国人民代表大会第一次会议通过）

102. 关于中华人民共和国国歌的决定

（1978年3月5日中华人民共和国第五届全国人民代表大会第一次会议通过）

103. 关于兵役制问题的决定

（1978年3月7日第五届全国人民代表大会常务委员会第一次会议批准）

104. 关于省人民代表大会闭会期间省人民检察院检察长产生程序的决定

（1978年5月24日第五届全国人民代表大会常务委员会第二次会议通过）

105. 国务院关于工人退休、退职的暂行办法

（1978年5月24日第五届全国人民代表大会常务委员会第二次会议原则批准）

106. 国务院关于安置老弱病残干部的暂行办法

（1978年5月24日第五届全国人民代表大会常务委员会第二次会议原则批准）

107. 中国人民解放军干部服役条例的决议

（1978年8月18日第五届全国人民代表大会常务委员会第三次会议通过）

三、1954年9月以来全国人民代表大会及其常务委员会批准的我国同外国缔结的条约、协定和我国加入的国际公约（415件）

1954年以来，截至2018年2月24日，全国人民代表大会及其常务委员会通过关于批准国际条约、协定和公约的决定（决议）401件，实际批准国际条约、协定和公约共计415件（其中，1979年以来356件）。

第一届全国人民代表大会常务委员会批准的同外国缔结的条约、协定和我国加入的国际公约（26 件）

1954 年（1 件）

1. 全国人民代表大会常务委员会关于批准中华人民共和国和阿尔巴尼亚人民共和国文化合作协定的决议

（1954 年 10 月 16 日第一届全国人民代表大会常务委员会第一次会议通过）

1955 年（1 件）

2. 全国人民代表大会常务委员会关于批准中华人民共和国政府和苏维埃社会主义共和国联盟政府关于农作物检疫和防治病虫害的协定的决议

（1955 年 11 月 10 日第一届全国人民代表大会常务委员会第二十六次会议通过）

1956 年（9 件）

3. 全国人民代表大会常务委员会关于批准中华人民共和国和德意志民主共和国友好合作条约的决议

（1956 年 1 月 23 日第一届全国人民代表大会常务委员会第三十一次会议通过）

4. 全国人民代表大会常务委员会关于批准中华人民共和国政府和埃及共和国政府文化合作协定的决议

（1956 年 6 月 14 日第一届全国人民代表大会常务委员会第四十二次会议通过）

5. 全国人民代表大会常务委员会关于批准中华人民共和国政府和叙利亚共和国政府文化合作协定的决议

（1956 年 10 月 20 日第一届全国人民代表大会常务委员会第四十九次会议通过）

6. 全国人民代表大会常务委员会关于批准中华人民共和国和苏维埃社会主义共和国联盟文化合作协定的决议

（1956年10月20日第一届全国人民代表大会常务委员会第四十九次会议通过）

7. 全国人民代表大会常务委员会关于批准一九四九年八月十二日改善战地武装部队伤者病者境遇之日内瓦公约的决定

（1956年11月5日第一届全国人民代表大会常务委员会第五十次会议通过）

8. 全国人民代表大会常务委员会关于批准一九四九年八月十二日改善海上武装部队伤者病者及遇船难者境遇之日内瓦公约的决定

（1956年11月5日第一届全国人民代表大会常务委员会第五十次会议通过）

9. 全国人民代表大会常务委员会关于批准一九四九年八月十二日关于战俘待遇之日内瓦公约的决定

（1956年11月5日第一届全国人民代表大会常务委员会第五十次会议通过）

10. 全国人民代表大会常务委员会关于批准一九四九年八月十二日关于战时保护平民之日内瓦公约的决定

（1956年11月5日第一届全国人民代表大会常务委员会第五十次会议通过）

11. 全国人民代表大会常务委员会关于批准中华人民共和国和尼泊尔王国保持友好关系以及关于中国西藏地方和尼泊尔之间的通商和交通的协定的决议

（1956年11月16日第一届全国人民代表大会常务委员会第五十一次会议通过）

1957年（7件）

12. 全国人民代表大会常务委员会关于批准中华人民共和国和捷克斯洛伐克共和国友好合作条约的决议

（1957年5月6日第一届全国人民代表大会常务委员会第六十八次会议通过）

13. 全国人民代表大会常务委员会关于批准中华人民共和国政府和捷克斯洛伐克共和国政府文化合作协定的决议

（1957 年 5 月 6 日第一届全国人民代表大会常务委员会第六十八次会议通过）

14. 全国人民代表大会常务委员会关于批准中华人民共和国政府和捷克斯洛伐克共和国政府保健合作协定的决议

（1957 年 5 月 6 日第一届全国人民代表大会常务委员会第六十八次会议通过）

15. 全国人民代表大会常务委员会关于承认一九三零年国际船舶载重线公约的决定

（1957 年 10 月 23 日第一届全国人民代表大会常务委员会第八十二次会议通过）

16. 全国人民代表大会常务委员会关于批准中华人民共和国政府和南斯拉夫联邦人民共和国政府文化合作协定的决议

（1957 年 10 月 23 日第一届全国人民代表大会常务委员会第八十二次会议通过）

17. 全国人民代表大会常务委员会关于接受一九四八年伦敦海上人命安全国际会议制定的海上船舶避碰规则的决定

（1957 年 12 月 23 日第一届全国人民代表大会常务委员会第八十八次会议通过）

18. 全国人民代表大会常务委员会关于批准中华人民共和国和印度尼西亚共和国关于双重国籍问题的条约的决议

（1957 年 12 月 30 日第一届全国人民代表大会常务委员会第八十九次会议通过）

1958 年（7 件）

19. 全国人民代表大会常务委员会关于批准中华人民共和国政府和苏维埃社会主义共和国联盟政府关于国境及其相通河流和湖泊的商船通航协定的

决议

（1958 年 3 月 7 日第一届全国人民代表大会常务委员会第九十四次会议通过）

20. 全国人民代表大会常务委员会关于批准中华人民共和国和也门穆塔瓦基利亚王国友好条约的决议

（1958 年 3 月 19 日第一届全国人民代表大会常务委员会第九十五次会议通过）

21. 全国人民代表大会常务委员会关于批准中华人民共和国和也门穆塔瓦基利亚王国商务条约的决议

（1958 年 3 月 19 日第一届全国人民代表大会常务委员会第九十五次会议通过）

22. 全国人民代表大会常务委员会关于批准中华人民共和国和也门穆塔瓦基利亚王国科学技术和文化合作协定的决议

（1958 年 3 月 19 日第一届全国人民代表大会常务委员会第九十五次会议通过）

23. 全国人民代表大会常务委员会关于批准中华人民共和国政府和蒙古人民共和国政府文化合作协定的决议

（1958 年 6 月 3 日第一届全国人民代表大会常务委员会第九十六次会议通过）

24. 全国人民代表大会常务委员会关于加入一九二九年在华沙签订的统一国际航空运输某些规则的公约的决定

（1958 年 6 月 5 日第一届全国人民代表大会常务委员会第九十七次会议通过）

25. 全国人民代表大会常务委员会关于批准中华人民共和国和苏维埃社会主义共和国联盟通商航海条约的决议

（1958 年 7 月 9 日第一届全国人民代表大会常务委员会第九十九次会议通过）

1959 年（1 件）

26. 全国人民代表大会常务委员会关于批准中华人民共和国和德意志民主共和国领事条约的决议

（1959 年 4 月 14 日第一届全国人民代表大会常务委员会第一百零八次会议通过）

第二届全国人民代表大会常务委员会批准的同外国缔结的条约、协定和我国加入的国际公约（30 件）

1959 年（4 件）

27. 全国人民代表大会常务委员会关于批准中华人民共和国政府和越南民主共和国政府文化合作协定的决议

（1959 年 5 月 3 日第二届全国人民代表大会常务委员会第一次会议通过）

28. 全国人民代表大会常务委员会关于批准中华人民共和国政府和朝鲜民主主义人民共和国政府文化合作协定的决议

（1959 年 5 月 3 日第二届全国人民代表大会常务委员会第一次会议通过）

29. 全国人民代表大会常务委员会关于批准中华人民共和国和匈牙利人民共和国友好合作条约的决议

（1959 年 6 月 20 日第二届全国人民代表大会常务委员会第四次会议通过）

30. 全国人民代表大会常务委员会关于批准中华人民共和国和苏维埃社会主义共和国联盟领事条约的决议

（1959 年 11 月 27 日第二届全国人民代表大会常务委员会第十一次会议通过）

1960 年（10 件）

31. 全国人民代表大会常务委员会关于批准中华人民共和国和德意志民主共和国通商航海条约的决议

（1960 年 1 月 21 日第二届全国人民代表大会常务委员会第十二次会议通过）

32. 全国人民代表大会常务委员会关于批准中华人民共和国和缅甸联邦之间的友好和互不侵犯条约、中华人民共和国政府和缅甸联邦政府关于两国边界问题的协定的决议

（1960 年 2 月 17 日第二届全国人民代表大会常务委员会第十七次会议通过）（含 2 件）

33. 全国人民代表大会常务委员会关于批准中华人民共和国政府和尼泊尔国王陛下政府关于两国边界问题的协定的决议

（1960 年 4 月 12 日第二届全国人民代表大会常务委员会第二十五次会议通过）

34. 全国人民代表大会常务委员会关于批准中华人民共和国和尼泊尔王国和平友好条约的决议

（1960 年 5 月 26 日第二届全国人民代表大会常务委员会第二十六次会议通过）

35. 全国人民代表大会常务委员会关于批准中华人民共和国和捷克斯洛伐克共和国领事条约的决议

（1960 年 8 月 15 日第二届全国人民代表大会常务委员会第二十七次会议通过）

36. 全国人民代表大会常务委员会关于批准中华人民共和国和蒙古人民共和国友好互助条约的决议

（1960 年 8 月 15 日第二届全国人民代表大会常务委员会第二十七次会议通过）

37. 全国人民代表大会常务委员会关于批准中华人民共和国和阿富汗王国友好和互不侵犯条约的决议

（1960 年 9 月 13 日第二届全国人民代表大会常务委员会第二十九次会议通过）

38. 全国人民代表大会常务委员会关于批准中华人民共和国和几内亚共和国友好条约的决议

（1960 年 9 月 30 日第二届全国人民代表大会常务委员会第三十次会议通过）

39. 全国人民代表大会常务委员会关于批准中华人民共和国和缅甸联邦边界条约的决议

（1960 年 12 月 14 日第二届全国人民代表大会常务委员会第三十三次会议通过）

1961 年（7 件）

40. 全国人民代表大会常务委员会关于批准中华人民共和国和柬埔寨王国友好和互不侵犯条约的决议

（1961 年 1 月 30 日第二届全国人民代表大会常务委员会第三十五次会议通过）

41. 全国人民代表大会常务委员会关于批准中华人民共和国和印度尼西亚共和国友好条约的决议

（1961 年 4 月 3 日第二届全国人民代表大会常务委员会第三十七次会议通过）

42. 全国人民代表大会常务委员会关于批准中华人民共和国和阿尔巴尼亚人民共和国通商航海条约的决议

（1961 年 4 月 22 日第二届全国人民代表大会常务委员会第三十八次会议通过）

43. 全国人民代表大会常务委员会关于批准中华人民共和国和蒙古人民共和国通商条约的决议

（1961 年 7 月 9 日第二届全国人民代表大会常务委员会第四十次会议通过）

44. 全国人民代表大会常务委员会关于批准中华人民共和国和朝鲜民主主义人民共和国友好合作互助条约的决议

（1961 年 8 月 19 日第二届全国人民代表大会常务委员会第四十二次会议通过）

45. 全国人民代表大会常务委员会关于签订中华人民共和国和尼泊尔王国边界条约的决议

（1961 年 10 月 5 日第二届全国人民代表大会常务委员会第四十三次会议通过）

46. 全国人民代表大会常务委员会关于批准中华人民共和国和加纳共和国友好条约的决议

（1961 年 10 月 5 日第二届全国人民代表大会常务委员会第四十三次会议通过）

1962 年（2 件）

47. 全国人民代表大会常务委员会关于批准中华人民共和国和朝鲜民主主义人民共和国通商航海条约的决议

（1962 年 11 月 15 日第二届全国人民代表大会常务委员会第六十八次会议通过）

48. 全国人民代表大会常务委员会关于批准中华人民共和国和越南民主共和国通商航海条约的决议

（1962 年 12 月 18 日第二届全国人民代表大会常务委员会第七十六次会议通过）

1963 年（4 件）

49. 全国人民代表大会常务委员会关于批准中华人民共和国政府和坦噶尼喀共和国政府文化合作协定的决议

（1963 年 2 月 25 日第二届全国人民代表大会常务委员会第八十五次会议通过）

50. 全国人民代表大会常务委员会关于签订中华人民共和国政府和巴基斯坦政府关于中国新疆和由巴基斯坦实际控制其防务的各个地区相接壤的边界的协定的决议

（1963 年 2 月 25 日第二届全国人民代表大会常务委员会第八十五次会议通过）

51. 全国人民代表大会常务委员会关于批准中华人民共和国和蒙古人民共和国边界条约的决议

（1963 年 3 月 4 日第二届全国人民代表大会常务委员会第八十六次会议通过）

52. 全国人民代表大会常务委员会关于签订中华人民共和国和阿富汗王国边界条约的决议

（1963 年 11 月 9 日第二届全国人民代表大会常务委员会第一百零六次会议通过）

1964 年（3 件）

53. 全国人民代表大会常务委员会关于签订中华人民共和国和阿拉伯也门共和国友好条约的决议

（1964 年 6 月 9 日第二届全国人民代表大会常务委员会第一百一十九次会议通过）

54. 全国人民代表大会常务委员会关于批准中华人民共和国和刚果共和国（布拉柴维尔）友好条约的决议

（1964 年 11 月 5 日第二届全国人民代表大会常务委员会第一百二十九次会议通过）

55. 全国人民代表大会常务委员会关于批准中华人民共和国和马里共和国友好条约的决议

（1964 年 12 月 12 日第二届全国人民代表大会常务委员会第一百三十五次会议通过）

第三届全国人民代表大会常务委员会批准的同外国缔结的条约、协定和我国加入的国际公约（1 件）

1965 年（1 件）

56. 全国人民代表大会常务委员会关于批准中华人民共和国和坦桑尼亚联合共和国友好条约的决议

（1965 年 3 月 31 日第三届全国人民代表大会常务委员会第五次会议通过）

第五届全国人民代表大会常务委员会批准的同外国缔结的条约、协定和我国加入的国际公约（12 件）

1978 年（2 件）

57. 全国人民代表大会常务委员会关于批准《中华人民共和国和日本国和平友好条约》的决定

（1978 年 8 月 18 日第五届全国人民代表大会常务委员会第三次会议通过）

58. 全国人民代表大会常务委员会关于批准《中华人民共和国和罗马尼亚社会主义共和国关于经济技术合作的长期协定》的决定

（1978 年 8 月 18 日第五届全国人民代表大会常务委员会第三次会议通过）

1980 年（1 件）

59. 第五届全国人民代表大会常务委员会关于批准联合国《消除对妇女一切形式歧视公约》的决定

（1980 年 9 月 29 日第五届全国人民代表大会常务委员会第十六次会议通过）

1981 年（2 件）

60. 全国人民代表大会常务委员会关于加入《消除一切形式种族歧视国际公约》的决定

（1981 年 11 月 26 日第五届全国人民代表大会常务委员会第二十一次会议通过）

61. 全国人民代表大会常务委员会关于批准《中华人民共和国和美利坚合众国领事条约》的决定

（1981 年 11 月 26 日第五届全国人民代表大会常务委员会第二十一次会议通过）

1982 年（4 件）

62. 全国人民代表大会常务委员会关于批准《禁止或限制使用某些可被认为具有过分伤害力或滥杀滥伤作用的常规武器公约》的决定

（1982 年 3 月 8 日第五届全国人民代表大会常务委员会第二十二次会议通过）

63. 全国人民代表大会常务委员会关于我国加入《关于难民地位的公约》和《关于难民地位的议定书》的决议

（1982 年 8 月 23 日第五届全国人民代表大会常务委员会第二十四次会议通过）（含 2 件）

64. 全国人民代表大会常务委员会关于批准《中华人民共和国和南斯拉夫社会主义联邦共和国领事条约》的决定

（1982 年 8 月 23 日第五届全国人民代表大会常务委员会第二十四次会议通过）

1983 年（3 件）

65. 全国人民代表大会常务委员会关于加入《禁止并惩治种族隔离罪行国际公约》的决定

（1983 年 3 月 5 日第五届全国人民代表大会常务委员会第二十六次会议通过）

66. 全国人民代表大会常务委员会关于批准《防止及惩治灭绝种族罪公约》的决定

（1983 年 3 月 5 日第五届全国人民代表大会常务委员会第二十六次会议通过）

67. 全国人民代表大会常务委员会关于加入《南极条约》的决定

（1983 年 5 月 9 日第五届全国人民代表大会常务委员会第二十七次会议通过）

第六届全国人民代表大会及其常务委员会批准的同外国缔结的条约、协定和我国加入的国际公约（27 件）

1983 年（3 件）

68. 全国人民代表大会常务委员会关于我国加入一九四九年日内瓦四公约两项附加议定书的决定

（1983 年 9 月 2 日第六届全国人民代表大会常务委员会第二次会议通过）（含 2 件）

69. 全国人民代表大会常务委员会关于我国加入一九六七年《关于各国探索和利用包括月球和其他天体在内外层空间活动的原则条约》的决定

（1983 年 12 月 8 日第六届全国人民代表大会常务委员会第三次会议通过）

1984 年（3 件）

70. 全国人民代表大会常务委员会关于批准《中华人民共和国政府和波兰人民共和国政府领事条约》的决定

（1984 年 9 月 20 日第六届全国人民代表大会常务委员会第七次会议通过）

71. 全国人民代表大会常务委员会关于我国加入《禁止细菌（生物）及毒素武器的发展、生产及储存以及销毁这类武器的公约》的决定

（1984 年 9 月 20 日第六届全国人民代表大会常务委员会第七次会议通过）

72. 全国人民代表大会常务委员会关于我国加入《保护工业产权巴黎公约》的决定

（1984 年 11 月 14 日第六届全国人民代表大会常务委员会第八次会议通过）

1985 年（6 件）

73. 中华人民共和国第六届全国人民代表大会第三次会议关于批准《中华人民共和国政府和大不列颠及北爱尔兰联合王国政府关于香港问题的联合声明》的决定

（1985 年 4 月 10 日第六届全国人民代表大会第三次会议通过）

74. 全国人民代表大会常务委员会关于我国加入《经〈修正一九六一年麻醉品单一公约的议定书〉修正的一九六一年麻醉品单一公约》和《一九七一年精神药物公约》的决定

（1985 年 6 月 18 日第六届全国人民代表大会常务委员会第十一次会议通过）（含 2 件）

75. 全国人民代表大会常务委员会关于批准《国际电信公约》的决定

（1985 年 6 月 18 日第六届全国人民代表大会常务委员会第十一次会议通过）

76. 全国人民代表大会常务委员会关于我国加入《防止倾倒废物及其他物质污染海洋的公约》的决定

（1985 年 9 月 6 日第六届全国人民代表大会常务委员会第十二次会议通过）

77. 全国人民代表大会常务委员会关于批准《保护世界文化和自然遗产公约》的决定

（1985 年 11 月 22 日第六届全国人民代表大会常务委员会第十三次会议通过）

1986 年（7 件）

78. 全国人民代表大会常务委员会关于批准《中华人民共和国和朝鲜民主主义人民共和国领事条约》的决定

（1986 年 3 月 19 日第六届全国人民代表大会常务委员会第十五次会议通过）

79. 全国人民代表大会常务委员会关于批准《中华人民共和国和匈牙利人民共和国领事条约》的决定

（1986 年 9 月 5 日第六届全国人民代表大会常务委员会第十七次会议通过）

80. 全国人民代表大会常务委员会关于批准《中华人民共和国和德意志民主共和国领事条约》的决定

（1986 年 9 月 5 日第六届全国人民代表大会常务委员会第十七次会议通过）

81. 全国人民代表大会常务委员会关于批准《中华人民共和国和意大利共和国领事条约》的决定

（1986 年 12 月 2 日第六届全国人民代表大会常务委员会第十八次会议通过）

82. 全国人民代表大会常务委员会关于批准《中华人民共和国和蒙古人民共和国领事条约》的决定

（1986 年 12 月 2 日第六届全国人民代表大会常务委员会第十八次会议通过）

83. 全国人民代表大会常务委员会关于批准《中华人民共和国和苏维埃社会主义共和国联盟领事条约》的决定

（1986 年 12 月 2 日第六届全国人民代表大会常务委员会第十八次会议通过）

84. 全国人民代表大会常务委员会关于我国加入《承认及执行外国仲裁裁决公约》的决定

（1986 年 12 月 2 日第六届全国人民代表大会常务委员会第十八次会议通过）

1987 年（8 件）

85. 全国人民代表大会常务委员会关于批准《万国邮政联盟组织法第三附加议定书》的决定

（1987 年 1 月 22 日第六届全国人民代表大会常务委员会第十九次会议通过）

86. 全国人民代表大会常务委员会关于批准《中华人民共和国和墨西哥合众国领事条约》的决定

（1987 年 6 月 23 日第六届全国人民代表大会常务委员会第二十一次会议通过）

87. 全国人民代表大会常务委员会关于批准《中华人民共和国和保加利亚人民共和国领事条约》的决定

（1987 年 6 月 23 日第六届全国人民代表大会常务委员会第二十一次会议通过）

88. 全国人民代表大会常务委员会关于我国加入《关于防止和惩处侵害应受国际保护人员包括外交代表的罪行的公约》的决定

（1987 年 6 月 23 日第六届全国人民代表大会常务委员会第二十一次会议通过）

89. 全国人民代表大会常务委员会关于批准《中华人民共和国政府和葡萄牙共和国政府关于澳门问题的联合声明》的决定

（1987 年 6 月 23 日第六届全国人民代表大会常务委员会第二十一次会议通过）

90. 全国人民代表大会常务委员会关于批准《中华人民共和国和法兰西共和国关于民事、商事司法协助的协定》的决定

（1987 年 9 月 5 日第六届全国人民代表大会常务委员会第二十二次会议通过）

91. 全国人民代表大会常务委员会关于批准《中华人民共和国和波兰人民共和国关于民事和刑事司法协助的协定》的决定

（1987 年 9 月 5 日第六届全国人民代表大会常务委员会第二十二次会议通过）

92. 全国人民代表大会常务委员会关于批准《第 159 号残疾人职业康复和就业公约》的决定

（1987 年 9 月 5 日第六届全国人民代表大会常务委员会第二十二次会议通过）

第七届全国人民代表大会常务委员会批准的同外国缔结的条约、协定和我国加入的国际公约（41 件）

1988 年（7 件）

93. 全国人民代表大会常务委员会关于批准《禁止酷刑和其他残忍、不人道或有辱人格的待遇或处罚公约》的决定

（1988 年 9 月 5 日第七届全国人民代表大会常务委员会第三次会议通过）

94. 全国人民代表大会常务委员会关于批准《南太平洋无核区条约》第

二号和第三号议定书的决定

（1988 年 9 月 5 日第七届全国人民代表大会常务委员会第三次会议通过）

95. 全国人民代表大会常务委员会关于批准《中华人民共和国和比利时王国关于民事司法协助的协定》的决定

（1988 年 9 月 5 日第七届全国人民代表大会常务委员会第三次会议通过）

96. 全国人民代表大会常务委员会关于批准《中华人民共和国和捷克斯洛伐克社会主义共和国领事条约》的决定

（1988 年 11 月 8 日第七届全国人民代表大会常务委员会第四次会议通过）

97. 全国人民代表大会常务委员会关于我国加入《关于援救航天员，送回航天员及送回射入外空之物体之协定》的决定

（1988 年 11 月 8 日第七届全国人民代表大会常务委员会第四次会议通过）

98. 全国人民代表大会常务委员会关于我国加入《外空物体所造成损害之国际责任公约》的决定

（1988 年 11 月 8 日第七届全国人民代表大会常务委员会第四次会议通过）

99. 全国人民代表大会常务委员会关于我国加入《关于登记射入外层空间物体的公约》的决定

（1988 年 11 月 8 日第七届全国人民代表大会常务委员会第四次会议通过）

1989 年（3 件）

100. 全国人民代表大会常务委员会关于批准《中华人民共和国政府和蒙古人民共和国政府关于中蒙边界制度和处理边境问题的条约》的决定

（1989 年 9 月 4 日第七届全国人民代表大会常务委员会第九次会议通过）

101. 全国人民代表大会常务委员会关于批准《联合国禁止非法贩运麻醉药品和精神药物公约》的决定

（1989 年 9 月 4 日第七届全国人民代表大会常务委员会第九次会议通过）

102. 全国人民代表大会常务委员会关于批准《中华人民共和国和土耳其共和国领事条约》的决定

（1989 年 12 月 26 日第七届全国人民代表大会常务委员会第十一次会议通过）

1990 年（5 件）

103. 全国人民代表大会常务委员会关于批准《中华人民共和国和老挝人民民主共和国领事条约》的决定

（1990 年 6 月 28 日第七届全国人民代表大会常务委员会第十四次会议通过）

104. 全国人民代表大会常务委员会关于批准《中华人民共和国和伊拉克共和国领事条约》的决定

（1990 年 6 月 28 日第七届全国人民代表大会常务委员会第十四次会议通过）

105. 全国人民代表大会常务委员会关于批准《中华人民共和国和蒙古人民共和国关于民事和刑事司法协助的条约》的决定

（1990 年 6 月 28 日第七届全国人民代表大会常务委员会第十四次会议通过）

106. 全国人民代表大会常务委员会关于批准两个国际劳工公约（《男女工人同工同酬公约》、《三方协商促进实施国际劳工标准公约》）的决定

（1990 年 9 月 7 日第七届全国人民代表大会常务委员会第十五次会议通过）（含 2 件）

1991 年（11 件）

107. 全国人民代表大会常务委员会关于加入《关于向国外送达民事或商事司法文书和司法外文书公约》的决定

（1991 年 3 月 2 日第七届全国人民代表大会常务委员会第十八次会议通过）

108. 全国人民代表大会常务委员会关于批准《中华人民共和国和古巴共和国领事条约》的决定

（1991 年 6 月 29 日第七届全国人民代表大会常务委员会第二十次会议通过）

109. 全国人民代表大会常务委员会关于批准《中华人民共和国和阿根廷共和国领事条约》的决定

(1991年6月29日第七届全国人民代表大会常务委员会第二十次会议通过)

110. 全国人民代表大会常务委员会关于批准《制止危及海上航行安全非法行为公约》及《制止危及大陆架固定平台安全非法行为议定书》的决定

(1991年6月29日第七届全国人民代表大会常务委员会第二十次会议通过)(含2件)

111. 全国人民代表大会常务委员会关于批准《中华人民共和国和罗马尼亚领事条约》的决定

(1991年9月4日第七届全国人民代表大会常务委员会第二十一次会议通过)

112. 全国人民代表大会常务委员会关于批准《控制危险废物越境转移及其处置巴塞尔公约》的决定

(1991年9月4日第七届全国人民代表大会常务委员会第二十一次会议通过)

113. 全国人民代表大会常务委员会关于批准《万国邮政联盟组织法第四附加议定书》的决定

(1991年10月30日第七届全国人民代表大会常务委员会第二十二次会议通过)

114. 全国人民代表大会常务委员会关于加入《不扩散核武器条约》的决定

(1991年12月29日第七届全国人民代表大会常务委员会第二十三次会议通过)

115. 全国人民代表大会常务委员会关于批准《儿童权利公约》的决定

(1991年12月29日第七届全国人民代表大会常务委员会第二十三次会议通过)

116. 全国人民代表大会常务委员会关于批准《中华人民共和国和老挝人民民主共和国边界条约》的决定

(1991年12月29日第七届全国人民代表大会常务委员会第二十三次会议通过)

1992年（15件）

117. 全国人民代表大会常务委员会关于批准《中华人民共和国和苏维埃社会主义共和国联盟关于中苏国界东段的协定》的决定

（1992年2月25日第七届全国人民代表大会常务委员会第二十四次会议通过）

118. 全国人民代表大会常务委员会关于批准《中华人民共和国和意大利共和国关于民事司法协助的条约》的决定

（1992年7月1日第七届全国人民代表大会常务委员会第二十六次会议通过）

119. 全国人民代表大会常务委员会关于批准《中华人民共和国和罗马尼亚关于民事和刑事司法协助的条约》的决定

（1992年7月1日第七届全国人民代表大会常务委员会第二十六次会议通过）

120. 全国人民代表大会常务委员会关于批准《中华人民共和国和印度共和国领事条约》的决定

（1992年7月1日第七届全国人民代表大会常务委员会第二十六次会议通过）

121. 全国人民代表大会常务委员会关于批准《关于解决国家和他国国民之间投资争端公约》的决定

（1992年7月1日第七届全国人民代表大会常务委员会第二十六次会议通过）

122. 全国人民代表大会常务委员会关于我国加入《伯尔尼保护文学和艺术作品公约》的决定

（1992年7月1日第七届全国人民代表大会常务委员会第二十六次会议通过）

123. 全国人民代表大会常务委员会关于我国加入《世界版权公约》的决定

（1992年7月1日第七届全国人民代表大会常务委员会第二十六次会议通过）

124. 全国人民代表大会常务委员会关于我国加入《保护录音制品制作者防止未经许可复制其录音制品公约》的决定

（1992 年 11 月 7 日第七届全国人民代表大会常务委员会第二十八次会议通过）

125. 全国人民代表大会常务委员会关于批准《中华人民共和国和阿拉伯也门共和国领事条约》的决定

（1992 年 11 月 7 日第七届全国人民代表大会常务委员会第二十八次会议通过）

126. 全国人民代表大会常务委员会关于批准《联合国气候变化框架公约》的决定

（1992 年 11 月 7 日第七届全国人民代表大会常务委员会第二十八次会议通过）

127. 全国人民代表大会常务委员会关于批准《生物多样性公约》的决定

（1992 年 11 月 7 日第七届全国人民代表大会常务委员会第二十八次会议通过）

128. 全国人民代表大会常务委员会关于我国加入《反对劫持人质国际公约》的决定

（1992 年 12 月 28 日第七届全国人民代表大会常务委员会第二十九次会议通过）

129. 全国人民代表大会常务委员会关于批准《中华人民共和国和俄罗斯联邦关于民事和刑事司法协助的条约》的决定

（1992 年 12 月 28 日第七届全国人民代表大会常务委员会第二十九次会议通过）

130. 全国人民代表大会常务委员会关于批准《中华人民共和国和突尼斯共和国领事条约》的决定

（1992 年 12 月 28 日第七届全国人民代表大会常务委员会第二十九次会议通过）

131. 全国人民代表大会常务委员会关于批准《中华人民共和国和立陶宛

共和国领事条约》的决定

（1992 年 12 月 28 日第七届全国人民代表大会常务委员会第二十九次会议通过）

第八届全国人民代表大会常务委员会批准的同外国缔结的条约、协定和我国加入的国际公约（62 件）

1993 年（13 件）

132. 全国人民代表大会常务委员会关于批准《中华人民共和国和摩尔多瓦共和国领事条约》的决定

（1993 年 7 月 2 日第八届全国人民代表大会常务委员会第二次会议通过）

133. 全国人民代表大会常务委员会关于批准《中华人民共和国和玻利维亚共和国领事条约》的决定

（1993 年 7 月 2 日第八届全国人民代表大会常务委员会第二次会议通过）

134. 全国人民代表大会常务委员会关于批准《中华人民共和国和白俄罗斯共和国关于民事和刑事司法协助的条约》的决定

（1993 年 7 月 2 日第八届全国人民代表大会常务委员会第二次会议通过）

135. 全国人民代表大会常务委员会关于批准《中华人民共和国和哈萨克斯坦共和国关于民事和刑事司法协助的条约》的决定

（1993 年 7 月 2 日第八届全国人民代表大会常务委员会第二次会议通过）

136. 全国人民代表大会常务委员会关于批准《中华人民共和国和乌克兰关于民事和刑事司法协助的条约》的决定

（1993 年 7 月 2 日第八届全国人民代表大会常务委员会第二次会议通过）

137. 全国人民代表大会常务委员会关于批准《中华人民共和国和古巴共和国关于民事和刑事司法协助的条约》的决定

（1993 年 9 月 2 日第八届全国人民代表大会常务委员会第三次会议通过）

138. 全国人民代表大会常务委员会关于批准《中华人民共和国和乌克兰领事条约》的决定

（1993 年 9 月 2 日第八届全国人民代表大会常务委员会第三次会议通过）

139. 全国人民代表大会常务委员会关于批准《中华人民共和国和西班牙王国关于民事、商事司法协助的条约》的决定

（1993 年 10 月 31 日第八届全国人民代表大会常务委员会第四次会议通过）

140. 全国人民代表大会常务委员会关于批准《中华人民共和国和哈萨克斯坦共和国领事条约》的决定

（1993 年 10 月 31 日第八届全国人民代表大会常务委员会第四次会议通过）

141. 全国人民代表大会常务委员会关于批准《中华人民共和国和巴基斯坦伊斯兰共和国领事条约》的决定

（1993 年 10 月 31 日第八届全国人民代表大会常务委员会第四次会议通过）

142. 全国人民代表大会常务委员会关于批准《中华人民共和国和白俄罗斯共和国领事条约》的决定

（1993 年 10 月 31 日第八届全国人民代表大会常务委员会第四次会议通过）

143. 全国人民代表大会常务委员会关于批准《中华人民共和国和土库曼斯坦领事条约》的决定

（1993 年 10 月 31 日第八届全国人民代表大会常务委员会第四次会议通过）

144. 全国人民代表大会常务委员会关于我国加入《1989 年国际救助公约》的决定

（1993 年 12 月 29 日第八届全国人民代表大会常务委员会第五次会议通过）

1994 年（13 件）

145. 全国人民代表大会常务委员会关于我国加入《统一船舶碰撞某些法律规定的国际公约》的决定

（1994 年 3 月 5 日第八届全国人民代表大会常务委员会第六次会议通过）

146. 全国人民代表大会常务委员会关于我国加入《1974 年海上旅客及其行李运输雅典公约》和《1974 年海上旅客及其行李运输雅典公约的议定书》的决定

（1994 年 3 月 5 日第八届全国人民代表大会常务委员会第六次会议通过）（含 2 件）

147. 全国人民代表大会常务委员会关于批准《中华人民共和国和泰王国引渡条约》的决定

（1994 年 3 月 5 日第八届全国人民代表大会常务委员会第六次会议通过）

148. 全国人民代表大会常务委员会关于批准《中华人民共和国和吉尔吉斯共和国领事条约》的决定

（1994 年 3 月 5 日第八届全国人民代表大会常务委员会第六次会议通过）

149. 全国人民代表大会常务委员会关于批准《中华人民共和国政府和老挝人民民主共和国政府边界制度条约》的决定

（1994 年 7 月 5 日第八届全国人民代表大会常务委员会第八次会议通过）

150. 全国人民代表大会常务委员会关于批准《中华人民共和国和蒙古国友好合作关系条约》的决定

（1994 年 8 月 31 日第八届全国人民代表大会常务委员会第九次会议通过）

151. 全国人民代表大会常务委员会关于批准《中华人民共和国和保加利亚共和国关于民事司法协助的协定》的决定

（1994 年 8 月 31 日第八届全国人民代表大会常务委员会第九次会议通过）

152. 全国人民代表大会常务委员会关于批准《作业场所安全使用化学品公约》的决定

（1994 年 10 月 27 日第八届全国人民代表大会常务委员会第十次会议通过）

153. 全国人民代表大会常务委员会关于批准《中华人民共和国和哈萨克斯坦共和国关于中哈国界的协定》的决定

（1994 年 12 月 29 日第八届全国人民代表大会常务委员会第十一次会议通过）

154. 全国人民代表大会常务委员会关于批准《中华人民共和国和泰王国关于民商事司法协助和仲裁合作的协定》的决定

（1994年12月29日第八届全国人民代表大会常务委员会第十一次会议通过）

155. 全国人民代表大会常务委员会关于批准《中华人民共和国和阿拉伯埃及共和国关于民事、商事和刑事司法协助的协定》的决定

（1994年12月29日第八届全国人民代表大会常务委员会第十一次会议通过）

156. 全国人民代表大会常务委员会关于批准《中华人民共和国和俄罗斯联邦关于中俄国界西段的协定》的决定

（1994年12月29日第八届全国人民代表大会常务委员会第十一次会议通过）

1995年（8件）

157. 全国人民代表大会常务委员会关于批准《中华人民共和国和加拿大关于刑事司法协助的条约》的决定

（1995年2月28日第八届全国人民代表大会常务委员会第十二次会议通过）

158. 全国人民代表大会常务委员会关于批准《中华人民共和国和秘鲁共和国领事条约》的决定

（1995年5月10日第八届全国人民代表大会常务委员会第十三次会议通过）

159. 全国人民代表大会常务委员会关于批准《中华人民共和国和阿塞拜疆共和国领事条约》的决定

（1995年5月10日第八届全国人民代表大会常务委员会第十三次会议通过）

160. 全国人民代表大会常务委员会关于批准《中华人民共和国和土耳其共和国关于民事、商事和刑事司法协助的协定》的决定

（1995年6月30日第八届全国人民代表大会常务委员会第十四次会议通过）

161. 全国人民代表大会常务委员会关于批准《中华人民共和国和希腊共和国关于民事和刑事司法协助的协定》的决定

（1995 年 8 月 29 日第八届全国人民代表大会常务委员会第十五次会议通过）

162. 全国人民代表大会常务委员会关于批准《中华人民共和国和乌兹别克斯坦共和国领事条约》的决定

（1995 年 8 月 29 日第八届全国人民代表大会常务委员会第十五次会议通过）

163. 全国人民代表大会常务委员会关于批准《中华人民共和国和塞浦路斯共和国关于民事、商事和刑事司法协助的条约》的决定

（1995 年 10 月 30 日第八届全国人民代表大会常务委员会第十六次会议通过）

164. 全国人民代表大会常务委员会关于批准《中华人民共和国和保加利亚共和国关于刑事司法协助的条约》的决定

（1995 年 10 月 30 日第八届全国人民代表大会常务委员会第十六次会议通过）

1996 年（11 件）

165. 全国人民代表大会常务委员会关于批准《中华人民共和国和俄罗斯联邦引渡条约》的决定

（1996 年 3 月 1 日第八届全国人民代表大会常务委员会第十八次会议通过）

166. 全国人民代表大会常务委员会关于批准《中华人民共和国和白俄罗斯共和国引渡条约》的决定

（1996 年 3 月 1 日第八届全国人民代表大会常务委员会第十八次会议通过）

167. 全国人民代表大会常务委员会关于批准《中华人民共和国和匈牙利共和国关于民事和商事司法协助的条约》的决定

（1996 年 3 月 1 日第八届全国人民代表大会常务委员会第十八次会议通过）

168. 全国人民代表大会常务委员会关于批准《核安全公约》的决定

（1996 年 3 月 1 日第八届全国人民代表大会常务委员会第十八次会议通过）

169. 全国人民代表大会常务委员会关于批准《联合国海洋法公约》的决定

（1996 年 5 月 15 日第八届全国人民代表大会常务委员会第十九次会议通过）

170. 全国人民代表大会常务委员会关于批准《中华人民共和国和哈萨克斯坦共和国、吉尔吉斯共和国、俄罗斯联邦、塔吉克斯坦共和国关于在边境地区加强军事领域信任的协定》的决定

（1996 年 8 月 29 日第八届全国人民代表大会常务委员会第二十一次会议通过）

171. 全国人民代表大会常务委员会关于批准《中华人民共和国和格鲁吉亚共和国领事条约》的决定

（1996 年 10 月 29 日第八届全国人民代表大会常务委员会第二十二次会议通过）

172. 全国人民代表大会常务委员会关于批准《中华人民共和国和亚美尼亚共和国领事条约》的决定

（1996 年 10 月 29 日第八届全国人民代表大会常务委员会第二十二次会议通过）

173. 全国人民代表大会常务委员会关于批准《联合国关于在发生严重干旱和/或荒漠化的国家特别是在非洲防治荒漠化的公约》的决定

（1996 年 12 月 30 日第八届全国人民代表大会常务委员会第二十三次会议通过）

174. 全国人民代表大会常务委员会关于批准《中华人民共和国和吉尔吉斯共和国关于中吉国界的协定》的决定

（1996 年 12 月 30 日第八届全国人民代表大会常务委员会第二十三次会议通过）

175. 全国人民代表大会常务委员会关于批准《关于禁止发展、生产、储

存和使用化学武器及销毁此种武器的公约》的决定

（1996年12月30日第八届全国人民代表大会常务委员会第二十三次会议通过）

1997年（16件）

176. 全国人民代表大会常务委员会关于批准《中华人民共和国和保加利亚共和国引渡条约》的决定

（1997年2月23日第八届全国人民代表大会常务委员会第二十四次会议通过）

177. 全国人民代表大会常务委员会关于批准《中华人民共和国和哈萨克斯坦共和国引渡条约》的决定

（1997年2月23日第八届全国人民代表大会常务委员会第二十四次会议通过）

178. 全国人民代表大会常务委员会关于批准《中华人民共和国和罗马尼亚引渡条约》的决定

（1997年2月23日第八届全国人民代表大会常务委员会第二十四次会议通过）

179. 全国人民代表大会常务委员会关于批准《中华人民共和国和摩洛哥王国关于民事和商事司法协助的协定》的决定

（1997年2月23日第八届全国人民代表大会常务委员会第二十四次会议通过）

180. 全国人民代表大会常务委员会关于批准《中华人民共和国和吉尔吉斯共和国关于民事和刑事司法协助的条约》的决定

（1997年2月23日第八届全国人民代表大会常务委员会第二十四次会议通过）

181. 全国人民代表大会常务委员会关于批准《就业政策公约》的决定

（1997年5月9日第八届全国人民代表大会常务委员会第二十五次会议通过）

182. 全国人民代表大会常务委员会关于批准《国际电信联盟组织法》和

《国际电信联盟公约》的决定

（1997 年 5 月 9 日第八届全国人民代表大会常务委员会第二十五次会议通过）（含 2 件）

183. 全国人民代表大会常务委员会关于批准《万国邮政联盟组织法第五附加议定书》的决定

（1997 年 5 月 9 日第八届全国人民代表大会常务委员会第二十五次会议通过）

184. 全国人民代表大会常务委员会关于我国加入《维也纳条约法公约》的决定

（1997 年 5 月 9 日第八届全国人民代表大会常务委员会第二十五次会议通过）

185. 全国人民代表大会常务委员会关于批准《中华人民共和国和克罗地亚共和国领事条约》的决定

（1997 年 5 月 9 日第八届全国人民代表大会常务委员会第二十五次会议通过）

186. 全国人民代表大会常务委员会关于批准《中华人民共和国政府和印度共和国政府关于在中印边境实际控制线地区军事领域建立信任措施的协定》的决定

（1997 年 5 月 9 日第八届全国人民代表大会常务委员会第二十五次会议通过）

187. 全国人民代表大会常务委员会关于我国加入《关于从国外调取民事或商事证据的公约》的决定

（1997 年 7 月 3 日第八届全国人民代表大会常务委员会第二十六次会议通过）

188. 全国人民代表大会常务委员会关于批准《非洲无核武器区条约》第一号议定书、第二号议定书的决定

（1997 年 7 月 3 日第八届全国人民代表大会常务委员会第二十六次会议通过）

189. 全国人民代表大会常务委员会关于批准《中华人民共和国和哈萨克

斯坦共和国、吉尔吉斯共和国、俄罗斯联邦、塔吉克斯坦共和国关于在边境地区相互裁减军事力量的协定》的决定

（1997 年 8 月 29 日第八届全国人民代表大会常务委员会第二十七次会议通过）

190. 全国人民代表大会常务委员会关于批准《中华人民共和国和塔吉克斯坦共和国关于民事和刑事司法协助的条约》的决定

（1997 年 8 月 29 日第八届全国人民代表大会常务委员会第二十七次会议通过）

1998 年（1 件）

191. 全国人民代表大会常务委员会关于批准《中华人民共和国和哈萨克斯坦共和国关于中哈国界的补充协定》的决定

（1998 年 2 月 28 日第八届全国人民代表大会常务委员会第三十次会议通过）

第九届全国人民代表大会常务委员会批准的同外国缔结的条约、协定和我国加入的国际公约（60 件）

1998 年（10 件）

192. 全国人民代表大会常务委员会关于批准《中华人民共和国和乌兹别克斯坦共和国关于民事和刑事司法协助的条约》的决定

（1998 年 4 月 29 日第九届全国人民代表大会常务委员会第二次会议通过）

193. 全国人民代表大会常务委员会关于批准《中华人民共和国和蒙古国引渡条约》的决定

（1998 年 6 月 26 日第九届全国人民代表大会常务委员会第三次会议通过）

194. 全国人民代表大会常务委员会关于加入《国际植物新品种保护公约（1978 年文本）》的决定

（1998 年 8 月 29 日第九届全国人民代表大会常务委员会第四次会议通过）

195. 全国人民代表大会常务委员会关于批准《〈禁止或限制使用某些可被认为具有过分伤害力或滥杀滥伤作用的常规武器公约〉所附的〈禁止或限制使用地雷、诱杀装置和其他装置的修正议定书〉》和《〈禁止或限制使用某些可被认为具有过分伤害力或滥杀滥伤作用的常规武器公约〉附加议定书》的决定

（1998年8月29日第九届全国人民代表大会常务委员会第四次会议通过）（含2件）

196. 全国人民代表大会常务委员会关于批准《中华人民共和国和吉尔吉斯共和国引渡条约》的决定

（1998年11月4日第九届全国人民代表大会常务委员会第五次会议通过）

197. 全国人民代表大会常务委员会关于批准1998年《中华人民共和国和哈萨克斯坦共和国关于中哈国界的补充协定》的决定

（1998年11月4日第九届全国人民代表大会常务委员会第五次会议通过）

198. 全国人民代表大会常务委员会关于批准《制止在用于国际民用航空的机场发生的非法暴力行为以补充1971年9月23日订于蒙特利尔的制止危害民用航空安全的非法行为的公约的议定书》的决定

（1998年11月4日第九届全国人民代表大会常务委员会第五次会议通过）

199. 全国人民代表大会常务委员会关于批准《中华人民共和国政府和加拿大政府领事协定》的决定

（1998年12月29日第九届全国人民代表大会常务委员会第六次会议通过）

200. 全国人民代表大会常务委员会关于批准《准予就业最低年龄公约》的决定

（1998年12月29日第九届全国人民代表大会常务委员会第六次会议通过）

1999 年（9 件）

201. 全国人民代表大会常务委员会关于批准《中华人民共和国政府、朝鲜民主主义人民共和国政府和俄罗斯联邦政府关于确定图们江三国国界水域分界线的协定》的决定

（1999 年 4 月 29 日第九届全国人民代表大会常务委员会第九次会议通过）

202. 全国人民代表大会常务委员会关于批准《中华人民共和国和新加坡共和国关于民事和商事司法协助的条约》的决定

（1999 年 4 月 29 日第九届全国人民代表大会常务委员会第九次会议通过）

203. 全国人民代表大会常务委员会关于批准《中华人民共和国和越南社会主义共和国关于民事和刑事司法协助的条约》的决定

（1999 年 6 月 28 日第九届全国人民代表大会常务委员会第十次会议通过）

204. 全国人民代表大会常务委员会关于批准《中华人民共和国和大韩民国关于刑事司法协助的条约》的决定

（1999 年 6 月 28 日第九届全国人民代表大会常务委员会第十次会议通过）

205. 全国人民代表大会常务委员会关于批准《中华人民共和国和乌克兰引渡条约》的决定

（1999 年 6 月 28 日第九届全国人民代表大会常务委员会第十次会议通过）

206. 全国人民代表大会常务委员会关于批准《〈巴塞尔公约〉缔约方会议第三次会议通过的决定第Ⅲ/1 号决定对〈巴塞尔公约〉的修正》的决定

（1999 年 10 月 31 日第九届全国人民代表大会常务委员会第十二次会议通过）

207. 全国人民代表大会常务委员会关于加入《国际承认航空器权利公约》的决定

（1999年10月31日第九届全国人民代表大会常务委员会第十二次会议通过）

208. 全国人民代表大会常务委员会关于加入《关于发生武装冲突时保护文化财产的公约》和《议定书》的决定

（1999年10月31日第九届全国人民代表大会常务委员会第十二次会议通过）

209. 全国人民代表大会常务委员会关于批准《中华人民共和国、俄罗斯联邦和哈萨克斯坦共和国关于确定三国国界交界点的协定》的决定

（1999年12月25日第九届全国人民代表大会常务委员会第十三次会议通过）

2000年（13件）

210. 全国人民代表大会常务委员会关于批准《中华人民共和国和柬埔寨王国引渡条约》的决定

（2000年3月1日第九届全国人民代表大会常务委员会第十四次会议通过）

211. 全国人民代表大会常务委员会关于批准《中华人民共和国和突尼斯共和国关于民事和商事司法协助的条约》的决定

（2000年3月1日第九届全国人民代表大会常务委员会第十四次会议通过）

212. 全国人民代表大会常务委员会关于批准《中华人民共和国和塔吉克斯坦共和国关于中塔国界的协定》的决定

（2000年3月1日第九届全国人民代表大会常务委员会第十四次会议通过）

213. 全国人民代表大会常务委员会关于批准《中华人民共和国和越南社会主义共和国陆地边界条约》的决定

（2000年4月29日第九届全国人民代表大会常务委员会第十五次会议通过）

214. 全国人民代表大会常务委员会关于批准《中华人民共和国和越南社

会主义共和国领事条约》的决定

（2000 年 4 月 29 日第九届全国人民代表大会常务委员会第十五次会议通过）

215. 全国人民代表大会常务委员会关于批准《中华人民共和国、吉尔吉斯共和国和哈萨克斯坦共和国关于三国国界交界点的协定》的决定

（2000 年 4 月 29 日第九届全国人民代表大会常务委员会第十五次会议通过）

216. 全国人民代表大会常务委员会关于批准《中华人民共和国和吉尔吉斯共和国关于中吉国界的补充协定》的决定

（2000 年 4 月 29 日第九届全国人民代表大会常务委员会第十五次会议通过）

217. 全国人民代表大会常务委员会关于批准《中华人民共和国和乌兹别克斯坦共和国引渡条约》的决定

（2000 年 7 月 8 日第九届全国人民代表大会常务委员会第十六次会议通过）

218. 全国人民代表大会常务委员会关于批准《中华人民共和国和哥伦比亚共和国关于刑事司法协助的条约》的决定

（2000 年 7 月 8 日第九届全国人民代表大会常务委员会第十六次会议通过）

219. 全国人民代表大会常务委员会关于批准《中华人民共和国和突尼斯共和国关于刑事司法协助的条约》的决定

（2000 年 7 月 8 日第九届全国人民代表大会常务委员会第十六次会议通过）

220. 全国人民代表大会常务委员会关于批准《中华人民共和国和澳大利亚领事协定》的决定

（2000 年 7 月 8 日第九届全国人民代表大会常务委员会第十六次会议通过）

221. 全国人民代表大会常务委员会关于批准《中华人民共和国和立陶宛共和国关于民事和刑事司法协助的条约》的决定

（2000 年 8 月 25 日第九届全国人民代表大会常务委员会第十七次会议通过）

222. 全国人民代表大会常务委员会关于批准《中华人民共和国政府和美利坚合众国政府关于刑事司法协助的协定》的决定

（2000 年 12 月 28 日第九届全国人民代表大会常务委员会第十九次会议通过）

2001 年（13 件）

223. 全国人民代表大会常务委员会关于批准《经济、社会及文化权利国际公约》的决定

（2001 年 2 月 28 日第九届全国人民代表大会常务委员会第二十次会议通过）

224. 全国人民代表大会常务委员会关于批准《中华人民共和国和印度尼西亚共和国关于刑事司法协助的条约》的决定

（2001 年 2 月 28 日第九届全国人民代表大会常务委员会第二十次会议通过）

225. 全国人民代表大会常务委员会关于批准《中华人民共和国和老挝人民民主共和国关于民事和刑事司法协助的条约》的决定

（2001 年 4 月 28 日第九届全国人民代表大会常务委员会第二十一次会议通过）

226. 全国人民代表大会常务委员会关于批准《中华人民共和国和菲律宾共和国关于刑事司法协助的条约》的决定

（2001 年 4 月 28 日第九届全国人民代表大会常务委员会第二十一次会议通过）

227. 全国人民代表大会常务委员会关于批准《中华人民共和国、塔吉克斯坦共和国和吉尔吉斯共和国关于三国国界交界点的协定》的决定

（2001 年 4 月 28 日第九届全国人民代表大会常务委员会第二十一次会议通过）

228. 全国人民代表大会常务委员会关于批准《中华人民共和国和俄罗斯联邦睦邻友好合作条约》的决定

（2001 年 10 月 27 日第九届全国人民代表大会常务委员会第二十四次会

议通过）

229. 全国人民代表大会常务委员会关于加入《制止恐怖主义爆炸的国际公约》的决定

（2001 年 10 月 27 日第九届全国人民代表大会常务委员会第二十四次会议通过）

230. 全国人民代表大会常务委员会关于批准《打击恐怖主义、分裂主义和极端主义上海公约》的决定

（2001 年 10 月 27 日第九届全国人民代表大会常务委员会第二十四次会议通过）

231. 全国人民代表大会常务委员会关于批准《劳动行政管理公约》的决定

（2001 年 10 月 27 日第九届全国人民代表大会常务委员会第二十四次会议通过）

232. 全国人民代表大会常务委员会关于批准《建筑业安全卫生公约》的决定

（2001 年 10 月 27 日第九届全国人民代表大会常务委员会第二十四次会议通过）

233. 全国人民代表大会常务委员会批准《中华人民共和国加入世界贸易组织议定书》

（2000 年 8 月 25 日第九届全国人民代表大会常务委员会第十七次会议通过《关于我国加入世界贸易组织的决定》，2001 年 11 月 9 日公布）

234. 全国人民代表大会常务委员会关于批准《中华人民共和国和阿根廷共和国关于民事和商事司法协助的条约》的决定

（2001 年 12 月 29 日第九届全国人民代表大会常务委员会第二十五次会议通过）

235. 全国人民代表大会常务委员会关于批准《中华人民共和国和大韩民国引渡条约》的决定

（2001 年 12 月 29 日第九届全国人民代表大会常务委员会第二十五次会议通过）

2002年（13件）

236. 全国人民代表大会常务委员会关于批准《中华人民共和国和乌克兰关于移管被判刑人的条约》的决定

（2002年4月28日第九届全国人民代表大会常务委员会第二十七次会议通过）

237. 全国人民代表大会常务委员会关于批准《禁止和立即行动消除最恶劣形式的童工劳动公约》的决定

（2002年6月29日第九届全国人民代表大会常务委员会第二十八次会议通过）

238. 全国人民代表大会常务委员会关于批准《〈儿童权利公约〉关于买卖儿童、儿童卖淫和儿童色情制品问题的任择议定书》的决定

（2002年8月29日第九届全国人民代表大会常务委员会第二十九次会议通过）

239. 全国人民代表大会常务委员会关于批准《中华人民共和国和老挝人民民主共和国引渡条约》的决定

（2002年8月29日第九届全国人民代表大会常务委员会第二十九次会议通过）

240. 全国人民代表大会常务委员会关于批准《上海合作组织宪章》的决定

（2002年8月29日第九届全国人民代表大会常务委员会第二十九次会议通过）

241. 全国人民代表大会常务委员会关于批准《中华人民共和国和突尼斯共和国引渡条约》决定

（2002年10月28日第九届全国人民代表大会常务委员会第三十次会议通过）

242. 全国人民代表大会常务委员会关于批准《中华人民共和国和秘鲁共和国引渡条约》的决定

（2002年10月28日第九届全国人民代表大会常务委员会第三十次会议通过）

243. 全国人民代表大会常务委员会关于批准《中华人民共和国和南非共和国引渡条约》的决定

（2002 年 12 月 28 日第九届全国人民代表大会常务委员会第三十一次会议通过）

244. 全国人民代表大会常务委员会关于批准《中华人民共和国和立陶宛共和国引渡条约》的决定

（2002 年 12 月 28 日第九届全国人民代表大会常务委员会第三十一次会议通过）

245. 全国人民代表大会常务委员会关于批准《中华人民共和国和爱沙尼亚共和国关于刑事司法协助的条约》的决定

（2002 年 12 月 28 日第九届全国人民代表大会常务委员会第三十一次会议通过）

246. 全国人民代表大会常务委员会关于批准《中华人民共和国和阿拉伯联合酋长国引渡条约》的决定

（2002 年 12 月 28 日第九届全国人民代表大会常务委员会第三十一次会议通过）

247. 全国人民代表大会常务委员会关于批准《中华人民共和国和塔吉克斯坦共和国关于中塔国界的补充协定》的决定

（2002 年 12 月 28 日第九届全国人民代表大会常务委员会第三十一次会议通过）

248. 全国人民代表大会常务委员会关于批准《上海合作组织成员国关于地区反恐怖机构的协定》的决定

（2002 年 12 月 28 日第九届全国人民代表大会常务委员会第三十一次会议通过）

2003 年（2 件）

249. 全国人民代表大会常务委员会关于批准《中华人民共和国政府和尼日利亚联邦共和国政府领事协定》的决定

（2003 年 2 月 28 日第九届全国人民代表大会常务委员会第三十二次会议

批准）

250. 全国人民代表大会常务委员会关于批准《中华人民共和国和俄罗斯联邦领事条约》的决定

（2003 年 2 月 28 日第九届全国人民代表大会常务委员会第三十二次会议批准）

第十届全国人民代表大会常务委员会批准的同外国缔结的条约、协定和我国加入的国际公约（74 件）

2003 年（11 件）

251. 全国人民代表大会常务委员会关于批准《中华人民共和国和吉尔吉斯共和国睦邻友好合作条约》的决定

（2003 年 4 月 26 日第十届全国人民代表大会常务委员会第二次会议通过）

252. 全国人民代表大会常务委员会关于批准《中华人民共和国和哈萨克斯坦共和国睦邻友好合作条约》的决定

（2003 年 4 月 26 日第十届全国人民代表大会常务委员会第二次会议通过）

253. 全国人民代表大会常务委员会关于批准《中华人民共和国和哈萨克斯坦共和国关于打击恐怖主义、分裂主义和极端主义的合作协定》的决定

（2003 年 4 月 26 日第十届全国人民代表大会常务委员会第二次会议通过）

254. 全国人民代表大会常务委员会关于批准《〈禁止或限制使用某些可被认为具有过分伤害力或滥杀滥伤作用的常规武器公约〉第一条修正案》的决定

（2003 年 6 月 28 日第十届全国人民代表大会常务委员会第三次会议通过）

255. 全国人民代表大会常务委员会关于批准《万国邮政联盟组织法第六附加议定书》的决定

（2003 年 6 月 28 日第十届全国人民代表大会常务委员会第三次会议通过）

256. 全国人民代表大会常务委员会关于加入《东南亚友好合作条约》及其两个修改议定书的决定

（2003 年 6 月 28 日第十届全国人民代表大会常务委员会第三次会议通过）

257. 全国人民代表大会常务委员会关于批准《中华人民共和国和南非共和国关于刑事司法协助的条约》的决定

（2003 年 8 月 27 日第十届全国人民代表大会常务委员会第四次会议通过）

258. 全国人民代表大会常务委员会关于批准《中华人民共和国和吉尔吉斯共和国关于打击恐怖主义、分裂主义和极端主义的合作协定》的决定

（2003 年 8 月 27 日第十届全国人民代表大会常务委员会第四次会议通过）

259. 全国人民代表大会常务委员会关于加入《联合国打击跨国有组织犯罪公约》的决定

（2003 年 8 月 27 日第十届全国人民代表大会常务委员会第四次会议通过）

260. 全国人民代表大会常务委员会关于批准《中华人民共和国和俄罗斯联邦关于移管被判刑人的条约》的决定

（2003 年 12 月 27 日第十届全国人民代表大会常务委员会第六次会议通过）

261. 全国人民代表大会常务委员会关于批准《中华人民共和国和泰王国关于刑事司法协助的条约》的决定

（2003 年 12 月 27 日第十届全国人民代表大会常务委员会第六次会议通过）

2004 年（15 件）

262. 全国人民代表大会常务委员会关于批准《中华人民共和国和大韩民国关于民事和商事司法协助的条约》的决定

（2004 年 2 月 29 日第十届全国人民代表大会常务委员会第七次会议通过）

263. 全国人民代表大会常务委员会关于批准《中华人民共和国和新西兰领事协定》的决定

（2004 年 6 月 25 日第十届全国人民代表大会常务委员会第十次会议批准）

264. 全国人民代表大会常务委员会关于批准《关于修改二〇〇一年六月十五日在上海（中华人民共和国）签署的〈打击恐怖主义、分裂主义和极端主义上海公约〉的议定书》、《关于修改二〇〇二年六月七日在圣彼得堡（俄罗斯联邦）签署的〈上海合作组织宪章〉的议定书》和《关于修改二〇〇二年六月七日在圣彼得堡（俄罗斯联邦）签署的〈上海合作组织成员国关于地区反恐怖机构的协定〉的议定书》的决定

（2004 年 6 月 25 日第十届全国人民代表大会常务委员会第十次会议批准）（含 3 件）

265. 全国人民代表大会常务委员会关于批准《关于持久性有机污染物的斯德哥尔摩公约》的决定

（2004 年 6 月 25 日第十届全国人民代表大会常务委员会第十次会议批准）

266. 全国人民代表大会常务委员会关于批准《中华人民共和国和越南社会主义共和国关于两国在北部湾领海、专属经济区和大陆架的划界协定》的决定

（2004 年 6 月 25 日第十届全国人民代表大会常务委员会第十次会议通过）

267. 全国人民代表大会常务委员会关于加入《联合国人员和有关人员安全公约》的决定

（2004 年 8 月 28 日第十届全国人民代表大会常务委员会第十一次会议通过）

268. 全国人民代表大会常务委员会关于批准《中华人民共和国和乌兹别克斯坦共和国关于打击恐怖主义、分裂主义和极端主义的合作协定》的决定

（2004 年 8 月 28 日第十届全国人民代表大会常务委员会第十一次会议通过）

269. 全国人民代表大会常务委员会关于批准《保护非物质文化遗产公约》的决定

（2004 年 8 月 28 日第十届全国人民代表大会常务委员会第十一次会议通过）

270. 全国人民代表大会常务委员会关于批准《中华人民共和国和塔吉克斯坦共和国关于打击恐怖主义、分裂主义和极端主义的合作协定》的决定

（2004 年 10 月 27 日第十届全国人民代表大会常务委员会第十二次会议通过）

271. 全国人民代表大会常务委员会关于批准《中华人民共和国和莱索托王国引渡条约》的决定

（2004 年 10 月 27 日第十届全国人民代表大会常务委员会第十二次会议通过）

272. 全国人民代表大会常务委员会关于批准《关于在国际贸易中对某些危险化学品和农药采用事先知情同意程序的鹿特丹公约》的决定

（2004 年 12 月 29 日第十届全国人民代表大会常务委员会第十三次会议通过）

273. 全国人民代表大会常务委员会关于批准《上海合作组织成员国关于合作打击非法贩运麻醉药品、精神药物及其前体的协议》的决定

（2004 年 12 月 29 日第十届全国人民代表大会常务委员会第十三次会议通过）

274. 全国人民代表大会常务委员会关于批准《中华人民共和国和阿拉伯联合酋长国关于民事和商事司法协助的协定》的决定

（2004 年 12 月 29 日第十届全国人民代表大会常务委员会第十三次会议通过）

2005 年（16 件）

275. 全国人民代表大会常务委员会关于批准《统一国际航空运输某些规则的公约》的决定（1999 年蒙特利尔公约）

（2005 年 2 月 28 日第十届全国人民代表大会常务委员会第十四次会议通过）

276. 全国人民代表大会常务委员会关于批准《上海合作组织特权与豁免公约》的决定

（2005年2月28日第十届全国人民代表大会常务委员会第十四次会议通过）

277. 全国人民代表大会常务委员会关于加入《禁止为军事或任何其他敌对目的使用改变环境的技术的公约》的决定

（2005年4月27日第十届全国人民代表大会常务委员会第十五次会议批准通过）

278. 全国人民代表大会常务委员会关于批准《跨国收养方面保护儿童及合作公约》的决定

（2005年4月27日第十届全国人民代表大会常务委员会第十五次会议通过）

279. 全国人民代表大会常务委员会关于批准《中华人民共和国和俄罗斯联邦关于中俄国界东段的补充协定》的决定

（2005年4月27日第十届全国人民代表大会常务委员会第十五次会议通过）

280. 全国人民代表大会常务委员会关于批准《中华人民共和国和巴西联邦共和国关于刑事司法协助的条约》的决定

（2005年7月1日第十届全国人民代表大会常务委员会第十六次会议通过）

281. 全国人民代表大会常务委员会关于批准《中华人民共和国和拉脱维亚共和国关于刑事司法协助的条约》的决定

（2005年7月1日第十届全国人民代表大会常务委员会第十六次会议通过）

282. 全国人民代表大会常务委员会关于批准《中华人民共和国和菲律宾共和国引渡条约》的决定

（2005年7月1日第十届全国人民代表大会常务委员会第十六次会议通过）

283. 全国人民代表大会常务委员会关于批准世界卫生组织《烟草控制框架公约》的决定

（2005年8月28日第十届全国人民代表大会常务委员会第十七次会议通过）

284. 全国人民代表大会常务委员会关于批准《1958 年消除就业和职业歧视公约》的决定

（2005 年 8 月 28 日第十届全国人民代表大会常务委员会第十七次会议通过）

285. 全国人民代表大会常务委员会关于批准《中华人民共和国和巴基斯坦伊斯兰共和国睦邻友好合作条约》的决定

（2005 年 8 月 28 日第十届全国人民代表大会常务委员会第十七次会议通过）

286. 全国人民代表大会常务委员会关于批准《中华人民共和国和朝鲜民主主义人民共和国关于民事和刑事司法协助的条约》的决定

（2005 年 8 月 28 日第十届全国人民代表大会常务委员会第十七次会议通过）

287. 全国人民代表大会常务委员会关于批准《联合国反腐败公约》的决定

（2005 年 10 月 27 日第十届全国人民代表大会常务委员会第十八次会议通过）

288. 全国人民代表大会常务委员会关于批准《中华人民共和国和巴基斯坦伊斯兰共和国引渡条约》的决定

（2005 年 10 月 27 日第十届全国人民代表大会常务委员会第十八次会议通过）

289. 全国人民代表大会常务委员会关于批准《中华人民共和国和秘鲁共和国关于刑事司法协助的条约》的决定

（2005 年 12 月 29 日第十届全国人民代表大会常务委员会第十九次会议通过）

290. 全国人民代表大会常务委员会关于批准《中华人民共和国和乌兹别克斯坦共和国友好合作伙伴关系条约》的决定

（2005 年 12 月 29 日第十届全国人民代表大会常务委员会第十九次会议通过）

2006年（21件）

291. 全国人民代表大会常务委员会关于批准《制止向恐怖主义提供资助的国际公约》的决定

（2006年2月28日第十届全国人民代表大会常务委员会第二十次会议通过）

292. 全国人民代表大会常务委员会关于加入《乏燃料管理安全和放射性废物管理安全联合公约》的决定

（2006年4月29日第十届全国人民代表大会常务委员会第二十一次会议通过）

293. 全国人民代表大会常务委员会关于批准《中华人民共和国和巴西联邦共和国引渡条约》的决定

（2006年4月29日第十届全国人民代表大会常务委员会第二十一次会议通过）

294. 全国人民代表大会常务委员会关于批准《中华人民共和国和西班牙王国关于刑事司法协助的条约》的决定

（2006年4月29日第十届全国人民代表大会常务委员会第二十一次会议通过）

295. 全国人民代表大会常务委员会关于批准《中华人民共和国和西班牙王国引渡条约》的决定

（2006年4月29日第十届全国人民代表大会常务委员会第二十一次会议通过）

296. 全国人民代表大会常务委员会关于批准《中华人民共和国政府和法兰西共和国政府关于刑事司法协助的协定》的决定

（2006年4月29日第十届全国人民代表大会常务委员会第二十一次会议通过）

297. 全国人民代表大会常务委员会关于批准《亚太空间合作组织公约》的决定

（2006年6月29日第十届全国人民代表大会常务委员会第二十二次会议通过）

298. 全国人民代表大会常务委员会关于批准《〈防止倾倒废物及其他物质污染海洋的公约〉1996 年议定书》的决定

（2006 年 6 月 29 日第十届全国人民代表大会常务委员会第二十二次会议通过）

299. 全国人民代表大会常务委员会关于批准《中华人民共和国和西班牙王国关于移管被判刑人的条约》的决定

（2006 年 6 月 29 日第十届全国人民代表大会常务委员会第二十二次会议通过）

300. 全国人民代表大会常务委员会关于批准《中华人民共和国和墨西哥合众国关于刑事司法协助的条约》的决定

（2006 年 6 月 29 日第十届全国人民代表大会常务委员会第二十二次会议通过）

301. 全国人民代表大会常务委员会关于批准《中华人民共和国政府和巴基斯坦伊斯兰共和国政府关于打击恐怖主义、分裂主义和极端主义的合作协定》的决定

（2006 年 8 月 27 日第十届全国人民代表大会常务委员会第二十三次会议通过）

302. 全国人民代表大会常务委员会关于批准 1981 年《职业安全和卫生及工作环境公约》的决定

（2006 年 10 月 31 日第十届全国人民代表大会常务委员会第二十四次会议通过）

303. 全国人民代表大会常务委员会关于批准《中华人民共和国和土库曼斯坦关于打击恐怖主义、分裂主义和极端主义的合作协定》的决定

（2006 年 10 月 31 日第十届全国人民代表大会常务委员会第二十四次会议通过）

304. 全国人民代表大会常务委员会关于批准《中华人民共和国和澳大利亚关于刑事司法协助的条约》的决定

（2006 年 10 月 31 日第十届全国人民代表大会常务委员会第二十四次会议通过）

305. 全国人民代表大会常务委员会关于批准《中华人民共和国和阿富汗伊斯兰共和国睦邻友好合作条约》的决定

（2006 年 10 月 31 日第十届全国人民代表大会常务委员会第二十四次会议通过）

306. 全国人民代表大会常务委员会关于批准《中华人民共和国和阿塞拜疆共和国引渡条约》的决定

（2006 年 10 月 31 日第十届全国人民代表大会常务委员会第二十四次会议通过）

307. 全国人民代表大会常务委员会关于批准《保护和促进文化表现形式多样性公约》的决定

（2006 年 12 月 29 日第十届全国人民代表大会常务委员会第二十五次会议通过）

308. 全国人民代表大会常务委员会关于加入《世界知识产权组织版权条约》的决定

（2006 年 12 月 29 日第十届全国人民代表大会常务委员会第二十五次会议通过）

309. 全国人民代表大会常务委员会关于加入《世界知识产权组织表演和录音制品条约》的决定

（2006 年 12 月 29 日第十届全国人民代表大会常务委员会第二十五次会议通过）

310. 全国人民代表大会常务委员会关于批准《关于修改 2002 年 6 月 7 日在圣彼得堡（俄罗斯联邦）签署的〈上海合作组织宪章〉的议定书》的决定

（2006 年 12 月 29 日第十届全国人民代表大会常务委员会第二十五次会议通过）

311. 全国人民代表大会常务委员会关于批准《中华人民共和国和葡萄牙共和国关于刑事司法协助的协定》的决定

（2006 年 12 月 29 日第十届全国人民代表大会常务委员会第二十五次会议通过）

2007年（11件）

312. 全国人民代表大会常务委员会关于批准《中华人民共和国、越南社会主义共和国和老挝人民民主共和国关于确定三国国界交界点的条约》的决定

（2007年2月28日第十届全国人民代表大会常务委员会第二十六次会议通过）

313. 全国人民代表大会常务委员会关于批准《中华人民共和国和纳米比亚共和国引渡条约》的决定

（2007年4月27日第十届全国人民代表大会常务委员会第二十七次会议通过）

314. 全国人民代表大会常务委员会关于批准《中华人民共和国和安哥拉共和国引渡条约》的决定

（2007年4月27日第十届全国人民代表大会常务委员会第二十七次会议通过）

315. 全国人民代表大会常务委员会关于批准《中华人民共和国和新西兰关于刑事司法协助的条约》的决定

（2007年6月29日第十届全国人民代表大会常务委员会第二十八次会议通过）

316. 全国人民代表大会常务委员会关于批准《中华人民共和国和塔吉克斯坦共和国睦邻友好合作条约》的决定

（2007年6月29日第十届全国人民代表大会常务委员会第二十八次会议通过）

317. 全国人民代表大会常务委员会关于批准《中华人民共和国和俄罗斯联邦关于举行联合军事演习期间其部队临时处于对方领土的地位的协定》的决定

（2007年6月29日第十届全国人民代表大会常务委员会第二十八次会议通过）

318. 全国人民代表大会常务委员会关于批准《联合实施国际热核聚变实

验堆计划建立国际聚变能组织的协定》、《联合实施国际热核聚变实验堆计划国际聚变能组织特权和豁免协定》的决定

（2007 年 8 月 30 日第十届全国人民代表大会常务委员会第二十九次会议通过）（含 2 件）

319. 全国人民代表大会常务委员会关于批准 2005 年 12 月 6 日由世界贸易组织总理事会通过的《修改〈与贸易有关的知识产权协定〉议定书》的决定

（2007 年 10 月 28 日第十届全国人民代表大会常务委员会第三十次会议通过）

320. 全国人民代表大会常务委员会关于批准《儿童权利公约关于儿童卷入武装冲突问题的任择议定书》的决定

（2007 年 12 月 29 日第十届全国人民代表大会常务委员会第三十一次会议通过）

321. 全国人民代表大会常务委员会关于批准《中华人民共和国和葡萄牙共和国关于移管被判刑人的条约》的决定

（2007 年 12 月 29 日第十届全国人民代表大会常务委员会第三十一次会议通过）

第十一届全国人民代表大会常务委员会批准的同外国缔结的条约、协定和我国加入的国际公约（39 件）

2008 年（17 件）

322. 全国人民代表大会常务委员会关于批准《中华人民共和国和澳大利亚引渡条约》的决定

（2008 年 4 月 24 日第十一届全国人民代表大会常务委员会第二次会议通过）

323. 全国人民代表大会常务委员会关于批准《中华人民共和国和法兰西共和国引渡条约》的决定

（2008 年 4 月 24 日第十一届全国人民代表大会常务委员会第二次会议通过）

324. 全国人民代表大会常务委员会关于批准《中华人民共和国和科威特国关于民事和商事司法协助的协定》的决定

（2008 年 4 月 24 日第十一届全国人民代表大会常务委员会第二次会议通过）

325. 全国人民代表大会常务委员会关于批准《残疾人权利公约》的决定

（2008 年 6 月 26 日第十一届全国人民代表大会常务委员会第三次会议通过）

326. 全国人民代表大会常务委员会关于批准《上海合作组织成员国长期睦邻友好合作条约》的决定

（2008 年 6 月 26 日第十一届全国人民代表大会常务委员会第三次会议通过）

327. 全国人民代表大会常务委员会关于批准《中华人民共和国和阿尔及利亚民主人民共和国关于刑事司法协助的条约》的决定

（2008 年 6 月 26 日第十一届全国人民代表大会常务委员会第三次会议通过）

328. 全国人民代表大会常务委员会关于批准《中华人民共和国和阿尔及利亚民主人民共和国引渡条约》的决定

（2008 年 6 月 26 日第十一届全国人民代表大会常务委员会第三次会议通过）

329. 全国人民代表大会常务委员会关于批准《万国邮政联盟组织法第七附加议定书》的决定

（2008 年 8 月 29 日第十一届全国人民代表大会常务委员会第四次会议通过）

330. 全国人民代表大会常务委员会关于批准《中华人民共和国和纳米比亚共和国关于刑事司法协助的条约》的决定

（2008 年 8 月 29 日第十一届全国人民代表大会常务委员会第四次会议通过）

331. 全国人民代表大会常务委员会关于批准《中华人民共和国政府和巴基斯坦伊斯兰共和国政府关于刑事司法协助的协定》的决定

（2008 年 8 月 29 日第十一届全国人民代表大会常务委员会第四次会议通过）

332. 全国人民代表大会常务委员会关于批准《中华人民共和国和日本国关于刑事司法协助的条约》的决定

（2008年8月29日第十一届全国人民代表大会常务委员会第四次会议通过）

333. 全国人民代表大会常务委员会关于批准《核材料实物保护公约》修订案的决定

（2008年10月28日第十一届全国人民代表大会常务委员会第五次会议通过）

334. 全国人民代表大会常务委员会关于批准《移动设备国际利益公约》和《移动设备国际利益公约关于航空器设备特定问题的议定书》的决定

（2008年10月28日第十一届全国人民代表大会常务委员会第五次会议通过）（含2件）

335. 全国人民代表大会常务委员会关于批准《中华人民共和国和葡萄牙共和国引渡条约》的决定

（2008年10月28日第十一届全国人民代表大会常务委员会第五次会议通过）

336. 全国人民代表大会常务委员会关于批准《上海合作组织成员国关于举行联合军事演习的协定》的决定

（2008年12月27日第十一届全国人民代表大会常务委员会第六次会议通过）

337. 全国人民代表大会常务委员会关于批准《中华人民共和国和阿拉伯联合酋长国关于刑事司法协助的条约》的决定

（2008年12月27日第十一届全国人民代表大会常务委员会第六次会议通过）

2009年（9件）

338. 全国人民代表大会常务委员会关于批准《中华人民共和国和秘鲁共和国关于民事和商事司法协助的条约》的决定

（2009年2月28日第十一届全国人民代表大会常务委员会第七次会议通过）

339. 全国人民代表大会常务委员会关于批准《中华人民共和国和墨西哥合众国引渡条约》的决定

（2009 年 2 月 28 日第十一届全国人民代表大会常务委员会第七次会议通过）

340. 全国人民代表大会常务委员会关于批准《中华人民共和国和日本国领事协定》的决定

（2009 年 2 月 28 日第十一届全国人民代表大会常务委员会第七次会议通过）

341. 全国人民代表大会常务委员会关于批准《中华人民共和国和大韩民国关于移管被判刑人的条约》的决定

（2009 年 4 月 24 日第十一届全国人民代表大会常务委员会第八次会议通过）

342. 全国人民代表大会常务委员会关于批准《中华人民共和国和澳大利亚关于移管被判刑人的条约》的决定

（2009 年 4 月 24 日第十一届全国人民代表大会常务委员会第八次会议通过）

343. 全国人民代表大会常务委员会关于批准《中华人民共和国和委内瑞拉玻利瓦尔共和国关于刑事司法协助的条约》的决定

（2009 年 4 月 24 日第十一届全国人民代表大会常务委员会第八次会议通过）

344. 全国人民代表大会常务委员会关于批准《中华人民共和国和巴西联邦共和国关于民事和商事司法协助的条约》的决定

（2009 年 10 月 31 日第十一届全国人民代表大会常务委员会第十一次会议通过）

345. 全国人民代表大会常务委员会关于加入《联合国打击跨国有组织犯罪公约关于预防、禁止和惩治贩运人口特别是妇女和儿童行为的补充议定书》的决定

（2009 年 12 月 26 日第十一届全国人民代表大会常务委员会第十二次会议通过）

346. 全国人民代表大会常务委员会关于批准《中华人民共和国和马耳他关于刑事司法协助的条约》的决定

（2009 年 12 月 26 日第十一届全国人民代表大会常务委员会第十二次会议通过）

2010 年（5 件）

347. 全国人民代表大会常务委员会关于批准《中华人民共和国和菲律宾共和国领事协定》的决定

（2010 年 2 月 26 日第十一届全国人民代表大会常务委员会第十三次会议通过）

348. 全国人民代表大会常务委员会关于批准《战争遗留爆炸物议定书》的决定

（2010 年 4 月 29 日第十一届全国人民代表大会常务委员会第十四次会议通过）

349. 全国人民代表大会常务委员会关于批准《中华人民共和国和印度尼西亚共和国引渡条约》的决定

（2010 年 4 月 29 日第十一届全国人民代表大会常务委员会第十四次会议通过）

350. 全国人民代表大会常务委员会关于批准《中华人民共和国和柬埔寨王国领事条约》的决定

（2010 年 6 月 25 日第十一届全国人民代表大会常务委员会第十五次会议通过）

351. 全国人民代表大会常务委员会关于批准《制止核恐怖主义行为国际公约》的决定

（2010 年 8 月 28 日第十一届全国人民代表大会常务委员会第十六次会议通过）

2011 年（5 件）

352. 全国人民代表大会常务委员会关于批准《中华人民共和国和阿尔及利亚民主人民共和国关于民事和商事司法协助的条约》的决定

（2011 年 6 月 30 日第十一届全国人民代表大会常务委员会第二十一次会议通过）

353. 全国人民代表大会常务委员会关于批准《东南亚友好合作条约第三修改议定书》的决定

（2011 年 8 月 26 日第十一届全国人民代表大会常务委员会第二十二次会议通过）

354. 全国人民代表大会常务委员会关于批准《中华人民共和国和俄罗斯联邦关于打击恐怖主义、分裂主义和极端主义的合作协定》的决定

（2011 年 12 月 31 日第十一届全国人民代表大会常务委员会第二十四次会议通过）

355. 全国人民代表大会常务委员会关于批准《中华人民共和国和意大利共和国引渡条约》的决定

（2011 年 12 月 31 日第十一届全国人民代表大会常务委员会第二十四次会议批准）

356. 中华人民共和国政府和意大利共和国政府关于刑事司法协助的条约

（2011 年 12 月 31 日第十一届全国人民代表大会常务委员会第二十四次会议通过）

2012 年（3 件）

357. 全国人民代表大会常务委员会关于批准《万国邮政联盟组织法第八附加议定书》的决定

（2012 年 4 月 27 日第十一届全国人民代表大会常务委员会第二十六次会议通过）

358. 中华人民共和国、塔吉克斯坦共和国和阿富汗伊斯兰共和国关于确定三国国界交界点的协定

（2012 年 10 月 26 日第十一届全国人民代表大会常务委员会第二十九次会议批准）

359. 中华人民共和国和泰王国关于移管被判刑人的条约

（2012 年 10 月 26 日第十一届全国人民代表大会常务委员会第二十九次会议批准）

第十二届全国人民代表大会常务委员会批准的同外国缔结的条约、协定和我国加入的国际公约（43件）

2013年（5件）

360. 全国人民代表大会常务委员会关于批准《上海合作组织成员国组织和举行联合反恐演习的程序协定》的决定

（2013年6月29日第十二届全国人民代表大会常务委员会第三次会议通过）

361. 全国人民代表大会常务委员会关于批准《关于在上海合作组织成员国境内组织和举行联合反恐行动的程序协定》的决定

（2013年6月29日第十二届全国人民代表大会常务委员会第三次会议通过）

362. 全国人民代表大会常务委员会关于批准《〈关于持久性有机污染物的斯德哥尔摩公约〉新增列九种持久性有机污染物修正案》和《〈关于持久性有机污染物的斯德哥尔摩公约〉新增列硫丹修正案》的决定

（2013年8月30日第十二届全国人民代表大会常务委员会第四次会议通过）（含2件）

363. 全国人民代表大会常务委员会关于批准《中华人民共和国和吉尔吉斯共和国关于移管被判刑人的条约》的决定

（2013年12月28日第十二届全国人民代表大会常务委员会第六次会议通过）

2014年（10件）

364. 全国人民代表大会常务委员会关于批准《视听表演北京条约》的决定

（2014年4月24日第十二届全国人民代表大会常务委员会第八次会议通过）

365. 全国人民代表大会常务委员会关于批准《中华人民共和国和阿根廷共和国关于刑事司法协助的条约》的决定

（2014年4月24日第十二届全国人民代表大会常务委员会第八次会议通过）

366. 全国人民代表大会常务委员会关于批准《中华人民共和国和波斯尼亚和黑塞哥维那关于刑事司法协助的条约》的决定

（2014 年 6 月 27 日第十二届全国人民代表大会常务委员会第九次会议通过）

367. 全国人民代表大会常务委员会关于批准《中华人民共和国和波斯尼亚和黑塞哥维那关于民事和商事司法协助的条约》的决定

（2014 年 6 月 27 日第十二届全国人民代表大会常务委员会第九次会议通过）

368. 全国人民代表大会常务委员会关于批准《中华人民共和国和波斯尼亚和黑塞哥维那引渡条约》的决定

（2014 年 6 月 27 日第十二届全国人民代表大会常务委员会第九次会议通过）

369. 全国人民代表大会常务委员会关于批准《中华人民共和国和蒙古国关于移管被判刑人的条约》的决定

（2014 年 6 月 27 日第十二届全国人民代表大会常务委员会第九次会议通过）

370. 全国人民代表大会常务委员会关于批准《中华人民共和国和乌兹别克斯坦共和国友好合作条约》的决定

（2014 年 6 月 27 日第十二届全国人民代表大会常务委员会第九次会议通过）

371. 全国人民代表大会常务委员会关于批准《上海合作组织反恐怖主义公约》的决定

（2014 年 12 月 28 日第十二届全国人民代表大会常务委员会第十二次会议通过）

372. 全国人民代表大会常务委员会关于批准《中华人民共和国和阿富汗伊斯兰共和国引渡条约》的决定

（2014 年 12 月 28 日第十二届全国人民代表大会常务委员会第十二次会议通过）

373. 全国人民代表大会常务委员会关于批准《中华人民共和国和伊朗伊

斯兰共和国引渡条约》的决定

（2014年12月28日第十二届全国人民代表大会常务委员会第十二次会议通过）

2015年（14件）

374. 全国人民代表大会常务委员会关于批准《中华人民共和国和乌克兰友好合作条约》的决定

（2015年2月27日第十二届全国人民代表大会常务委员会第十三次会议通过）

375. 全国人民代表大会常务委员会关于批准《中华人民共和国和土库曼斯坦友好合作条约》的决定

（2015年2月27日第十二届全国人民代表大会常务委员会第十三次会议通过）

376. 全国人民代表大会常务委员会关于批准《中华人民共和国和大韩民国领事协定》的决定

（2015年2月27日第十二届全国人民代表大会常务委员会第十三次会议通过）

377. 全国人民代表大会常务委员会关于批准《〈中亚无核武器区条约〉议定书》的决定

（2015年4月24日第十二届全国人民代表大会常务委员会第十四次会议通过）

378. 全国人民代表大会常务委员会关于批准《成立新开发银行的协议》的决定

（2015年7月1日第十二届全国人民代表大会常务委员会第十五次会议通过）

379. 全国人民代表大会常务委员会关于批准《中华人民共和国和哈萨克斯坦共和国关于移管被判刑人的条约》的决定

（2015年7月1日第十二届全国人民代表大会常务委员会第十五次会议通过）

380. 全国人民代表大会常务委员会关于批准《多边税收征管互助公约》

的决定

（2015 年 7 月 1 日第十二届全国人民代表大会常务委员会第十五次会议通过）

381. 全国人民代表大会常务委员会关于批准《2006 年海事劳工公约》的决定

（2015 年 8 月 29 日第十二届全国人民代表大会常务委员会第十六次会议通过）

382. 全国人民代表大会常务委员会关于批准《中华人民共和国和大不列颠及北爱尔兰联合王国关于刑事司法协助的条约》的决定

（2015 年 8 月 29 日第十二届全国人民代表大会常务委员会第十六次会议通过）

383. 全国人民代表大会常务委员会关于批准《中华人民共和国和比利时王国关于刑事司法协助的条约》的决定

（2015 年 8 月 29 日第十二届全国人民代表大会常务委员会第十六次会议通过）

384. 全国人民代表大会常务委员会关于批准《设立东盟与中日韩宏观经济研究办公室协议》的决定

（2015 年 8 月 29 日第十二届全国人民代表大会常务委员会第十六次会议通过）

385. 全国人民代表大会常务委员会关于批准《亚洲基础设施投资银行协定》的决定

（2015 年 11 月 4 日第十二届全国人民代表大会常务委员会第十七次会议通过）

386. 全国人民代表大会常务委员会关于批准《中华人民共和国和伊朗伊斯兰共和国关于移管被判刑人的条约》的决定

（2015 年 12 月 27 日第十二届全国人民代表大会常务委员会第十八次会议通过）

387. 全国人民代表大会常务委员会关于批准《中华人民共和国和白俄罗斯共和国友好合作条约》的决定

（2015 年 12 月 27 日第十二届全国人民代表大会常务委员会第十八次会议通过）

2016年（7件）

388. 全国人民代表大会常务委员会关于批准《关于汞的水俣公约》的决定

（2016年4月28日第十二届全国人民代表大会常务委员会第二十次会议通过）

389. 全国人民代表大会常务委员会关于批准《〈关于持久性有机污染物的斯德哥尔摩公约〉新增列六溴环十二烷》的决定

（2016年7月2日第十二届全国人民代表大会常务委员会第二十一次会议通过）

390. 全国人民代表大会常务委员会关于批准《巴黎协定》的决定

（2016年9月3日第十二届全国人民代表大会常务委员会第二十二次会议通过）

391. 全国人民代表大会常务委员会关于批准《中华人民共和国加入世界贸易组织关税减让表修正案》的决定

（2016年9月3日第十二届全国人民代表大会常务委员会第二十二次会议通过）

392. 全国人民代表大会常务委员会关于批准《中华人民共和国和塔吉克斯坦共和国引渡条约》的决定

（2016年11月7日第十二届全国人民代表大会常务委员会第二十四次会议通过）

393. 全国人民代表大会常务委员会关于批准《中华人民共和国和斯里兰卡民主社会主义共和国关于刑事司法协助的条约》的决定

（2016年11月7日第十二届全国人民代表大会常务委员会第二十四次会议通过）

394. 全国人民代表大会常务委员会关于批准《中华人民共和国政府和马来西亚政府关于刑事司法协助的条约》的决定

（2016年12月25日第十二届全国人民代表大会常务委员会第二十五次会议通过）

2017 年（7 件）

395. 全国人民代表大会常务委员会关于批准《上海合作组织成员国边防合作协定》的决定

（2017 年 4 月 27 日第十二届全国人民代表大会常务委员会第二十七次会议通过）

396. 全国人民代表大会常务委员会关于批准《中华人民共和国和塔吉克斯坦共和国关于移管被判刑人的条约》的决定

（2017 年 4 月 27 日第十二届全国人民代表大会常务委员会第二十七次会议通过）

397. 全国人民代表大会常务委员会关于批准《关于成立中亚区域经济合作学院的协定》的决定

（2017 年 6 月 27 日第十二届全国人民代表大会常务委员会第二十八次会议通过）

398. 全国人民代表大会常务委员会关于批准《中华人民共和国和阿根廷共和国引渡条约》的决定

（2017 年 6 月 27 日第十二届全国人民代表大会常务委员会第二十八次会议通过）

399. 全国人民代表大会常务委员会关于批准《中华人民共和国和埃塞俄比亚联邦民主共和国引渡条约》的决定

（2017 年 6 月 27 日第十二届全国人民代表大会常务委员会第二十八次会议通过）

400. 全国人民代表大会常务委员会关于批准《中华人民共和国和亚美尼亚共和国关于刑事司法协助的条约》的决定

（2017 年 11 月 4 日第十二届全国人民代表大会常务委员会第三十次会议通过）

401. 全国人民代表大会常务委员会关于批准《中华人民共和国和埃塞俄比亚联邦民主共和国关于民事和商事司法协助的条约》的决定

（2017 年 11 月 4 日第十二届全国人民代表大会常务委员会第三十次会议通过）

第三章　立法统计表

一、1979 年以来全国人民代表大会及其常务委员会立法统计

（一）历年统计

年份	法律	法律问题的决定	解释	总数	备注
1979 年	12	2	0	14	含修正 78 年宪法的决议 1 件
1980 年	9	4	0	13	含修改 78 年宪法的决议 1 件
1981 年	5	8	0	13	
1982 年	11	10	0	21	含宪法 1 件
1983 年	6	10	0	16	
1984 年	8	3	0	11	
1985 年	8	4	0	12	
1986 年	13	2	0	15	
1987 年	7	6	0	13	
1988 年	11	12	0	23	含宪法修正案 1 件
1989 年	8	3	0	11	
1990 年	10	10	0	20	
1991 年	9	7	0	16	
1992 年	10	7	0	17	
1993 年	18	16	0	34	含宪法修正案 1 件
1994 年	14	6	0	20	

续表

年份	法律	法律问题的决定	解释	总数	备注
1995 年	19	5	0	24	
1996 年	19	2	1	22	
1997 年	12	11	0	23	
1998 年	11	8	1	20	
1999 年	16	7	1	24	含宪法修正案 1 件
2000 年	13	2	1	16	
2001 年	19	5	1	25	
2002 年	16	8	4	28	
2003 年	10	5	0	15	
2004 年	18	3	2	23	含宪法修正案 1 件
2005 年	12	5	3	20	
2006 年	13	2	0	15	
2007 年	20	7	0	27	
2008 年	7	3	0	10	
2009 年	14	1	0	15	
2010 年	14	2	0	16	
2011 年	11	2	2	15	
2012 年	20	11	0	31	
2013 年	6	6	0	12	
2014 年	8	8	8	24	
2015 年	22	9	0	31	
2016 年	16	7	1	24	
2017 年	20	14	0	34	
2018 年	0	2	0	2	十二届
总数	495	245	25	765	

（截至 2018 年 2 月 24 日）

（二）历届统计

届别		宪法	宪法修正案	法律	法律解释	法律问题的决定	合计
五届	大会	1	0	19	0	6	26
	常务委员会	0	0	18	0	22	40
六届	大会	0	0	6	0	6	12
	常务委员会	0	0	36	0	17	53
七届	大会	0	1	11	0	15	27
	常务委员会	0	0	38	0	23	61
八届	大会	0	1	8	0	17	26
	常务委员会	0	0	70	1	22	93
九届	大会	0	1	3	0	9	13
	常务委员会	0	0	72	8	21	101
十届	大会	0	1	3	0	8	12
	常务委员会	0	0	69	5	14	88
十一届	大会	0	0	2	0	6	8
	常务委员会	0	0	63	2	13	78
十二届	大会	0	0	3	0	6	9
	常务委员会	0	0	69	9	40	115
总计		1	4	490	25	245	765
①(截至2018年2月24日)							

① 不包含五届之前（1978年年底之前）制定的现行有效的3件法律。

二、1979 年以来全国人民代表大会及其常务委员会批准的国际条约统计

<table>
<tr><th>届别</th><th>年份</th><th>条约公约</th><th>每届合计</th><th>备注</th></tr>
<tr><td rowspan="5">五届</td><td>1979 年</td><td>0</td><td rowspan="5">10</td><td rowspan="5">1978 年批准 2 件
1982 年通过 3 个决定批准 4 件条约公约</td></tr>
<tr><td>1980 年</td><td>1</td></tr>
<tr><td>1981 年</td><td>2</td></tr>
<tr><td>1982 年</td><td>4</td></tr>
<tr><td>1983 年</td><td>3</td></tr>
<tr><td rowspan="6">六届</td><td>1983 年</td><td>3</td><td rowspan="6">27</td><td rowspan="6">1983 年六届人大常委会通过 2 个决定批准 3 件公约
1985 年通过 5 个决定批准 6 件条约公约</td></tr>
<tr><td>1984 年</td><td>3</td></tr>
<tr><td>1985 年</td><td>6</td></tr>
<tr><td>1986 年</td><td>7</td></tr>
<tr><td>1987 年</td><td>8</td></tr>
<tr><td>1988 年</td><td>0</td></tr>
<tr><td rowspan="6">七届</td><td>1988 年</td><td>7</td><td rowspan="6">41</td><td rowspan="6">1990 年通过 4 个决定批准 5 件条约公约
1991 年通过 10 个决定批准 11 件条约公约</td></tr>
<tr><td>1989 年</td><td>3</td></tr>
<tr><td>1990 年</td><td>5</td></tr>
<tr><td>1991 年</td><td>11</td></tr>
<tr><td>1992 年</td><td>15</td></tr>
<tr><td>1993 年</td><td>0</td></tr>
<tr><td rowspan="6">八届</td><td>1993 年</td><td>13</td><td rowspan="6">62</td><td rowspan="6">1994 年通过 12 个决定批准 13 件条约公约
1997 通过 15 个决定批准 16 件条约公约</td></tr>
<tr><td>1994 年</td><td>13</td></tr>
<tr><td>1995 年</td><td>8</td></tr>
<tr><td>1996 年</td><td>11</td></tr>
<tr><td>1997 年</td><td>16</td></tr>
<tr><td>1998 年</td><td>1</td></tr>
</table>

续表

<table>
<tr><th>届别</th><th>年份</th><th>条约公约</th><th>每届合计</th><th>备注</th></tr>
<tr><td rowspan="6">九届</td><td>1998 年</td><td>10</td><td rowspan="6">60</td><td rowspan="6">1998 年通过 9 个决定批准 10 件条约公约</td></tr>
<tr><td>1999 年</td><td>9</td></tr>
<tr><td>2000 年</td><td>13</td></tr>
<tr><td>2001 年</td><td>13</td></tr>
<tr><td>2002 年</td><td>13</td></tr>
<tr><td>2003 年</td><td>2</td></tr>
<tr><td rowspan="6">十届</td><td>2003 年</td><td>11</td><td rowspan="6">74</td><td rowspan="6">2004 年通过 13 个决定批准 15 件条约公约
2007 年通过 10 个决定批准 11 件条约公约</td></tr>
<tr><td>2004 年</td><td>15</td></tr>
<tr><td>2005 年</td><td>16</td></tr>
<tr><td>2006 年</td><td>21</td></tr>
<tr><td>2007 年</td><td>11</td></tr>
<tr><td>2008 年</td><td>0</td></tr>
<tr><td rowspan="5">十一届</td><td>2008 年</td><td>17</td><td rowspan="5">39</td><td rowspan="5"></td></tr>
<tr><td>2009 年</td><td>9</td></tr>
<tr><td>2010 年</td><td>5</td></tr>
<tr><td>2011 年</td><td>5</td></tr>
<tr><td>2012 年</td><td>3</td></tr>
<tr><td rowspan="5">十二届</td><td>2013 年</td><td>5</td><td rowspan="5">43</td><td rowspan="5">2013 年通过 4 个决定批准 5 件条约</td></tr>
<tr><td>2014 年</td><td>10</td></tr>
<tr><td>2015 年</td><td>14</td></tr>
<tr><td>2016 年</td><td>7</td></tr>
<tr><td>2017 年</td><td>7</td></tr>
<tr><td colspan="2">总计</td><td colspan="2">356</td><td></td></tr>
</table>

（截至 2018 年 2 月 24 日）

三、历届全国人民代表大会历次会议立法简况

表 1

会议	开始时间	结束时间	天数	法律（决定）名称	数量
一届一次	1954－9－15	1954－9－28	14	1. 宪法 2. 全国人民代表大会组织法 3. 国务院组织法 4. 人民法院组织法 5. 人民检察院组织法 6. 地方各级人民代表大会和地方各级人民委员会组织法 7. 关于中华人民共和国现行法律、法令继续有效的决议	7
一届二次	1955－7－5	1955－7－30	26	1. 兵役法 2. 关于撤销热河省、西康省并修改中华人民共和国地方各级人民代表大会和地方各级人民委员会组织法第二十五条第二款第一项规定的决议 3. 关于撤销燃料工业部设立煤炭工业部、电力工业部、石油工业部、农产品采购部并修改中华人民共和国国务院组织法第二条第一款条文的决议 4. 第一届全国人民代表大会第二次会议关于授权常务委员会制定单行法规的决议	4
一届三次	1956－6－15	1956－6－30	16	1. 关于修改中华人民共和国地方各级人民代表大会和地方各级人民委员会组织法第二十五条第二款第四项第五项规定的决议 2. 高级农业生产合作社示范章程	2

续表

会议	开始时间	结束时间	天数	法律（决定）名称	数量
一届四次	1957－6－26	1957－7－15	20	1. 关于死刑案件由最高人民法院判决或者核准的决议 2. 关于第二届全国人民代表大会代表选举问题的决议	2
一届五次	1958－2－1	1958－2－11	11		
二届一次	1959－4－18	1959－4－28	11	关于撤销司法部、监察部的决议	1
二届二次	1960－3－30	1960－4－10	12	一九五六年到一九六七年全国农业发展纲要	1
二届三次	1962－3－27	1962－4－16	21		
二届四次	1963－11－17	1963－12－3	17	关于第三届全国人民代表大会代表名额和选举问题的决议	1
三届一次	1964－12－21	1965－1－4	15		
四届一次	1975－1－13	1975－1－17	5	宪法	1
五届一次	1978－2－26	1978－3－5	8	1. 宪法 2. 关于中华人民共和国国歌的决定	2
五届二次	1979－6－18	1979－7－1	14	1. 关于修正宪法若干规定的决议 2. 刑法 3. 刑事诉讼法 4. 地方各级人民代表大会和地方各级人民政府组织法 5. 全国人民代表大会和地方各级人民代表大会选举法 6. 人民法院组织法 7. 人民检察院组织法 8. 中外合资经营企业法	8

续表

会议	开始时间	结束时间	天数	法律（决定）名称	数量
五届三次	1980－8－30	1980－9－10	12	1. 关于修改《中华人民共和国宪法》第四十五条的决议 2. 国籍法 3. 婚姻法 4. 中外合资经营企业所得税法 5. 个人所得税法 6. 关于修改宪法和成立宪法修改委员会的决议	6
五届四次	1981－11－30	1981－12－13	14	1. 经济合同法 2. 外国企业所得税法 3. 关于开展全民义务植树运动的决议 4. 关于推迟审议宪法修改草案的决议 * 会议原则批准了《中华人民共和国民事诉讼法（草案）》，授权全国人民代表大会常务委员会修改后公布试行	4
五届五次	1982－11－26	1982－12－10	15	1. 宪法 2. 全国人民代表大会组织法 3. 国务院组织法 4. 关于修改《地方各级人民代表大会和地方各级人民政府组织法》的若干规定的决议 5. 关于修改《全国人民代表大会和地方各级人民代表大会选举法》的若干规定的决议 6. 关于本届全国人民代表大会常务委员会职权的决议 7. 关于中华人民共和国国歌的决议 8. 关于第六届全国人民代表大会代表名额和选举问题的决议	8

续表

会议	开始时间	结束时间	天数	法律（决定）名称	数量
六届一次	1983－6－6	1983－6－21	16	第六届全国人民代表大会第一次会议选举、表决和通过议案办法	1
六届二次	1984－5－15	1984－5－31	17	1. 民族区域自治法 2. 兵役法 3. 关于海南行政区建置的决定	3
六届三次	1985－3－27	1985－4－10	15	1. 继承法 2. 关于成立中华人民共和国香港特别行政区基本法起草委员会的决定 3. 关于授权国务院在经济体制改革和对外开放方面可以制定暂行的规定或者条例的决定	3
六届四次	1986－3－25	1986－4－12	19	1. 民法通则 2. 义务教育法 3. 外资企业法	3
六届五次	1987－3－25	1987－4－11	18	1. 关于《中华人民共和国村民委员会组织法（草案）》的决定 2. 关于第七届全国人民代表大会代表名额和选举问题的决定	2
七届一次	1988－3－25	1988－4－13	20	1. 宪法修正案 2. 全民所有制工业企业法 3. 中外合作经营企业法 4. 关于国务院机构改革方案的决定 5. 关于成立中华人民共和国澳门特别行政区基本法起草委员会的决定 6. 关于设立海南省的决定 7. 关于建立海南经济特区的决议	9

续表

会议	开始时间	结束时间	天数	法律（决定）名称	数量
七届一次	1988－3－25	1988－4－13	20	8. 第七届全国人民代表大会第一次会议通过议案和第七届全国人民代表大会各专门委员会组成人员人选办法 9. 第七届全国人民代表大会第一次会议选举办法	
七届二次	1989－3－20	1989－4－4	16	1. 行政诉讼法 2. 全国人民代表大会议事规则 3. 关于国务院提请审议授权深圳市制定经济特区法规和规章的议案的决定	3
七届三次	1990－3－20	1990－4－5	16	1. 香港特别行政区基本法 2. 关于修改《中华人民共和国中外合资经营企业法》的决定 3. 第七届全国人民代表大会第三次会议选举和决定任免办法 4. 第七届全国人民代表大会第三次会议关于《中华人民共和国香港特别行政区基本法（草案）》的审议程序和表决办法 5. 关于香港特别行政区第一届政府和立法会产生办法的决定 6. 关于《中华人民共和国香港特别行政区基本法》的决定 7. 关于设立香港特别行政区的决定 8. 关于批准香港特别行政区基本法起草委员会关于设立全国人民代表大会常务委员会香港特别行政区基本法委员会的建议的决定	8
七届四次	1991－3－25	1991－4－9	16	1. 民事诉讼法 2. 外商投资企业和外国企业所得税法 3. 第七届全国人民代表大会第四次会议选举和决定任命办法	3

续表

会议	开始时间	结束时间	天数	法律（决定）名称	数量
七届五次	1992-3-20	1992-4-3	15	1. 全国人民代表大会和地方各级人民代表大会代表法 2. 工会法 3. 妇女权益保障法 4. 关于第八届全国人民代表大会代表名额和选举问题的决定	4
八届一次	1993-3-15	1993-3-31	17	1. 宪法修正案 2. 澳门特别行政区基本法 3. 第八届全国人民代表大会第一次会议通过第八届全国人民代表大会各专门委员会组成人员人选办法 4. 第八届全国人民代表大会第一次会议选举和决定任命办法 5. 关于国务院机构改革方案的决定 6. 关于《中华人民共和国澳门特别行政区基本法（草案）》的审议程序和表决办法 7. 关于《中华人民共和国澳门特别行政区基本法》的决定 8. 关于设立澳门特别行政区的决定 9. 关于澳门特别行政区第一届政府、立法会和司法机关产生办法的决定 10. 关于批准澳门特别行政区基本法起草委员会关于设立全国人民代表大会常务委员会澳门特别行政区基本法委员会的建议的决定 11. 关于授权全国人民代表大会常务委员会设立香港特别行政区筹备委员会的准备工作机构的决定	11

续表

会议	开始时间	结束时间	天数	法律（决定）名称	数量
八届二次	1994－3－10	1994－3－22	13	1. 预算法 2. 第八届全国人民代表大会第二次会议选举办法 3. 关于将全国人民代表大会环境保护委员会改为全国人民代表大会环境与资源保护委员会的决定 4. 关于授权厦门市人民代表大会及其常务委员会和厦门市人民政府分别制定法规和规章在厦门经济特区实施的决定	4
八届三次	1995－3－5	1995－3－18	14	1. 教育法 2. 银行法 3. 第八届全国人民代表大会第三次会议选举和决定任命办法	3
八届四次	1996－3－5	1996－3－17	13	1. 行政处罚法 2. 全国人民代表大会关于修改《中华人民共和国刑事诉讼法》的决定 3. 全国人民代表大会关于授权汕头市和珠海市人民代表大会及其常务委员会、人民政府分别制定法规和规章在各自的经济特区实施的决定	3
八届五次	1997－3－1	1997－3－14	14	1. 刑法（修订） 2. 国防法 3. 关于批准设立重庆直辖市的决定 4. 香港特别行政区选举第九届全国人民代表大会代表的办法 5. 关于第九届全国人民代表大会代表名额和选举问题的决定	5

续表

会议	开始时间	结束时间	天数	法律（决定）名称	数量
九届一次	1998－3－5	1998－3－19	15	1. 关于国务院机构改革方案的决定 2. 关于设立第九届全国人民代表大会专门委员会的决定 3. 第九届全国人民代表大会第一次会议选举和决定任命办法 4. 第九届全国人民代表大会第一次会议通过第九届全国人民代表大会各专门委员会组成人员人选办法	4
九届二次	1999－3－5	1999－3－15	11	1. 宪法修正案 2. 合同法 3. 澳门特别行政区第九届全国人民代表大会代表的产生办法	3
九届三次	2000－3－5	2000－3－15	11	立法法	1
九届四次	2001－3－5	2001－3－15	11	1. 全国人民代表大会关于修改《中华人民共和国中外合资经营企业法》的决定 2. 第九届全国人民代表大会第四次会议选举办法	2
九届五次	2002－3－5	2002－3－15	11	1. 关于第十届全国人民代表大会代表名额和选举问题的决定 2. 香港特别行政区选举第十届全国人民代表大会代表的办法 3. 澳门特别行政区选举第十届全国人民代表大会代表的办法	3

续表

会议	开始时间	结束时间	天数	法律（决定）名称	数量
十届一次	2003－3－5	2003－3－18	14	1. 关于设立第十届全国人民代表大会各专门委员会的决定 2. 关于第十届全国人民代表大会各专门委员会组成人员人选的表决办法 3. 第十届全国人民代表大会第一次会议选举和决定任命的办法 4. 关于国务院机构改革方案的决定	4
十届二次	2004－3－5	2004－3－14	10	宪法修正案	1
十届三次	2005－3－5	2005－3－14	10	1. 反分裂国家法 2. 第十届全国人民代表大会第三次会议选举和决定任命的办法	2
十届四次	2006－3－5	2006－3－14	10		
十届五次	2007－3－5	2007－3－16	12	1. 物权法 2. 企业所得税法 3. 关于第十一届全国人民代表大会代表名额和选举问题的决定 4. 香港特别行政区选举第十一届全国人民代表大会代表的办法 5. 澳门特别行政区选举第十一届全国人民代表大会代表的办法	5
十一届一次	2008－3－5	2008－3－18	14	1. 第十一届全国人民代表大会第一次会议表决第十一届全国人民代表大会各专门委员会主任委员、副主任委员、委员人选的办法 2. 第十一届全国人民代表大会第一次会议选举和决定任命的办法 3. 第十一届全国人民代表大会第一次会议关于国务院机构改革方案的决定	3

续表

会议	开始时间	结束时间	天数	法律（决定）名称	数量
十一届二次	2009－3－5	2009－3－13	9		
十一届三次	2010－3－5	2010－3－14	10	修改《中华人民共和国全国人民代表大会和地方各级人民代表大会选举法》的决定	1
十一届四次	2011－3－5	2011－3－14	10		
十一届五次	2012－3－5	2012－3－14	10	1. 修改《中华人民共和国刑事诉讼法》的决定 2. 关于第十二届全国人民代表大会代表名额和选举问题的决定 3. 中华人民共和国香港特别行政区选举第十二届全国人民代表大会代表的办法 4. 中华人民共和国澳门特别行政区选举第十二届全国人民代表大会代表的办法	4
十二届一次	2013－3－5	2013－3－17	13	1. 第十二届全国人民代表大会第一次会议关于第十二届全国人民代表大会专门委员会的设立及其主任委员、副主任委员、委员人选的表决办法 2. 第十二届全国人民代表大会第一次会议选举和决定任命的办法 3. 第十二届全国人民代表大会第一次会议关于国务院机构改革和职能转变方案的决定	3
十二届二次	2014－3－5	2014－3－13	9		
十二届二次	2015－3－5	2015－3－15	11	全国人民代表大会关于修改《中华人民共和国立法法》的决定	1

续表

会议	开始时间	结束时间	天数	法律（决定）名称	数量
十二届四次	2016－3－5	2016－3－16	12	中华人民共和国慈善法	1
十二届五次	2017－3－5	2017－3－15	11	1. 中华人民共和国民法总则 2. 第十二届全国人民代表大会第五次会议关于第十三届全国人民代表大会代表名额和选举问题的决定 3. 中华人民共和国香港特别行政区选举第十三届全国人民代表大会代表的办法 4. 中华人民共和国澳门特别行政区选举第十三届全国人民代表大会代表的办法	4

表 2

会议	开始时间	结束时间	天数	法律	决定	总数	备注
第一届全国人民代表大会第一次会议	1954－9－15	1954－9－28	14	6	1	7	无预备会议。14 天会期中含休会 2 天
第一届全国人民代表大会第二次会议	1955－7－5	1955－7－30	26	1	1	2	无预备会议。26 天会期中含休会 3 天
第一届全国人民代表大会第三次会议	1956－6－15	1956－6－30	16	2	0	2	无预备会议。16 天会期中含休会 2 天
第一届全国人民代表大会第四次会议	1957－6－26	1957－7－15	20	0	2	2	6 月 20 日—25 日举行预备会议（6 天中含休会 1 天）。20 天会期中含休会 2 天

续表

会议	开始时间	结束时间	天数	法律	决定	总数	备注
第一届全国人民代表大会第五次会议	1958－2－1	1958－2－11	11	0	0	0	1月25日—31日举行预备会议（7天中含休会1天）。11天会期含休会2天
第二届全国人民代表大会第一次会议	1959－4－18	1959－4－28	11	0	1	1	4月17日预备会议，11天会期中含休会1天
第二届全国人民代表大会第二次会议	1960－3－30	1960－4－10	12	0	0	0	3月29日预备会议，12天会期含休会1天
第二届全国人民代表大会第三次会议	1962－3－27	1962－4－16	21	0	0	0	本次会议秘密举行。3月22日—26日举行预备会议（5天中含休会1天），21天会期中含休会3天
第二届全国人民代表大会第四次会议	1963－11－17	1963－12－3	17	0	1	1	本次会议秘密举行。11月16日举行预备会议，17天会期中含休会2天
第三届全国人民代表大会第一次会议	1964－12－21	1965－1－4	15	0	0	0	本次会议秘密举行。12月20日举行预备会议，15天会期中含休会2天
第四届全国人民代表大会第一次会议	1975－1－13	1975－1－17	5	1	0	1	本次会议秘密举行。1月5日—11日举行预备会议，预备会议分别在各省、自治区、直辖市举行

续表

会议	开始时间	结束时间	天数	法律	决定	总数	备注
第五届全国人民代表大会第一次会议	1978-2-26	1978-3-5	8	1	1	2	2 月 25 日举行预备会议
第五届全国人民代表大会第二次会议	1979-6-18	1979-7-1	14	8	0	8	6 月 17 日举行预备会议。14 天会期中含休会 1 天
第五届全国人民代表大会第三次会议	1980-8-30	1980-9-10	12	5	1	6	8 月 29 日举行预备会议
第五届全国人民代表大会第四次会议	1981-11-30	1981-12-13	14	2	2	4	11 月 29 日举行预备会议。14 天会期中含休会 1 天
第五届全国人民代表大会第五次会议	1982-11-26	1982-12-10	15	5	3	8	11 月 25 日举行预备会议。15 天会期中含休会 2 天
第六届全国人民代表大会第一次会议	1983-6-6	1983-6-21	16	0	1	1	6 月 4 日举行预备会议。16 天会期中含休会 2 天
第六届全国人民代表大会第二次会议	1984-5-15	1984-5-31	17	2	1	3	5 月 14 日举行预备会议。17 天会期中含休会 2 天
第六届全国人民代表大会第三次会议	1985-3-27	1985-4-10	15	1	2	3	3 月 26 日举行预备会议。15 天会期中含休会 2 天
第六届全国人民代表大会第四次会议	1986-3-25	1986-4-12	19	3	0	3	3 月 24 日举行预备会议。19 天会期中含休会 2 天
第六届全国人民代表大会第五次会议	1987-3-25	1987-4-11	18	0	2	2	3 月 24 日举行预备会议。18 天会期中含休会 3 天

续表

会议	开始时间	结束时间	天数	法律	决定	总数	备注
第七届全国人民代表大会第一次会议	1988－3－25	1988－4－13	20	3	6	9	3月24日举行预备会议。20天会期中含休会3天
第七届全国人民代表大会第二次会议	1989－3－20	1989－4－4	16	2	1	3	3月19日举行预备会议。16天会期中含休会2天
第七届全国人民代表大会第三次会议	1990－3－20	1990－4－5	16	2	6	8	3月19日举行预备会议。16天会期中含休会2天
第七届全国人民代表大会第四次会议	1991－3－25	1991－4－9	16	2	1	3	3月24日举行预备会议。16天会期中含休会2天
第七届全国人民代表大会第五次会议	1992－3－20	1992－4－3	15	3	1	4	3月19日举行预备会议。15天会期中含休会2天
第八届全国人民代表大会第一次会议	1993－3－15	1993－3－31	17	2	9	11	3月9日举行预备会议。17天会期中含休会1天
第八届全国人民代表大会第二次会议	1994－3－10	1994－3－22	13	1	3	4	3月9日举行预备会议。13天会期中含休会1天
第八届全国人民代表大会第三次会议	1995－3－5	1995－3－18	14	2	1	3	3月4日举行预备会议。14天会期中含休会1天
第八届全国人民代表大会第四次会议	1996－3－5	1996－3－17	13	2	1	3	3月4日举行预备会议。13天会期中含休会1天
第八届全国人民代表大会第五次会议	1997－3－1	1997－3－14	14	2	3	5	2月28日举行预备会议。14天会期中含休会1天

续表

会议	开始时间	结束时间	天数	法律	决定	总数	备注
第九届全国人民代表大会第一次会议	1998－3－5	1998－3－19	15	0	4	4	3 月 4 日举行预备会议。15 天会期中含休会 1 天
第九届全国人民代表大会第二次会议	1999－3－5	1999－3－15	11	2	1	3	3 月 4 日举行预备会议。11 天会期中含休会 1 天
第九届全国人民代表大会第三次会议	2000－3－5	2000－3－15	11	1	0	1	3 月 4 日举行预备会议。11 天会期中含休会 1 天
第九届全国人民代表大会第四次会议	2001－3－5	2001－3－15	11	1	1	2	3 月 4 日举行预备会议。11 天会期中含休会 1 天
第九届全国人民代表大会第五次会议	2002－3－5	2002－3－15	11	0	3	3	3 月 4 日举行预备会议。11 天会期中含休会 1 天
第十届全国人民代表大会第一次会议	2003－3－5	2003－3－18	14	0	4	4	3 月 4 日举行预备会议。14 天会期中含休会 1 天
第十届全国人民代表大会第二次会议	2004－3－5	2004－3－14	10	1	0	1	3 月 4 日举行预备会议。10 天会期中含休会半天
第十届全国人民代表大会第三次会议	2005－3－5	2005－3－14	10	1	1	2	3 月 4 日举行预备会议。10 天会期中含休会半天
第十届全国人民代表大会第四次会议	2006－3－5	2006－3－14	10	0	0	0	3 月 4 日举行预备会议。10 天会期中含休会半天
第十届全国人民代表大会第五次会议	2007－3－5	2007－3－16	12	2	3	5	3 月 4 日举行预备会议。12 天会期中含休会 1 天

续表

会议	开始时间	结束时间	天数	法律	决定	总数	备注
第十一届全国人民代表大会第一次会议	2008－3－5	2008－3－18	14	0	3	3	3月4日举行预备会议。14天会期中含休会1天
第十一届全国人民代表大会第二次会议	2009－3－5	2009－3－13	9	0	0	0	3月4日举行预备会议。9天会期中含休会1天
第十一届全国人民代表大会第三次会议	2010－3－5	2010－3－14	10	1	0	1	3月4日举行预备会议。10天会期中含休会半天
第十一届全国人民代表大会第四次会议	2011－3－5	2011－3－14	10	0	0	0	3月4日举行预备会议。10天会期中含休会1天
第十一届全国人民代表大会第五次会议	2012－3－5	2012－3－14	10	1	3	4	3月4日举行预备会议
第十二届全国人民代表大会第一次会议	2013－3－5	2013－3－17	13	0	3	3	3月4日举行预备会议。13天会期中含休会1天
第十二届全国人民代表大会第二次会议	2014－3－5	2014－3－13	9	0	0	0	3月4日举行预备会议。9天会期中含休会1天
第十二届全国人民代表大会第三次会议	2015－3－5	2015－3－15	11	1	0	1	3月4日举行预备会议。11天会期中含休会1天
第十二届全国人民代表大会第四次会议	2016－3－5	2016－3－16	12	1	0	1	3月4日举行预备会议。12天会期中含休会1天
第十二届全国人民代表大会第五次会议	2017－3－5	2017－3－15	11	1	3	4	3月4日举行预备会议。11天会期中含休会1天

四、五届以来全国人民代表大会常务委员会历次会议立法统计

五届全国人民代表大会常务委员会

会次	会议起止时间	会期（天）	通过数量（件）		
			法律	法律解释	有关法律问题的决定
一次	1978. 3. 7	1	1	0	0
二次	1978. 5. 23—24	2	2	0	1
三次	1978. 8. 16—18	3	1	0	0
四次	1978. 9. 13	1	0	0	0
五次	1978. 12. 26	1	0	0	0
六次	1979. 2. 17—23	7	2	0	0
七次	1979. 4. 1—3	3	0	0	0
八次	1979. 6. 7—12	6	0	0	0
九次	1979. 7. 1	1	0	0	0
十次	1979. 7. 30	1	0	0	0
十一次	1979. 9. 11—13	3	1	0	1
十二次	1979. 11. 23—29	7	1	0	1
十三次	1980. 2. 5—12	8	1	0	2
十四次	1980. 4. 8—16	9	0	0	1
十五次	1980. 8. 21—26	6	2	0	0
十六次	1980. 9. 26—29	4	1	0	0
十七次	1981. 2. 25—3. 6	10	1	0	0
十八次	1981. 5. 16	1	0	0	0
十九次	1981. 6. 5—10	6	2	0	3
二十次	1981. 9. 3—10	8	0	0	2
二十一次	1981. 11. 20—26	7	0	0	1
二十二次	1982. 2. 22—3. 8	15	1	0	3
二十三次	1982. 4. 22—5. 4	13	1	0	1

续表

会次	会议起止时间	会期（天）	通过数量（件）		
			法律	法律解释	有关法律问题的决定
二十四次	1982. 8. 19—23	5	2	0	1
二十五次	1982. 11. 12—19	8	2	0	2
二十六次	1983. 2. 28—3. 5	6	1	0	3
二十七次	1983. 5. 5—9	5	0	0	1
合计		147	22	0	23

六届全国人民代表大会常务委员会

会次	会议起止时间	会期（天）	通过数量（件）		
			法律	法律解释	有关法律问题的决定
一次	1983. 6. 23—24	2	0	0	0
二次	1983. 8. 25—9. 2	9	4	0	5
三次	1983. 11. 25—12. 8	14	1	0	0
四次	1984. 2. 29—3. 12	13	1	0	0
五次	1984. 5. 5—11	7	2	0	0
六次	1984. 7. 4—7	4	0	0	1
七次	1984. 9. 11—20	10	2	0	1
八次	1984. 11. 6—14	9	1	0	0
九次	1985. 1. 10—21	12	1	0	1
十次	1985. 3. 15—21	7	1	0	0
十一次	1985. 6. 8—18	11	1	0	0
十二次	1985. 8. 26—9. 6	12	2	0	0
十三次	1985. 11. 8—22	15	2	0	1
十四次	1986. 1. 10—20	11	1	0	1
十五次	1986. 3. 11—19	9	1	0	0
十六次	1986. 6. 16—25	10	1	0	0

续表

会次	会议起止时间	会期（天）	通过数量（件）		
			法律	法律解释	有关法律问题的决定
十七次	1986. 8. 27—9. 5	10	2	0	1
十八次	1986. 11. 15—12. 2	18	5	0	0
十九次	1987. 1. 12—22	11	1	0	1
二十次	1987. 3. 10—19	10	0	0	0
二十一次	1987. 6. 11—23	13	2	0	0
二十二次	1987. 8. 28—9. 5	9	2	0	2
二十三次	1987. 11. 12—24	13	2	0	1
二十四次	1988. 1. 11—21	11	1	0	2
二十五次	1988. 3. 5—12	8	0	0	0
合计		258	36	0	17

七届全国人民代表大会常务委员会

会次	会议起止时间	会期（天）	通过数量（件）		
			法律	法律解释	有关法律问题的决定
一次	1988. 4. 13	1	0	0	0
二次	1988. 6. 25—7. 1	7	2	0	2
三次	1988. 8. 29—9. 5	8	2	0	1
四次	1988. 10. 31—11. 8	9	1	0	1
五次	1988. 12. 23—29	7	2	0	0
六次	1989. 2. 15—21	7	2	0	1
七次	1989. 3. 9—11	3	0	0	0
八次	1989. 6. 29—7. 6	8	0	0	0
九次	1989. 8. 29—9. 4	7	0	0	1
十次	1989. 10. 25—31	7	1	0	0

续表

会次	会议起止时间	会期（天）	通过数量（件）		
			法律	法律解释	有关法律问题的决定
十一次	1989. 12. 20—26	7	3	0	0
十二次	1990. 2. 19—23	5	1	0	0
十三次	1990. 3. 12—15	4	0	0	0
十四次	1990. 6. 20—28	9	1	0	2
十五次	1990. 8. 28—9. 7	11	3	0	0
十六次	1990. 10. 25—30	6	1	0	0
十七次	1990. 12. 20—28	9	2	0	2
十八次	1991. 2. 25—3. 2	6	1	0	2
十九次	1991. 3. 19—20	2	0	0	0
二十次	1991. 6. 21—29	9	3	0	1
二十一次	1991. 8. 27—9. 4	9	1	0	2
二十二次	1991. 10. 25—30	6	1	0	1
二十三次	1991. 12. 23—29	7	1	0	0
二十四次	1992. 2. 20—25	6	1	0	0
二十五次	1992. 3. 14—16	3	0	0	0
二十六次	1992. 6. 23—7. 1	8	1	0	2
二十七次	1992. 8. 28—9. 4	8	2	0	3
二十八次	1992. 10. 30—11. 7	9	2	0	0
二十九次	1992. 12. 22—28	7	1	0	1
三十次	1993. 2. 15—22	8	3	0	1
三十一次	1993. 3. 9—10	2	0	0	0
合计		205	38	0	23

八届全国人民代表大会常务委员会

会次	会议起止时间	会期（天）	通过数量（件）		
			法律	法律解释	有关法律问题的决定
一次	1993. 4. 1	1	0	0	0
二次	1993. 6. 22—7. 2	11	3	0	4
三次	1993. 8. 25—9. 2	9	2	0	1
四次	1993. 10. 22—31	10	5	0	0
五次	1993. 12. 20—29	10	3	0	1
六次	1994. 3. 2—5	4	1	0	1
七次	1994. 5. 5—12	8	5	0	0
八次	1994. 6. 28—7. 5	8	2	0	1
九次	1994. 8. 24—9. 1	9	2	0	1
十次	1994. 10. 21—27	7	2	0	0
十一次	1994. 12. 21—29	9	1	0	0
十二次	1995. 2. 22—28	7	6	0	1
十三次	1995. 5. 5—10	6	3	0	0
十四次	1995. 6. 28—30	3	2	0	2
十五次	1995. 8. 23—29	7	2	0	0
十六次	1995. 10. 23—30	8	3	0	1
十七次	1995. 12. 20—28	9	1	0	0
十八次	1996. 2. 28—3. 1	3	1	0	0
十九次	1996. 5. 7—15	9	5	1	1
二十次	1996. 6. 28—7. 5	8	3	0	0
二十一次	1996. 8. 23—29	7	3	0	0
二十二次	1996. 10. 23—29	7	4	0	0

续表

会次	会议起止时间	会期（天）	通过数量（件）		
			法律	法律解释	有关法律问题的决定
二十三次	1996. 12. 24—30	7	1	0	0
二十四次	1997. 2. 19—25	7	1	0	1
二十五次	1997. 5. 6—10	5	1	0	4
二十六次	1997. 6. 27—7. 3	7	2	0	3
二十七次	1997. 8. 25—29	5	1	0	0
二十八次	1997. 10. 27—11. 1	6	2	0	0
二十九次	1997. 12. 24—29	6	3	0	0
三十次	1998. 2. 27—28	2	0	0	0
合计		205	70	1	22

九届全国人民代表大会常务委员会

会次	会议起止时间	会期（天）	通过数量（件）		
			法律	法律解释	有关法律问题的决定
一次	1998. 3. 21	1	0	0	0
二次	1998. 4. 26—29	4	2	0	0
三次	1998. 6. 22—26	5	2	0	0
四次	1998. 8. 24—29	6	2	0	0
五次	1998. 10. 27—11. 4	9	2	0	2
六次	1998. 12. 23—29	7	3	1	2
七次	1999. 1. 29—30	2	0	0	1
八次	1999. 2. 27—28	2	0	0	0
九次	1999. 4. 26　29	4	1	0	0
十次	1999. 6. 22—28	7	3	1	0

续表

会次	会议起止时间	会期（天）	通过数量（件）		
			法律	法律解释	有关法律问题的决定
十一次	1999. 8. 24—30	7	3	0	0
十二次	1999. 10. 25—31	7	3	0	2
十三次	1999. 12. 17—25	9	4	0	3
十四次	2000. 2. 28—3. 1	3	0	0	1
十五次	2000. 4. 25—29	5	1	1	0
十六次	2000. 7. 3—8	6	3	0	0
十七次	2000. 8. 21—25	5	1	0	1
十八次	2000. 10. 23—31	9	5	0	0
十九次	2000. 12. 22—28	7	2	0	1
二十次	2001. 2. 26—28	3	2	0	0
二十一次	2001. 4. 24—28	5	4	0	1
二十二次	2001. 6. 26—30	5	2	0	0
二十三次	2001. 8. 27—31	5	2	1	1
二十四次	2001. 10. 22—27	6	5	0	1
二十五次	2001. 12. 24—29	6	3	0	0
二十六次	2002. 2. 27—28	2	0	0	0
二十七次	2002. 4. 24—28	5	1	2	2
二十八次	2002. 6. 24—29	6	5	0	3
二十九次	2002. 8. 23—29	7	3	1	0
三十次	2002. 10. 25—28	4	3	0	0
三十一次	2002. 12. 23—28	6	4	1	0
三十二次	2003. 2. 27—28	2	1	0	0
合计		167	72	8	21

十届全国人民代表大会常务委员会

会次	会议起止时间	会期（天）	通过数量（件）		
			法律	法律解释	有关法律问题的决定
一次	2003. 3. 19	1	0	0	0
二次	2003. 4. 25—26	2	0	0	1
三次	2003. 6. 23—28	6	3	0	0
四次	2003. 8. 22—27	6	1	0	0
五次	2003. 10. 23—28	6	2	0	0
六次	2003. 12. 22—27	6	3	0	0
七次	2004. 2. 27—29	3	0	0	0
八次	2004. 4. 2—6	5	1	1	0
九次	2004. 4. 25—26	2	0	0	1
十次	2004. 6. 21—25	5	1	0	0
十一次	2004. 8. 23—28	6	12	0	1
十二次	2004. 10. 22—27	6	2	0	1
十三次	2004. 12. 25—29	5	1	1	0
十四次	2005. 2. 25—28	4	2	0	1
十五次	2005. 4. 24—27	4	1	1	0
十六次	2005. 6. 26—7. 1	6	0	0	0
十七次	2005. 8. 23—28	6	3	0	0
十八次	2005. 10. 22—27	6	4	0	2
十九次	2005. 12. 24—29	6	1	2	1
二十次	2006. 2. 25—28	4	1	0	0
二十一次	2006. 4. 25—29	5	2	0	1
二十二次	2006. 6. 24—29	6	2	0	0
二十三次	2006. 8. 22—27	6	3	0	0

续表

会次	会议起止时间	会期（天）	通过数量（件）		
			法律	法律解释	有关法律问题的决定
二十四次	2006. 10. 27—31	5	4	0	1
二十五次	2006. 12. 24—29	6	1	0	0
二十六次	2007. 2. 26—28	3	0	0	0
二十七次	2007. 4. 24—27	4	0	0	3
二十八次	2007. 6. 24—29	6	2	0	0
二十九次	2007. 8. 24—30	7	5	0	0
三十次	2007. 10. 24—28	7	4	0	0
三十一次	2007. 12. 23—29	5	7	0	1
三十二次	2008. 2. 26—28	3	1	0	0
合计		158	69	5	14

十一届全国人民代表大会常务委员会

会次	会议起止时间	会期（天）	通过数量（件）		
			法律	法律解释	有关法律问题的决定
一次	2008. 3. 19	1	0	0	0
二次	2008. 4. 22—24	3	1	0	0
三次	2008. 6. 24—26	3	0	0	0
四次	2008. 8. 25—29	5	1	0	0
五次	2008. 10. 23—29	6	2	0	0
六次	2008. 12. 22—27	6	2	0	0
七次	2009. 2. 25—28	3	3	0	0
八次	2009. 4. 20—24	5	2	0	0
九次	2009. 6. 22—27	6	3	0	1

续表

会次	会议起止时间	会期（天）	通过数量（件）		
			法律	法律解释	有关法律问题的决定
十次	2009. 8. 24—27	4	2	0	0
十一次	2009. 10. 27—31	5	1	0	0
十二次	2009. 12. 22—26	5	3	0	0
十三次	2010. 2. 24—26	3	2	0	0
十四次	2010. 4. 26—29	4	2	0	0
十五次	2010. 6. 22—25	4	2	0	0
十六次	2010. 8. 23—28	6	2	0	2
十七次	2010. 10. 25—28	4	4	0	0
十八次	2010. 12. 20—25	6	1	0	0
十九次	2011. 2. 23—25	3	3	0	0
二十次	2011. 4. 20—22	3	3	0	1
二十一次	2011. 6. 27—30	4	2	0	0
二十二次	2011. 8. 24—8. 26	3	0	1	0
二十三次	2011. 10. 24—10. 29	6	2	0	1
二十四次	2011. 12. 26—12. 31	6	1	1	0
二十五次	2012. 2. 27—2. 29	3	1	0	1
二十六次	2012. 4. 24—4. 27	4	1	0	3
二十七次	2012. 6. 26—6. 30	5	2	0	2
二十八次	2012. 8. 27—8. 31	5	2	0	0
二十九次	2012. 10. 23—10. 26	4	9	0	0
三十次	2012. 12. 24—12. 28	5	4	0	2
三十一次	2013. 2. 25—2. 27	3	0	0	0
合计		133	63	2	13

十二届全国人民代表大会常务委员会

会次	会议起止时间	会期（天）	通过数量（件）		
			法律	法律解释	有关法律问题和重大问题的决定
一次	2013. 3. 19	1	0	0	0
二次	2013. 4. 23—25	3	1	0	0
三次	2013. 6. 26—29	4	2	0	0
四次	2013. 8. 26—30	5	1	0	1
五次	2013. 10. 21—25	5	1	0	0
六次	2013. 12. 23—28	6	1	0	2
七次	2014. 2. 25—27	3	0	0	2
八次	2014. 4. 21—24	4	1	7	0
九次	2014. 6. 23—27	5	1	0	1
十次	2014. 8. 25—31	7	3	0	3
十一次	2014. 10. 27—11. 1	6	2	1	1
十二次	2014. 12. 22—28	7	1	0	1
十三次	2015. 2. 25—27	3	0	0	1
十四次	2015. 4. 20—24	5	8	0	1
十五次	2015. 6. 24—7. 1	8	1	0	2
十六次	2015. 8. 24—8. 29	6	5	0	1
十七次	2015. 10. 30—11. 4	6	1	0	1
十八次	2015. 12. 21—27	7	6	0	3
十九次	2016. 2. 24—26	3	1	0	0
二十次	2016. 4. 25—28	4	1	0	1
二十一次	2016. 6. 27—7. 2	6	3	0	0
二十二次	2016. 8. 29—9. 3	6	2	0	1
二十三次	2016. 9. 13	1	0	0	1

续表

会次	会议起止时间	会期（天）	通过数量（件）		
			法律	法律解释	有关法律问题和重大问题的决定
二十四次	2016. 10. 31—11. 7	8	5	1	0
二十五次	2016. 12. 19—12. 25	7	3	0	4
二十六次	2017. 2. 22—2. 24	3	2	0	0
二十七次	2017. 4. 24—4. 27	4	1	0	4
二十八次	2017. 6. 22—6. 27	6	3	0	0
二十九次	2017. 8. 28—9. 1	5	4	0	0
三十次	2017. 10. 30—11. 4	6	5	0	5
三十一次	2017. 12. 22—12. 27	6	4	0	2
三十二次	2017. 1. 29—1. 30	2	0	0	0
三十三次	2018. 2. 23—2. 24	2	0	0	2
合计		160	69	9	40

PART 2

第二部分

立法规划及其落实情况

第四章　全国人民代表大会常务委员会立法规划

一、七届全国人民代表大会法律委员会关于五年立法规划的初步设想*

（1988年6月25日）

有关经济方面的法律

1. 明确企业的法律地位和权利、义务，增强企业活力，促进多种经济的发展

公司法（可以先搞几个单行条例）

集体所有制企业法（乡镇企业法）

私营企业法

个体经济法

2. 调整社会主义市场经济秩序的法律

物价管理法

制止不正当竞争法

保护消费者权益法

3. 健全以间接管理为主的宏观经济调节体系

计划法

财政法

---

* 这个文件是法律委员会为七届全国人民代表大会立法工作提出的设想，印发了七届全国人民代表大会常务委员会第二次会议。

预决算法

投资法

审计法

标准化法

银行法

货币法

外汇管理法

信贷法

保险法

证券法

票据法

抵押法

有关税法的制定和修改

经济合同法修改

仲裁法

4. 适应对外开放的需要

海商法

进出口商品检验法

外商投资企业所得税法

对外贸易法

进出境动植物检疫法

经济特区法

有关沿海开放城市和经济开发区的法律

中外合资经营企业法修改

华侨投资优惠条例

修订华侨申请使用国有荒山荒地条例

5. 适应劳动制度改革的需要

劳动法

企业招收辞退职工条例

劳动保护法

矿山安全卫生条例

劳动保险法

6. 自然资源和环境保护

野生动物保护法

土地管理法修改

国土开发整治法

噪声控制法

固体废弃物处理法

核污染防治法

7. 有关各部门管理的法律

节能法

测绘法

城市规划法

市政管理法

建筑法

烟草专卖法

铁路法

公路法

航空法

电信法

保障公民的权利和自由的法律

集会游行示威法

出版法

社团法

新闻法

工会法

保障散居少数民族平等权利法

行政方面的法律

1. 适应行政机构和干部制度改革的需要

国家公务员法

国家勋章和荣誉称号条例

行政机关编制法

国家赔偿法

人民警察法

公安派出所组织条例

户籍法

2. 有关教育科学文化方面

教师法

普通教育法

高等教育法

职业教育法

少数民族教育法

使用和发展少数民族语言文字法

修订华侨投资兴办学校办法

促进科技进步法

研究所法

广播电视法

电影法

图书馆法

博物馆法

传染病防治法

中医法

公共卫生法

医师法

计划生育法

3. 有关社会保障方面的法律

青少年保护法

妇女儿童保护法

残疾人社会保障法

伤残军人安置优抚法

保护归侨、侨眷权益法

4. 有关军事、国防方面的法律

军官军衔条例

军官服役条例

军队转业干部安置法

军事设施保护法

国防动员法

边防法

领海及毗连区法

专属经济区法

国家机构方面的法律

全国人民代表大会议事规则

全国人民代表大会代表工作条例

乡镇政权组织法

城市居民委员会组织法

军事法院组织法

军事检察院组织法

选举法修改

地方组织法修改

有关民事、刑事、诉讼程序方面的法律

版权法

公证法

刑法修改
保守国家机密法
罪犯改造法
劳动教养法
行政诉讼法
民事诉讼法修改
刑事诉讼法修改
律师法

二、全国人民代表大会常务委员会立法规划

（1991 年 10 月—1993 年 3 月）

七届全国人民代表大会任期届满前一年多的立法工作，要从实施国民经济和社会发展十年规划和“八五”计划的需要出发，在总结以往经验的基础上，坚持必要性与可行性相结合，突出重点，加快步伐，保证质量，促进社会主义现代化建设和改革开放有秩序的进行。列入本规划的法律草案分为两类：

第一类　拟提请全国人民代表大会或人大常务委员会审议的法律草案（21 件）

名称	起草单位
1. 产品质量法	国家技术监督局
2. 有限责任公司法	国务院法制局、国家体改委
3. 经济合同法（修订）*	国家工商局、国家体改委
4. 海商法	交通部
5. 税收征收管理法	国家税务总局
6. 矿山安全卫生法	劳动部
7. 测绘法	国家测绘局
8. 银行法 *	中国人民银行
9. 农业技术推广法	农业部

* 有“*”的法律草案须提请代表大会审议

续表

名称	起草单位
10. 个人所得税法（修订）＊	财政部
11. 统计法（修订）	国家统计局
12. 专利法（修订）	中国专利局
13. 工会法＊	全国总工会
14. 人民警察警阶条例	公安部
15. 妇女权益保障法＊	全国人大内务司法委员会、全国妇联、民政部
16. 散居少数民族平等权利保障法	全国人大民族委员会
17. 代表法＊	全国人大常委会办公厅
18. 反贪污贿赂法	最高人民检察院
19. 监管改造罪犯法	司法部
20. 食品卫生法（修订）	卫生部
21. 科技进步法＊	国家科委

第二类　拟抓紧调研论证的法律草案（43件）

名称	起草单位
1. 计划法	国家计委
2. 固定资产投资法	国家计委
3. 价格法	国家物价局
4. 农业投资法	农业部
5. 审计法	国家审计署
6. 劳动法	劳动部
7. 节能法	国家计委
8. 电力法	能源部
9. 煤炭法	能源部
10. 公路法	交通部
11. 电信法	邮电部
12. 专属经济区和大陆架法	国家海洋局
13. 领海及毗连区法	国家海洋局

续表

名称	起草单位
14. 商业法	商业部
15. 旅游法	国家旅游局
16. 商标法（修订）	国家工商局
17. 航空法	中国民航局等
18. 市政法	建设部
19. 固体废弃物污染防治法	国家环保局
20. 地震法	国家地震局、建设部、民政部
21. 制止不正当竞争法	国家工商局
22. 预算法	财政部
23. 华侨捐赠保护法	全国人大华侨委员会
24. 出版法	新闻出版署
25. 结社法	民政部
26. 公证法	司法部
27. 社会保障法	全国总工会、民政部
28. 申诉法	全国人大内务司法委员会
29. 国家赔偿法	全国人大常委会法工委
30. 戒严法	全国人大常委会法工委
31. 检察官条例	最高人民检察院
32. 审判员条例	最高人民法院
33. 人民法庭组织条例	最高人民法院
34. 律师法	司法部
35. 监督法	全国人大常委会《监督法》起草小组
36. 刑法（修改）	全国人大常委会法工委
37. 关于收容审查的决定	公安部
38. 关于惩治渎职罪的补充规定	全国人大常委会法工委
39. 医师法	卫生部
40. 优生保健法	卫生部
41. 原子能法	国家科委
42. 国防科研生产法	国防科工委
43. 反间谍法	安全部

三、八届全国人民代表大会常务委员会立法规划（共152件）

第一类：本届内审议的法律草案（115件）

法律名称	起草单位
1. 公司法	全国人大常委会法工委
2. 合伙企业法	全国人大财经委牵头，有关部门参加
3. 独资企业法	全国人大财经委牵头，有关部门参加
4. 股份合作企业法	国家体改委、国家经贸委
5. 商业银行法	中国人民银行
6. 矿产法	全国人大财经委牵头，有关部门参加
7. 物权法	全国人大常委会法工委
8. 合同法	全国人大常委会法工委
9. 经济合同法（修改）	国家工商局
10. 证券法	全国人大财经委
11. 票据法	中国人民银行
12. 保险法	中国人民银行
13. 担保法	全国人大常委会法工委
14. 信托法	全国人大财经委
15. 经纪人法	国家体改委、国家经贸委
16. 信贷法	全国人大常委会法工委
17. 期货交易法	全国人大财经委牵头，有关部门参加
18. 拍卖法	内贸部
19. 招标投标法	国家计委牵头，有关部门参加
20. 房地产法	建设部
21. 广告法	国家工商局
22. 仲裁法	全国人大常委会法工委
23. 消费者权益保护法	国家工商局
24. 台湾同胞投资保护法	外贸部

续表

法律名称	起草单位
25. 反不正当竞争法	国家工商局
26. 对外贸易法	外贸部
27. 注册会计师法	财政部
28. 会计法（修改）	财政部
29. 预算法	财政部
30. 中央银行法	中国人民银行
31. 国有资产法	全国人大财经委牵头，有关部门参加
32. 外汇管理法	全国人大财经委
33. 国债法	财政部
34. 固定资产投资法	国家计委牵头，有关部门参加
35. 审计法	审计署
36. 统计法（修改）	国家统计局
37. 税法（及若干单行税法）	全国人大财经委、财政部、国家税务总局
38. 个人所得税法（修改）	财政部
39. 社会保险法	劳动部
40. 社会救济法	民政部牵头，全国总工会参加
41. 劳动法	劳动部
42. 农业法	农业部
43. 农业技术推广法	农业部
44. 森林法（修改）	林业部
45. 水法（修改）	水利部
46. 矿产资源法（修改）	地质矿产部
47. 航空法	中国民航局
48. 港口法	交通部
49. 公路法	交通部
50. 电信法	邮电部
51. 电力法	电力部
52. 原子能法	国家科委

续表

法律名称	起草单位
53. 节约能源法	国家计委、国家经贸委
54. 全国人民代表大会组织法（修改）	全国人大常委会办公厅
55. 全国人民代表大会议事规则（修改）	全国人大常委会办公厅
56. 全国人民代表大会常务委员会议事规则（修改）	全国人大常委会办公厅
57. 立法法	全国人大常委会法工委
58. 监督法	全国人大常委会办公厅
59. 地方组织法（修改）	全国人大常委会法工委
60. 法院组织法（修改）	最高人民法院
61. 检察院组织法（修改）	最高人民检察院
62. 人民法庭组织法	最高人民法院
63. 军事法院组织法	总政治部
64. 军事检察院组织法	总政治部
65. 选举法（修改）	全国人大常委会法工委
66. 香港特别行政区全国人民代表大会代表产生办法	港澳办、全国人大常委会法工委
67. 军队选举全国人民代表大会和地方人大代表的办法（修改）	总政治部
68. 村民委员会组织法（修改）	民政部
69. 国家公务员法	人事部
70. 法官法	最高人民法院
71. 检察官法	最高人民检察院
72. 人民警察法	公安部
73. 军官军衔条例（修改）	总政治部
74. 现役军官服役条例（修改）	总政治部
75. 预备役军官法	总政治部
76. 行政监察法	监察部
77. 行政处罚法	全国人大常委会法工委

续表

法律名称	起草单位
78. 行政复议法	全国人大常委会法工委、国务院法制局
79. 教育法	国家教委
80. 教师法	国家教委
81. 科技进步法	国家科委
82. 科学技术成果转化法	全国人大教科文卫委
83. 新闻法	新闻出版署
84. 出版法	新闻出版署
85. 档案法（修改）	国家档案局
86. 医师法	卫生部
87. 优生保健法	卫生部
88. 药品管理法（修改）	卫生部
89. 食品卫生法（修改）	卫生部
90. 红十字会法	卫生部
91. 海洋环境保护法（修改）	全国人大环保委
92. 水污染防治法（修改）	全国人大环保委
93. 大气污染防治法（修改）	全国人大环保委
94. 固体废弃物法	国家环保局
95. 关于惩治生产、销售伪劣商品犯罪的决定	全国人大常委会法工委
96. 刑法（修改）	全国人大常委会法工委
97. 刑事诉讼法（修改）	全国人大常委会法工委
98. 惩治军人违反职责罪暂行条例（修改）	总政治部
99. 惩治贪污贿赂法	最高人民检察院
100. 关于玩忽职守罪的补充规定	最高人民检察院
101. 关于严惩组织、运送他人偷越国（边）境犯罪的补充规定	全国人大常委会法工委
102. 律师法	司法部
103. 监狱法	司法部

续表

法律名称	起草单位
104. 引渡法	外交部
105. 关于刑事案件赃款赃物随案移送的规定	最高人民法院
106. 国家赔偿法	全国人大常委会法工委
107. 结社法	民政部
108. 国家勋章和国家荣誉称号法	全国人大常委会法工委
109. 国防法	中央军委
110. 国防教育法	总政治部
111. 人民防空法	国家人防委
112. 国防科研生产法	国防科工委
113. 戒严法	全国人大常委会法工委
114. 公证法	司法部
115. 签证法	外交部

第二类：研究起草、成熟时安排审议的法律草案（37 件）

法律名称	起草单位
1. 商会法	国家经贸委
2. 商业秘密保护法	国家经贸委
3. 反垄断法	国家经贸委、国家工商局
4. 专利法（修改）	国家专利局
5. 劳动合同法	劳动部
6. 计划法	国家计委
7. 价格法	国家计委
8. 乡镇企业法	全国人大财经委牵头，有关部门参加
9. 电子振兴法	电子部
10. 散居少数民族平等权利保障法	全国人大民委
11. 老年人权益保障法	全国人大内务司法委牵头，民政部参加

续表

法律名称	起草单位
12. 军人地位和权益保护法	中央军委
13. 退伍军人安置法	民政部
14. 财产收入申报法	监察部
15. 民族区域自治法（修改）	全国人大民委
16. 行政许可程序法	全国人大常委会法工委
17. 高等教育法	国家教委
18. 职业教育法	国家教委
19. 科技投入法	全国人大教科文卫委
20. 少数民族语言文字法	国家民委
21. 职业病防治法	卫生部
22. 初级卫生保健法	卫生部
23. 人口与计划生育法	国家计生委
24. 土地法	国家土地局
25. 渔业法（修改）	农业部
26. 草原法（修改）	农业部
27. 煤炭法	煤炭部
28. 环境保护法（修改）	全国人大环保委
29. 噪声污染防治法	全国人大环保委牵头，国家环保局参加
30. 自然资源保护法	全国人大环保委
31. 防沙治沙法	林业部
32. 有毒化学品管理法	国家环保局
33. 防洪法	水利部
34. 劳教法	司法部、公安部
35. 预防青少年犯罪法	全国人大内务司法委、团中央
36. 关于海事诉讼程序的规定	最高人民法院
37. 护照法	外交部

四、九届全国人民代表大会常务委员会立法规划（共89件）

第一类：本届内审议的法律草案（63件）

法律名称	提请审议机关或起草单位
宪法类（14件）	
1. 宪法（修改）	
2. 立法法	全国人大常委会法工委
3. 监督法	全国人大常委会办公厅
4. 军事法院组织法	中央军委
5. 军事检察院组织法	中央军委
6. 专属经济区和大陆架法	国务院
7. 澳门特别行政区选举第九届全国人民代表大会代表的办法	全国人大常委会法工委
8. 香港特别行政区选举第十届全国人民代表大会代表的办法	全国人大常委会法工委
9. 澳门特别行政区选举第十届全国人民代表大会代表的办法	全国人大常委会法工委
10. 国务院组织法（修改）	国务院
11. 民族区域自治法（修改）	全国人大民委
12. 人民法院组织法（修改）	最高人民法院
13. 人民检察院组织法（修改）	最高人民检察院
14. 村民委员会组织法（修改）	国务院
民法商法类（10件）	
15. 合同法	全国人大常委会法工委
16. 独资企业法	全国人大财经委
17. 证券法	全国人大财经委
18. 信托法	全国人大财经委
19. 商事登记法	国务院
20. 商标法（修改）	国务院
21. 专利法（修改）	国务院

续表

法律名称	提请审议机关或起草单位
22. 著作权法（修改）	国务院
23. 收养法（修改）	国务院
24. 公司法（修改）	国务院
行政法类（20 件）	
25. 行政复议法	国务院
26. 公务员法	国务院
27. 政府采购法	全国人大财经委
28. 高等教育法	国务院
29. 语言文字法	全国人大教科文卫委
30. 职业病防治法	国务院
31. 执业医师法	国务院
32. 放射性污染防治法	国务院
33. 荒漠化防治法	全国人大环资委、全国人大农委
34. 环境影响评价法	全国人大环资委
35. 消防法	国务院
36. 道路交通管理法	国务院
37. 公证法	国务院
38. 预防少年违法行为法	全国人大内司委
39. 治安管理处罚条例（修改）	国务院
40. 学位条例（修改）	国务院
41. 药品管理法（修改）	国务院
42. 海洋环境保护法（修改）	全国人大环资委
43. 大气污染防治法（修改）	全国人大环资委
44. 兵役法（修改）	国务院、中央军委
经济法类（13 件）	
45. 电信法	国务院
46. 港口法	国务院

续表

法律名称	提请审议机关或起草单位
47. 招标投标法	国务院
48. 遗产税法	国务院
49. 外汇管理法	全国人大财经委
50. 种子法	全国人大农委
51. 国家高新技术产业开发区法	全国人大教科文卫委
52. 个人所得税法（修改）	国务院
53. 农业法（修改）	全国人大农委
54. 土地管理法（修改）	国务院
55. 森林法（修改）	国务院
56. 水法（修改）	国务院
57. 会计法（修改）	国务院
社会法类（5 件）	
58. 农民权益保护法	全国人大农委牵头，国务院有关部门参加
59. 劳动合同法	国务院
60. 社会保险法	国务院
61. 公益事业捐赠法	全国人大常委会法工委
62. 工会法（修改）	全国人大常委会法工委
诉讼程序法类（1 件）	
63. 引渡法	全国人大常委会法工委

第二类：研究起草、成熟时安排审议的法律草案（26 件）

法律名称	提请审议机关或起草单位
1. 关于监督司法机关查处重大违法案件工作程序的若干规定	全国人大内司委
2. 物权法	全国人大常委会法工委
3. 婚姻法（修改）	全国人大常委会法工委
4. 合作经济组织法	国务院
5. 破产法	全国人大财经委牵头，国务院有关部门参加
6. 商业秘密保护法	国务院

续表

法律名称	提请审议机关或起草单位
7. 投资基金法	全国人大财经委
8. 行政收费法	国务院
9. 行政许可法	国务院
10. 行政强制措施法	全国人大常委会法工委
11. 民办教育法	全国人大教科文卫委
12. 人口与计划生育法	国务院
13. 国防动员法	国务院、中央军委
14. 国防教育法	中央军委
15. 劳动教养法	全国人大常委会法工委
16. 清洁生产法	全国人大环资委
17. 税法（若干单行税法）	国务院
18. 反垄断法	国务院
19. 反倾销和反补贴法	国务院
20. 信贷法	国务院
21. 国有资产法	全国人大财经委牵头，国务院有关部门参加
22. 中小企业促进法	全国人大财经委
23. 风险投资法	全国人大教科文卫委
24. 国民经济动员法	国务院、中央军委
25. 归侨侨眷权益保护法（修改）	全国人大华侨委
26. 海事特别程序法	最高人民法院

五、十届全国人民代表大会常务委员会立法规划（共 76 件）

第一类：本届内审议的法律草案（59 件）

法律名称	提请审议机关或起草单位
宪法及相关法类（10 件）	
1. 宪法修正案	
2. 紧急状态法	国务院

续表

法律名称	提请审议机关或起草单位
3. 军事法院组织法	中央军委
4. 军事检察院组织法	中央军委
5. 选举法（修订）	全国人大常委会法工委
6. 地方组织法（修订）	全国人大常委会法工委
7. 人民法院组织法（修订）	最高人民法院
8. 人民检察院组织法（修订）	最高人民检察院
9. 城市居民委员会组织法（修订）	国务院
10. 全国人民代表大会常务委员会议事规则（修订）	全国人大常委会办公厅
民法商法类（10 件）	
11. 民法—物权法	全国人大常委会法工委
12. 民法—侵权责任法	全国人大常委会法工委
13. 民法—涉外民事关系的法律适用法	全国人大常委会法工委
14. 商事登记法	国务院
15. 企业破产法	全国人大财经委
16. 证券投资基金法	全国人大财经委
17. 公司法（修订）	国务院
18. 合伙企业法（修订）	全国人大财经委
19. 商业银行法（修订）	国务院
20. 证券法（修订）	全国人大财经委
行政法类（16 件）	
21. 行政许可法	国务院
22. 行政收费法	国务院
23. 行政强制法	全国人大常委会法工委
24. 国防动员法	国务院、中央军委
25. 公务员法	国务院
26. 居民身份证法	国务院
27. 护照法	国务院

续表

法律名称	提请审议机关或起草单位
28. 公证法	国务院
29. 违法行为矫治法	全国人大常委会法工委
30. 初级卫生保健法	国务院
31. 治安管理处罚条例（修订）	国务院
32. 义务教育法（修订）	国务院
33. 科学技术进步法（修订）	国务院
34. 传染病防治法（修订）	国务院
35. 固体废物污染环境防治法（修订）	全国人大环资委
36. 建筑法（修订）	国务院
经济法类（14 件）	
37. 国有资产法	全国人大财经委
38. 外汇法	全国人大财经委
39. 反垄断法	国务院
40. 反倾销和反补贴法	国务院
41. 保障措施法	国务院
42. 企业所得税法（统一适用各类企业）	国务院
43. 银行业监督管理法	国务院
44. 中国人民银行法（修订）	国务院
45. 预算法（修订）	全国人大常委会预算工委
46. 个人所得税法（修订）	国务院
47. 审计法（修订）	国务院
48. 土地管理法（修订）	国务院
49. 对外贸易法（修订）	国务院
50. 反不正当竞争法（修订）	国务院
社会法类（6 件）	
51. 社会保险法（或者养老、医疗、失业、工伤保险分别立法）	国务院
52. 社会救济法	国务院

续表

法律名称	提请审议机关或起草单位
53. 劳动合同法	国务院
54. 农民权益保护法	全国人大农委
55. 妇女权益保障法（修订）	国务院（全国妇联）
56. 未成年人保护法（修订）	全国人大内司委
刑法类	
根据情况需要，适时审议刑法修正案草案	
诉讼与非诉讼程序法类（3 件）	
57. 刑事诉讼法（修订）	全国人大常委会法工委
58. 民事诉讼法（修订）	全国人大常委会法工委
59. 仲裁法（修订）	国务院

第二类：研究起草、成熟时安排审议的法律草案（17 件）

法律名称	提请审议机关或起草单位
1. 农民合作经济组织法	全国人大农委
2. 期货交易法	全国人大财经委
3. 不动产登记法	国务院
4. 融资租赁法	全国人大财经委
5. 行政程序法	全国人大常委会法工委
6. 政务信息公开法	国务院
7. 禁毒法	国务院
8. 税收基本法	全国人大财经委、全国人大常委会预算工委（国务院）
9. 财政转移支付法	全国人大常委会预算工委（国务院）
10. 国民经济动员法	国务院
11. 西部开发促进法	国务院
12. 反洗钱法	全国人大常委会预算工委
13. 自然保护区法	全国人大环资委
14. 海岛保护法	全国人大环资委
15. 国家赔偿法（修订）	全国人大常委会法工委
16. 行政诉讼法（修订）	全国人大常委会法工委
17. 监督法	全国人大常委会办公厅

六、十一届全国人民代表大会常务委员会立法规划（共 64 件）

第一类项目：任期内提请审议的法律草案（49 件）

法律名称	提请审议机关或起草单位
一、宪法及宪法相关法类（5 件）	
1. 村民委员会组织法（修改）	国务院
2. 城市居民委员会组织法（修改）	国务院
3. 全国人民代表大会和地方各级人民代表大会选举法（修改）	全国人大常委会法工委
4. 全国人民代表大会组织法（修改）	全国人大常委会法工委
5. 国家赔偿法（修改）	全国人大常委会法工委
二、民法商法类（6 件）	
1. 保险法（修改）	国务院
2. 消费者权益保护法（修改）	国务院
3. 专利法（修改）	国务院
4. 商标法（修改）	国务院
5. 侵权责任法	全国人大常委会法工委
6. 涉外民事关系法律适用法	全国人大常委会法工委
三、行政法类（15 件）	
1. 食品安全法	国务院
2. 外交人员法	国务院
3. 非物质文化遗产保护法	国务院
4. 国防动员法	国务院、中央军委
5. 人民武装警察法	国务院、中央军委
6. 兵役法（修改）	国务院、中央军委
7. 职业教育法（修改）	国务院
8. 药品管理法（修改）	国务院

续表

法律名称	提请审议机关或起草单位
9. 大气污染防治法（修改）	国务院
10. 森林法（修改）	国务院
11. 城市房地产管理法（修改）	国务院
12. 防震减灾法（修改）	国务院
13. 突发事件应对法（修改）	国务院
14. 行政监察法（修改）	国务院
15. 行政强制法	全国人大常委会法工委
四、经济法类（11 件）	
1. 企业国有资产法	全国人大财经委
2. 循环经济促进法	全国人大环资委
3. 增值税等若干单行税法	国务院
4. 电信法	国务院
5. 粮食法	国务院
6. 税收征收管理法（修改）	国务院
7. 广告法（修改）	国务院
8. 邮政法（修改）	国务院
9. 土地管理法（修改）	国务院
10. 矿产资源法（修改）	国务院
11. 预算法（修改）	全国人大常委会预算工委、财政部
五、社会法类（6 件）	
1. 社会保险法	国务院
2. 基本医疗卫生保健法	国务院
3. 精神卫生法	国务院
4. 社会救助法	国务院
5. 慈善事业法	国务院
6. 老年人权益保障法（修改）	国务院
六、刑法类（1 件）	
1. 刑法修正案（根据情况需要，适时审议刑法修正案草案）	全国人大常委会法工委

续表

法律名称	提请审议机关或起草单位
七、诉讼与非诉讼程序法类（5 件）	
1. 农村土地承包纠纷仲裁法	国务院
2. 人民调解法	国务院
3. 刑事诉讼法（修改）	全国人大常委会法工委
4. 民事诉讼法（修改）	全国人大常委会法工委
5. 行政诉讼法（修改）	全国人大常委会法工委

第二类项目：研究起草、条件成熟时安排审议的法律草案（15 件）

法律名称	提请审议机关或起草单位
1. 行业协会商会法	国务院
2. 行政收费管理法	国务院
3. 国民经济动员法	国务院、中央军委
4. 国防交通法	国务院、中央军委
5. 陆地边界法	国务院、中央军委
6. 司法协助法	国务院
7. 出境入境管理法	国务院
8. 中（传统）医药法	国务院
9. 图书馆法	国务院
10. 住房保障法	国务院
11. 期货法	全国人大财经委、证监会
12. 资产评估法	全国人大财经委
13. 海岛保护法	全国人大环资委
14. 自然保护区法	全国人大环资委
15. 违法行为矫治法	全国人大常委会法工委

有关方面还提出修改商业银行法、证券投资基金法、环境保护法等，制定能源法、机构编制法、户籍法、志愿服务法等，研究论证建立国家公职人员财产申报、社会信用、个人信息保护等方面的法律制度。这些立法项目由

有关方面继续开展研究论证，视情况作出相应安排。

七、十二届全国人民代表大会常务委员会立法规划（共68件）

第一类项目：条件比较成熟、任期内拟提请审议的法律草案（47件）

法律名称	提请审议机关或牵头起草单位
1. 立法法（修改）	委员长会议
2. 人民法院组织法（修改）	全国人大内司委
3. 人民检察院组织法（修改）	全国人大内司委
4. 商标法（修改）	已提请审议
5. 专利法（修改）	国务院
6. 著作权法（修改）	国务院
7. 消费者权益保护法（修改）	已提请审议
8. 证券法（修改）	全国人大财经委
9. 行政复议法（修改）	国务院
10. 职业教育法（修改）	国务院
11. 促进科技成果转化法（修改）	国务院
12. 公共图书馆法	国务院
13. 基本医疗卫生法	国务院
14. 食品安全法（修改）	国务院
15. 药品管理法（修改）	国务院
16. 中医药法	国务院
17. 土地管理法（修改）	已提请审议
18. 环境保护法（修改）	已提请审议
19. 水污染防治法（修改）	国务院
20. 大气污染防治法（修改）	国务院
21. 土壤污染防治法	全国人大环资委
22. 野生动物保护法（修改）	全国人大环资委

续表

法律名称	提请审议机关或牵头起草单位
23. 军事设施保护法（修改）	国务院、中央军委
24. 人民防空法（修改）	国务院、中央军委
25. 国防交通法	国务院、中央军委
26. 预算法（修改）	已提请审议
27. 增值税法等若干单行税法	国务院
28. 税收征收管理法（修改）	国务院
29. 粮食法	国务院
30. 种子法（修改）	全国人大农委
31. 资产评估法	已提请审议
32. 航道法	国务院
33. 电信法	国务院
34. 森林法（修改）	国务院
35. 标准化法（修改）	国务院
36. 广告法（修改）	国务院
37. 中小企业促进法（修改）	全国人大财经委
38. 铁路法（修改）	国务院
39. 旅游法	已通过
40. 红十字会法（修改）	全国人大教科文卫委
41. 社会救助法	国务院
42. 慈善事业法	全国人大内司委
43. 安全生产法（修改）	国务院
44. 矿山安全法（修改）	国务院
45. 特种设备安全法	已通过
46. 刑法修正案	委员长会议
47. 行政诉讼法（修改）	委员长会议

第二类项目：需要抓紧工作、条件成熟时适时提请审议的法律草案（21 件）

法律名称	提请审议机关或牵头起草单位
1. 国家勋章和国家荣誉称号法	委员长会议
2. 海洋基本法	国务院
3. 商业银行法（修改）	国务院
4. 期货法	全国人大财经委
5. 电子商务法	全国人大财经委
6. 中外合资经营企业法、外资企业法、中外合作经营企业法（修改）	国务院
7. 现役军官法（修改）	国务院、中央军委
8. 社区矫正法	国务院
9. 看守所法	国务院
10. 海上交通安全法（修改）	国务院
11. 电影产业促进法	国务院
12. 文物保护法（修改）	国务院
13. 核安全法	全国人大环资委
14. 反不正当竞争法（修改）	国务院
15. 发展规划法	国务院
16. 中国人民银行法（修改）	国务院
17. 矿产资源法（修改）	国务院
18. 基础设施和公用事业特许经营法	国务院
19. 深海海底区域资源勘探开发法	全国人大环资委
20. 反家庭暴力法	国务院
21. 刑事被害人救助法	委员长会议

第三类项目：立法条件尚不完全具备、需要继续研究论证的立法项目

包括财政税收、国家经济安全、行业协会商会、社会信用、航空、航天方面的立法项目，强制执行、陆地国界、机构编制、国际刑事司法协助、行政程序方面的立法项目，网络安全、广播电视传输保障、文化产业促进、公

共文化服务保障方面的立法项目，农村扶贫开发、学前教育方面的立法项目等。

八、十二届全国人民代表大会常务委员会立法规划（2015 年调整）

（共 102 件，调整项目以黑体字标注）

第一类项目：条件比较成熟、任期内拟提请审议的法律草案（76 件）

法律名称	提请审议机关或牵头起草单位
1. **关于建立宪法宣誓制度的决定**	**委员长会议**
2. **全国人民代表大会和地方各级人民代表大会选举法（修改）**	**委员长会议**
3. **地方各级人民代表大会和地方各级人民政府组织法（修改）**	**委员长会议**
4. **全国人民代表大会和地方各级人民代表大会代表法（修改）**	**委员长会议**
5. 立法法（修改）	**已通过**
6. 人民法院组织法（修改）	全国人大内司委
7. 人民检察院组织法（修改）	全国人大内司委
8. **法官法（修改）**	**最高人民法院**
9. **检察官法（修改）**	**最高人民检察院**
10. **陆地国界法**	**全国人大外事委**
11. **国家勋章和国家荣誉称号法**	**委员长会议**
12. **民法典编纂**	**委员长会议**
13. **农村土地承包法（修改）**	**全国人大农委**
14. 商标法（修改）	**已通过**
15. 专利法（修改）	国务院
16. 著作权法（修改）	国务院
17. 消费者权益保护法（修改）	**已通过**
18. 证券法（修改）	全国人大财经委
19. 行政复议法（修改）	国务院

续表

法律名称	提请审议机关或牵头起草单位
20. 行政监察法（修改）	国务院
21. 国家安全法	已提请审议
22. 反间谍法	已通过
23. 反恐怖主义法	已提请审议
24. 境外非政府组织管理法	已提请审议
25. 网络安全法	委员长会议
26. 职业教育法（修改）	国务院
27. 教育法（修改）	国务院
28. 高等教育法（修改）	国务院
29. 民办教育促进法（修改）	国务院
30. 促进科技成果转化法（修改）	已提请审议
31. 公共文化服务保障法	全国人大教科文卫委
32. 文化产业促进法	国务院
33. 公共图书馆法	国务院
34. 基本医疗卫生法	全国人大教科文卫委
35. 食品安全法（修改）	已提请审议
36. 中医药法	国务院
37. 土地管理法（修改）	国务院
38. 测绘法（修改）	国务院
39. 环境保护法（修改）	已通过
40. 水污染防治法（修改）	国务院
41. 大气污染防治法（修改）	已提请审议
42. 土壤污染防治法	全国人大环资委
43. 野生动物保护法（修改）	全国人大环资委
44. 军事设施保护法（修改）	已通过
45. 人民防空法（修改）	国务院、中央军委
46. 国防交通法	国务院、中央军委
47. 预算法（修改）	已通过
48. 环境保护税法	国务院

续表

法律名称	提请审议机关或牵头起草单位
49. **增值税法**	**国务院**
50. **资源税法**	**国务院**
51. **房地产税法**	**全国人大常委会预算工委、财政部**
52. **关税法**	**国务院**
53. **船舶吨税法**	**国务院**
54. **耕地占用税法**	**国务院**
55. 税收征收管理法（修改）	国务院
56. 粮食法	国务院
57. 种子法（修改）	全国人大农委
58. 资产评估法	已提请审议
59. **原子能法**	**国务院**
60. 航道法	**已通过**
61. 电信法	国务院
62. 森林法（修改）	国务院
63. 标准化法（修改）	国务院
64. 广告法（修改）	**已提请审议**
65. 中小企业促进法（修改）	全国人大财经委
66. 铁路法（修改）	国务院
67. 旅游法	已通过
68. 红十字会法（修改）	全国人大教科文卫委
69. 慈善事业法	全国人大内司委
70. **反家庭暴力法**	**国务院**
71. 安全生产法（修改）	**已通过**
72. 矿山安全法（修改）	国务院
73. 特种设备安全法	已通过
74. 刑法修正案	**已提请审议**
75. **国际刑事司法协助法**	**全国人大外事委 （司法部牵头起草）**
76. 行政诉讼法（修改）	**已通过**

第二类项目：需要抓紧工作、条件成熟时提请审议的法律草案（26 件）

法律名称	提请审议机关或牵头起草单位
1. 海洋基本法	国务院
2. 城市居民委员会组织法（修改）	**国务院**
3. 农民专业合作社法（修改）	**国务院**
4. 商业银行法（修改）	国务院
5. 期货法	全国人大财经委
6. 电子商务法	全国人大财经委
7. 中外合资经营企业法、外资企业法、中外合作经营企业法（修改）	国务院
8. 现役军官法（修改）	国务院、中央军委
9. 社区矫正法	国务院
10. 看守所法	国务院
11. 海上交通安全法（修改）	国务院
12. 电影产业促进法	国务院
13. 文物保护法（修改）	国务院
14. 药品管理法（修改）	**国务院**
15. 核安全法	全国人大环资委
16. 反不正当竞争法（修改）	国务院
17. 发展规划法	国务院
18. 中国人民银行法（修改）	国务院
19. 矿产资源法（修改）	国务院
20. 能源法	**国务院**
21. 循环经济促进法（修改）	**全国人大环资委**
22. 基础设施和公用事业特许经营法	国务院
23. 深海海底区域资源勘探开发法	全国人大环资委
24. 草原法（修改）	**国务院**
25. 航空法	**国务院、中央军委**
26. 刑事被害人救助法	委员长会议

第三类项目：立法条件尚不完全具备、需要继续研究论证的立法项目

包括财政税收、国家经济安全、促进军民融合、行业协会商会、社会信用、航天方面的立法项目，强制执行、机构编制、行政程序方面的立法项目，广播电视传输保障、学前教育、社会救助、农村扶贫开发方面的立法项目等。

九、十三届全国人民代表大会常务委员会立法规划（共 116 件）

第一类项目：条件比较成熟、任期内拟提请审议的法律草案（69 件）

法律名称	提请审议机关或牵头起草单位
1. 宪法修正案	已通过
2. 全国人民代表大会组织法（修改）（全国人民代表大会议事规则、全国人民代表大会常务委员会议事规则修改，一并考虑）	委员长会议
3. 地方各级人民代表大会和地方各级人民政府组织法（修改）	委员长会议
4. 国务院组织法（修改）	国务院
5. 监察法	已通过
6. 人民法院组织法（修改）	已提请审议
7. 人民检察院组织法（修改）	已提请审议
8. 法官法（修改）	已提请审议
9. 检察官法（修改）	已提请审议
10. 人民陪审员法	已通过
11. 英雄烈士保护法	已通过
12. 民法典各分编（民法典编纂）	已提请审议
13. 农村土地承包法（修改）	已提请审议
14. 不动产登记法	国务院
15. 专利法（修改）	国务院
16. 著作权法（修改）	国务院

续表

法律名称	提请审议机关或牵头起草单位
17. 证券法（修改）	已提请审议
18. 电子商务法	已通过
19. 外国投资法	国务院
20. 行政处罚法（修改）	委员长会议
21. 行政复议法（修改）	国务院
22. 军民融合发展法	国务院、中央军委
23. 政务处分法	国家监委
24. 档案法（修改）	国务院
25. 兵役法（修改）	国务院、中央军委
26. 现役军官法（修改）	国务院、中央军委
27. 公务员法（修改）	国务院
28. 人民武装警察法（修改）	中央军委
29. 治安管理处罚法（修改）	国务院
30. 学前教育法	国务院
31. 文化产业促进法	国务院
32. 文物保护法（修改）	国务院
33. 药品管理法（修改）	国务院
34. 土地管理法（修改）	国务院
35. 社区矫正法	国务院
36. 土壤污染防治法	已通过
37. 基本医疗卫生与健康促进法	已提请审议
38. 固体废物污染环境防治法（修改）	国务院
39. 环境噪声污染防治法（修改）	全国人大环资委
40. 南极活动与环境保护法	全国人大环资委
41. 长江保护法	全国人大环资委
42. 出口管制法	国务院
43. 密码法	国务院

续表

法律名称	提请审议机关或牵头起草单位
44．个人所得税法（修改）	已通过
45．增值税法	国务院
46．消费税法	国务院
47．资源税法	国务院
48．房地产税法	全国人大常委会预算工委、财政部
49．关税法	国务院
50．城市维护建设税法	国务院
51．耕地占用税法	已提请审议
52．车辆购置税法	已提请审议
53．契税法	国务院
54．印花税法	国务院
55．税收征收管理法（修改）	国务院
56．海上交通安全法（修改）	国务院
57．铁路法（修改）	国务院
58．农产品质量安全法（修改）	国务院
59．原子能法	国务院
60．森林法（修改）	全国人大农委
61．个人信息保护法	委员长会议
62．数据安全法	委员长会议
63．粮食安全保障法	国务院
64．未成年人保护法（修改）（预防未成年人犯罪法修改，一并考虑）	全国人大社建委
65．社会救助法	国务院
66．安全生产法（修改）	国务院
67．刑法修正案	委员长会议
68．刑事诉讼法（修改）	已提请审议
69．国际刑事司法协助法	已提请审议

第二类项目：需要抓紧工作、条件成熟时提请审议的法律草案（47件）

法律名称	提请审议机关或牵头起草单位
1. 海洋基本法	委员长会议
2. 城市居民委员会组织法（修改）	国务院
3. 村民委员会组织法（修改）	国务院
4. 各级人民代表大会常务委员会监督法（修改）	委员长会议
5. 监察官法	国家监委
6. 公司法（修改）	委员长会议
7. 商业银行法（修改）	国务院
8. 期货法	全国人大财经委
9. 企业破产法（修改）	全国人大财经委
10. 海商法（修改）	国务院
11. 乡村振兴促进法	全国人大农委
12. 人民防空法（修改）	国务院、中央军委
13. 人民警察法（修改）	国务院
14. 道路交通安全法（修改）	国务院
15. 律师法（修改）	国务院
16. 看守所法	国务院
17. 职业教育法（修改）	国务院
18. 教师法（修改）	国务院
19. 学位条例（修改）	国务院
20. 科学技术进步法（修改）	全国人大教科文卫委
21. 体育法（修改）	全国人大社建委
22. 执业医师法（修改）	全国人大教科文卫委
23. 城市房地产管理法（修改）	国务院
24. 环境影响评价法（修改）	国务院
25. 国土空间开发保护法	国务院
26. 气象法（修改）	国务院

续表

法律名称	提请审议机关或牵头起草单位
27. 反垄断法（修改）	国务院
28. 中国人民银行法（修改）	国务院
29. 能源法	国务院
30. 电信法	国务院
31. 矿产资源法（修改）	国务院
32. 电力法（修改）	国务院
33. 草原法（修改）	国务院
34. 国家公园法	国务院
35. 渔业法（修改）	国务院
36. 动物防疫法（修改）	全国人大农委
37. 产品质量法（修改）	国务院
38. 计量法（修改）	国务院
39. 审计法（修改）	国务院
40. 统计法（修改）	国务院
41. 航天法	国务院、中央军委
42. 航空法（民用航空法修改，一并考虑）	国务院、中央军委
43. 退役军人保障法	国务院、中央军委
44. 老年人权益保障法（修改）	国务院
45. 法律援助法	全国人大监司委
46. 仲裁法（修改）	国务院
47. 民事强制执行法	最高人民法院

落实全面深化改革、全面依法治国的部署要求，对涉及国家机构改革、国家监察体制改革、国防和军队改革，国家安全法治保障、完善产权保护制度等需要制定、修改、废止法律的，或者需要由全国人大常委会作出有关决定的，适时安排审议。

第三类项目：立法条件尚不完全具备、需要继续研究论证的立法项目

农村集体经济组织、行业协会商会、基本劳动标准、社会信用方面的立法项目，陆地国界、防扩散、人工智能、生物安全方面的立法项目，湿地保护、资源综合利用、空间规划方面的立法项目，机构编制、行政程序、机关运行和行政事业性国有资产管理方面的立法项目，家庭教育、人口政策、华侨权益保护、信访、殡葬方面的立法项目等，以及其他需要研究论证的修改法律的项目，经研究论证，条件成熟时，可以安排审议。

第五章　全国人民代表大会常务委员会立法规划落实情况

全国人民代表大会常务委员会立法规划是预期的、指导性的，在实施过程中可以根据实际情况作适当调整。全国人民代表大会常务委员会通过制定年度立法计划，主动安排和调整立法规划项目，并根据经济社会发展的需要适时安排新的立法项目。立法规划一般包括两类：一类是本届内审议的法律草案，二类是研究起草、条件成熟时安排审议的法律草案。法律草案从提请审议到通过，一般要经过三次会议审议，在统计历届常务委员会立法规划落实情况时，法律草案只要提请审议，不论届内是否通过，该项目即视为完成。在具体表述时，“已审议”类项目为完成项目，“未审议”类项目为届内没有完成的项目。其中，“已审议”类项目包括“通过”的项目和“已审议未通过”的项目。

一、历届规划总体落实情况

七届（1991年10月—1993年3月）立法规划项目共64件，已审议15件，占比23.44%（通过12件，已审议未通过3件）；其中规划一类项目共21件，已审议13件，占比61.9%（通过10件，已审议未通过3件）。

八届立法规划项目共152件，已审议78件，占比51.32%（通过73件，已审议未通过5件）；其中规划一类项目共115件，已审议70件，占比60.87%（通过66件，已审议未通过4件）。

九届立法规划项目共 89 件，已审议 56 件，占比 62.92%（通过 49 件，已审议未通过 7 件）；其中规划一类项目共 63 件，已审议 45 件，占比 71.4%（通过 41 件，已审议未通过 4 件）。

十届立法规划项目共 76 件，已审议 43 件，占比 56.58%（通过 40 件，已审议未通过 3 件）；其中规划一类项目共 59 件，已审议 39 件，占比 66.1%（通过 36 件，已审议未通过 3 件）。2005 年全国人民代表大会常务委员会立法工作会议确定推迟或取消的项目 16 件，其中一类项目 9 件。根据调整后的立法规划，规划执行率为 71.67%，一类项目执行率为 78%。

十一届立法规划项目共 64 件，已审议 36 件，占比 56.25%（通过 32 件，已审议未通过 4 件）；其中规划一类项目 49 件，已审议 33 件，占比 67.3%（通过 30 件，正在审议 3 件）；二类项目共 15 件，已审议 3 件（通过 2 件，正在审议 1 件）。

十二届全国人大常委会立法规划项目共 102 件（调整后），已审议 62 件，占比 60.8%（通过 50 件，正在审议 12 件）。其中规划一类项目 76 件，已审议 56 件，占比 74%（通过 45 件，正在审议 11 件）；二类项目 26 件，完成 6 件，占比 23%（通过 5 件，正在审议 1 件）。

各届立法规划具体落实情况如下表所示：

各届立法规划落实情况统计表

届别	落实情况类别	已审议（含通过与审议未通过）		通过		审议未通过		未审	
		数量	比率（%）	数量	比率（%）	数量	比率（%）	数量	比率（%）
七届	一类（21 件）	13	61.9	10[1]	47.62	3[2]	14.29	8	38.10
	二类（43 件）	2	4.65	2	4.65	0	0	41	95.35
	总计（64 件）	15	23.44	12	18.75	3	4.69	49	76.56
八届	一类（115 件）	70	60.87	66	57.39	4	3.48	45[3]	39.13
	二类（37 件）	8	21.62	7	18.92	1	2.70	29	78.38
	总计（152 件）	78	51.32	73[4]	48.03	5	3.29	74	48.68

续表

届别	落实情况 类别	已审议（含通过与审议未通过）		通过		审议未通过		未审	
		数量	比率（%）	数量	比率（%）	数量	比率（%）	数量	比率（%）
九届	一类（63件）	45	71.43	41	65.08	4	6.35	18	28.57
	二类（26件）	11	42.31	8	30.77	3	11.54	15	57.69
	总计（89件）	56	62.92	49⑤	55.06	7	7.87	33	37.08
十届	一类（59件）	39	66.10	36⑥	61.02	3	5.08	20	33.90
	二类（17件）	4	23.53	4	17.65	0	0	13	76.47
	总计（76件）	43	56.58	40	52.63	3	3.95	33	43.42
十一届	一类（49件）	33	67.35	30	61.22	3	6.12	16	32.65
	二类（15件）	3	20.00	2	13.33	1	6.67	12	80.00
	总计（64件）	36	56.25	32	50.00	4	6.25	28	43.75
十二	一类（76件）	56	73.68	45	59.21	11	14.47	20	26.32
	二类（26件）	6	23.08	5	19.23	1	3.85	20	76.92
	总计（102件）	62	60.78	50	49.02	12	11.76	40	39.22

①七届通过的《人民警察警衔条例》，规划为“人民警察警阶条例”（一类）。

②七届一类规划项目“科技进步法”最后通过为《科学技术进步法》（届内一审未通过）。

③八届规划一类项目“税法（及若干单行税法）”，后通过《关于外商投资企业和外国企业适用增值税、消费税、营业税等税收暂行条例的决定》，因此计为通过项目。

八届一类中有3项为以“有关法律问题的决定”形式通过，具体是：“香港特别行政区全国人民代表大会代表产生的办法”“关于惩治生产、销售伪劣商品犯罪的决定”“关于严惩组织、运送他人逾越国（边）境犯罪的补充规定”。

④八届一类中另有2项在1997年修订刑法时在《刑法》中作了统一规定，也算作通过，具体是：“惩治军人违反职责罪暂行条例（修改）”“关于玩忽职守罪的补充规定”。

八届，通过法律名称与规划中法律名称不同的项目共9项，一类中有8项，二类中有1项。一类中：1.《城市房地产管理法》规划为“房地产法”，2.《中国人民银行法》规划为“中央银行法”，3.《民用航空法》规划为“航空法”，4.《中国人民解放军选举全国人民代表大会和县级以上地方各级人民代表大会代表的办法（修订）》规划为“军队选举全国人民代表大会和地方人大代表的办法（修改）”，5.《促进科技成果转化法》规划为“科学技术成果转化法”，6.《母婴保健法》规划为“优生保健法”，7.《固体废物污染环境防治法》规划为“固体废弃物法”，8.《执业医师法》规划为“医师法”（该项目届内一审未通过）。二类中：《环境噪声污染防治法》规划为“噪声污染防治法”。

⑤九届一类中有 3 项为以“有关法律问题的决定”形式通过，具体是：“澳门特别行政区选举第九届全国人民代表大会代表的办法”“香港特别行政区选举第十届全国人民代表大会代表的办法”“澳门特别行政区选举第十届全国人民代表大会代表的办法”。

九届，通过法律名称与规划中法律名称不同的项目共 7 项，一类中有 3 项，二类中有 4 项。一类中：1.《国家通用语言文字法》规划为“语言文字法”，2.《防沙治沙法》规划为“荒漠化防治法”，3.《预防未成年人犯罪法》规划为“预防少年违法行为法”。二类中：1.《民办教育促进法》规划为“民办教育法”，2.《清洁生产促进法》规划为“清洁生产法”，3.《海事诉讼特别程序法》规划为“海事特别程序法”，4.《证券投资基金法》规划为“投资基金法”（该项目届内一审未通过）。

⑥十届通过的 2 件刑法修正案和土地管理法（修正）及人民法院组织法（修正）计为通过项目。

十届，通过法律名称与规划中法律名称不同的项目共 2 项，一、二类分别有一项。一类中《突发事件应对法》规划为“紧急状态法”，二类中《农民专业合作社法》规划为“农民合作经济组织法”。

⑦十一届通过的 2 件刑法修正案计为通过项目。

十一届一类项目增值税等若干单行税法，在届内通过车船税法、个人所得税法（修改），因此计为通过项目。

⑧十二届全国人大常委会立法规划落实情况是指调整后的规划落实情况，其中 9 件立法项目被“打包修改”，统计时按未提请审议项目处理。

二、全国人民代表大会常务委员会立法规划（1991 年 10 月—1993 年 3 月）落实情况

（1991 年 10 月—1993 年 3 月）				
序号	名称	起草单位	本届内审议通过情况	备注
第一类　拟提请全国人民代表大会或人大常务委员会审议的法律草案（21 件）				
1	产品质量法	国家技术监督局	审议通过	
2	有限责任公司法	国务院法制局、国家体改委	审议未通过	名称改为：公司法 起草单位改为：全国人大常委会法工委
3	经济合同法（修订）	国家工商局、国家体改委	未审议	1993 年通过的《经济合同法》已失效
4	海商法	交通部	通过	
5	税收征收管理法	国家税务总局	通过	
6	矿山安全卫生法	劳动部	通过	名称改为：矿山安全法

续表

序号	名称	起草单位	本届内审议通过情况	备注
7	测绘法	国家测绘局	通过	
8	银行法	中国人民银行	未审议	
9	农业技术推广法	农业部	审议未通过	
10	个人所得税法（修订）	财政部	未审	
11	统计法（修订）	国家统计局		
12	专利法（修订）	中国专利局	通过	
13	工会法	全国总工会	通过	
14	人民警察警阶条例	公安部	通过	名称改为：人民警察警衔条例
15	妇女权益保障法	全国人大内司委、全国妇联、民政部	通过	
16	散居少数民族平等权利保障法	全国人大民委	未审议	
17	代表法	全国人大常委会办公厅	通过	名称改为：全国人民代表大会和地方各级人民代表大会代表法
18	反贪污贿赂法	最高人民检察院	未审议	
19	监管改造罪犯法	司法部	未审议	
20	食品卫生法	卫生部	未审议	
21	科技进步法	国家科委	审议未通过	
第二类　拟抓紧调研论证的法律草案（43 件）				
1	计划法	国家计委	未审议	
2	固定资产投资法	国家计委	未审议	
3	价格法	国家物价局	未审议	
4	农业投资法	农业部	未审议	
5	审计法	国家审计署	未审议	

续表

序号	名称	起草单位	本届内审议通过情况	备注
6	劳动法	劳动部	未审议	
7	节能法	国家计委	未审议	
8	电力法	能源部	未审议	
9	煤炭法	能源部	未审议	
10	公路法	交通部	未审议	
11	电信法	邮电部	未审议	
12	专属经济区和大陆架法	国家海洋局	未审议	
13	领海及毗连区法	国家海洋局	审议通过	
14	商业法	商业部	未审议	
15	旅游法	国家旅游局	未审议	
16	商标法（修订）	国家工商局	通过	
17	航空法	中国民航局等	未审议	名称改为：民用航空法
18	市政法	建设部	未审议	
19	固体废弃物污染防治法	国家环保局	未审议	名称改为：固体废弃物污染环境防治法
20	地震法	国家地震局、建设部、民政部	未审议	
21	制止不正当竞争法	国家工商局	未审议	名称改为：反不正当竞争法
22	预算法	财政部	未审议	
23	华侨捐赠保护法	全国人大华侨委	未审议	
24	出版法	新闻出版署	未审议	
25	结社法	民政部	未审议	
26	公证法	司法部	未审议	
27	社会保障法	全国总工会、民政部	未审议	

续表

序号	名称	起草单位	本届内审议通过情况	备注
28	申诉法	全国人大内司委	未审议	
29	国家赔偿法	全国人大常委会法工委	未审议	
30	戒严法	全国人大常委会法工委	未审议	
31	检察官条例	最高人民检察院	未审议	
32	审判员条例	最高人民法院	未审议	
33	人民法庭组织条例	最高人民法院	未审议	
34	律师法	司法部	未审议	
35	监督法	全国人大常委会《监督法》起草小组	未审议	名称改为：各级人民代表大会常务委员会监督法
36	刑法（修改）	全国人大常委会法工委	未审议	
37	关于收容审查的决定	公安部	未审议	
38	关于惩治渎职罪的补充规定	全国人大常委会法工委	未审议	
39	医师法	卫生部	未审议	名称改为：执业医师法
40	优生保健法	卫生部	未审议	名称改为：母婴保健法
41	原子能法	国家科委	未审议	
42	国防科研生产法	国防科工委	未审议	
43	反间谍法	安全部	未审议	

三、八届全国人民代表大会常务委员会立法规划落实情况

（1993 年 3 月—1998 年 3 月）				
序号	名称	起草单位	审议通过情况	备注
第一类　本届内审议的法律草案（115 件）				
1	公司法	全国人大常委会法工委	通过	
2	合伙企业法	全国人大财经委牵头，有关部门参加	通过	
3	独资企业法	全国人大财经委牵头，有关部门参加	未审议	
4	股份合作企业法	国家体改委、国家经贸委	未审议	
5	商业银行法	中国人民银行	通过	
6	破产法	全国人大财经委牵头，有关部门参加	未审议	
7	物权法	全国人大常委会法工委	未审议	
8	合同法	全国人大常委会法工委	未审议	
9	经济合同法（修改）	国家工商局	通过	已失效
10	证券法	全国人大财经委	审议未通过	
11	票据法	中国人民银行	通过	
12	保险法	中国人民银行	通过	
13	担保法	全国人大常委会法工委	通过	
14	信托法	全国人大财经委	审议未通过	
15	经纪人法	国家体改委、国家经贸委	未审议	
16	信贷法	全国人大常委会法工委	未审议	

续表

序号	名称	起草单位	审议通过情况	备注
17	期货交易法	全国人大财经委牵头，有关部门参加	未审议	
18	拍卖法	内贸部	通过	
19	招标投标法	国家计委牵头，有关部门参加	未审议	
20	房地产法	建设部	通过	名称改为：房地产管理法
21	广告法	国家工商局	通过	
22	仲裁法	全国人大常委会法工委	通过	
23	消费者权益保护法	国家工商局	通过	
24	台湾同胞投资保护法	外贸部	通过	
25	反不正当竞争法	国家工商局	通过	
26	对外贸易法	外贸部	通过	
27	注册会计师法	财政部	通过	
28	会计法（修改）	财政部	通过	
29	预算法	财政部	通过	
30	中央银行法	中国人民银行	通过	名称改为：中国人民银行法
31	国有资产法	全国人大财经委牵头，有关部门参加	未审议	
32	外汇管理法	全国人大财经委	未审议	
33	国债法	财政部	未审议	
34	固定资产投资法	国家计委牵头，有关部门参加	未审议	
35	审计法	审计署	未审议	
36	统计法（修改）	国家统计局	通过	

续表

序号	名称	起草单位	审议通过情况	备注
37	税法（及若干单行税法）	全国人大财经委、财政部、国家税务总局	通过	全国人民代表大会常务委员会关于外商投资企业和外国企业适用增值税、消费税、营业税等税收暂行条例的决定，因此计为通过
38	个人所得税法（修改）	财政部	通过	
39	社会保险法	劳动部	未审议	
40	社会救济法	民政部牵头，全国总工会参加	未审议	
41	劳动法	劳动部	通过	
42	农业法	农业部	通过	
43	农业技术推广法	农业部	通过	
44	森林法（修改）	林业部	审议未通过	
45	水法（修改）	水利部	未审议	
46	矿产资源法（修改）	地质矿产部	通过	
47	航空法	中国民航局	通过	名称改为：民用航空法
48	港口法	交通部	未审议	
49	公路法	交通部	通过	
50	电信法	邮电部	未审议	
51	电力法	电力部	通过	
52	原子能法	国家科委	未审议	
53	节约能源法	国家计委、国家经贸委	通过	
54	全国人民代表大会组织法（修改）	全国人大常委会办公厅	未审议	

续表

序号	名称	起草单位	审议通过情况	备注
55	全国人民代表大会议事规则（修改）	全国人大常委会办公厅	未审议	
56	全国人民代表大会常务委员会议事规则（修改）	全国人大常委会办公厅	未审议	
57	立法法	全国人大常委会法工委	未审议	
58	监督法	全国人大常委会办公厅	未审议	
59	地方组织法（修改）	全国人大常委会法工委	通过	
60	法院组织法（修改）	最高人民法院	未审议	
61	检察院组织法（修改）	最高人民检察院	未审议	
62	人民法庭组织法	最高人民法院	未审议	
63	军事法院组织法	总政治部	未审议	
64	军事检察院组织法	总政治部	未审议	
65	选举法（修改）	全国人大常委会法工委	通过	
66	香港特别行政区全国人民代表大会代表产生办法	港澳办、全国人大常委会法工委	通过	名称为：香港特别行政区选举第九届全国人民代表大会代表的办法
67	军队选举全国人民代表大会和地方人大代表的办法（修改）	总政治部	通过	名称改为：中国人民解放军选举全国人民代表大会和县级以上地方各级人民代表大会代表的办法

续表

序号	名称	起草单位	审议通过情况	备注
68	村民委员会组织法（修改）	民政部	未审议	
69	国家公务员法	人事部	未审议	
70	法官法	最高人民法院	通过	
71	检察官法	最高人民检察院	通过	
72	人民警察法	公安部	通过	
73	军官军衔条例（修改）	总政治部	通过	
74	现役军官服役条例（修改）	总政治部	通过	2000年名称改为：现役军官法
75	预备役军官法	总政治部	通过	
76	行政监察法	监察部	通过	
77	行政处罚法	全国人大常委会法工委	通过	
78	行政复议法	全国人大常委会法工委、国务院法制局	未审议	
79	教育法	国家教委	通过	
80	教师法	国家教委	通过	
81	科技进步法	国家科委	通过	
82	科学技术成果转化法	全国人大教科文卫委	通过	
83	新闻法	新闻出版署	未审议	
84	出版法	新闻出版署	撤回议案	
85	档案法（修改）	国家档案局	通过	
86	医师法	卫生部	审议未通过	名称改为：执业医师法
87	优生保健法	卫生部	通过	名称改为：母婴保健法
88	药品管理法（修改）	卫生部	未审议	

续表

序号	名称	起草单位	审议通过情况	备注
89	食品卫生法（修改）	卫生部	通过	
90	红十字会法	卫生部	通过	
91	海洋环境保护法（修改）	全国人大环保委	未审议	
92	水污染防治法（修改）	全国人大环保委	通过	
93	大气污染防治法（修改）	全国人大环保委	通过	
94	固体废弃物法	国家环保局	通过	名称改为：固体废物污染环境防治法
95	关于惩治生产、销售伪劣商品犯罪的决定	全国人大常委会法工委	通过	已失效
96	刑法（修改）	全国人大常委会法工委	通过	
97	刑事诉讼法（修改）	全国人大常委会法工委	通过	
98	惩治军人违反职责罪暂行条例（修改）	总政治部	通过	刑法修改包括有关内容，《惩治军人违反职责罪暂行条例》已失效
99	惩治贪污贿赂法	最高人民检察院	未审议	刑法修改包括有关内容，但仍计为未通过
100	关于玩忽职守罪的补充规定	最高人民检察院	通过	刑法修改包括有关内容
101	关于严惩组织、运送他人偷越国（边）境犯罪的补充规定	全国人大常委会法工委	通过	有关法律问题的决定形式通过
102	律师法	司法部	通过	

续表

序号	名称	起草单位	审议通过情况	备注
103	监狱法	司法部	通过	
104	引渡法	外交部	未审议	
105	关于刑事案件赃款赃物随案移送的规定	最高人民法院	未审议	
106	国家赔偿法	全国人大常委会法工委	通过	
107	结社法	民政部	未审议	
108	国家勋章和国家荣誉称号法	全国人大常委会法工委	未审议	
109	国防法	中央军委	通过	
110	国防教育法	总政治部	未审议	
111	人民防空法	国家人防委	通过	
112	国防科研生产法	国防科工委	未审议	
113	戒严法	全国人大常委会法工委	通过	
114	公证法	司法部	未审议	
115	签证法	外交部	未审议	
第二类　研究起草、成熟时安排审议的法律草案（37 件）				
1	商会法	国家经贸委	未审议	
2	商业秘密保护法	国家经贸委	未审议	
3	反垄断法	国家经贸委	未审议	
4	专利法（修改）	国家专利局	未审议	
5	劳动合同法	劳动部	未审议	
6	计划法	国家计委	未审议	
7	价格法	国家计委	通过	
8	乡镇企业法	全国人大财经委牵头，有关部门参加	通过	
9	电子振兴法	电子部	未审议	

续表

序号	名称	起草单位	审议通过情况	备注
10	散居少数民族平等权利保障法	全国人大民委	未审议	
11	老年人权益保障法	全国人大内司委、民政部参加	通过	
12	军人地位和权益保护法	中央军委	未审议	
13	退伍军人安置法	民政部	未审议	
14	财产收入申报法	监察部	未审议	
15	民族区域自治法（修改）	全国人大民委	未审议	
16	行政许可程序法	全国人大常委会法工委	未审议	名称改为：行政许可法
17	高等教育法	国家教委	审议未通过	
18	职业教育法	国家教委	通过	
19	科技投入法	全国人大教科文卫委	未审议	
20	少数民族语言文字法	国家民委	未审议	
21	职业病防治法	卫生部	未审议	
22	初级卫生保健法	卫生部	未审议	
23	人口与计划生育法	国家计生委	未审议	
24	土地法	国家土地局	未审议	
25	渔业法（修改）	农业部	未审议	
26	草原法（修改）	农业部	未审议	
27	煤炭法	煤炭部	通过	
28	环境保护法（修改）	全国人大环保委	未审议	
29	噪声污染防治法	全国人大环保委牵头，国家环保局参加	通过	名称改为：环境噪声污染防治法
30	自然资源保护法	全国人大环保委	未审议	

续表

序号	名称	起草单位	审议通过情况	备注
31	防沙治沙法	林业部	未审议	
32	有毒化学品管理法	国家环保局	未审议	
33	防洪法	水利部	通过	
34	劳教法	司法部、公安部	未审议	
35	预防青少年犯罪法	全国人大内司委、团中央	未审议	名称改为：预防未成年人犯罪法
36	关于海事诉讼程序的规定	最高人民法院	未审议	名称改为：海事诉讼特别程序法
37	护照法	外交部	未审议	

四、九届全国人民代表大会常务委员会立法规划落实情况

（1998年3月—2003年3月）				
序号	名称	起草单位	审议通过情况	备注
第一类　本届内审议的法律草案（63件）				
一、宪法类（14件）				
1	宪法（修改）		通过	
2	立法法	全国人大常委会法工委	通过	
3	监督法	全国人大常委会办公厅	审议未通过	名称改为：各级人民代表大会常务委员会监督法
4	军事法院组织法	中央军委	未审议	
5	军事检察院组织法	中央军委	未审议	
6	专属经济区和大陆架法	国务院	通过	

续表

序号	名称	起草单位	审议通过情况	备注
7	澳门特别行政区选举第九届全国人民代表大会代表的办法	全国人大常委会法工委	通过	名称改为：澳门特别行政区第九届全国人民代表大会代表的产生办法
8	香港特别行政区选举第十届全国人民代表大会代表的办法	全国人大常委会法工委	通过	
9	澳门特别行政区选举第十届全国人民代表大会代表的办法	全国人大常委会法工委	通过	
10	国务院组织法（修改）	国务院	未审议	
11	民族区域自治法（修改）	全国人大民委	通过	
12	人民法院组织法（修改）	最高人民法院	未审议	
13	人民检察院组织法（修改）	最高人民检察院	未审议	
14	村民委员会组织法（修改）	国务院	通过	
二、民法商法类（10 件）				
15	合同法	全国人大常委会法工委	通过	
16	独资企业法	全国人大财经委	通过	名称改为：个人独资企业法
17	证券法	全国人大财经委	通过	
18	信托法	全国人大财经委	通过	
19	商事登记法	国务院	未审议	
20	商标法（修改）	国务院	通过	
21	专利法（修改）	国务院	通过	
22	著作权法（修改）	国务院	通过	

续表

序号	名称	起草单位	审议通过情况	备注
23	收养法（修改）	国务院	通过	
24	公司法（修改）	国务院	通过	
三、行政法类（20件）				
25	行政复议法	国务院	通过	
26	公务员法	国务院	未审议	
27	政府采购法	全国人大财经委	通过	
28	高等教育法	国务院	通过	
29	语言文字法	全国人大教科文卫委	通过	名称改为：国家通用语言文字法
30	职业病防治法	国务院	通过	
31	执业医师法	国务院	通过	
32	放射性污染防治法	国务院	审议未通过	
33	荒漠化防治法	全国人大环资委、农委	未审议	
34	环境影响评价法	全国人大环资委	通过	
35	消防法	国务院	通过	
36	道路交通管理法	国务院	审议未通过	名称改为：道路交通安全法
37	公证法	国务院	未审议	
38	预防少年违法行为法	全国人大内司委	通过	
39	治安管理处罚条例（修改）	国务院	未审议	
40	学位条例（修改）	国务院	未审议	
41	药品管理法（修改）	国务院	通过	
42	海洋环境保护法（修改）	全国人大环资委	通过	
43	大气污染防治法（修改）	全国人大环资委	通过	

续表

序号	名称	起草单位	审议通过情况	备注
44	兵役法（修改）	国务院、中央军委	通过	
四、经济法类（13件）				
45	电信法	国务院	未审议	
46	港口法	国务院	审议未通过	
47	招标投标法	国务院	通过	
48	遗产税法	国务院	未审议	
49	外汇管理法	全国人大财经委	未审议	
50	种子法	全国人大农委	通过	
51	国家高新技术产业开发区法	全国人大教科文卫委	终止审议	
52	个人所得税法（修改）	国务院	通过	
53	农业法（修改）	全国人大农委	通过	
54	土地管理法（修改）	国务院	通过	
55	森林法（修改）	国务院	通过	
56	水法（修改）	国务院	通过	
57	会计法（修改）	国务院	通过	
五、社会法类（5件）				
58	农民权益保护法	全国人大农委牵头，国务院有关部门参加	未审议	
59	劳动合同法	国务院	未审议	
60	社会保险法	国务院	未审议	
61	公益事业捐赠法	全国人大常委会法工委	通过	
62	工会法（修改）	全国人大常委会法工委	通过	

续表

序号	名称	起草单位	审议通过情况	备注
六、诉讼程序法类（1 件）				
63	引渡法	全国人大常委会法工委	通过	
第二类 研究起草、成熟时安排审议的法律草案（26 件）				
1	关于监督司法机关查处重大违法案件工作程序的若干规定	全国人大内司委	未审议	
2	物权法	全国人大常委会法工委	审议未通过	一审为：民法典物权篇
3	婚姻法（修改）	全国人大常委会法工委	审议通过	
4	合作经济组织法	国务院	未审议	
5	破产法	全国人大财经委牵头，国务院有关部门参加	未审议	
6	商业秘密保护法	国务院	未审议	
7	投资基金法	全国人大财经委	审议未通过	名称改为：证券投资基金法
8	行政收费法	国务院	未审议	
9	行政许可法	国务院	审议未通过	
10	行政强制措施法	全国人大常委会法工委	未审议	
11	民办教育法	全国人大教科文卫委	通过	名称改为：民办教育促进法
12	人口与计划生育法	国务院	通过	
13	国防动员法	国务院、中央军委	未审议	
14	国防教育法	中央军委	通过	

续表

序号	名称	起草单位	审议通过情况	备注
15	劳动教养法	全国人大常委会法工委	未审议	
16	清洁生产法	全国人大环资委	通过	
17	税法（若干单行税法）	国务院	未审议	
18	反垄断法	国务院	未审议	
19	反倾销和反补贴法	国务院	未审议	
20	信贷法	国务院	未审议	
21	国有资产法	全国人大财经委牵头，国务院有关部门参加	未审议	
22	中小企业促进法	全国人大财经委	通过	
23	风险投资法	全国人大教科文卫委	未审议	
24	国民经济动员法	国务院、中央军委	未审议	
25	归侨侨眷权益保护法（修改）	全国人大华侨委	通过	
26	海事特别程序法	最高人民法院	通过	名称改为：海事诉讼特别程序法

五、十届全国人民代表大会常务委员会立法规划落实情况

（2003 年 3 月—2008 年 3 月）				
序号	名称	起草单位	本届内审议通过情况	备注
第一类　本届内审议的法律草案（59 件）				
一、宪法及相关法类（10 件）				
1	宪法修正案		审议通过	
2	紧急状态法	国务院	审议未通过	名称改为：突发事件应对法

续表

序号	名称	起草单位	本届内审议通过情况	备注
3	军事法院组织法	中央军委	未审议	
4	军事检察院组织法	中央军委	未审议	
5	选举法（修订）	全国人大常委会法工委	通过	
6	地方组织法（修订）	全国人大常委会法工委	通过	
7	人民法院组织法（修订）	最高人民法院	通过	修正案形式
8	人民检察院组织法（修订）	最高人民检察院	未审议	
9	城市居民委员会组织法（修订）	国务院	未审议	
10	全国人民代表大会常务委员会议事规则（修订）	全国人大常委会办公厅	未审议	
二、民法商法类（10 件）				
11	民法—物权法	全国人大常委会法工委	通过	
12	民法—侵权责任法	全国人大常委会法工委	未审议	
13	民法—涉外民事关系的法律适用法	全国人大常委会法工委	未审议	
14	商事登记法	国务院	未审议	
15	企业破产法	全国人大财经委	通过	
16	证券投资基金法	全国人大财经委	通过	
17	公司法（修订）	国务院	通过	
18	合伙企业法（修订）	全国人大财经委	通过	
19	商业银行法（修订）	国务院	通过	
20	证券法（修订）	全国人大财经委	通过	
三、行政法类（16 件）				
21	行政许可法	国务院	通过	
22	行政收费法	国务院	未审议	

续表

序号	名称	起草单位	本届内 审议通过情况	备注
23	行政强制法	全国人大常委会法工委	审议未通过	
24	国防动员法	国务院、中央军委	未审议	
25	公务员法	国务院	通过	
26	居民身份证法	国务院	通过	
27	护照法	国务院	通过	
28	公证法	国务院	通过	
29	违法行为矫治法	全国人大常委会法工委	未审议	
30	初级卫生保健法	国务院	未审议	
31	治安管理处罚条例（修订）	国务院	通过	名称改为：治安管理处罚法
32	义务教育法（修订）	国务院	通过	
33	科学技术进步法（修订）	国务院	通过	
34	传染病防治法（修订）	国务院	通过	
35	固体废物污染环境防治法（修订）	全国人大环资委	通过	
36	建筑法（修订）	国务院	未审议	
四、经济法类（14 件）				
37	国有资产法	全国人大财经委	未通过	
38	外汇法	全国人大财经委	未审议	
39	反垄断法	国务院	通过	
40	反倾销和反补贴法	国务院	未审议	
41	保障措施法	国务院	未审议	
42	企业所得税法（统一适用各类企业）	国务院	通过	
43	银行业监督管理法	国务院	通过	
44	中国人民银行法（修订）	国务院	通过	

续表

序号	名称	起草单位	本届内审议通过情况	备注
45	预算法（修订）	全国人大常委会预算工委	未审议	
46	个人所得税法（修订）	国务院	通过	
47	审计法（修订）	国务院	通过	
48	土地管理法（修订）	国务院	通过	修正案形式
49	对外贸易法（修订）	国务院	通过	
50	反不正当竞争法（修订）	国务院	未审议	
五、社会法类（6件）				
51	社会保险法（或者养老、医疗、失业、工伤保险分别立法）	国务院	审议未通过	
52	社会救济法	国务院	未审议	
53	劳动合同法	国务院	通过	
54	农民权益保护法	全国人大农委	未审议	
55	妇女权益保障法（修订）	国务院（全国妇联）	通过	
56	未成年人保护法（修订）	全国人大内司委	通过	
六、刑法类（2件）				
1. 2005年2月常务委员会第十四次会议通过了刑法修正案（五）				
2. 2006年6月29日常务委员会第二十二次会议通过了刑法修正案（六）				
七、诉讼和非诉讼程序法类（3件）				
57	刑事诉讼法（修订）	全国人大常委会法工委	未审议	
58	民事诉讼法（修订）	全国人大常委会法工委	通过	
59	仲裁法（修订）	国务院	未审议	
第二类　研究起草、成熟时安排审议的法律草案（17件）				
1	农民合作经济组织法	全国人大农委	通过	名称改为：农民专业合作社法
2	期货交易法	全国人大财经委	未审议	
3	不动产登记法	国务院	未审议	

续表

序号	名称	起草单位	本届内审议通过情况	备注
4	融资租赁法	全国人大财经委	未审议	
5	行政程序法	全国人大常委会法工委	未审议	
6	政务信息公开法	国务院	未审议	
7	禁毒法	国务院	通过	
8	税收基本法	全国人大财经委、全国人大常委会预算工委（国务院）	未审议	
9	财政转移支付法	全国人大常委会预算工委（国务院）	未审议	
10	国民经济动员法	国务院	未审议	
11	西部开发促进法	国务院	未审议	
12	反洗钱法	全国人大常委会预算工委	通过	
13	自然保护区法	全国人大环资委	未审议	
14	海岛保护法	全国人大环资委	未审议	
15	国家赔偿法（修订）	全国人大常委会法工委	未审议	
16	行政诉讼法（修订）	全国人大常委会法工委	未审议	
17	监督法	全国人大常委会办公厅	通过	名称改为：各级人民代表大会常务委员会监督法

六、十一届全国人民代表大会常务委员会立法规划落实情况

(2008 年 3 月—2013 年 3 月)				
序号	法律名称	起草单位	状态	备注
第一类项目：任期内提请审议的法律草案（49 件）				
一、宪法及宪法相关法类（5 件）				
1	村民委员会组织法（修改）	民政部	通过	
2	城市居民委员会组织法（修改）	民政部	未审议	

续表

序号	法律名称	起草单位	状态	备注
3	全国人民代表大会和地方各级人民代表大会选举法（修改）	全国人大常委会法工委	通过	
4	全国人民代表大会组织法（修改）	全国人大常委会法工委	未审议	
5	国家赔偿法（修改）	全国人大常委会法工委	通过	
二、民法商法类（6 件）				
1	保险法（修改）	保监会	通过	
2	消费者权益保护法（修改）	国家工商总局	未审议	
3	专利法（修改）	国家知识产权局	通过	
4	商标法（修改）	国家工商总局	审议未通过	
5	侵权责任法	全国人大常委会法工委	通过	
6	涉外民事关系法律适用法	全国人大常委会法工委	通过	
三、行政法类（15 件）				
1	食品安全法	国务院法制办	通过	
2	外交人员法	外交部	通过	
3	非物质文化遗产保护法	文化部	通过	
4	国防动员法	总参、国动委	通过	
5	人民武装警察法	武警总部	通过	
6	兵役法（修改）	总参动员部	通过	
7	职业教育法（修改）	教育部	未审议	
8	药品管理法（修改）	卫生部	未审议	
9	大气污染防治法（修改）	环境保护部	未审议	
10	森林法（修改）	国家林业局	未审议	
11	城市房地产管理法（修改）	住房和城乡建设部	未审议	
12	防震减灾法（修改）	中国地震局	通过	
13	突发事件应对法（修改）	国务院法制办	未审议	
14	行政监察法（修改）	监察部	通过	

续表

序号	法律名称	起草单位	状态	备注
15	行政强制法	全国人大常委会法工委	通过	
四、经济法类（11 件）				
1	企业国有资产法	全国人大财经委	通过	
2	循环经济促进法	全国人大环资委	通过	
3	增值税等若干单行税法	国家税务总局	通过	车船税法、个人所得税法（修改）
4	电信法	工业和信息化部	未审议	
5	粮食法	国家发改委	未审议	
6	税收征收管理法（修改）	国家税务总局	未审议	
7	广告法（修改）	国家工商总局	未审议	
8	邮政法（修改）	国务院法制办	通过	
9	土地管理法（修改）	国土资源部	审议未通过	
10	矿产资源法（修改）	国土资源部	未审议	
11	预算法（修改）	全国人大预算工委、财政部	审议未通过	
五、社会法类（6 件）				
1	社会保险法	人力资源和社会保障部	通过	
2	基本医疗卫生保健法	卫生部	未审议	
3	精神卫生法	卫生部	通过	
4	社会救助法	民政部	未审议	
5	慈善事业法	民政部	未审议	
6	老年人权益保障法（修改）	民政部（全国人大内司委）	通过	
六、刑法类（1 件）				
1	刑法修正案（根据情况需要，适时审议刑法修正案草案）	全国人大常委会法工委	通过	刑法修正案（七） 刑法修正案（八）

续表

序号	法律名称	起草单位	状态	备注
七、诉讼与非诉讼程序法类（5件）				
1	农村土地承包纠纷仲裁法	农业部	通过	
2	人民调解法	司法部	通过	
3	刑事诉讼法（修改）	全国人大常委会法工委	通过	
4	民事诉讼法（修改）	全国人大常委会法工委	通过	
5	行政诉讼法（修改）	全国人大常委会法工委	未审议	
第二类项目：研究起草、条件成熟时安排审议的法律草案（15件）				
1	行业协会商会法	国家发改委	未审议	
2	行政收费管理法	国务院法制办	未审议	
3	国民经济动员法	国家发改委	未审议	
4	国防交通法	总后勤部	未审议	
5	陆地边界法	国务院、中央军委	未审议	
6	司法协助法	司法部	未审议	
7	出境入境管理法	公安部	通过	
8	中（传统）医药法	卫生部	未审议	
9	图书馆法	文化部	未审议	
10	住房保障法	住房和城乡建设部	未审议	
11	期货法	全国人大财经委、证监会	未审议	
12	资产评估法	全国人大财经委	审议未通过	
13	海岛保护法	全国人大环资委	通过	
14	自然保护区法	全国人大环资委	未审议	
15	违法行为矫治法	全国人大常委会法工委	未审议	

七、十二届全国人民代表大会常务委员会立法规划落实情况

（2015 年调整）

（2013 年 3 月—2018 年 3 月）

序号	法律名称	提请审议机关或牵头起草单位	执行情况	备注
第一类项目：条件比较成熟、任期内拟提请审议的法律草案（76 件）				
1	关于建立宪法宣誓制度的决定	委员长会议	已通过	
2	选举法（修改）	委员长会议	已通过	
3	地方组织法（修改）	委员长会议	已通过	
4	代表法（修改）	委员长会议	已通过	
5	立法法（修改）	委员长会议	已通过	
6	人民法院组织法（修改）	全国人大内司委	审议未通过	
7	人民检察院组织法（修改）	全国人大内司委	审议未通过	
8	法官法（修改）	最高人民法院	审议未通过	
9	检察官法（修改）	最高人民检察院	审议未通过	
10	陆地国界法	全国人大外事委	未审议	
11	国家勋章和国家荣誉称号法	委员长会议	已通过	
12	民法典编纂	委员长会议	审议未通过	
13	农村土地承包法（修改）	全国人大农委	审议未通过	
14	商标法（修改）	国务院	已通过	
15	专利法（修改）	国务院	未审议	
16	著作权法（修改）	国务院	未审议	
17	消费者权益保护法（修改）	委员长会议	已通过	
18	证券法（修改）	全国人大财经委	审议未通过	
19	行政复议法（修改）	国务院	未审议	
20	行政监察法（修改）	委员长会议	审议未通过	名称改为：监察法
21	国家安全法	委员长会议	已通过	
22	反间谍法	国务院	已通过	

续表

序号	法律名称	提请审议机关或牵头起草单位	执行情况	备注
23	反恐怖主义法	委员长会议	已通过	
24	境外非政府组织管理法	国务院	已通过	
25	网络安全法	委员长会议	已通过	
26	职业教育法（修改）	国务院	未审议	
27	教育法（修改）	国务院	已通过	
28	高等教育法（修改）	国务院	已通过	
29	民办教育促进法（修改）	国务院	已通过	
30	促进科技成果转化法（修改）	国务院	已通过	
31	公共文化服务保障法	全国人大教科文卫委	已通过	
32	文化产业促进法	国务院	未审议	
33	公共图书馆法	国务院	已通过	
34	基本医疗卫生法	全国人大教科文卫委	审议未通过	名称改为：基本医疗卫生与健康促进法
35	食品安全法（修改）	国务院	已通过	
36	中医药法	国务院	已通过	
37	土地管理法（修改）	国务院	未审议	
38	测绘法（修改）	国务院	已通过	
39	环境保护法（修改）	全国人大环资委	已通过	
40	水污染防治法（修改）	国务院	已通过	
41	大气污染防治法（修改）	国务院	已通过	
42	土壤污染防治法	全国人大环资委	审议未通过	
43	野生动物保护法（修改）	全国人大环资委	已通过	
44	军事设施保护法（修改）	国务院、中央军委	已通过	
45	人民防空法（修改）	国务院、中央军委	未审议	
46	国防交通法	国务院、中央军委	已通过	
47	预算法（修改）	国务院	已通过	

续表

序号	法律名称	提请审议机关或牵头起草单位	执行情况	备注
48	环境保护税法	国务院	已通过	
49	增值税法	国务院	未审议	
50	资源税法	国务院	未审议	
51	房地产税法	全国人大常委会预算工委、财政部	未审议	
52	关税法	国务院	未审议	
53	船舶吨税法	国务院	已通过	
54	耕地占用税法	国务院	未审议	
55	税收征收管理法（修改）	国务院	未审议	
56	粮食法	国务院	未审议	
57	种子法（修改）	全国人大农委	已通过	
58	资产评估法	全国人大财经委	已通过	
59	原子能法	国务院	未审议	
60	航道法	国务院	已通过	
61	电信法	国务院	未审议	
62	森林法（修改）	国务院	未审议	
63	标准化法（修改）	国务院	已通过	
64	广告法（修改）	国务院	已通过	
65	中小企业促进法（修改）	全国人大财经委	已通过	
66	铁路法（修改）	国务院	未审议	
67	旅游法	全国人大财经委	已通过	
68	红十字会法（修改）	全国人大教科文卫委	已通过	
69	慈善事业法	全国人大内司委	已通过	
70	反家庭暴力法	国务院	已通过	
71	安全生产法（修改）	国务院	已通过	
72	矿山安全法（修改）	国务院	未审议	

续表

序号	法律名称	提请审议机关或牵头起草单位	执行情况	备注
73	特种设备安全法	全国人大财经委	已通过	
74	刑法修正案	委员长会议	已通过	刑法修正案（十）
75	国际刑事司法协助法	全国人大外事委	审议未通过	
76	行政诉讼法（修改）	委员长会议	已通过	
第二类项目：需要抓紧工作、条件成熟时提请审议的法律草案（26 件）				
1	海洋基本法	国务院	未审议	
2	城市居民委员会组织法（修改）	国务院	未审议	
3	农民专业合作社法（修改）	全国人大农委	已通过	
4	商业银行法（修改）	国务院	未审议	
5	期货法	全国人大财经委	未审议	
6	电子商务法	全国人大财经委	审议未通过	
7	中外合资经营企业法、外资企业法、中外合作经营企业法（修改）	国务院	未审议	
8	现役军官法（修改）	国务院、中央军委	未审议	
9	社区矫正法	国务院	未审议	
10	看守所法	国务院	未审议	
11	海上交通安全法（修改）	国务院	未审议	
12	电影产业促进法	国务院	已通过	
13	文物保护法（修改）	国务院	未审议	
14	药品管理法（修改）	国务院	未审议	
15	核安全法	全国人大环资委	已通过	
16	反不正当竞争法（修改）	国务院	已通过	
17	发展规划法	国务院	未审议	

续表

序号	法律名称	提请审议机关或牵头起草单位	执行情况	备注
18	中国人民银行法（修改）	国务院	未审议	
19	矿产资源法（修改）	国务院	未审议	
20	能源法	国务院	未审议	
21	循环经济促进法（修改）	全国人大环资委	未审议	
22	基础设施和公用事业特许经营法	国务院	未审议	
23	深海海底区域资源勘探开发法	全国人大环资委	已通过	
24	草原法（修改）	国务院	未审议	
25	航空法	国务院、中央军委	未审议	
26	刑事被害人救助法	委员长会议	未审议	

第六章　十二届全国人民代表大会常务委员会年度立法工作计划

全国人大常委会 2013 年立法工作计划

（2013 年 4 月 15 日第十二届全国人民代表大会常务委员会第二次委员长会议通过）

2013 年是十二届全国人大及其常委会的开局之年。全国人大常委会立法工作，要以邓小平理论、“三个代表”重要思想、科学发展观为指导，全面贯彻落实党的十八大精神，加强重点领域立法，研究制定或者修改转变经济发展方式、保障和改善民生、加强和创新社会管理、推进文化事业发展、推进生态文明建设等方面的法律，坚持科学立法、民主立法，着力提高立法质量，进一步发挥立法在中国特色社会主义事业中的引领和推动作用，为全面建成小康社会、发展中国特色社会主义提供更加有力的法制保障。

一、做好法律案审议工作

按照完善中国特色社会主义法律体系的要求，根据全国人大常委会 2013 年工作要点提出的指导思想和工作部署，突出重点，统筹兼顾，对 2013 年法律案审议工作作如下安排：

（一）继续审议的法律案

1. 旅游法　（4 月三审）
2. 特种设备安全法　（4 月二审）
3. 环境保护法（修改）　（6 月二审）

4. 商标法（修改）　　（6 月二审）

5. 预算法（修改）　　（8 月三审）

资产评估法、土地管理法（修改）根据情况，适时安排审议。

（二）初次审议的法律案

1. 消费者权益保护法（修改）　　（4 月）

2. 传染病防治法（修改）　　（6 月）

3. 航道法　　（10 月）

4. 军事设施保护法（修改）　　（10 月）

5. 行政诉讼法（修改）　　（10 月）

6. 社会救助法　　（12 月）

7. 中医药法　　（12 月）

以上项目初次审议时间，可以视情适当调整。落实《国务院机构改革和职能转变方案》需要修改的法律，适时安排审议。

（三）预备项目

修改注册会计师法、广告法、安全生产法、职业教育法、野生动物保护法、水污染防治法、著作权法、行政复议法、中小企业促进法、红十字会法等，制定粮食法、社区矫正法、公共图书馆法、电影产业促进法、反家庭暴力法、慈善事业法、自然保护区法（自然遗产法）以及单行税法等。这些立法项目由有关方面抓紧调研和起草工作，视情况在 2013 年或者以后年度安排全国人大常委会审议。还有一些立法项目，条件成熟时可以视情安排全国人大常委会审议。

全国人大有关专门委员会和常委会工作委员会要提前介入相关法律案的起草工作，积极督促、推动有关方面抓紧法律案的起草工作，做好相关法律案的审议工作。

二、坚持科学立法、民主立法

进一步完善人大代表参与立法的工作机制，发挥人大代表在立法中的主体作用。完善法律草案公开征求意见工作，拓展人民有序参与立法途径。加强立法调研和论证，提高立法的针对性、及时性、系统性，保证法律各项制度衔接协调，保障法律体系和谐统一。

进一步完善立法后评估工作机制，推动这项工作逐步实现常态化、规范化。结合法律实施过程中遇到的新情况新问题以及常委会执法检查中发现的问题，选择有关法律开展立法后的评估工作，提出工作建议。

抓好立法项目论证，科学确定立法项目。继续选取若干立法建议项目，对立法必要性、可行性及其与相关法律关系等进行论证，提出有关工作建议。

三、做好常委会立法规划编制工作

贯彻党的十八大精神，结合落实“十二五”规划纲要，做好第十二届全国人大常委会立法规划编制工作。加强立法工作组织协调，统筹安排未来五年立法工作，提出目标任务、工作要求和落实措施。召开全国人大常委会立法工作会议，部署落实立法规划实施工作，加强实施指导和协调。

四、做好法律解释和督促法律配套法规的制定、修改工作

适应经济社会发展要求，加强法律解释工作，为保证法律正确贯彻实施，逐步建立起针对性强、反应及时、便于操作的法律解释工作机制。

督促有关方面抓紧法律配套法规的制定和修改。有关方面在法律草案起草阶段，应当同时研究起草法律配套法规，努力做到配套法规与法律同步实施。对已有的配套法规，要及时清理、修改，以不断适应经济社会发展的需要。全国人大有关专门委员会、常委会工作委员会要加强沟通、紧密配合，建立健全法律配套法规制定的跟踪督促反馈机制。

五、加强法律宣传和立法工作队伍建设

做好法律起草、审议阶段和通过后的宣传工作，增强社会各方面对立法过程的了解和参与，使立法过程成为引导社会舆论、凝聚各方共识、普及法律知识的过程。有针对性地开展新制定和修改法律的宣传工作，为法律正确、有效实施营造良好社会氛围。

加强立法工作队伍建设，着力培养高素质立法工作人才。加强对地方人大立法工作的指导，加大经验交流、工作研讨和业务培训的力度。开好全国地方立法研讨会。

全国人大常委会 2014 年立法工作计划

（2014 年 4 月 14 日第十二届全国人民代表大会
常务委员会第二十一次委员长会议通过）

2014 年，是贯彻落实党的十八届三中全会全面深化改革总体部署的第一年，是贯彻实施十二届全国人大常委会立法规划的重要一年。全国人大常委会立法工作，要以邓小平理论、“三个代表”重要思想、科学发展观为指导，全面贯彻落实党的十八大、十八届二中、三中全会和习近平总书记系列重要讲话精神，紧紧围绕全面深化改革的战略部署，发挥立法的引领、推动和保障作用，加强重点领域立法，注重各方面法律制度的协调发展，积极推进科学立法、民主立法，扩大公民有序参与立法途径，着力提高立法质量，切实增强法律的可执行性和可操作性，更加注重法律的有效实施，为全面深化改革、全面建成小康社会、实现中华民族伟大复兴的中国梦提供坚实有力的法制保障。

一、做好法律案审议工作

按照完善中国特色社会主义法律体系的要求，根据五年立法规划和常委会 2014 年工作要点的安排，突出重点，统筹兼顾，对 2014 年法律案审议工作作如下安排：

（一）继续审议的法律案

1. 环境保护法（修改）（4 月）
2. 军事设施保护法（修改）（6 月）
3. 资产评估法（8 月）
4. 行政诉讼法（修改）（10 月）

预算法（修改）、土地管理法（修改）根据情况，适时安排审议。

（二）初次审议的法律案

1. 安全生产法（修改）（2 月）
2. 关于刑法、刑事诉讼法有关规定的解释（4 月）

3. 航道法（4 月）
4. 广告法（修改）（6 月）
5. 行政复议法（修改）（6 月）
6. 立法法（修改）（8 月）
7. 食品安全法（修改）（10 月）
8. 国家勋章和国家荣誉称号法（12 月）
9. 证券法（修改）（12 月）
10. 大气污染防治法（修改）（12 月）

以上项目初次审议时间，可以视情适当调整。落实党中央关于全面深化改革部署和十二届全国人大一次会议批准的国务院机构改革和职能转变方案需要修改的法律，适时安排审议。

（三）预备项目

修改教育法律（教育法、高等教育法、民办教育促进法、教师法）、著作权法、野生动物保护法、种子法、刑法等，制定中医药法、期货法、粮食法、网络安全法、电影产业促进法、国防交通法及单行税法等。这些立法项目由有关方面抓紧调研和起草工作，视情况在 2014 年或者以后年度安排全国人大常委会审议。还有一些立法项目，条件成熟时可以视情安排全国人大常委会审议。

全国人大有关专门委员会、常委会工作委员会要提前介入法律案调研起草工作，及时掌握进展情况和起草中涉及的重大问题，积极督促、推动有关方面抓紧法律草案的起草工作，做好相关法律案的审议工作。全国人大有关专门委员会、常委会工作委员会牵头起草法律草案，要注意听取其他有关方面的意见。

二、积极推进科学立法、民主立法

发挥常委会在立法工作中的主导作用。落实党的十八届三中全会确定的改革举措和改革任务，对需要修改完善法律的制度性建设问题，要按照既稳妥又主动的原则，加强研究，尽快启动，确保重大改革于法有据，在法治轨道上推进改革。加强立法工作组织协调，健全立法起草、论证、协调、审议机制。密切跟踪经济社会的发展，充分了解社会需求，提高立法的针对性、及时性和系统性，积极回应社会关切。着力提高立法质量，切实增强法律的可执行性，努力使法律准确反映经济社会发展要求，符合客观规律，符合最广大人民的根本利益。

进一步完善人大代表参与立法的工作机制。尊重人大代表主体地位，更加注重发挥人大代表的特点、优势和作用，把办理好人大代表依法提出的议案、建议同制定、修改法律紧密结合起来，做好人大代表列席常委会会议审议法律案的工作，健全人大代表参与立法论证、立法调研、立法评估的工作机制。

加强和改进立法调研工作。针对立法中的重点难点问题，深入实际、深入基层，注意直接倾听基层群众和一线干部的意见。探索邀请地方人大常委会同志直接参与法律草案起草和修改工作。坚持并创新实践中行之有效的调研方式，探索建立听取、收集基层立法意见的经常性渠道，综合运用蹲点调研、跟踪典型案例、“暗访”、随机访谈、问卷调查等多种调研方法，多层次、多渠道地了解真情、实情，掌握一手材料。

做好立法项目论证、法律案通过前评估和立法后评估工作。继续选取若干立法建议项目，对立法必要性、立法时机、立法条件等进行研究论证，提出有关工作建议。继续完善和认真做好法律案通过前评估工作，对法律草案的科学性、法律出台时机、立法的社会影响等进行评估，保证提请全国人大常委会表决的法律草案质量。进一步完善立法后评估工作机制，推动这项工作逐步实现常态化、规范化。

完善法律草案公开征求意见工作机制。继续推动法律草案二次、三次审议稿网上公开征求意见工作常态化，逐步建立健全公众意见表达和采纳情况反馈机制。

三、做好立法相关工作

加强法律解释工作。对需要进一步明确法律规定具体含义或者出现新情况需要明确适用法律依据的，予以及时回应，依照法定程序作出法律解释。要逐步研究建立针对性强、反应及时、便于操作的法律解释工作机制，保证法律正确贯彻实施。

督促法律配套法规的制定和修改。需要制定法律配套法规的，有关方面在法律草案起草阶段，应当同时研究起草法律配套法规，努力做到配套法规与法律同步实施。有关法律修改后，督促有关方面对已有的配套法规及时清理、修改。全国人大有关专门委员会、常委会工作委员会要加强沟通、紧密配合，健全法律配套法规制定的跟踪督促反馈机制。

抓好立法宣传和舆论引导。做好法律案起草、审议阶段及其通过后的宣传工作，增强社会各方面对立法过程的了解和参与，为法律正确、有效实施营造良好社会氛围。对于关系改革发展稳定大局、关系群众切身利益、社会各方面普遍关注的重要法律，有针对性地开展宣传和舆论引导工作，及时、准确解读，掌握舆论主导权。

开展法律理论研究。继续开展对发挥立法引领和推动作用、完善中国特色社会主义法律体系等重大问题的研究，指导立法实践；继续抓好立法技术规范的研究和补充完善工作。

四、加强立法工作队伍建设

继续加强立法工作队伍建设，着力培养高素质立法工作人才，为做好立法工作提供可靠组织保障。加强与地方人大在立法工作中的联系，加大业务指导、经验交流、工作研讨以及培训力度。开好第二十次全国地方立法研讨会。

全国人大常委会2015年立法工作计划

（2014年12月15日第十二届全国人民代表大会常务委员会第三十六次委员长会议原则通过　2015年4月10日第十二届全国人民代表大会常务委员会第四十五次委员长会议修改）

全国人大常委会2015年立法工作的总体要求是，全面贯彻落实党的十八大和十八届三中、四中全会精神，高举中国特色社会主义伟大旗帜，以邓小平理论、“三个代表”重要思想、科学发展观为指导，深入学习贯彻习近平总书记系列重要讲话精神，紧紧围绕全面建成小康社会、全面深化改革、全面依法治国、全面从严治党的战略布局，贯彻中国特色社会主义法治理论，主动适应改革和经济发展需要，发挥立法的引领和推动作用，加强重点领域立法，注重各方面法律制度的协调发展，深入推进科学立法、民主立法，拓宽、创新公民有序参与立法的途径和形式，着力提高立法质量，完善以宪法为核心的中国特色社会主义法律体系，推进中国特色社会主义法治体系建设，为实现“两个一百年”奋斗目标、实现中华民族伟大复兴的中国梦作出新贡献。

一、加强重点领域立法，做好相关法律案审议工作

按照完善以宪法为核心的中国特色社会主义法律体系的要求，根据五年立法规划和常委会 2015 年工作要点的安排，突出重点，对 2015 年法律案审议工作作如下安排：

（一）继续审议的法律案

1. 反恐怖主义法 （2 月）
2. 立法法（修改） （已通过）
3. 广告法（修改） （4 月）
4. 国家安全法 （4 月）
5. 食品安全法（修改） （4 月）
6. 境外非政府组织管理法 （4 月）
7. 刑法修正案（九） （6 月）
8. 大气污染防治法（修改） （6 月）
9. 资产评估法 （8 月）

（二）初次审议的法律案

1. 促进科技成果转化法（修改） （2 月）
2. 证券法（修改） （4 月）
3. 种子法（修改） （4 月）
4. 关于建立宪法宣誓制度的决定 （6 月）
5. 选举法、地方组织法、代表法（修改） （6 月）

6. 网络安全法　(6月)
7. 国家勋章和国家荣誉称号法　(8月)
8. 教育法、高等教育法、民办教育促进法（修改）　(8月)
9. 反家庭暴力法　(8月)
10. 慈善事业法　(10月)
11. 国防交通法　(10月)
12. 中医药法　(10月)
13. 野生动物保护法（修改）　(12月)
14. 行政复议法（修改）　(12月)
15. 测绘法（修改）　(12月)
16. 红十字会法（修改）　(12月)

以上项目审议时间，可以视情适当调整。

落实党中央关于全面深化改革、全面推进依法治国部署需要修改的其他法律，适时安排审议。

（三）预备项目

修改著作权法、反不正当竞争法、外资三法（中外合资经营企业法、外资企业法、中外合作经营企业法）、农村土地承包法、行政监察法、税收征收管理法、电力法、节约能源法、矿山安全法、人民防空法。制定环境保护税法、房地产税法、公共文化服务保障法、电影产业促进法、粮食法、期货法、社区矫正法、国际刑事司法协助法、深海海底区域资源勘探开发法。这些立法项目由有关方面抓紧调研和起草工作，视情在2015年或者以后年度安排全国人大常委会审议。还有一些立法项目，视情安排全国人大常委会审议。

二、贯彻党的十八届三中、四中全会精神，加强和改进立法工作

坚持党的领导。把坚持党的领导贯穿立法全过程。凡立法涉及重大体制和重大政策调整的，必须报党中央讨论决定。法律制定和修改的重大问题由全国人大常委会党组向党中央报告。全国人大有关专门委员会、常委会工作委员会要主动与中央全面深化改革领导小组办公室等有关方面加强沟通，共同推进有关立法项目的立法进程。按照十八届四中全会决定关于加强重点领

域立法的要求，调整本届全国人大常委会立法规划。

发挥在立法工作中的主导作用。全国人大常委会要主动加强立法工作组织协调。综合性、全局性、基础性等重要法律草案，由全国人大相关专门委员会、全国人大常委会工作委员会组织起草，并逐步形成常态化制度。有关专门委员会、常委会工作委员会牵头起草法律草案，要注意听取其他有关方面的意见，广泛凝聚立法共识，把重大意见分歧解决在起草阶段。对于有关部门起草的法律草案，有关专门委员会、常委会工作委员会要提前介入法律草案调研起草工作，及时掌握进展情况和起草中涉及的重大问题，积极督促、推动有关方面抓紧工作。对法律需要制定配套法规的，有关专门委员会、常委会工作委员会要加强沟通、紧密配合，督促有关方面制定新的配套法规或对已有的配套法规及时清理、修改，健全法律配套法规制定的跟踪督促反馈机制。研究落实建立健全专门委员会、工作委员会立法专家顾问制度。

坚持立法与改革决策相衔接。坚持立法先行，发挥立法的引领和推动作用，做到重大改革于法有据，立法主动适应改革和经济社会发展需要。对各方面、各地方提出的创新需求，要从立法上积极研究可行路径和解决方法。改革举措涉及法律立改废的，要及时启动立法程序。实践证明行之有效的，要及时上升为法律；实践条件还不成熟、需要先行先试的，要按照法定程序作出授权；对不适应改革要求的法律，要及时修改或废止。启动民法典编纂工作。

做好修改后立法法的贯彻实施工作。要根据修改后的立法法，进一步加强和改进立法工作。推动各有关方面和地方将修改后的立法法确立的新制度、明确的新要求，贯彻落实到立法工作的每一个环节、每一个步骤中。通过举办培训班、讲座等形式，积极开展立法法的宣传培训工作。加强对地方积极稳妥地推进依法赋予设区的市地方立法权工作的指导。

进一步加强立项、起草、论证、协调、审议工作。继续完善立法项目征集和论证制度，对于在立法规划和年度立法工作计划以外提出的立法项目建议，可以会同有关方面，对立法的必要性、可行性、立法时机和条件等进行研究论证。健全立法机关主导，有关部门参加，专家学者、企业事业单位、人大代表和人民群众共同参与的立法工作机制。继续做好法律案通过前评估和立法后评估工作。对立法中涉及的重大利益调整事项，可邀请有关国家机关、社会团体、专家学者等进行论证咨询。

进一步做好人大代表参与立法的工作。尊重人大代表主体地位，在立法工作中更加注重分专业、有重点地发挥人大代表的优势和作用。把办理好人大代表依法提出的议案、建议同拟订立法工作计划、制定和修改法律紧密结合起来。健全法律起草征求人大代表意见制度，做好安排人大代表列席常委会会议审议法律案的有关工作，更好发挥人大代表参与起草和修改法律的作用。

多渠道、多形式广泛听取意见。健全向下级人大征询立法意见机制。建立若干基层立法联系点，或者依托有关省级人大常委会已经建立的基层立法联系点，征求基层群众和一线干部的意见。采取多种形式听取政协委员、民主党派、工商联、无党派人士、人民团体、社会组织的意见。继续推动法律草案一次、二次审议稿网上公开征求意见工作常态化，逐步健全法律草案公开征求意见和公众意见采纳情况反馈机制。

加强法律解释工作。研究健全宪法解释程序机制。在总结实践经验的基础上，深入研究法律解释的特点和规律，健全方法科学、程序完备的法律解释工作机制。对于有关方面提出的需要明确法律规定具体含义或者出现新情况需要明确适用法律依据的需求，要加强研究，及时予以回应，依法作出法律解释。对于有关方面提出的关于法律实施中具体问题的法律询问，常委会法制工作委员会要认真研究，及时答复，保证法律有效实施。

加强备案审查制度和能力建设。加强对行政法规、地方性法规、自治条例和单行条例、经济特区法规、司法解释等的备案审查，加大依法撤销和纠正违宪违法的规范性文件力度。加强主动审查研究工作，认真研究处理有关国家机关和社会团体、企业事业组织以及公民提出的审查建议。与有关方面共同探索建立备案审查联动工作机制。继续推动地方建立健全法律制定或者修改后地方性法规的常规清理机制。

抓好中国特色社会主义法治理论研究和立法宣传工作。大力开展中国特色社会主义法治理论研究，把握立法工作规律，指导立法实践。继续做好法律案起草、审议阶段及其通过后、实施前的宣传工作，有针对性地开展重要法律的宣传和舆论引导，与有关方面密切配合，准确解读法律条文，使立法机关依法履职的过程成为普及法律知识、增强法治意识、树立法治观念的过程。

加强立法工作队伍建设。把思想政治建设摆在首位，加强理想信念教育，深入开展社会主义核心价值观和社会主义法治理念教育，坚持党的事业、人民利益、宪法法律至上。完善立法工作人才选拔任用、激励保障等机制，积极推进干部交流。加强业务能力建设，深入开展中国特色社会主义法治理论学习，着力培养高素质立法工作人才。加强与地方人大在立法工作中的联系，加强业务指导、经验交流、工作研讨。开好第二十一次全国地方立法研讨会。

全国人大常委会 2016 年立法工作计划

（2015 年 12 月 14 日第十二届全国人民代表大会常务委员会第五十八次委员长会议原则通过　2015 年 12 月 26 日第十二届全国人民代表大会常务委员会第五十九次委员长会议第一次修改　2016 年 4 月 15 日第十二届全国人民代表大会常务委员会第六十七次委员长会议第二次修改）

2016 年是全面建成小康社会决胜阶段的开局之年。全国人大常委会 2016 年立法工作的总体要求是：全面贯彻党的十八大和十八届三中、四中、五中全会精神，以邓小平理论、“三个代表”重要思想、科学发展观为指导，深入学习贯彻习近平总书记系列重要讲话精神，按照“五位一体”总体布局和“四个全面”战略布局，牢固树立和贯彻落实创新、协调、绿色、开放、共享的新发展理念，坚持党的领导、人民当家作主、依法治国有机统一，发挥立法的引领和推动作用，加快重点领域立法，注重各方面法律制度的协调发展，深入推进科学立法、民主立法，遵循和把握立法规律，着力提高立法质量，加快形成完备的法律规范体系，以良法促进发展、保证善治，为实现“十三五”时期经济社会发展良好开局、夺取全面建成小康社会决胜阶段的伟大胜利作出新贡献。

一、认真落实立法规划，做好相关法律案审议工作

按照完善以宪法为核心的中国特色社会主义法律体系的要求，根据调整

后的全国人大常委会立法规划和常委会2016年工作要点的安排，对2016年法律案审议工作作如下安排：

（一）继续审议的法律案

1. 深海海底区域资源勘探开发法（已通过）
2. 慈善法（已通过）
3. 境外非政府组织管理法（4月）
4. 野生动物保护法（修改）（4月）
5. 网络安全法（6月）
6. 民办教育促进法（修改）（6月）
7. 资产评估法（6月）
8. 电影产业促进法（8月）
9. 中医药法（8月）
10. 证券法（修改）（12月）

（二）初次审议的法律案

1. 国防交通法（4月）
2. 公共文化服务保障法（4月）
3. 红十字会法（修改）（6月）
4. 民法总则（6月）
5. 环境保护税法（6月）
6. 海洋环境保护法（修改）（8月）
7. 社区矫正法（10月）
8. 中小企业促进法（修改）（10月）
9. 国际刑事司法协助法（12月）
10. 水污染防治法（修改）（12月）

以上项目审议时间，可以视情适当调整。

落实党中央关于全面深化改革、全面推进依法治国、“十三五”规划、国防和军队改革等部署需要制定和修改的其他法律，适时安排审议。

（三）预备项目

修改测绘法、矿山安全法、农民专业合作社法、行政复议法、行政监察法、档案法、现役军官法、税收征收管理法、土地管理法、标准化法。制定核安全法、粮食法、原子能法、外国投资法（修改外资三法，即中外合资经营企业法、外资企业法、中外合作经营企业法）、房地产税法、船舶吨税法、烟叶税法、公共图书馆法、电子商务法。这些立法项目由有关方面抓紧调研和起草工作，视情在 2016 年或者以后年度安排审议。还有一些立法项目，视情安排审议。

（四）做好改革试点授权决定相关工作

按照党中央的决策部署，对实践条件还不成熟、需要先行先试的，依法及时作出授权决定。

全国人大常委会关于授权最高人民法院、最高人民检察院在部分地区开展刑事案件速裁程序试点工作的决定，关于授权国务院在中国（上海）自由贸易试验区暂时调整有关法律规定的行政审批的决定，分别于 2016 年 8 月、2016 年 10 月到期。授权决定实施期满，对实践证明可行，由有关方面及时依法提出修改有关法律的议案，适时安排全国人大常委会审议；或者结合相关立法工作统筹考虑。

正在实行的全国人大常委会关于授权在部分地区开展人民陪审员制度改革试点工作的决定、关于授权最高人民检察院在部分地区开展公益诉讼试点工作的决定等相关改革试点授权决定，有关方面要认真做好审议试点情况中期报告的有关工作。

二、适应新形势新任务新要求，加强和改进立法工作

坚持党对立法工作的领导，加强立法工作组织协调和综合指导。坚持党中央的集中统一领导，切实保障党中央重大决策部署的贯彻落实。严格落实立法工作向党中央请示报告制度，需要党中央研究的重大立法事项、法律起草及审议中涉及重大体制和重大政策调整的问题，由全国人大常委会党组及时向党中央请示报告。发挥全国人大及其常委会在立法工作中的主导作用。进一步完善立法项目征集和论证制度，把好立项关。健全全国人大相关专门委员会、全国人大常委会工作委员会组织起草综合性、全局性、基础性等重要法律草案的机制，推动、督促国务院及其有关部门按照立法规划、计划及

时组织起草法律草案，按时提请审议。涉及落实改革任务举措等立法项目，要加强与中央全面深化改革领导小组办公室等有关方面的沟通协调，共同推进相关立法工作。对法律需要制定配套法规的，有关专门委员会、常委会工作委员会要督促国务院及其有关部门和地方按照要求制定、修改、清理配套法规，确保法律有效实施。

深入推进科学立法、民主立法。全面贯彻实施立法法，严格依照立法法规定的权限和程序，行使立法职权。发挥立法机关在表达、平衡、调整社会利益方面的重要作用，健全立法论证、听证机制，建立对立法中涉及的重大利益调整的论证咨询制度。继续做好法律案通过前评估和立法后评估工作。健全宪法解释程序机制，研究制定健全宪法解释工作程序的若干规定。坚持立改废释并举，继续加强法律解释工作。建立健全对授权决定到期后的处理机制。授权决定实施期满，对实践证明可行的，及时修改完善有关法律；对实践证明不宜调整的，恢复施行有关法律规定。做好法律案提请全国人民代表大会审议的相关工作，保障人大代表行使立法权力。把办理好人大代表依法提出的议案、建议与立法工作紧密结合起来，继续邀请相关人大代表参与立法论证、调研、审议等工作。加强和改进公布法律草案征求意见工作，逐步健全公众意见采纳反馈机制。扎实做好基层立法联系点工作，注重听取基层群众和一线干部对立法工作的意见。

进一步加强备案审查制度和能力建设。进一步健全备案审查工作机制，注重发挥各专门委员会在主动审查方面的作用。依照立法法有关规定，对新制定的行政法规、司法解释逐件进行主动审查研究；围绕常委会工作重点和立法工作情况，适应设区的市、自治州行使地方立法权的实际情况，有重点地探索开展对地方性法规的主动审查。认真做好对国家机关和社会团体、企事业组织以及公民提出的审查建议的研究处理、反馈等工作。

继续做好中国特色社会主义法治理论研究和立法宣传工作。认真总结、深入研究立法工作规律，指导立法实践。做好法律案起草、审议和通过后的宣传工作，重点加强审议阶段的宣传舆论引导，增强社会各方面对立法过程的了解和参与，使立法机关依法履职的过程成为引导社会舆论、凝聚各方共识、普及法律知识的过程，为法律正确、有效实施营造良好社会氛围。

加强对地方人大立法工作的指导。以多种方式加强与地方人大的经验交流、工作研讨，加大对地方人大立法工作人员业务培训的力度。深入开展对地方立法的调查研究，扎实推进赋予设区的市地方立法权工作，推动加强设区的市立法能力建设。开好第二十二次全国地方立法研讨会。继续举办立法法培训班。

大力加强立法工作队伍建设。切实增强政治意识、大局意识、核心意识、看齐意识，按照“三严三实”要求，以思想政治建设为核心，加强立法工作队伍建设，对干部从严教育、从严管理、从严监督，努力造就一支忠诚、干净、担当，政治业务素质高的立法工作队伍。加强业务能力建设，有计划、有组织、多层次、多渠道地对立法工作人员进行培训。创新立法人才培养和任用机制，着力培养立法骨干人才。多渠道选拔优秀立法人才，建立健全立法人才交流机制。加强立法智库建设，落实专门委员会、工作委员会立法专家顾问制度，充分调动各方面积极因素，增强立法工作力量。

全国人大常委会 2017 年立法工作计划

（2016 年 12 月 12 日第十二届全国人民代表大会常务委员会第八十四次委员长会议原则通过　2017 年 4 月 11 日第十二届全国人民代表大会常务委员会第九十三次委员长会议修改）

全国人大常委会 2017 年立法工作的总体要求是：在以习近平同志为核心的党中央坚强领导下，高举中国特色社会主义伟大旗帜，全面贯彻党的十八大和十八届三中、四中、五中、六中全会精神，以邓小平理论、“三个代表”重要思想、科学发展观为指导，深入学习贯彻习近平总书记系列重要讲话精神和治国理政新理念新思想新战略，牢固树立政治意识、大局意识、核心意识、看齐意识，坚持党的领导、人民当家作主、依法治国有机统一，围绕统筹推进“五位一体”总体布局和协调推进“四个全面”战略布局，认真落实创新、协调、绿色、开放、共享的新发展理念，发挥立法的引领和推动作用，遵循和把握立法规律，继续推进科学立法、民主立法，加强重点领域立法，着力提高立法质量，圆满完成本届全国人大及其常委会的各项立法任务，以优异成绩迎接党的十九大胜利召开。

一、坚决贯彻党中央决策部署，认真做好相关法律案起草修改和审议工作

2017年是本届全国人大及其常委会履职的最后一年，要积极组织实施调整后的立法规划，加快进度，分清轻重缓急，突出重点领域的立法项目。要按照立法主动适应改革的要求，坚持将党中央确定的、全面深化改革急需的立法项目作为重点，扎实做好民法总则的审议出台工作，积极推进民法典各分编的编纂，着力做好深化国家监察体制改革的重点立法工作，做好落实税收法定原则方面的立法工作，落实好党中央有关改革举措实施规划和年度任务部署的相关立法工作。拟对2017年法律案审议工作作如下安排：

（一）继续审议的法律案

1. 红十字会法（修改） （已通过）
2. 民法总则 （已通过）
3. 证券法（修改） （4月）
4. 测绘法（修改） （4月）
5. 核安全法 （4月）
6. 中小企业促进法（修改） （6月）
7. 国家情报法 （6月）
8. 水污染防治法（修改） （6月）
9. 电子商务法 （8月）

（二）初次审议的法律案

1. 反不正当竞争法（修改） （2月）
2. 标准化法（修改） （4月）
3. 将行政监察法修改为国家监察法 （6月）
4. 农民专业合作社法（修改） （6月）
5. 公共图书馆法 （6月）
6. 土壤污染防治法 （6月）

7. 国歌法（6 月）
8. 人民法院组织法（修改）（8 月）
9. 人民检察院组织法（修改）（8 月）
10. 烟叶税法（8 月）
11. 船舶吨税法（10 月）
12. 国际刑事司法协助法（10 月）
13. 社区矫正法（12 月）
14. 基本医疗卫生法（12 月）

以上项目审议时间，可以视情适当调整。

落实党中央关于全面深化改革、全面推进依法治国、“十三五”规划等部署需要制定和修改的其他法律，适时安排审议。

（三）预备及研究论证项目

修改法官法、检察官法、农村土地承包法、专利法、著作权法、现役军官法、人民防空法、海上交通安全法、职业教育法、土地管理法、个人所得税法、税收征收管理法、森林法、计量法、矿山安全法等，制定陆地国界法、海洋基本法、期货法、房地产税法、关税法、耕地占用税法、原子能法、刑事被害人救助法等。这些立法项目由有关方面抓紧调研和起草工作，视情在 2017 年或者以后年度安排审议。对有关方面提出的信访、社会治安综合治理、农村金融等方面的立法规划外项目，由有关方面继续研究论证。

（四）做好改革试点授权决定相关工作

按照党中央的决策部署，对立法条件还不成熟、需要先行先试的，依法及时作出授权决定。正在实施的授权决定，实施期届满后，对实践证明可行的，由有关方面及时依法提出修改有关法律的议案，适时安排全国人大常委会审议，或者结合相关立法工作统筹考虑；按照要求应向全国人大常委会作出报告的，有关方面要认真做好相关工作。

二、抓住提高立法质量这个关键，继续深入推进科学立法、民主立法

坚持党对立法工作的领导。认真贯彻执行党中央关于加强党领导立法工作的意见。全面贯彻落实党中央确定的立法工作目标任务。严格落实立法工

作向党中央请示报告制度。需要党中央研究的重大立法事项、法律起草及审议中涉及的重大体制、重大政策调整问题等事项，全国人大常委会党组及时向党中央请示报告。不断完善科学立法工作格局，把党的领导贯彻到立法工作的全过程和各个方面。

充分发挥全国人大及其常委会在立法工作中的主导作用。在党中央集中统一领导下，全国人大及其常委会要加强立法工作组织协调。按照立法规划、计划，把好立项关，科学合理地安排立法进度。凡涉及改革任务举措的立法项目，有关专门委员会、常委会工作委员会要主动与中央全面深化改革领导小组办公室等有关方面沟通协调，共同做好相关工作。在立法起草、论证、协调、审议过程中，要从体制机制和工作程序上有效防止部门利益的法律化和争权诿责现象。对法律需要制定配套法规的，有关专门委员会、常委会工作委员会要督促有关单位和地方按照要求制定、修改、清理配套法规。尊重人大代表主体地位，做好法律案提请全国人民代表大会审议的相关工作。把办理好人大代表依法提出的议案、建议与立法工作紧密结合起来，继续邀请相关人大代表参与立法评估、调研、审议等工作。通过中国人大网代表服务专区等多种途径为人大代表提供相关立法参阅资料，听取人大代表关于立法工作的意见和建议。

继续推进立法工作制度化建设。健全立法论证、听证机制，做好法律案通过前评估和立法后评估工作，继续加强法律解释工作。按照已制定出台的有关工作规范和实施意见，开展立法项目征集，及时向有关方面了解、征求立法项目建议，对有关方面提出但仍存在较大意见分歧的立法项目，组织开展专题论证；做好全国人大有关专门委员会、常委会工作机构组织起草重要法律草案工作；扎实做好公布法律草案征求意见工作，健全公众意见采纳反馈机制；加强基层立法联系点建设，进一步发挥各联系点在听取基层意见、解剖分析问题、培养锻炼干部等方面的作用。

认真总结本届立法工作，筹划编制下届立法规划。各相关单位要及早筹划总结本届全国人大及其常委会立法工作，特别要认真总结党的十八届三中、四中全会以来立法工作的成果和经验，及时启动编制十三届全国人大常委会立法规划的前期准备工作。

切实改进备案审查工作。加强备案审查制度和能力建设。发挥各专门委员会与常委会工作委员会主动审查的作用，对新制定的行政法规和司法解释逐件进行审查，有重点地对地方性法规进行主动审查。高度重视国家机关和社会团体、企事业组织以及公民提出的审查建议，健全审查建议研究处理机制，认真做好反馈工作。对违反宪法法律的法规、司法解释，加大监督纠正力度。制定规范性文件备案审查工作规程，加快全国统一的备案审查信息化平台建设。大力开展备案审查工作培训、研讨和经验交流，加强对地方人大备案审查工作的指导。

进一步做好中国特色社会主义法治理论研究和立法宣传工作。注重对立法工作中重大理论问题的研究，及时总结、提炼立法经验，探索、把握立法规律，为立法工作提供理论指导。研究完善立法技术规范。丰富宣传方式，拓展宣传渠道，增强宣传效果。继续采取新闻发布会、专题采访等多种形式，通过电视、报纸以及新型媒体等渠道，开展法律案起草、审议和通过后的宣传工作，主动回应社会关切，积极引导社会舆论。

加强对地方立法工作的指导。办好全国地方立法工作座谈会，适时召开设区的市地方立法工作专题会议。开展“精准立法、促进社会文明”专题研究，推进相关工作。采取多种方式，加大对地方立法相关人员的培训力度，继续举办覆盖立项、起草、审议、备案审查等立法全过程的专题培训班，逐步建立常态化培训机制，着力提高设区的市立法能力和水平。

积极推进立法工作队伍建设。始终将思想政治建设摆在首位，要求立法工作人员坚定理想信念、培养奉献精神，不忘初心，继续前进。坚持从严教育、从严管理、从严监督，严明政治纪律和政治规矩。积极通过挂职锻炼、交流培训、蹲点调研等方式，有计划、有组织、多层次地加强对立法工作人员的培养，着力提高遵循规律、发扬民主、加强协调、凝聚共识的能力。按照加强法治工作队伍建设的总体要求，坚持多渠道选拔优秀立法人才，继续推动建立健全立法人才交流机制。

第七章　十三届全国人民代表大会常务委员会年度立法工作计划

全国人大常委会2018年立法工作计划

（2017年12月14日第十二届全国人民代表大会常务委员会第105次委员长会议原则通过　2018年4月17日第十三届全国人民代表大会常务委员会第2次委员长会议修改）

2018年是贯彻党的十九大精神的开局之年，也是十三届全国人大及其常委会依法履职的第一年。全国人大常委会立法工作的总体要求是：在以习近平同志为核心的党中央坚强领导下，高举中国特色社会主义伟大旗帜，深入贯彻落实党的十九大和十九届二中、三中全会精神，以邓小平理论、“三个代表”重要思想、科学发展观、习近平新时代中国特色社会主义思想为指导，坚持党的领导、人民当家作主、依法治国有机统一，牢固树立“四个意识”，自觉增强“四个自信”，围绕统筹推进“五位一体”总体布局和协调推进“四个全面”战略布局，坚定不移贯彻新发展理念，发挥全国人大及其常委会在立法工作中的主导作用，深入推进科学立法、民主立法、依法立法，遵循和把握立法规律，着力提高立法质量，以良法促进发展、保障善治，为决胜全面建成小康社会提供坚实的法治保障作出新的贡献。

一、贯彻落实党的十九大精神，科学合理安排相关法律案审议工作

按照完善以宪法为核心的中国特色社会主义法律体系的要求，根据全国

人大常委会2018 年工作要点的安排，与中央有关方面的工作要点、计划相衔接，拟对2018 年法律案审议工作作如下安排：

（一）继续审议的法律案（12 件）

1. 监察法（已通过）
2. 人民陪审员法（4 月）
3. 英雄烈士保护法（4 月）
4. 人民法院组织法（修改）（6 月）
5. 人民检察院组织法（修改）（6 月）
6. 电子商务法（6 月）
7. 土壤污染防治法（8 月）
8. 国际刑事司法协助法（8 月）
9. 农村土地承包法（修改）（10 月）
10. 基本医疗卫生与健康促进法（10 月）
11. 法官法（修改）（12 月）
12. 检察官法（修改）（12 月）

（二）初次审议的法律案（14 件）

1. 宪法修正案（已通过）
2. 关于实行宪法宣誓制度的决定（修改）（已通过）
3. 刑事诉讼法（修改）（4 月）
4. 专利法（修改）（6 月）
5. 民法典各分编（8 月）
6. 土地管理法（修改）（8 月）
7. 耕地占用税法（8 月）
8. 车辆购置税法（8 月）
9. 税收征收管理法（修改）（10 月）
10. 社区矫正法（10 月）
11. 海上交通安全法（修改）（10 月）
12. 资源税法（12 月）
13. 固体废物污染环境防治法及相关法律（修改）（12 月）

14．外国投资法　　（12月）

贯彻落实党的十九大和十九届二中、三中全会精神，落实党中央关于全面深化改革、全面推进依法治国的部署要求，对涉及国家机构改革、国防和军队改革、监察体制改革等需要制定或修改的其他法律，适时安排审议。

（三）预备审议项目

证券法（修改），修改全国人民代表大会组织法、公务员法、著作权法、职业教育法、森林法、个人所得税法、安全生产法、未成年人保护法、档案法、现役军官法、兵役法、人民武装警察法、治安管理处罚法等，制定原子能法、出口管制法、密码法、期货法、消费税法、房地产税法、契税法、印花税法、陆地国界法以及乡村振兴、农村金融等方面的立法项目。这些立法项目由有关方面抓紧调研和起草工作，视情在2018年或者以后年度安排审议。

（四）做好授权决定和改革决定相关工作

按照党中央的决策部署，对立法条件还不成熟、需要先行先试的，依法及时作出授权决定或者改革决定。对正在实施的授权决定和改革决定，实践证明可行的，由有关方面及时依法提出修改或者制定有关法律的议案，适时安排审议，或者结合相关立法工作统筹考虑。

需在2018年考虑的授权决定和改革决定有10件：

1．关于授权国务院在实施股票发行注册制改革中调整适用《中华人民共和国证券法》有关规定的决定，2018年2月实施期届满（2018年2月十二届全国人大常委会第三十三次会议作出了关于延长授权国务院在实施股票发行注册制改革中调整适用《中华人民共和国证券法》有关规定期限的决定）；

2．关于延长人民陪审员制度改革试点期限的决定，2018年4月实施期届满，与制定人民陪审员法一并考虑；

3．关于授权国务院在部分地方开展药品上市许可持有人制度试点和有关问题的决定，2018年11月实施期届满；

4．关于授权最高人民法院、最高人民检察院在部分地区开展刑事案件认罪认罚从宽制度试点工作的决定，2018年11月实施期届满；

5．关于延长授权国务院在北京市大兴区等三十三个试点县（市、区）

行政区域暂时调整实施有关法律规定期限的决定，2018年12月实施期届满；

6. 关于延长授权国务院在北京市大兴区等二百三十二个试点县（市、区）、天津市蓟县等五十九个试点县（市、区）行政区域分别暂时调整实施有关法律规定期限的决定，2018年12月实施期届满；

7. 关于授权国务院在河北省邯郸市等12个试点城市行政区域暂时调整适用《中华人民共和国社会保险法》有关规定的决定，2018年12月实施期届满；

8. 关于授权国务院在部分地区和部分在京中央机关暂时调整适用《中华人民共和国公务员法》有关规定的决定，2019年1月实施期届满；

9. 关于在北京市、山西省、浙江省开展国家监察体制改革试点工作的决定（监察法已通过并施行）；

10. 关于在全国各地推开国家监察体制改革试点工作的决定（监察法已通过并施行）。

二、以习近平新时代中国特色社会主义思想为指导，全面加强和改进新形势下立法工作

切实把党的领导贯彻到立法工作全过程和各方面。坚持党中央对立法工作的集中统一领导，坚决贯彻落实以习近平同志为核心的党中央作出的决策部署。坚持立法工作正确政治方向，在政治立场、政治方向、政治原则、政治道路上同以习近平同志为核心的党中央保持高度一致。坚持以党的理论创新成果指导立法实践，努力做到更加自觉、更加善于通过立法实践贯彻和体现党的理论创新成果。坚持将社会主义核心价值观融入立法。严格落实立法工作向党中央请示报告制度，凡需要党中央研究的重大立法事项和立法涉及的重大体制、重大政策调整的问题，由全国人大常委会党组向党中央请示报告。

做好十三届立法规划编制工作。贯彻落实党的十九大和十九届二中、三中全会精神，围绕统筹推进“五位一体”总体布局、协调推进“四个全面”战略布局，结合全国人大立法工作实际，统筹兼顾、把握重点、科学谋划，做好十三届全国人大常委会立法规划编制工作，按程序报请党中央批准，确保党中央重大决策部署在立法工作中得到有效贯彻落实。按照党中央批准的

十三届全国人大常委会立法规划和部署要求，统筹安排未来五年立法工作，提出目标任务、工作要求和落实措施。召开全国人大常委会立法工作会议，部署落实立法规划，加强实施指导，认真抓好督促工作。

加强宪法宣传教育和贯彻实施。坚持依法治国首先要坚持依宪治国，坚持依法执政首先要坚持依宪执政。宪法是国家的根本法，是治国安邦的总章程，是全面依法治国的总依据。宪法修改是党和国家从新时代坚持和发展中国特色社会主义全局和战略高度作出的重大决策，是推进全面依法治国、推进国家治理体系和治理能力现代化的重大举措。深入开展宪法和宪法修正案学习宣传教育工作，坚定宪法自信，增强宪法自觉，大力弘扬宪法精神，更好发挥宪法在全面依法治国、建设社会主义法治国家中的重大作用。加强宪法实施工作，通过完备的法律推动宪法实施。加强宪法监督工作，推进合宪性审查，通过备案审查制度促进各类规范性文件符合宪法精神，维护宪法权威。做好全国人大宪法和法律委员会工作。

发挥全国人大及其常委会在立法工作中的主导作用。不断健全人大主导立法工作的体制机制，牢牢把握立项、起草、审议等几个关键环节，加强对立法工作的组织协调，强化协同配合。实施好关于建立健全全国人大专门委员会、常委会工作机构组织起草重要法律草案制度的实施意见，关于立法中涉及的重大利益调整论证咨询的工作规范，关于争议较大的重要立法事项引入第三方评估的工作规范等重要改革举措。对重要立法项目，有关专门委员会和常委会工作机构要主动与起草单位和有关方面沟通协调。健全有关专门委员会、常委会工作机构共同做好法律配套规定督促工作机制。注重发挥人大代表主体作用，把办理好人大代表依法提出的议案、建议与立法工作紧密结合，继续邀请相关人大代表参与立法论证、调研、座谈、审议、通过前评估等工作。通过中国人大网代表服务专区为人大代表提供更多立法参阅资料，听取人大代表关于立法工作的意见和建议。

推进科学立法、民主立法、依法立法。健全立法论证、听证机制，做好法律案通过前的评估和立法后评估工作，继续加强法律解释工作。坚持问题导向，推进科学立项、精准立法。做好国家机构改革等涉及的相关法律修改工作。对改革发展急需的立法项目，要按照有关工作规范，抓紧论证起草，为重大改革提供法律依据；对实践证明不适应改革需要的法律，及时修改和废止；对涉及同类或者类似事项、需要一并采取打包方式进行修改的法律，应当积极稳妥、科学论证、切实可行，增强立法的及时性、系统性、针对性和有效性。抓住立法重点，深入开展立法调研。改进调研方式，增强调研实效。细化立法流程，扎实做好公布法律草案征求意见工作，健全公众意见采纳反馈机制。健全向地方人大征询立法意见机制。加强基层立法联系点建设，进一步发挥各联系点在听取基层意见、解决立法问题、培养锻炼干部等方面的作用。

切实加强备案审查制度和能力建设。加强和改进备案审查工作，保证中央令行禁止，保证宪法法律实施，促进提高行政法规、地方性法规、司法解释及其他规范性文件制定水平。做好对行政法规、地方性法规、司法解释主动审查、专项审查和对公民、组织提出的审查建议的研究、处理、反馈工作。进一步加快建立全国统一的备案审查信息平台，巩固信息平台的工作功能，推动地方人大将信息平台延伸到所有立法主体。积极推进常委会按年度听取和审议备案审查工作情况报告的制度，健全备案审查衔接联动机制。加强备案审查理论研究。

切实做好立法宣传工作。围绕改革开放 40 周年，积极宣传我国法治建设特别是立法工作的巨大成就和宝贵经验。紧密结合立法工作开展宣传报道，全面反映立法工作新进展新成效。采取新闻发布会、专题采访、微信公众号信息推送等多种形式，讲好立法故事。通过电视、报纸、网络等媒体，做好法律草案起草、审议阶段和通过后的宣传工作，丰富宣传方式，拓展宣传渠道，增强宣传效果。拓宽社会各方参与立法的途径，使立法过程成为引导社会舆论、凝聚各方共识、普及法律知识的过程。

加强对地方立法工作的指导。加强地方立法能力建设，发挥地方立法在法治建设中的实施性、补充性、探索性作用。与地方人大开展形式多样的经验交流和工作探讨，加强对地方人大立法工作人员的培训和指导，建立常态化机制。继续举办覆盖立项、起草、审议、备案审查等立法全过程的专题培训班。办好全国地方立法工作座谈会，以党的十九大精神为引领，推动地方立法工作迈出新步伐。

切实加强立法工作队伍建设。以习近平新时代中国特色社会主义思想武装头脑、指导实践、推动工作。以党的政治建设为统领，全面加强思想、组织、作风、纪律建设。推进“两学一做”学习教育常态化、制度化，开展“不忘初心、牢记使命”主题教育。坚持新时期好干部标准，完善立法人才培养机制，多渠道选拔优秀立法人才，注重培养严谨细致的工匠精神，不断提高立法专业能力，打造一支政治素质过硬、业务能力过硬、职业操守过硬、道德作风过硬的立法干部队伍和人才队伍。

PART 3

第三部分

宪法与法律关于应当制定法律和配套规定的条文

第八章　宪法关于应当制定法律的条文

第一条（第二款）　社会主义制度是中华人民共和国的根本制度。中国共产党领导是中国特色社会主义最本质的特征。禁止任何组织或者个人破坏社会主义制度。（2018年3月11日第十三届全国人民代表大会第一次会议通过的宪法修正案，对本条作了修改）

（已制定的法律有：国家安全法、反间谍法、国家情报法、反恐怖主义法等）

第二条（第三款）　人民依照法律规定，通过各种途径和形式，管理国家事务，管理经济和文化事业，管理社会事务。

（已制定的法律有：全国人民代表大会组织法、地方各级人民代表大会和地方各级人民政府组织法、全国人民代表大会议事规则、全国人民代表大会常务委员会议事规则、全国人民代表大会和地方各级人民代表大会选举法、全国人民代表大会和地方各级人民代表大会代表法、村民委员会组织法、城市居民委员会组织法、立法法等）

第八条（第一款）　农村集体经济组织实行家庭承包经营为基础、统分结合的双层经营体制。农村中的生产、供销、信用、消费等各种形式的合作经济，是社会主义劳动群众集体所有制经济。参加农村集体经济组织的劳动者，有权在法律规定的范围内经营自留地、自留山、家庭副业和饲养自留畜。

（已制定的法律有：农村土地承包法、农民专业合作社法等）

第九条（第一款）　矿藏、水流、森林、山岭、草原、荒地、滩涂等自然资源，都属于国家所有，即全民所有；由法律规定属于集体所有的森林和山岭、草原、荒地、滩涂除外。

（已制定的法律有：森林法、草原法、矿产资源法、水法等）

第十条（第二款） 农村和城市郊区的土地，除由法律规定属于国家所有的以外，属于集体所有；宅基地和自留地、自留山，也属于集体所有。

（已制定的法律有：物权法、农村土地承包法、土地管理法等）

（第三款） 国家为了公共利益的需要，可以依照法律规定对土地实行征收或者征用并给予补偿。

（已制定的法律有：物权法、土地管理法等）

（第四款） 任何组织或者个人不得侵占、买卖或者以其他形式非法转让土地。土地的使用权可以依照法律的规定转让。

（已制定的法律有：物权法、农村土地承包法、土地管理法等）

第十一条（第一款） 在法律规定范围内的个体经济、私营经济等非公有制经济，是社会主义市场经济的重要组成部分。

（已制定的法律有：合伙企业法、个人独资企业法、公司法等）

第十三条（第二款） 国家依照法律规定保护公民的私有财产权和继承权。

（已制定的法律有：民法总则、婚姻法、继承法、物权法等）

（第三款） 国家为了公共利益的需要，可以依照法律规定对公民的私有财产实行征收或者征用并给予补偿。

（已制定的法律有：物权法、突发事件应对法、城市房地产管理法、土地管理法等）

第十五条（第二款） 国家加强经济立法，完善宏观调控。

（已制定的法律有：税收征收管理法、反不正当竞争法、预算法、审计法、对外贸易法、反垄断法、资产评估法、电子商务法①、车船税法、环境保护税法、烟叶税法、船舶吨税法等）

（第三款） 国家依法禁止任何组织或者个人扰乱社会经济秩序。

（已制定的法律有：税收征收管理法、治安管理处罚法、刑法、反不正

① 电子商务法由2018年8月31日第十三届全国人民代表大会常务委员会第五次会议通过。

当竞争法、反垄断法等）

第十六条　国有企业在法律规定的范围内有权自主经营。

（已制定的法律有：全民所有制工业企业法、煤炭法等）

国有企业依照法律规定，通过职工代表大会和其他形式，实行民主管理。

（已制定的法律有：全民所有制工业企业法、工会法等）

第十七条　集体经济组织在遵守有关法律的前提下，有独立进行经济活动的自主权。

（已制定的法律有：民法总则、农业法、农村土地承包法、畜牧法等）

集体经济组织实行民主管理，依照法律规定选举和罢免管理人员，决定经营管理的重大问题。

（已制定的法律有：农民专业合作社法、乡镇企业法等）

第十八条（第一款）　中华人民共和国允许外国的企业和其他经济组织或者个人依照中华人民共和国法律的规定在中国投资，同中国的企业或者其他经济组织进行各种形式的经济合作。

（已制定的法律有：中外合资经营企业法、外资企业法、中外合作经营企业法等）

第十九条（第四款）　国家鼓励集体经济组织、国家企业事业组织和其他社会力量依照法律规定举办各种教育事业。

（已制定的法律有：教育法、民办教育促进法、高等教育法、职业教育法等）

第二十七条（第三款）　国家工作人员就职时应当依照法律规定公开进行宪法宣誓。（2018年3月11日第十三届全国人民代表大会第一次会议通过的宪法修正案，增加了本款规定）

（已制定的法律有：全国人民代表大会常务委员会关于实行宪法宣誓制度的决定）

第三十一条　国家在必要时得设立特别行政区。在特别行政区内实行的制度按照具体情况由全国人民代表大会以法律规定。

（已制定的法律有：香港特别行政区基本法、澳门特别行政区基本法、香港特别行政区驻军法、澳门特别行政区驻军法等）

第三十二条（第一款） 中华人民共和国保护在中国境内的外国人的合法权利和利益，在中国境内的外国人必须遵守中华人民共和国的法律。

（已制定的法律有：境外非政府组织境内活动管理法、出入境管理法等）

第三十四条 中华人民共和国年满十八周岁的公民，不分民族、种族、性别、职业、家庭出身、宗教信仰、教育程度、财产状况、居住期限，都有选举权和被选举权；但是依照法律被剥夺政治权利的人除外。

（已制定的法律有：全国人民代表大会和地方各级人民代表大会选举法）

第三十七条（第三款） 禁止非法拘禁和以其他方法非法剥夺或者限制公民的人身自由，禁止非法搜查公民的身体。

（已制定的法律有：刑法、刑事诉讼法、监察法①等）

第三十八条 中华人民共和国公民的人格尊严不受侵犯。禁止用任何方法对公民进行侮辱、诽谤和诬告陷害。

（已制定的法律有：治安管理处罚法、刑法等）

第三十九条 中华人民共和国公民的住宅不受侵犯。禁止非法搜查或者非法侵入公民的住宅。

（已制定的法律有：治安管理处罚法、刑法、刑事诉讼法、监察法等）

第四十条 中华人民共和国公民的通信自由和通信秘密受法律的保护。除因国家安全或者追查刑事犯罪的需要，由公安机关或者检察机关依照法律规定的程序对通信进行检查外，任何组织或者个人不得以任何理由侵犯公民的通信自由和通信秘密。

（已制定的法律有：邮政法、刑法、刑事诉讼法等）

---

① 监察法由 2018 年 3 月 20 日第十三届全国人民代表大会第一次会议通过。

第四十一条（第三款） 由于国家机关和国家工作人员侵犯公民权利而受到损失的人，有依照法律规定取得赔偿的权利。

（**已制定的法律有：**国家赔偿法等）

第四十四条 国家依照法律规定实行企业事业组织的职工和国家机关工作人员的退休制度。退休人员的生活受到国家和社会的保障。

（**已制定的法律有：**公务员法、劳动法、全国人民代表大会常务委员会关于批准《国务院关于工人退休、退职的暂行办法》的决议等）

第五十五条（第二款） 依照法律服兵役和参加民兵组织是中华人民共和国公民的光荣义务。

（**已制定的法律有：**兵役法、国防法）

第五十六条 中华人民共和国公民有依照法律纳税的义务。

（**已制定的法律有：**个人所得税法、税收征收管理法、车船税法等）

第五十九条（第三款） 全国人民代表大会代表名额和代表产生办法由法律规定。

（**已制定的法律有：**全国人民代表大会和地方各级人民代表大会选举法、全国人民代表大会和地方各级人民代表大会代表法、中国人民解放军选举人大代表的办法等）

第六十七条 全国人民代表大会常务委员会行使下列职权：

……

（十六）规定军人和外交人员的衔级制度和其他专门衔级制度；（2018 年 3 月 11 日第十三届全国人民代表大会第一次会议通过的宪法修正案，对第十一项以后的序号作了调整）

（**已制定的法律有：**中国人民解放军军官军衔条例、人民警察警衔条例、海关关衔条例、消防救援衔条例①、驻外外交人员法等）

（十七）规定和决定授予国家的勋章和荣誉称号；

（**已制定的法律有：**国家勋章和国家荣誉称号法）

---

① 消防救援衔条例由 2018 年 10 月 26 日第十三届全国人民代表大会常务委员会第六次会议通过。

（十八）决定特赦；

（已制定的法律有：全国人民代表大会常务委员会关于特赦部分服刑罪犯的决定）

……

第七十二条 全国人民代表大会代表和全国人民代表大会常务委员会组成人员，有权依照法律规定的程序分别提出属于全国人民代表大会和全国人民代表大会常务委员会职权范围内的议案。

（已制定的法律有：全国人民代表大会议事规则、全国人民代表大会常务委员会议事规则、全国人民代表大会和地方各级人民代表大会代表法、立法法等）

第七十三条 全国人民代表大会代表在全国人民代表大会开会期间，全国人民代表大会常务委员会组成人员在常务委员会开会期间，有权依照法律规定的程序提出对国务院或者国务院各部、各委员会的质询案。受质询的机关必须负责答复。

（已制定的法律有：全国人民代表大会组织法、全国人民代表大会议事规则、全国人民代表大会常务委员会议事规则、各级人民代表大会常务委员会监督法等）

第七十七条 全国人民代表大会代表受原选举单位的监督。原选举单位有权依照法律规定的程序罢免本单位选出的代表。

（已制定的法律有：全国人民代表大会组织法、全国人民代表大会和地方各级人民代表大会选举法等）

第七十八条 全国人民代表大会和全国人民代表大会常务委员会的组织和工作程序由法律规定。

（已制定的法律有：全国人民代表大会议事规则、全国人民代表大会常务委员会议事规则等）

第八十六条（第三款） 国务院的组织由法律规定。

（已制定的法律有：国务院组织法等）

第八十九条 国务院行使下列职权：

……

（十七）审定行政机构的编制，依照法律规定任免、培训、考核和奖惩行政人员；

（已制定的法律有：公务员法等）

……

第九十一条（第二款）　审计机关在国务院总理领导下，依照法律规定独立行使审计监督权，不受其他行政机关、社会团体和个人的干涉。

（已制定的法律有：审计法等）

第九十五条（第二款）　地方各级人民代表大会和地方各级人民政府的组织由法律规定。

（已制定的法律有：地方各级人民代表大会和地方各级人民政府组织法等）

（第三款）　自治区、自治州、自治县设立自治机关。自治机关的组织和工作根据宪法第三章第五节、第六节规定的基本原则由法律规定。

（已制定的法律有：民族区域自治法等）

第九十七条（第二款）　地方各级人民代表大会代表名额和代表产生办法由法律规定。

（已制定的法律有：地方各级人民代表大会和地方各级人民政府组织法、全国人民代表大会和地方各级人民代表大会选举法、全国人民代表大会常务委员会关于县级以下人民代表大会代表直接选举的若干规定等）

第九十九条（第一款）　地方各级人民代表大会在本行政区域内，保证宪法、法律、行政法规的遵守和执行；依照法律规定的权限，通过和发布决议，审查和决定地方的经济建设、文化建设和公共事业建设的计划。

（已制定的法律有：地方各级人民代表大会和地方各级人民政府组织法等）

（第三款）　民族乡的人民代表大会可以依照法律规定的权限采取适合民族特点的具体措施。

（已制定的法律有：地方各级人民代表大会和地方各级人民政府组织法等）

第一百条（第二款）　设区的市的人民代表大会和它们的常务委员会，在不同宪法、法律、行政法规和本省、自治区的地方性法规相抵触的前提下，可以依照法律规定制定地方性法规，报本省、自治区人民代表大会常务委员会批准后施行。（2018 年 3 月 11 日第十三届全国人民代表大会第一次会议通过的宪法修正案，增加了本款规定）

（已制定的法律有：立法法、地方各级人民代表大会和地方各级人民政府组织法等）

第一百零二条（第二款） 地方各级人民代表大会代表的选举单位和选民有权依照法律规定的程序罢免由他们选出的代表。

（已制定的法律有：全国人民代表大会和地方各级人民代表大会选举法、全国人民代表大会和地方各级人民代表大会代表法等）

第一百零四条 县级以上的地方各级人民代表大会常务委员会讨论、决定本行政区域内各方面工作的重大事项；监督本级人民政府、监察委员会、人民法院和人民检察院的工作；撤销本级人民政府的不适当的决定和命令；撤销下一级人民代表大会的不适当的决议；依照法律规定的权限决定国家机关工作人员的任免；在本级人民代表大会闭会期间，罢免和补选上一级人民代表大会的个别代表。（2018 年 3 月 11 日第十三届全国人民代表大会第一次会议通过的宪法修正案，对本条内容作了修改）

（已制定的法律有：地方各级人民代表大会和地方各级人民政府组织法等）

第一百零七条（第一款） 县级以上地方各级人民政府依照法律规定的权限，管理本行政区域内的经济、教育、科学、文化、卫生、体育事业、城乡建设事业和财政、民政、公安、民族事务、司法行政、计划生育等行政工作，发布决定和命令，任免、培训、考核和奖惩行政工作人员。（2018 年 3 月 11 日第十三届全国人民代表大会第一次会议通过的宪法修正案，对本条内容作了修改）

（已制定的法律有：地方各级人民代表大会和地方各级人民政府组织法等）

第一百零九条 县级以上的地方各级人民政府设立审计机关。地方各级审计机关依照法律规定独立行使审计监督权，对本级人民政府和上一级审计机关负责。

（已制定的法律有：审计法等）

第一百一十一条（第一款）　城市和农村按居民居住地区设立的居民委员会或者村民委员会是基层群众性自治组织。居民委员会、村民委员会的主任、副主任和委员由居民选举。居民委员会、村民委员会同基层政权的相互关系由法律规定。

（已制定的法律有：城市居民委员会组织法、村民委员会组织法等）

第一百一十五条　自治区、自治州、自治县的自治机关行使宪法第三章第五节规定的地方国家机关的职权，同时依照宪法、民族区域自治法和其他法律规定的权限行使自治权，根据本地方实际情况贯彻执行国家的法律、政策。

（已制定的法律有：民族区域自治法等）

第一百二十四条（第四款）　监察委员会的组织和职权由法律规定。（2018年3月11日第十三届全国人民代表大会第一次会议通过的宪法修正案，增加了本款规定）

（已制定的法律有：监察法）

第一百二十七条（第一款）　监察委员会依照法律规定独立行使监察权，不受行政机关、社会团体和个人的干涉。（2018年3月11日第十三届全国人民代表大会第一次会议通过的宪法修正案，增加了本款规定）

（已制定的法律有：监察法）

第一百二十九条（第三款）　人民法院的组织由法律规定。（2018年3月11日第十三届全国人民代表大会第一次会议通过的宪法修正案，对本条序号作了调整）

（已制定的法律有：人民法院组织法）

第一百三十条　人民法院审理案件，除法律规定的特别情况外，一律公开进行。被告人有权获得辩护。（2018年3月11日第十三届全国人民代表大会第一次会议通过的宪法修正案，对本条序号作了调整）

（已制定的法律有：刑事诉讼法、民事诉讼法、行政诉讼法、律师法等）

第一百三十一条 人民法院依照法律规定独立行使审判权，不受行政机关、社会团体和个人的干涉。（2018 年 3 月 11 日第十三届全国人民代表大会第一次会议通过的宪法修正案，对本条序号作了调整）

（已制定的法律有：人民法院组织法、刑事诉讼法、民事诉讼法、行政诉讼法等）

第一百三十五条（第三款） 人民检察院的组织由法律规定。（2018 年 3 月 11 日第十三届全国人民代表大会第一次会议通过的宪法修正案，对本条序号作了调整）

（已制定的法律有：人民检察院组织法）

第一百三十六条 人民检察院依照法律规定独立行使检察权，不受行政机关、社会团体和个人的干涉。（2018 年 3 月 11 日第十三届全国人民代表大会第一次会议通过的宪法修正案，对本条序号作了调整）

（已制定的法律有：人民检察院组织法、刑事诉讼法、民事诉讼法、行政诉讼法等）

第一百四十一条 中华人民共和国国旗是五星红旗。（2018 年 3 月 11 日第十三届全国人民代表大会第一次会议通过的宪法修正案，对本条序号作了调整）

（已制定的法律有：国旗法）

中华人民共和国国歌是《义勇军进行曲》。

（已制定的法律有：国歌法）

第一百四十二条 中华人民共和国国徽，中间是五星照耀下的天安门，周围是谷穗和齿轮。（2018 年 3 月 11 日第十三届全国人民代表大会第一次会议通过的宪法修正案，对本条序号作了调整）

（已制定的法律有：国徽法）

第九章　法律规定有关国家机关制定配套规定的条文

一、法律明确制定法律、行政法规的条文

1. 中华人民共和国物权法

第十条第二款　国家对不动产实行统一登记制度。统一登记的范围、登记机构和登记办法，由法律、行政法规规定。

2. 中华人民共和国银行业监督管理法

第二十一条第一款　银行业金融机构的审慎经营规则，由法律、行政法规规定，也可以由国务院银行业监督管理机构依照法律、行政法规制定。

3. 中华人民共和国农村土地承包法

第六十九条　确认农村集体经济组织成员身份的原则、程序等，由法律、法规规定。

二、法律规定国务院、中央军委制定配套规定的条文

（一）法律规定国务院制定配套规定的条文

1. 中华人民共和国企业所得税法

第三十五条　本法规定的税收优惠的具体办法，由国务院规定。

第五十七条第二款　法律设置的发展对外经济合作和技术交流的特定地区内，以及国务院已规定执行上述地区特殊政策的地区内新设立的国家需要重点扶持的高新技术企业，可以享受过渡性税收优惠，具体办法由国务院规定。

第五十九条 国务院根据本法制定实施条例。

2. 中华人民共和国未成年人保护法

第七条第三款 国务院和省、自治区、直辖市人民政府采取组织措施，协调有关部门做好未成年人保护工作。具体机构由国务院和省、自治区、直辖市人民政府规定。

3. 中华人民共和国农民专业合作社法

第十六条第五款 农民专业合作社登记办法由国务院规定。办理登记不得收取费用。

第六十六条第一款 国家政策性金融机构应当采取多种形式，为农民专业合作社提供多渠道的资金支持。具体支持政策由国务院规定。

4. 中华人民共和国企业破产法

第一百三十四条第二款 金融机构实施破产的，国务院可以依据本法和其他有关法律的规定制定实施办法。

5. 中华人民共和国合伙企业法

第一百零八条 外国企业或者个人在中国境内设立合伙企业的管理办法由国务院规定。

6. 中华人民共和国义务教育法

第四十四条第三款 义务教育经费保障的具体办法由国务院规定。

7. 中华人民共和国审计法

第二十一条 对国有资本占控股地位或者主导地位的企业、金融机构的审计监督，由国务院规定。

8. 中华人民共和国畜牧法

第十七条 畜禽遗传资源的进出境和对外合作研究利用的审批办法由国务院规定。

9. 中华人民共和国公司法

第一百二十二条 上市公司设独立董事，具体办法由国务院规定。

第一百九十二条第二款　外国公司分支机构的审批办法由国务院另行规定。

第一百九十三条第二款　对外国公司分支机构的经营资金需要规定最低限额的，由国务院另行规定。

10. 中华人民共和国证券法

第二条第三款　证券衍生品种发行、交易的管理办法，由国务院依照本法的原则规定。

第一百三十四条　国家设立证券投资者保护基金。证券投资者保护基金由证券公司缴纳的资金及其他依法筹集的资金组成，其筹集、管理和使用的具体办法由国务院规定。

第一百三十九条第一款　证券公司客户的交易结算资金应当存放在商业银行，以每个客户的名义单独立户管理。具体办法和实施步骤由国务院规定。

第二百三十六条第二款　本法施行前依照行政法规和国务院金融行政管理部门的规定经批准设立的证券经营机构，不完全符合本法规定的，应当在规定的限期内达到本法规定的要求。具体实施办法，由国务院另行规定。

第二百三十九条　境内公司股票以外币认购和交易的，具体办法由国务院另行规定。

11. 中华人民共和国个人所得税法

第六条第四款　本条第一款第一项规定的专项扣除，包括居民个人按照国家规定的范围和标准缴纳的基本养老保险、基本医疗保险、失业保险等社会保险费和住房公积金等；专项附加扣除，包括子女教育、继续教育、大病医疗、住房贷款利息或者住房租金、赡养老人等支出，具体范围、标准和实施步骤由国务院确定，并报全国人民代表大会常务委员会备案。

第十八条　对储蓄存款利息所得开征、减征、停征个人所得税及其具体办法，由国务院规定，并报全国人民代表大会常务委员会备案。

第二十一条　国务院根据本法制定实施条例。

12. 中华人民共和国可再生能源法

第二十六条　国家对列入可再生能源产业发展指导目录的项目给予税收

优惠。具体办法由国务院规定。

13. 中华人民共和国固体废物污染环境防治法

第五十六条 以填埋方式处置危险废物不符合国务院环境保护行政主管部门规定的，应当缴纳危险废物排污费。危险废物排污费征收的具体办法由国务院规定。

危险废物排污费用于污染环境的防治，不得挪作他用。

第五十七条第一款 从事收集、贮存、处置危险废物经营活动的单位，必须向县级以上人民政府环境保护行政主管部门申请领取经营许可证；从事利用危险废物经营活动的单位，必须向国务院环境保护行政主管部门或者省、自治区、直辖市人民政府环境保护行政主管部门申请领取经营许可证。具体管理办法由国务院规定。

14. 中华人民共和国土地管理法

第十七条第二款 土地利用总体规划的规划期限由国务院规定。

第五十一条 大中型水利、水电工程建设征收土地的补偿费标准和移民安置办法，由国务院另行规定。

15. 中华人民共和国种子法

第六条 省级以上人民政府建立种子储备制度，主要用于发生灾害时的生产需要及余缺调剂，保障农业和林业生产安全。对储备的种子应当定期检验和更新。种子储备的具体办法由国务院规定。

第七条 转基因植物品种的选育、试验、审定和推广应当进行安全性评价，并采取严格的安全控制措施。国务院农业、林业主管部门应当加强跟踪监管并及时公告有关转基因植物品种审定和推广的信息。具体办法由国务院规定。

第五十八条第二款 从境外引进农作物、林木种子的审定权限，农作物、林木种子的进口审批办法，引进转基因植物品种的管理办法，由国务院规定。

16. 中华人民共和国传染病防治法

第十五条第二款 国家对儿童实行预防接种证制度。国家免疫规划项目的预防接种实行免费。医疗机构、疾病预防控制机构与儿童的监护人应当相互配合，保证儿童及时接受预防接种。具体办法由国务院制定。

第二十四条 各级人民政府应当加强艾滋病的防治工作，采取预防、控制措施，防止艾滋病的传播。具体办法由国务院制定。

第二十六条第三款 对可能导致甲类传染病传播的以及国务院卫生行政部门规定的菌种、毒种和传染病检测样本，确需采集、保藏、携带、运输和使用的，须经省级以上人民政府卫生行政部门批准。具体办法由国务院制定。

第二十九条第三款 生产用于传染病防治的消毒产品的单位和生产用于传染病防治的消毒产品，应当经省级以上人民政府卫生行政部门审批。具体办法由国务院制定。

第四十四条 发生甲类传染病时，为了防止该传染病通过交通工具及其乘运的人员、物资传播，可以实施交通卫生检疫。具体办法由国务院制定。

17. 中华人民共和国公路法

第三十六条第一款 国家采用依法征税的办法筹集公路养护资金，具体实施办法和步骤由国务院规定。

第六十八条 收费公路的具体管理办法，由国务院依照本法制定。

18. 中华人民共和国渔业法

第十一条第一款 国家对水域利用进行统一规划，确定可以用于养殖业的水域和滩涂。单位和个人使用国家规划确定用于养殖业的全民所有的水域、滩涂的，使用者应当向县级以上地方人民政府渔业行政主管部门提出申请，由本级人民政府核发养殖证，许可其使用该水域、滩涂从事养殖生产。核发养殖证的具体办法由国务院规定。

第二十六条 制造、更新改造、购置、进口的从事捕捞作业的船舶必须经渔业船舶检验部门检验合格后，方可下水作业。具体管理办法由国务院规定。

19. 中华人民共和国电子签名法

第三十五条 国务院或者国务院规定的部门可以依据本法制定政务活动和其他社会活动中使用电子签名、数据电文的具体办法。

20. 中华人民共和国农业机械化促进法

第二十七条 中央财政、省级财政应当分别安排专项资金，对农民和农业生产经营组织购买国家支持推广的先进适用的农业机械给予补贴。补贴资金的使用应当遵循公开、公正、及时、有效的原则，可以向农民和农业生产经营组织发放，也可以采用贴息方式支持金融机构向农民和农业生产经营组织购买先进适用的农业机械提供贷款。具体办法由国务院规定。

第二十八条第二款 国家根据农业和农村经济发展的需要，对农业机械的农业生产作业用燃油安排财政补贴。燃油补贴应当向直接从事农业机械作业的农民和农业生产经营组织发放。具体办法由国务院规定。

21. 中华人民共和国对外贸易法

第十条第二款 从事对外劳务合作的单位，应当具备相应的资质。具体办法由国务院规定。

第二十条 进出口货物配额、关税配额，由国务院对外贸易主管部门或者国务院其他有关部门在各自的职责范围内，按照公开、公平、公正和效益的原则进行分配。具体办法由国务院规定。

第二十二条 国家对进出口货物进行原产地管理。具体办法由国务院规定。

第六十八条 国家对边境地区与接壤国家边境地区之间的贸易以及边民互市贸易，采取灵活措施，给予优惠和便利。具体办法由国务院规定。

22. 中华人民共和国中国人民银行法

第九条 国务院建立金融监督管理协调机制，具体办法由国务院规定。

23. 中华人民共和国商业银行法

第十八条第一款 国有独资商业银行设立监事会。监事会的产生办法由国务院规定。

第三十九条第二款 本法施行前设立的商业银行，在本法施行后，其资产负债比例不符合前款规定的，应当在一定的期限内符合前款规定。具体办法由国务院规定。

24. 中华人民共和国证券投资基金法

第十三条第三项　设立管理公开募集基金的基金管理公司，应当具备下列条件，并经国务院证券监督管理机构批准：……（三）主要股东应当具有经营金融业务或者管理金融机构的良好业绩、良好的财务状况和社会信誉，资产规模达到国务院规定的标准，最近三年没有违法记录。

25. 中华人民共和国道路交通安全法

第十三条第二款　对机动车的安全技术检验实行社会化。具体办法由国务院规定。

第十七条　国家实行机动车第三者责任强制保险制度，设立道路交通事故社会救助基金。具体办法由国务院规定。

第四十一条　有关道路通行的其他具体规定，由国务院规定。

第九十八条第二款　依照前款缴纳的罚款全部纳入道路交通事故社会救助基金。具体办法由国务院规定。

26. 中华人民共和国放射性污染防治法

第十五条　运输放射性物质和含放射源的射线装置，应当采取有效措施，防止放射性污染。具体办法由国务院规定。

第二十三条　核动力厂等重要核设施外围地区应当划定规划限制区。规划限制区的划定和管理办法，由国务院规定。

第二十九条第二款　国家建立放射性同位素备案制度。具体办法由国务院规定。

第四十六条第一款　设立专门从事放射性固体废物贮存、处置的单位，必须经国务院环境保护行政主管部门审查批准，取得许可证。具体办法由国务院规定。

27. 中华人民共和国港口法

第二十条　县级以上有关人民政府应当保证必要的资金投入，用于港口公用的航道、防波堤、锚地等基础设施的建设和维护。具体办法由国务院规定。

第六十条第一款　渔业港口的管理工作由县级以上人民政府渔业行政主

管部门负责。具体管理办法由国务院规定。

第六十一条 军事港口的建设和管理办法由国务院、中央军事委员会规定。

28. 中华人民共和国居民身份证法

第二十二条 现役的人民解放军军人、人民武装警察申请领取和发放居民身份证的具体办法，由国务院和中央军事委员会另行规定。

29. 中华人民共和国海关关衔条例

第二十二条 海关关衔标志式样和佩带办法，由国务院规定。

30. 中华人民共和国农业法

第三十四条第一款 国家建立粮食安全预警制度，采取措施保障粮食供给。国务院应当制定粮食安全保障目标与粮食储备数量指标，并根据需要组织有关主管部门进行耕地、粮食库存情况的核查。

第三十七条第二款 在不与我国缔结或加入的有关国际条约相抵触的情况下，国家对农民实施收入支持政策，具体办法由国务院制定。

31. 中华人民共和国草原法

第三十五条第二款 在草原禁牧、休牧、轮牧区，国家对实行舍饲圈养的给予粮食和资金补助，具体办法由国务院或者国务院授权的有关部门规定。

第四十二条第二款 基本草原的保护管理办法，由国务院制定。

第四十八条第一款 国家支持依法实行退耕还草和禁牧、休牧。具体办法由国务院或者省、自治区、直辖市人民政府制定。

32. 中华人民共和国民办教育促进法

第六十六条 境外的组织和个人在中国境内合作办学的办法，由国务院规定。

33. 中华人民共和国保险法

第一百条第三款 保险保障基金筹集、管理和使用的具体办法，由国务院制定。

34. 中华人民共和国文物保护法

第十四条第四款　历史文化名城和历史文化街区、村镇的保护办法，由国务院制定。

第四十五条　国有文物收藏单位不再收藏的文物的处置办法，由国务院另行制定。

第四十六条第一款　修复馆藏文物，不得改变馆藏文物的原状；复制、拍摄、拓印馆藏文物，不得对馆藏文物造成损害。具体管理办法由国务院制定。

35. 中华人民共和国测绘法

第三十三条第二款　测绘项目完成后，测绘项目出资人或者承担国家投资的测绘项目的单位，应当向国务院测绘地理信息主管部门或者省、自治区、直辖市人民政府测绘地理信息主管部门汇交测绘成果资料。属于基础测绘项目的，应当汇交测绘成果副本；属于非基础测绘项目的，应当汇交测绘成果目录。负责接收测绘成果副本和目录的测绘地理信息主管部门应当出具测绘成果汇交凭证，并及时将测绘成果副本和目录移交给保管单位。测绘成果汇交的具体办法由国务院规定。

第三十四条第三款、第四款　测绘成果属于国家秘密的，适用保密法律、行政法规的规定；需要对外提供的，按照国务院和中央军事委员会规定的审批程序执行。

测绘成果的秘密范围和秘密等级，应当依照保密法律、行政法规的规定，按照保障国家秘密安全、促进地理信息共享和应用的原则确定并及时调整、公布。

第三十六条第三款　测绘成果使用的具体办法由国务院规定。

第三十八条第四款　地图管理的具体办法由国务院规定。

36. 中华人民共和国水法

第三十九条第一款　国家实行河道采砂许可制度。河道采砂许可制度实施办法，由国务院规定。

第四十八条第二款　实施取水许可制度和征收管理水资源费的具体办法，

由国务院规定。

第七十七条 对违反本法第三十九条有关河道采砂许可制度规定的行政处罚，由国务院规定。

37. 中华人民共和国清洁生产促进法

第七条第二款 国务院及其有关部门和省、自治区、直辖市人民政府，应当制定有利于实施清洁生产的产业政策、技术开发和推广政策。

38. 中华人民共和国中小企业促进法

第十条第三款 中小企业发展基金的设立和使用管理办法由国务院规定。

39. 中华人民共和国安全生产法

第八十三条第一款 事故调查处理应当按照科学严谨、依法依规、实事求是、注重实效的原则，及时、准确地查清事故原因，查明事故性质和责任，总结事故教训，提出整改措施，并对事故责任者提出处理意见。事故调查报告应当依法及时向社会公布。事故调查和处理的具体办法由国务院制定。

第一百一十三条第一款 本法规定的生产安全一般事故、较大事故、重大事故、特别重大事故的划分标准由国务院规定。

第一百一十三条第二款 国务院安全生产监督管理部门和其他负有安全生产监督管理职责的部门应当根据各自的职责分工，制定相关行业、领域重大事故隐患的判定标准。

40. 中华人民共和国政府采购法

第二十七条 采购人采购货物或者服务应当采用公开招标方式的，其具体数额标准，属于中央预算的政府采购项目，由国务院规定；属于地方预算的政府采购项目，由省、自治区、直辖市人民政府规定；因特殊情况需要采用公开招标以外的采购方式的，应当在采购活动开始前获得设区的市、自治州以上人民政府采购监督管理部门的批准。

第八十七条 本法实施的具体步骤和办法由国务院规定。

41. 中华人民共和国进出口商品检验法

第四十条 国务院根据本法制定实施条例。

42. 中华人民共和国人口与计划生育法

第四十五条　流动人口计划生育工作的具体管理办法、计划生育技术服务的具体管理办法和社会抚养费的征收管理办法，由国务院制定。

43. 中华人民共和国律师法

第八条　具有高等院校本科以上学历，在法律服务人员紧缺领域从事专业工作满十五年，具有高级职称或者同等专业水平并具有相应的专业法律知识的人员，申请专职律师执业的，经国务院司法行政部门考核合格，准予执业。具体办法由国务院规定。

第五十七条　为军队提供法律服务的军队律师，其律师资格的取得和权利、义务及行为准则，适用本法规定。军队律师的具体管理办法，由国务院和中央军事委员会制定。

第五十八条　外国律师事务所在中华人民共和国境内设立机构从事法律服务活动的管理办法，由国务院制定。

44. 中华人民共和国著作权法

第六条　民间文学艺术作品的著作权保护办法由国务院另行规定。

第八条第二款　著作权集体管理组织是非营利性组织，其设立方式、权利义务、著作权许可使用费的收取和分配，以及对其监督和管理等由国务院另行规定。

第四十四条　广播电台、电视台播放已经出版的录音制品，可以不经著作权人许可，但应当支付报酬。当事人另有约定的除外。具体办法由国务院规定。

第五十九条　计算机软件、信息网络传播权的保护办法由国务院另行规定。

45. 中华人民共和国职业病防治法

第十九条　国家对从事放射性、高毒、高危粉尘等作业实行特殊管理。具体管理办法由国务院制定。

第八十六条第三款　中国人民解放军参照执行本法的办法，由国务院、中央军事委员会制定。

46. 中华人民共和国海域使用管理法

第二十一条第三款 海域使用权证书的发放和管理办法，由国务院规定。

第二十七条第二款 海域使用权可以依法转让。海域使用权转让的具体办法，由国务院规定。

第三十三条第三款 对渔民使用海域从事养殖活动收取海域使用金的具体实施步骤和办法，由国务院另行规定。

第五十三条 军事用海的管理办法，由国务院、中央军事委员会依据本法制定。

47. 中华人民共和国防沙治沙法

第三十四条第一款 使用已经沙化的国有土地从事治沙活动的，经县级以上人民政府依法批准，可以享有不超过七十年的土地使用权。具体年限和管理办法，由国务院规定。

48. 中华人民共和国税收征收管理法

第十五条第三款 本条第一款规定以外的纳税人办理税务登记和扣缴义务人办理扣缴税款登记的范围和办法，由国务院规定。

第九十条第一款 耕地占用税、契税、农业税、牧业税征收管理的具体办法，由国务院另行制定。

第九十三条 国务院根据本法制定实施细则。

49. 中华人民共和国信托法

第四条 受托人采取信托机构形式从事信托活动，其组织和管理由国务院制定具体办法。

50. 中华人民共和国药品管理法

第二十一条第二款 城乡集市贸易市场不得出售中药材以外的药品，但持有《药品经营许可证》的药品零售企业在规定的范围内可以在城乡集市贸易市场设点出售中药材以外的药品。具体办法由国务院规定。

第三十五条 国家对麻醉药品、精神药品、医疗用毒性药品、放射性药品，实行特殊管理。管理办法由国务院制定。

第三十六条　国家实行中药品种保护制度。具体办法由国务院制定。

第三十七条　国家对药品实行处方药与非处方药分类管理制度。具体办法由国务院制定。

第一百零一条　中药材的种植、采集和饲养的管理办法，由国务院另行制定。

第一百零二条　国家对预防性生物制品的流通实行特殊管理。具体办法由国务院制定。

第一百零三条　中国人民解放军执行本法的具体办法，由国务院、中央军事委员会依据本法制定。

51. 中华人民共和国现役军官法

第四十二条　军官牺牲、病故后，其随军家属移交政府安置管理。具体办法由国务院和中央军事委员会规定。

第五十一条第一款　军官退出现役后的安置管理具体办法由国务院和中央军事委员会规定。

第五十三条　中国人民武装警察部队现役警官适用本法，具体办法由国务院和中央军事委员会规定。

52. 中华人民共和国外资企业法（2020 年 1 月 1 日失效）

第三条第二款　国家禁止或者限制设立外资企业的行业由国务院规定。

53. 中华人民共和国归侨侨眷权益保护法

第三条第二款　国家根据实际情况和归侨、侨眷的特点，给予适当照顾，具体办法由国务院或者国务院有关主管部门规定。

第二十九条第一款　国务院根据本法制定实施办法。

54. 中华人民共和国专利法

第十九条第三款　专利代理机构应当遵守法律、行政法规，按照被代理人的委托办理专利申请或者其他专利事务；对被代理人发明创造的内容，除专利申请已经公布或者公告的以外，负有保密责任。专利代理机构的具体管理办法由国务院规定。

第二十条第一款、第二款、第三款 任何单位或者个人将在中国完成的发明或者实用新型向外国申请专利的，应当事先报经国务院专利行政部门进行保密审查。保密审查的程序、期限等按照国务院的规定执行。

中国单位或者个人可以根据中华人民共和国参加的有关国际条约提出专利国际申请。申请人提出专利国际申请的，应当遵守前款规定。

国务院专利行政部门依照中华人民共和国参加的有关国际条约、本法和国务院有关规定处理专利国际申请。

55. 中华人民共和国海关法

第五条第一款 国家实行联合缉私、统一处理、综合治理的缉私体制。海关负责组织、协调、管理查缉走私工作。有关规定由国务院另行制定。

第二十四条第一款 进口货物的收货人、出口货物的发货人应当向海关如实申报，交验进出口许可证件和有关单证。国家限制进出口的货物，没有进出口许可证件的，不予放行，具体处理办法由国务院规定。

第四十五条 自进出口货物放行之日起三年内或者在保税货物、减免税进口货物的海关监管期限内及其后的三年内，海关可以对与进出口货物直接有关的企业、单位的会计帐簿、会计凭证、报关单证以及其他有关资料和有关进出口货物实施稽查。具体办法由国务院规定。

第五十七条第一款 特定地区、特定企业或者有特定用途的进出口货物，可以减征或者免征关税。特定减税或者免税的范围和办法由国务院规定。

第七十条 海关事务担保管理办法，由国务院规定。

第一百零一条 经济特区等特定地区同境内其他地区之间往来的运输工具、货物、物品的监管办法，由国务院另行规定。

56. 中华人民共和国产品质量法

第十三条第二款 禁止生产、销售不符合保障人体健康和人身、财产安全的标准和要求的工业产品。具体管理办法由国务院规定。

第七十三条第一款 军工产品质量监督管理办法，由国务院、中央军事委员会另行制定。

57. 中华人民共和国大气污染防治法

第十九条　排放工业废气或者本法第七十八条规定名录中所列有毒有害大气污染物的企业事业单位、集中供热设施的燃煤热源生产运营单位以及其他依法实行排污许可管理的单位，应当取得排污许可证。排污许可的具体办法和实施步骤由国务院规定。

第八十五条第二款　国家对消耗臭氧层物质的生产、使用、进出口实行总量控制和配额管理。具体办法由国务院规定。

58. 中华人民共和国立法法

第八十三条　国务院部门规章和地方政府规章的制定程序，参照本法第三章的规定，由国务院规定。

59. 中华人民共和国海洋环境保护法

第三条第二款　国家建立并实施重点海域排污总量控制制度，确定主要污染物排海总量控制指标，并对主要污染源分配排放控制数量。具体办法由国务院制定。

第十二条第三款　根据本法规定征收的排污费、倾倒费，必须用于海洋环境污染的整治，不得挪作他用。具体办法由国务院规定。

第三十条第四款　在有条件的地区，应当将排污口深海设置，实行离岸排放。设置陆源污染物深海离岸排放排污口，应当根据海洋功能区划、海水动力条件和海底工程设施的有关情况确定，具体办法由国务院规定。

第六十一条第二款　禁止在海上处置放射性废弃物或者其他放射性物质。废弃物中的放射性物质的豁免浓度由国务院制定。

第六十六条第二款　实施船舶油污保险、油污损害赔偿基金制度的具体办法由国务院规定。

第九十二条　对违反本法第十二条有关缴纳排污费、倾倒费规定的行政处罚，由国务院规定。

第九十五条　涉及海洋环境监督管理的有关部门的具体职权划分，本法未作规定的，由国务院规定。

60. 中华人民共和国会计法

第三十六条第二款 国有的和国有资产占控股地位或者主导地位的大、中型企业必须设置总会计师。总会计师的任职资格、任免程序、职责权限由国务院规定。

61. 中华人民共和国气象法

第四十二条 气象台站和其他开展气象有偿服务的单位，从事气象有偿服务的范围、项目、收费等具体管理办法，由国务院依据本法规定。

62. 中华人民共和国招标投标法

第七条第三款 对招标投标活动的行政监督及有关部门的具体职权划分，由国务院规定。

63. 中华人民共和国兵役法

第二十条第三款 士官分级服现役的办法和直接从非军事部门招收士官的办法，由国务院、中央军事委员会规定。

第二十四条 士兵预备役的年龄，为十八周岁至三十五周岁，根据需要可以适当延长。具体办法由国务院、中央军事委员会规定。

第六十二条 士兵退出现役安置的具体办法由国务院、中央军事委员会规定。

64. 中华人民共和国收养法

第三十三条 国务院可以根据本法制定实施办法。

65. 中华人民共和国高等教育法

第二十五条第二款 大学或者独立设置的学院还应当具有较强的教学、科学研究力量，较高的教学、科学研究水平和相应规模，能够实施本科及本科以上教育。大学还必须设有三个以上国家规定的学科门类为主要学科。设立高等学校的具体标准由国务院制定。

第四十七条第四款 高等学校教师职务的具体任职条件由国务院规定。

66. 中华人民共和国执业医师法

第四十五条 在乡村医疗卫生机构中向村民提供预防、保健和一般医疗服务的乡村医生，符合本法有关规定的，可以依法取得执业医师资格或者执业助理医师资格；不具备本法规定的执业医师资格或者执业助理医师资格的乡村医生，由国务院另行制定管理办法。

第四十六条　军队医师执行本法的实施办法，由国务院、中央军事委员会依据本法的原则制定。

67. 中华人民共和国森林法

第八条第二款　国家设立森林生态效益补偿基金，用于提供生态效益的防护林和特种用途林的森林资源、林木的营造、抚育、保护和管理。森林生态效益补偿基金必须专款专用，不得挪作他用。具体办法由国务院规定。

第十五条　下列森林、林木、林地使用权可以依法转让，也可以依法作价入股或者作为合资、合作造林、经营林木的出资、合作条件，但不得将林地改为非林地：

（一）用材林、经济林、薪炭林；

（二）用材林、经济林、薪炭林的林地使用权；

（三）用材林、经济林、薪炭林的采伐迹地、火烧迹地的林地使用权；

（四）国务院规定的其他森林、林木和其他林地使用权。

依照前款规定转让、作价入股或者作为合资、合作造林、经营林木的出资、合作条件的，已经取得的林木采伐许可证可以同时转让，同时转让双方都必须遵守本法关于森林、林木采伐和更新造林的规定。

除本条第一款规定的情形外，其他森林、林木和其他林地使用权不得转让。

具体办法由国务院规定。

第三十条　国家制定统一的年度木材生产计划。年度木材生产计划不得超过批准的年采伐限额。计划管理的范围由国务院规定。

第三十六条　林区木材的经营和监督管理办法，由国务院另行规定。

68. 中华人民共和国价格法

第四十七条　国家行政机关的收费，应当依法进行，严格控制收费项目，限定收费范围、标准。收费的具体管理办法由国务院另行制定。

69. 中华人民共和国建筑法

第五十二条第一款 建筑工程勘察、设计、施工的质量必须符合国家有关建筑工程安全标准的要求，具体管理办法由国务院规定。

第六十二条第二款 建筑工程的保修范围应当包括地基基础工程、主体结构工程、屋面防水工程和其他土建工程，以及电气管线、上下水管线的安装工程，供热、供冷系统工程等项目；保修的期限应当按照保证建筑物合理寿命年限内正常使用，维护使用者合法权益的原则确定。具体的保修范围和最低保修期限由国务院规定。

第八十一条 本法关于施工许可、建筑施工企业资质审查和建筑工程发包、承包、禁止转包，以及建筑工程监理、建筑工程安全和质量管理的规定，适用于其他专业建筑工程的建筑活动，具体办法由国务院规定。

第八十四条 军用房屋建筑工程建筑活动的具体管理办法，由国务院、中央军事委员会依据本法制定。

70. 中华人民共和国防洪法

第五十一条第一款 国家设立水利建设基金，用于防洪工程和水利工程的维护和建设。具体办法由国务院规定。

71. 中华人民共和国乡镇企业法

第十八条 国家根据乡镇企业发展的情况，在一定时期内对乡镇企业减征一定比例的税收。减征税收的税种、期限和比例由国务院规定。

第十九条 国家对符合下列条件之一的中小型乡镇企业，根据不同情况实行一定期限的税收优惠：

（一）集体所有制乡镇企业开办初期经营确有困难的；

（二）设立在少数民族地区、边远地区和贫困地区的；

（三）从事粮食、饲料、肉类的加工、贮存、运销经营的；

（四）国家产业政策规定需要特殊扶持的。

前款税收优惠的具体办法由国务院规定。

第二十条 国家运用信贷手段，鼓励和扶持乡镇企业发展。对于符合前条规定条件之一并且符合贷款条件的乡镇企业，国家有关金融机构可以给予优先贷款，对其中生产资金困难且有发展前途的可以给予优惠贷款。

前款优先贷款、优惠贷款的具体办法由国务院规定。

第二十二条第二款　乡镇企业发展基金的设立和使用管理办法由国务院规定。

72. 中华人民共和国人民防空法

第七条第五款　人民防空主管部门的设置、职责和任务，由国务院、中央军事委员会规定。

73. 中华人民共和国煤炭法

第四十七条　煤炭经营管理办法，由国务院依照本法制定。

74. 中华人民共和国矿产资源法

第五条第一款　国家实行探矿权、采矿权有偿取得的制度；但是，国家对探矿权、采矿权有偿取得的费用，可以根据不同情况规定予以减缴、免缴。具体办法和实施步骤由国务院规定。

第六条第一款、第二款　除按下列规定可以转让外，探矿权、采矿权不得转让：

（一）探矿权人有权在划定的勘查作业区内进行规定的勘查作业，有权优先取得勘查作业区内矿产资源的采矿权。探矿权人在完成规定的最低勘查投入后，经依法批准，可以将探矿权转让他人。

（二）已取得采矿权的矿山企业，因企业合并、分立，与他人合资、合作经营，或者因企业资产出售以及有其他变更企业资产产权的情形而需要变更采矿权主体的，经依法批准可以将采矿权转让他人采矿。

前款规定的具体办法和实施步骤由国务院规定。

第十二条　国家对矿产资源勘查实行统一的区块登记管理制度。矿产资源勘查登记工作，由国务院地质矿产主管部门负责；特定矿种的矿产资源勘查登记工作，可以由国务院授权有关主管部门负责。矿产资源勘查区块登记管理办法由国务院制定。

第五十二条　本法实施细则由国务院制定。

75. 中华人民共和国职业教育法

第二十一条第二款　境外的组织和个人在中国境内举办职业学校、职业培训机构的办法，由国务院规定。

76. 中华人民共和国统计法

第四十九条第一款　民间统计调查活动的管理办法，由国务院制定。

第四十九条第二款　中华人民共和国境外的组织、个人需要在中华人民共和国境内进行统计调查活动的，应当按照国务院的规定报请审批。

77. 中华人民共和国行政处罚法

第十二条第二款　尚未制定法律、行政法规的，前款规定的国务院部、委员会制定的规章对违反行政管理秩序的行为，可以设定警告或者一定数量罚款的行政处罚。罚款的限额由国务院规定。

第六十三条　本法第四十六条罚款决定与罚款收缴分离的规定，由国务院制定具体实施办法。

78. 中华人民共和国电力法

第二十三条　电网调度管理办法，由国务院依照本法的规定制定。

第二十四条第二款　电力供应与使用办法由国务院依照本法的规定制定。

第三十七条　上网电价实行同网同质同价。具体办法和实施步骤由国务院规定。电力生产企业有特殊情况需另行制定上网电价的，具体办法由国务院规定。

第四十一条第一款　国家实行分类电价和分时电价。分类标准和分时办法由国务院确定。

第四十五条　电价的管理办法，由国务院依照本法的规定制定。

第五十一条　农业和农村用电管理办法，由国务院依照本法的规定制定。

79. 中华人民共和国民用航空法

第三十七条第四款　民用航空器适航管理规定，由国务院制定。

第五十三条第三款　军民合用机场由国务院、中央军事委员会另行制定管理办法。

第七十二条　空域管理的具体办法，由国务院、中央军事委员会制定。

第七十六条第四款　飞行规则由国务院、中央军事委员会制定。

第九十四条第二款　本法施行前设立的公共航空运输企业，其组织形式、组织机构不完全符合公司法规定的，可以继续沿用原有的规定，适用前款规定的日期由国务院规定。

第一百五十三条第三款　搜寻援救民用航空器的具体办法，由国务院规定。

第一百五十六条　民用航空器事故调查的组织和程序，由国务院规定。

80. 中华人民共和国教育法

第五十五条第一款　国家财政性教育经费支出占国民生产总值的比例应当随着国民经济的发展和财政收入的增长逐步提高。具体比例和实施步骤由国务院规定。

第八十四条　军事学校教育由中央军事委员会根据本法的原则规定。

宗教学校教育由国务院另行规定。

第八十五条　境外的组织和个人在中国境内办学和合作办学的办法，由国务院规定。

81. 全国人民代表大会常务委员会关于外商投资企业和外国企业适用增值税、消费税、营业税等税收暂行条例的决定

二、1993 年 12 月 31 日前已批准设立的外商投资企业，由于依照本决定第一条的规定改征增值税、消费税、营业税而增加税负的，经企业申请，税务机关批准，在已批准的经营期限内，最长不超过五年，退还其因税负增加而多缴纳的税款；没有经营期限的，经企业申请，税务机关批准，在最长不超过五年的期限内，退还其因税负增加而多缴纳的税款。具体办法由国务院规定。

82. 中华人民共和国监狱法

第四十一条　监狱的武装警戒由人民武装警察部队负责，具体办法由国务院、中央军事委员会规定。

83. 中华人民共和国劳动法

第四十五条 国家实行带薪年休假制度。

劳动者连续工作一年以上的，享受带薪年休假。具体办法由国务院规定。

84. 中华人民共和国城市房地产管理法

第六条 为了公共利益的需要，国家可以征收国有土地上单位和个人的房屋，并依法给予拆迁补偿，维护被征收人的合法权益；征收个人住宅的，还应当保障被征收人的居住条件。具体办法由国务院规定。

第十四条 土地使用权出让最高年限由国务院规定。

第十九条 土地使用权出让金应当全部上缴财政，列入预算，用于城市基础设施建设和土地开发。土地使用权出让金上缴和使用的具体办法由国务院规定。

第三十三条 基准地价、标定地价和各类房屋的重置价格应当定期确定并公布。具体办法由国务院规定。

第四十六条 商品房预售的，商品房预购人将购买的未竣工的预售商品房再行转让的问题，由国务院规定。

第五十六条 以营利为目的，房屋所有权人将以划拨方式取得使用权的国有土地上建成的房屋出租的，应当将租金中所含土地收益上缴国家。具体办法由国务院规定。

85. 中华人民共和国国家赔偿法

第三十七条第四款 赔偿费用预算与支付管理的具体办法由国务院规定。

86. 中国人民解放军军官军衔条例

第三十二条 士兵军衔制度，由国务院和中央军事委员会规定。

第三十三条 中国人民武装警察部队实行警衔制度，具体办法由国务院和中央军事委员会规定。

87. 中华人民共和国预算法

第二十八条 政府性基金预算、国有资本经营预算和社会保险基金预算的收支范围，按照法律、行政法规和国务院的规定执行。

第二十九条 中央预算与地方预算有关收入和支出项目的划分、地方向中央上解收入、中央对地方税收返还或者转移支付的具体办法，由国务院规定，报全国人民代表大会常务委员会备案。

第三十五条第五款 国务院建立地方政府债务风险评估和预警机制、应急处置机制以及责任追究制度。国务院财政部门对地方政府债务实施监督。

第三十八条第一款 一般性转移支付应当按照国务院规定的基本标准和计算方法编制。专项转移支付应当分地区、分项目编制。

第四十一条第一款 各级一般公共预算按照国务院的规定可以设置预算周转金，用于本级政府调剂预算年度内季节性收支差额。

第四十一条第二款 各级一般公共预算按照国务院的规定可以设置预算稳定调节基金，用于弥补以后年度预算资金的不足。

第五十八条第二款 特定事项按照国务院的规定实行权责发生制的有关情况，应当向本级人民代表大会常务委员会报告。

第五十九条第二款 中央国库业务由中国人民银行经理，地方国库业务依照国务院的有关规定办理。

第五十九条第五款 各级政府应当加强对本级国库的管理和监督，按照国务院的规定完善国库现金管理，合理调节国库资金余额。

第九十八条 国务院根据本法制定实施条例。

88. 中华人民共和国教师法

第十一条第二款 不具备本法规定的教师资格学历的公民，申请获取教师资格，必须通过国家教师资格考试。国家教师资格考试制度由国务院规定。

第十六条 国家实行教师职务制度，具体办法由国务院规定。

第二十五条 教师的平均工资水平应当不低于或者高于国家公务员的平均工资水平，并逐步提高。建立正常晋级增薪制度，具体办法由国务院规定。

89. 中华人民共和国红十字会法

第十四条第四款 红十字标志的标明使用，是标示与红十字活动有关的人或者物。其使用办法，由国务院和中央军事委员会依据本法规定。

90. 中华人民共和国注册会计师法

第四十三条 在审计事务所工作的注册审计师，经认定为具有注册会计师资格的，可以执行本法规定的业务，其资格认定和对其监督、指导、管理的办法由国务院另行规定。

第四十五条 国务院可以根据本法制定实施条例。

91. 中华人民共和国科学技术进步法

第十五条第一款 国家建立科学技术奖励制度，对在科学技术进步活动中做出重要贡献的组织和个人给予奖励。具体办法由国务院规定。

第七十四条 涉及国防科学技术的其他有关事项，由国务院、中央军事委员会规定。

92. 中华人民共和国人民警察警衔条例

第二十三条第二款 国家安全部门、劳动改造劳动教养管理部门的人民警察警衔授予和晋级的批准权限，由国务院规定。

第二十四条 人民警察警衔标志的式样和佩带办法，由国务院制定。

第二十五条 本条例的实施办法由国务院制定。

93. 中华人民共和国领海及毗连区法

第九条 为维护航行安全和其他特殊需要，中华人民共和国政府可以要求通过中华人民共和国领海的外国船舶使用指定的航道或者依照规定的分道通航制航行，具体办法由中华人民共和国政府或者其有关主管部门公布。

第十六条 中华人民共和国政府依据本法制定有关规定。

94. 中华人民共和国进出境动植物检疫法

第三条第二款 贸易性动物产品出境的检疫机关，由国务院根据情况规定。

第四十九条 国务院根据本法制定实施条例。

95. 中华人民共和国烟草专卖法

第四十二条 国务院根据本法制定实施条例。

96. 中华人民共和国残疾人保障法

第二条第三款 残疾标准由国务院规定。

第三十三条第三款 残疾人就业的具体办法由国务院规定。

97. 中华人民共和国缔结条约程序法

第十五条 经全国人民代表大会常务委员会决定批准或者加入的条约和重要协定，由全国人民代表大会常务委员会公报公布。其他条约、协定的公布办法由国务院规定。

第二十条 国务院可以根据本法制定实施条例。

98. 中华人民共和国铁路法

第七十三条 国务院根据本法制定实施条例。

99. 中华人民共和国军事设施保护法

第九条第一款 军事禁区和军事管理区由国务院和中央军事委员会确定，或者由军区根据国务院和中央军事委员会的规定确定。

第二十二条 划为军事管理区的军民合用机场、港口、码头的管理办法，由国务院和中央军事委员会规定。

第五十一条 国防科技工业重要武器装备的科研、生产、试验、存储等设施的保护，参照本法有关规定执行。具体办法和设施目录由国务院和中央军事委员会规定。

第五十二条 国务院和中央军事委员会根据本法制定实施办法。

100. 中华人民共和国环境保护法

第二十八条第二款 征收的超标准排污费必须用于污染的防治，不得挪作他用，具体使用办法由国务院规定。

101. 中华人民共和国全民所有制工业企业法

第六十七条 国务院根据本法制定实施条例。

102. 中华人民共和国计量法

第九条第一款 县级以上人民政府计量行政部门对社会公用计量标准器

具，部门和企业、事业单位使用的最高计量标准器具，以及用于贸易结算、安全防护、医疗卫生、环境监测方面的列入强制检定目录的工作计量器具，实行强制检定。未按照规定申请检定或者检定不合格的，不得使用。实行强制检定的工作计量器具的目录和管理办法，由国务院制定。

第三十二条 中国人民解放军和国防科技工业系统计量工作的监督管理办法，由国务院、中央军事委员会依据本法另行制定。

103. 中华人民共和国海上交通安全法

第四十八条 国家渔政渔港监督管理机构，在以渔业为主的渔港水域内，行使本法规定的主管机关的职权，负责交通安全的监督管理，并负责沿海水域渔业船舶之间的交通事故的调查处理。具体实施办法由国务院另行规定。

104. 中华人民共和国突发事件应对法

第三条第三款 突发事件的分级标准由国务院或者国务院确定的部门制定。

第九条 国务院和县级以上地方各级人民政府是突发事件应对工作的行政领导机关，其办事机构及具体职责由国务院规定。

第十七条第四款 应急预案制定机关应当根据实际需要和情势变化，适时修订应急预案。应急预案的制定、修订程序由国务院规定。

第四十二条第三款 预警级别的划分标准由国务院或者国务院确定的部门制定。

105. 中华人民共和国反垄断法

第九条第二款 国务院反垄断委员会的组成和工作规则由国务院规定。

106. 中华人民共和国就业促进法

第五十一条 国家对从事涉及公共安全、人身健康、生命财产安全等特殊工种的劳动者，实行职业资格证书制度，具体办法由国务院规定。

第五十五条第二款 用人单位应当按照国家规定安排残疾人就业，具体办法由国务院规定。

107. 中华人民共和国禁毒法

第二十五条 麻醉药品、精神药品和易制毒化学品管理的具体办法，由国务院规定。

108. 中华人民共和国水污染防治法

第二十一条第一款 直接或者间接向水体排放工业废水和医疗污水以及其他按照规定应当取得排污许可证方可排放的废水、污水的企业事业单位和其他生产经营者，应当取得排污许可证；城镇污水集中处理设施的运营单位，也应当取得排污许可证。排污许可证应当明确排放水污染物的种类、浓度、总量和排放去向等要求。排污许可的具体办法由国务院规定。

第四十九条第五款 城镇污水集中处理设施的污水处理收费、管理以及使用的具体办法，由国务院规定。

109. 中华人民共和国企业国有资产法

第九条 国家建立健全国有资产基础管理制度。具体办法按照国务院的规定制定。

第三十四条第二款 本法所称的重要的国有独资企业、国有独资公司和国有资本控股公司，按照国务院的规定确定。

第三十八条 国有独资企业、国有独资公司、国有资本控股公司对其所出资企业的重大事项参照本章规定履行出资人职责。具体办法由国务院规定。

第六十二条 国有资本经营预算管理的具体办法和实施步骤，由国务院规定，报全国人民代表大会常务委员会备案。

110. 中华人民共和国社会保险法

第十条第三款 公务员和参照公务员法管理的工作人员养老保险的办法由国务院规定。

第十九条 个人跨统筹地区就业的，其基本养老保险关系随本人转移，缴费年限累计计算。个人达到法定退休年龄时，基本养老金分段计算、统一支付。具体办法由国务院规定。

第二十四条第二款 新型农村合作医疗的管理办法，由国务院规定。

第五十九条第二款 社会保险费实行统一征收，实施步骤和具体办法由国务院规定。

第六十四条第三款 基本养老保险基金逐步实行全国统筹，其他社会保险基金逐步实行省级统筹，具体时间、步骤由国务院规定。

第六十七条 社会保险基金预算、决算草案的编制、审核和批准，依照法律和国务院规定执行。

第六十八条 社会保险基金存入财政专户，具体管理办法由国务院规定。

第六十九条第一款 社会保险基金在保证安全的前提下，按照国务院规定投资运营实现保值增值。

111. 中华人民共和国国防动员法

第四十三条第一款 国家建立军事、经济、社会目标和首脑机关分级防护制度。分级防护标准由国务院、中央军事委员会规定。

112. 中华人民共和国人民武装警察法

第六条 人民武装警察部队实行警衔制度，具体办法由国务院、中央军事委员会规定。

第八条第一款 调动、使用人民武装警察部队执行安全保卫任务，应当坚持严格审批、依法用警的原则。具体的批准权限和程序由国务院、中央军事委员会规定。

113. 中华人民共和国海岛保护法

第十四条 国家建立完善海岛统计调查制度。国务院海洋主管部门会同有关部门拟定海岛综合统计调查计划，依法经批准后组织实施，并发布海岛统计调查公报。

第三十条第四款 无居民海岛开发利用审查批准的具体办法，由国务院规定。

114. 中华人民共和国防震减灾法

第二十九条第二款 全国范围内的地震长期和中期预报意见，由国务院发布。省、自治区、直辖市行政区域内的地震预报意见，由省、自治区、直辖市人民政府按照国务院规定的程序发布。

第四十九条第一款　按照社会危害程度、影响范围等因素，地震灾害分为一般、较大、重大和特别重大四级。具体分级标准按照国务院规定执行。

第五十八条第二款　地震灾害损失调查评估的具体工作，由国务院地震工作主管部门或者地震灾区的省、自治区、直辖市人民政府负责管理地震工作的部门或者机构和财政、建设、民政等有关部门按照国务院的规定承担。

115. 中华人民共和国食品安全法

第五条第一款　国务院设立食品安全委员会，其职责由国务院规定。

116. 中华人民共和国保守国家秘密法

第三十四条第一款　从事国家秘密载体制作、复制、维修、销毁，涉密信息系统集成，或者武器装备科研生产等涉及国家秘密业务的企业事业单位，应当经过保密审查，具体办法由国务院规定。

117. 中华人民共和国车船税法

第二条第二款　车辆的具体适用税额由省、自治区、直辖市人民政府依照本法所附《车船税税目税额表》规定的税额幅度和国务院的规定确定。

第二条第三款　船舶的具体适用税额由国务院在本法所附《车船税税目税额表》规定的税额幅度内确定。

第四条　对节约能源、使用新能源的车船可以减征或者免征车船税；对受严重自然灾害影响纳税困难以及有其他特殊原因确需减税、免税的，可以减征或者免征车船税。具体办法由国务院规定，并报全国人民代表大会常务委员会备案。

第十二条　国务院根据本法制定实施条例。

118. 中华人民共和国军人保险法

第十九条　军人退出现役采取退休方式安置的，其养老办法按照国务院和中央军事委员会的有关规定执行。

119. 中华人民共和国出境入境管理法

第十条　中国公民往来内地与香港特别行政区、澳门特别行政区，中国公民往来大陆与台湾地区，应当依法申请办理通行证件，并遵守本法有关规定。具体管理办法由国务院规定。

第十六条第三款 对因工作、学习、探亲、旅游、商务活动、人才引进等非外交、公务事由入境的外国人，签发相应类别的普通签证。普通签证的类别和签发办法由国务院规定。

第四十一条第二款 外国人在中国境内工作管理办法由国务院规定。

120. 中华人民共和国精神卫生法

第八十四条 军队的精神卫生工作，由国务院和中央军事委员会依据本法制定管理办法。

121. 中华人民共和国石油天然气管道保护法

第六十条 国务院可以根据海上石油、天然气管道的具体情况，制定海上石油、天然气管道保护的特别规定。

122. 中华人民共和国商标法

第二十一条 商标国际注册遵循中华人民共和国缔结或者参加的有关国际条约确立的制度，具体办法由国务院规定。

（二）法律规定有关部门制定配套规定报国务院（或中央军委）批准或备案的条文

1. 中华人民共和国可再生能源法

第八条第一款 国务院能源主管部门会同国务院有关部门，根据全国可再生能源开发利用中长期总量目标和可再生能源技术发展状况，编制全国可再生能源开发利用规划，报国务院批准后实施。

2. 中华人民共和国票据法

第一百零九条 票据管理的具体实施办法，由中国人民银行依照本法制定，报国务院批准后施行。

3. 中华人民共和国学位条例

第十九条 本条例的实施办法，由国务院学位委员会制定，报国务院批准。

4. 中华人民共和国渔业法

第二十八条　县级以上人民政府渔业行政主管部门应当对其管理的渔业水域统一规划，采取措施，增殖渔业资源。县级以上人民政府渔业行政主管部门可以向受益的单位和个人征收渔业资源增殖保护费，专门用于增殖和保护渔业资源。渔业资源增殖保护费的征收办法由国务院渔业行政主管部门会同财政部门制定，报国务院批准后施行。

5. 中华人民共和国野生动物保护法

第十条第二款　国家对珍贵、濒危的野生动物实行重点保护。国家重点保护的野生动物分为一级保护野生动物和二级保护野生动物。国家重点保护野生动物名录，由国务院野生动物保护主管部门组织科学评估后制定，并每五年根据评估情况确定对名录进行调整。国家重点保护野生动物名录报国务院批准公布。

6. 中华人民共和国文物保护法

第二条第二款　文物认定的标准和办法由国务院文物行政部门制定，并报国务院批准。

7. 中华人民共和国环境影响评价法

第九条　依照本法第七条、第八条的规定进行环境影响评价的规划的具体范围，由国务院生态环境主管部门会同国务院有关部门规定，报国务院批准。

8. 中华人民共和国防沙治沙法

第十一条第一款、第二款　国务院林业草原行政主管部门会同国务院农业、水利、土地、生态环境等有关部门编制全国防沙治沙规划，报国务院批准后实施。

省、自治区、直辖市人民政府依据全国防沙治沙规划，编制本行政区域的防沙治沙规划，报国务院或者国务院指定的有关部门批准后实施。

9. 中华人民共和国现役军官法

第五十二条　人民解放军总政治部根据本法制定实施办法，报国务院和中央军事委员会批准后施行。

10. 中华人民共和国外资企业法（2020 年 1 月 1 日失效）

第二十四条 国务院对外经济贸易主管部门根据本法制定实施细则，报国务院批准后施行。

11. 中华人民共和国中外合作经营企业法（2020 年 1 月 1 日失效）

第二十七条 国务院对外经济贸易主管部门根据本法制定实施细则，报国务院批准后施行。

12. 中华人民共和国海关法

第六条第七项 海关为履行职责，可以配备武器。海关工作人员佩带和使用武器的规则，由海关总署会同国务院公安部门制定，报国务院批准。

13. 中华人民共和国气象法

第九条第一款 国务院气象主管机构应当组织有关部门编制气象探测设施、气象信息专用传输设施、大型气象专用技术装备等重要气象设施的建设规划，报国务院批准后实施。气象设施建设规划的调整、修改，必须报国务院批准。

14. 中华人民共和国招标投标法

第三条第一款、第二款 在中华人民共和国境内进行下列工程建设项目包括项目的勘察、设计、施工、监理以及与工程建设有关的重要设备、材料等的采购，必须进行招标：

（一）大型基础设施、公用事业等关系社会公共利益、公众安全的项目；

（二）全部或者部分使用国有资金投资或者国家融资的项目；

（三）使用国际组织或者外国政府贷款、援助资金的项目。

前款所列项目的具体范围和规模标准，由国务院发展计划部门会同国务院有关部门制订，报国务院批准。

15. 中华人民共和国森林法

第二十四条第二款 自然保护区的管理办法，由国务院林业主管部门制定，报国务院批准施行。

第三十八条第一款　国家禁止、限制出口珍贵树木及其制品、衍生物。禁止、限制出口的珍贵树木及其制品、衍生物的名录和年度限制出口总量，由国务院林业主管部门会同国务院有关部门制定，报国务院批准。

第四十七条　国务院林业主管部门根据本法制定实施办法，报国务院批准施行。

16. 中华人民共和国价格法

第十九条第二款　中央定价目录由国务院价格主管部门制定、修订，报国务院批准后公布。

17. 中华人民共和国枪支管理法

第五条第三款　配备公务用枪的具体办法，由国务院公安部门会同其他有关国家机关按照严格控制的原则制定，报国务院批准后施行。

18. 中华人民共和国档案法

第十九条第一款　国家档案馆保管的档案，一般应当自形成之日起满三十年向社会开放。经济、科学、技术、文化等类档案向社会开放的期限，可以少于三十年，涉及国家安全或者重大利益以及其他到期不宜开放的档案向社会开放的期限，可以多于三十年，具体期限由国家档案行政管理部门制订，报国务院批准施行。

第二十六条　本法实施办法，由国家档案行政管理部门制定，报国务院批准后施行。

19. 中华人民共和国民用航空法

第九十七条第二款　国内航空运输的运价管理办法，由国务院民用航空主管部门会同国务院物价主管部门制定，报国务院批准后执行。

第一百二十八条第一款　国内航空运输承运人的赔偿责任限额由国务院民用航空主管部门制定，报国务院批准后公布执行。

20. 中华人民共和国劳动法

第一百零六条　省、自治区、直辖市人民政府根据本法和本地区的实际情况，规定劳动合同制度的实施步骤，报国务院备案。

21. 中国人民解放军军官军衔条例

第三十四条 人民解放军总参谋部、总政治部根据本条例制定实施办法，报中央军事委员会批准后施行。

22. 全国人民代表大会常务委员会关于批准《国务院关于老干部离职休养的暂行规定》的决议

第十二条 本规定的实施细则由国家人事局制定报国务院批准后颁发。

23. 中华人民共和国矿山安全法

第四十九条第一款 国务院劳动行政主管部门根据本法制定实施条例，报国务院批准施行。

24. 中华人民共和国海商法

第六条 海上运输由国务院交通主管部门统一管理，具体办法由国务院交通主管部门制定，报国务院批准后施行。

第一百一十七条第四款 中华人民共和国港口之间的海上旅客运输，承运人的赔偿责任限额，由国务院交通主管部门制定，报国务院批准后施行。

25. 中华人民共和国国徽法

第八条 外事活动和国家驻外使馆、领馆以及其他外交代表机构对外使用国徽图案的办法，由外交部规定，报国务院批准后施行。

26. 中华人民共和国集会游行示威法

第三十五条第一款 国务院公安部门可以根据本法制定实施条例，报国务院批准施行。

27. 中华人民共和国邮政法

第十七条 国家设立邮政普遍服务基金。邮政普遍服务基金征收、使用和监督管理的具体办法由国务院财政部门会同国务院有关部门制定，报国务院批准后公布施行。

28. 中华人民共和国计量法

第三十三条 国务院计量行政部门根据本法制定实施细则，报国务院批准施行。

29. 中华人民共和国海上交通安全法

第五十一条 国务院主管部门依据本法，制定实施细则，报国务院批准施行。

30. 中华人民共和国循环经济促进法

第十二条第一款 国务院循环经济发展综合管理部门会同国务院生态环境等有关主管部门编制全国循环经济发展规划，报国务院批准后公布施行。设区的市级以上地方人民政府循环经济发展综合管理部门会同本级人民政府生态环境等有关主管部门编制本行政区域循环经济发展规划，报本级人民政府批准后公布施行。

31. 中华人民共和国海岛保护法

第九条第一款 国务院海洋主管部门会同本级人民政府有关部门、军事机关，依据国民经济和社会发展规划、全国海洋功能区划，组织编制全国海岛保护规划，报国务院审批。

32. 中华人民共和国防震减灾法

第十二条第一款 国务院地震工作主管部门会同国务院有关部门组织编制国家防震减灾规划，报国务院批准后组织实施。

第四十六条第一款 国务院地震工作主管部门会同国务院有关部门制定国家地震应急预案，报国务院批准。国务院有关部门根据国家地震应急预案，制定本部门的地震应急预案，报国务院地震工作主管部门备案。

33. 中华人民共和国证券投资基金法

第一百五十二条 在中华人民共和国境内募集投资境外证券的基金，以及合格境外投资者在境内进行证券投资，应当经国务院证券监督管理机构批准，具体办法由国务院证券监督管理机构会同国务院有关部门规定，报国务院批准。

34. 中华人民共和国测绘法

第二十条 中华人民共和国国界线的测绘，按照中华人民共和国与相邻国家缔结的边界条约或者协定执行，由外交部组织实施。中华人民共和国地图的国界线标准样图，由外交部和国务院测绘地理信息主管部门拟定，报国务院批准后公布。

第二十一条 行政区域界线的测绘，按照国务院有关规定执行。省、自治区、直辖市和自治州、县、自治县、市行政区域界线的标准画法图，由国务院民政部门和国务院测绘地理信息主管部门拟定，报国务院批准后公布。

35. 中华人民共和国军人保险法

第十四条 军人退役养老保险补助标准，由中国人民解放军总后勤部会同国务院有关部门，按照国家规定的基本养老保险缴费标准、军人工资水平等因素拟订，报国务院、中央军事委员会批准。

36. 中华人民共和国中小企业促进法

第二条第二款 中型企业、小型企业和微型企业划分标准由国务院负责中小企业促进工作综合管理的部门会同国务院有关部门，根据企业从业人员、营业收入、资产总额等指标，结合行业特点制定，报国务院批准。

（三）法律规定中央军委制定配套规定的条文

1. 中华人民共和国审计法

第五十三条 中国人民解放军审计工作的规定，由中央军事委员会根据本法制定。

2. 中华人民共和国环境影响评价法

第三十六条 军事设施建设项目的环境影响评价办法，由中央军事委员会依照本法的原则制定。

3. 中华人民共和国测绘法

第十条 国家建立全国统一的大地坐标系统、平面坐标系统、高程系统、地心坐标系统和重力测量系统，确定国家大地测量等级和精度以及国家基本比例尺地图的系列和基本精度。具体规范和要求由国务院测绘地理信息主管部门会同国务院其他有关部门、军队测绘部门制定。

第三十四条第三款　测绘成果属于国家秘密的，适用保密法律、行政法规的规定；需要对外提供的，按照国务院和中央军事委员会规定的审批程序执行。

第三十四条第四款　测绘成果的秘密范围和秘密等级，应当依照保密法律、行政法规的规定，按照保障国家秘密安全、促进地理信息共享和应用的原则确定并及时调整、公布。

第六十七条　军事测绘管理办法由中央军事委员会根据本法规定。

4. 中华人民共和国政府采购法

第八十六条　军事采购法规由中央军事委员会另行制定。

5. 中华人民共和国人口与计划生育法

第四十六条　中国人民解放军执行本法的具体办法，由中央军事委员会依据本法制定。

6. 中华人民共和国国防教育法

第三十二条第二款　在国庆节、中国人民解放军建军节和全民国防教育日，经批准的军营可以向社会开放。军营开放的办法由中央军事委员会规定。

7. 中华人民共和国现役军官法

第二十一条　军官晋升职务，应当具备拟任职务所要求的任职经历、文化程度、院校培训等资格。具体条件由中央军事委员会规定。

第二十七条　军官应当在不同岗位或者不同单位之间进行交流，具体办法由中央军事委员会根据本法规定。

第三十七条第一款　军官实行职务军衔等级工资制和定期增资制度，按照国家和军队的有关规定享受津贴和补贴，并随着国民经济的发展适时调整。具体标准和办法由中央军事委员会规定。

8. 中华人民共和国立法法

第一百零三条第四款　军事法规、军事规章的制定、修改和废止办法，由中央军事委员会依照本法规定的原则规定。

9. 中华人民共和国气象法

第四十三条 中国人民解放军气象工作的管理办法，由中央军事委员会制定。

10. 中华人民共和国体育法

第五十三条 军队开展体育活动的具体办法由中央军事委员会依照本法制定。

11. 中华人民共和国预备役军官法

第十三条 选拔预备役军官的计划，由中央军事委员会确定，人民解放军总政治部会同有关部门组织实施。

第二十八条第二款 晋升预备役军官军衔的条件、年限和程序，由中央军事委员会规定。

第四十二条第一款 预备役军官的军事训练和政治教育大纲，由人民解放军总参谋部、总政治部、总后勤部、总装备部制定。

第五十四条 对按照规定参加军事训练、执行军事勤务的预备役军官，按照参加军事训练、执行军事勤务的时间及其职务等级发给补贴。补贴标准由财政部和人民解放军总参谋部、总政治部、总后勤部制定，所需经费由中央财政保障。

12. 中华人民共和国教育法

第八十四条第一款 军事学校教育由中央军事委员会根据本法的原则规定。

13. 中国人民解放军军官军衔条例

第十七条第一款第（二）项 战时军官军衔晋级的期限可以缩短，具体办法由中央军事委员会根据战时情况规定。

第二十九条 军官军衔的肩章、符号式样和佩带办法，由中央军事委员会颁布。

14. 中华人民共和国教师法

第四十一条第二款 军队所属院校的教师和教育教学辅助人员，由中央军事委员会依照本法制定有关规定。

15. 中华人民共和国保守国家秘密法

第十一条第二款　军事方面的国家秘密及其密级的具体范围，由中央军事委员会规定。

第五十二条　中央军事委员会根据本法制定中国人民解放军保密条例。

16. 中华人民共和国兵役法

第四十一条第二款　未服过现役预编到现役部队、编入预备役部队和编入基干民兵组织的预备役士兵，在十八周岁至二十四周岁期间，应当参加三十日至四十日的军事训练；其中专业技术兵的训练时间，按照实际需要确定。服过现役和受过军事训练的预备役士兵的复习训练，以及其他预备役士兵的军事训练，按照中央军事委员会的规定进行。

17. 中华人民共和国军人保险法

第十四条　军人退役养老保险补助标准，由中国人民解放军总后勤部会同国务院有关部门，按照国家规定的基本养老保险缴费标准、军人工资水平等因素拟订，报国务院、中央军事委员会批准。

第二十一条　军人退役医疗保险个人缴费标准和国家补助标准，由中国人民解放军总后勤部会同国务院有关部门，按照国家规定的缴费比例、军人工资水平等因素确定。

18. 中华人民共和国食品安全法

第一百五十二条第五款　军队专用食品和自供食品的食品安全管理办法由中央军事委员会依照本法制定。

19. 中华人民共和国红十字会法

第十四条第四款　红十字标志的标明使用，是标示与红十字活动有关的人或者物。其使用办法，由国务院和中央军事委员会依据本法规定。

20. 中华人民共和国军事设施保护法

第九条第一款　军事禁区和军事管理区由国务院和中央军事委员会确定，

或者由军区根据国务院和中央军事委员会的规定确定。

第二十二条 划为军事管理区的军民合用机场、港口、码头的管理办法，由国务院和中央军事委员会规定。

第五十一条 国防科技工业重要武器装备的科研、生产、试验、存储等设施的保护，参照本法有关规定执行。具体办法和设施目录由国务院和中央军事委员会规定。

第五十二条 国务院和中央军事委员会根据本法制定实施办法。

三、法律规定最高人民法院、最高人民检察院制定配套规定的条文

1. 中华人民共和国企业破产法

第二十二条第三款 指定管理人和确定管理人报酬的办法，由最高人民法院规定。

2. 中华人民共和国检察官法

第二十六条第三款 最高人民检察院检察官员额由最高人民检察院商有关部门确定。

第五十二条 检察官惩戒委员会审议惩戒事项的具体程序，由最高人民检察院商有关部门确定。

3. 中华人民共和国法官法

第二十五条第三款 最高人民法院法官员额由最高人民法院商有关部门确定。

第五十一条 法官惩戒委员会审议惩戒事项的具体程序，由最高人民法院商有关部门确定。

4. 中华人民共和国人民警察警衔条例

第二十三条第三款 司法警察警衔授予和晋级的批准权限，由最高人民法院、最高人民检察院参照本条例规定。

5. 中华人民共和国民事诉讼法

第四十九条第二款 当事人可以查阅本案有关材料，并可以复制本案有

关材料和法律文书。查阅、复制本案有关材料的范围和办法由最高人民法院规定。

第六十一条 代理诉讼的律师和其他诉讼代理人有权调查收集证据，可以查阅本案有关材料。查阅本案有关材料的范围和办法由最高人民法院规定。

6. 全国人民代表大会常务委员会关于在沿海港口城市设立海事法院的决定

一、海事法院的审判机构和办事机构的设置，由最高人民法院规定。

7. 全国人民代表大会常务委员会关于授权最高人民法院、最高人民检察院在部分地区开展刑事案件认罪认罚从宽制度试点工作的决定

最高人民法院、最高人民检察院会同有关部门根据本决定，遵循刑法、刑事诉讼法的基本原则，制定试点办法，对适用条件、从宽幅度、办理程序、证据标准、律师参与等作出具体规定，报全国人民代表大会常务委员会备案。

四、法律规定国务院有关部门制定配套规定的条文

1. 中华人民共和国就业促进法

第十五条第三款 就业专项资金的使用管理办法由国务院财政部门和劳动行政部门规定。

2. 中华人民共和国禁毒法

第三十一条第三款 吸毒成瘾的认定办法，由国务院卫生行政部门、药品监督管理部门、公安部门规定。

3. 中华人民共和国律师法

第五十九条 律师收费办法，由国务院价格主管部门会同国务院司法行政部门制定。

4. 中华人民共和国节约能源法

第十五条 国家实行固定资产投资项目节能评估和审查制度。不符合强

制性节能标准的项目，建设单位不得开工建设；已经建成的，不得投入生产、使用。政府投资项目不符合强制性节能标准的，依法负责项目审批的机关不得批准建设。具体办法由国务院管理节能工作的部门会同国务院有关部门制定。

第十六条第一款 国家对落后的耗能过高的用能产品、设备和生产工艺实行淘汰制度。淘汰的用能产品、设备、生产工艺的目录和实施办法，由国务院管理节能工作的部门会同国务院有关部门制定并公布。

第十八条 国家对家用电器等使用面广、耗能量大的用能产品，实行能源效率标识管理。实行能源效率标识管理的产品目录和实施办法，由国务院管理节能工作的部门会同国务院市场监督管理部门制定并公布。

第三十七条 使用空调采暖、制冷的公共建筑应当实行室内温度控制制度。具体办法由国务院建设主管部门制定。

第三十八条 国家采取措施，对实行集中供热的建筑分步骤实行供热分户计量、按照用热量收费的制度。新建建筑或者对既有建筑进行节能改造，应当按照规定安装用热计量装置、室内温度调控装置和供热系统调控装置。具体办法由国务院建设主管部门会同国务院有关部门制定。

第五十二条第三款 重点用能单位节能管理办法，由国务院管理节能工作的部门会同国务院有关部门制定。

5. 中华人民共和国动物防疫法

第四条 根据动物疫病对养殖业生产和人体健康的危害程度，本法规定管理的动物疫病分为下列三类：

（一）一类疫病，是指对人与动物危害严重，需要采取紧急、严厉的强制预防、控制、扑灭等措施的；

（二）二类疫病，是指可能造成重大经济损失，需要采取严格控制、扑灭等措施，防止扩散的；

（三）三类疫病，是指常见多发、可能造成重大经济损失，需要控制和净化的。

前款一、二、三类动物疫病具体病种名录由国务院兽医主管部门制定并公布。

第十二条第二款　国务院兽医主管部门根据国内外动物疫情和保护养殖业生产及人体健康的需要，及时制定并公布动物疫病预防、控制技术规范。

第十三条　国家对严重危害养殖业生产和人体健康的动物疫病实施强制免疫。国务院兽医主管部门确定强制免疫的动物疫病病种和区域，并会同国务院有关部门制定国家动物疫病强制免疫计划。

省、自治区、直辖市人民政府兽医主管部门根据国家动物疫病强制免疫计划，制订本行政区域的强制免疫计划；并可以根据本行政区域内动物疫病流行情况增加实施强制免疫的动物疫病病种和区域，报本级人民政府批准后执行，并报国务院兽医主管部门备案。

第十五条第二款　国务院兽医主管部门应当制定国家动物疫病监测计划。省、自治区、直辖市人民政府兽医主管部门应当根据国家动物疫病监测计划，制定本行政区域的动物疫病监测计划。

第二十三条第二款　人畜共患传染病名录由国务院兽医主管部门会同国务院卫生主管部门制定并公布。

第四十一条第二款　动物卫生监督机构的官方兽医具体实施动物、动物产品检疫。官方兽医应当具备规定的资格条件，取得国务院兽医主管部门颁发的资格证书，具体办法由国务院兽医主管部门会同国务院人事行政部门制定。

第四十九条　依法进行检疫需要收取费用的，其项目和标准由国务院财政部门、物价主管部门规定。

第五十四条第一款　国家实行执业兽医资格考试制度。具有兽医相关专业大学专科以上学历的，可以申请参加执业兽医资格考试；考试合格的，由省、自治区、直辖市人民政府兽医主管部门颁发执业兽医资格证书；从事动物诊疗的，还应当向当地县级人民政府兽医主管部门申请注册。执业兽医资格考试和注册办法由国务院兽医主管部门商国务院人事行政部门制定。

第五十七条　乡村兽医服务人员可以在乡村从事动物诊疗服务活动，具体管理办法由国务院兽医主管部门制定。

第六十一条第二款　检疫证明、检疫标志的管理办法，由国务院兽医主管部门制定。

第六十六条 对在动物疫病预防和控制、扑灭过程中强制扑杀的动物、销毁的动物产品和相关物品，县级以上人民政府应当给予补偿。具体补偿标准和办法由国务院财政部门会同有关部门制定。

因依法实施强制免疫造成动物应激死亡的，给予补偿。具体补偿标准和办法由国务院财政部门会同有关部门制定。

6. 中华人民共和国企业所得税法

第二十条 本章规定的收入、扣除的具体范围、标准和资产的税务处理的具体办法，由国务院财政、税务主管部门规定。

7. 中华人民共和国物权法

第二十二条 不动产登记费按件收取，不得按照不动产的面积、体积或者价款的比例收取。具体收费标准由国务院有关部门会同价格主管部门规定。

8. 中华人民共和国银行业监督管理法

第十五条 国务院银行业监督管理机构依照法律、行政法规制定并发布对银行业金融机构及其业务活动监督管理的规章、规则。

第十八条 银行业金融机构业务范围内的业务品种，应当按照规定经国务院银行业监督管理机构审查批准或者备案。需要审查批准或者备案的业务品种，由国务院银行业监督管理机构依照法律、行政法规作出规定并公布。

第二十条 国务院银行业监督管理机构对银行业金融机构的董事和高级管理人员实行任职资格管理。具体办法由国务院银行业监督管理机构制定。

第二十一条第一款 银行业金融机构的审慎经营规则，由法律、行政法规规定，也可以由国务院银行业监督管理机构依照法律、行政法规制定。

9. 中华人民共和国农民专业合作社法

第三十九条 农民专业合作社应当按照国务院财政部门制定的财务会计制度进行财务管理和会计核算。

第五十三条 农民专业合作社接受国家财政直接补助形成的财产，在解散、破产清算时，不得作为可分配剩余资产分配给成员，具体按照国务院财政部门有关规定执行。

第六十八条　农民专业合作社从事农产品初加工用电执行农业生产用电价格，农民专业合作社生产性配套辅助设施用地按农用地管理，具体办法由国务院有关部门规定。

10. 中华人民共和国反洗钱法

第二十一条　金融机构建立客户身份识别制度、客户身份资料和交易记录保存制度的具体办法，由国务院反洗钱行政主管部门会同国务院有关金融监督管理机构制定。金融机构大额交易和可疑交易报告的具体办法，由国务院反洗钱行政主管部门制定。

第三十五条　应当履行反洗钱义务的特定非金融机构的范围、其履行反洗钱义务和对其监督管理的具体办法，由国务院反洗钱行政主管部门会同国务院有关部门制定。

11. 中华人民共和国义务教育法

第三十九条第一款　国家实行教科书审定制度。教科书的审定办法由国务院教育行政部门规定。

第四十三条第一款　学校的学生人均公用经费基本标准由国务院财政部门会同教育行政部门制定，并根据经济和社会发展状况适时调整。制定、调整学生人均公用经费基本标准，应当满足教育教学基本需要。

12. 中华人民共和国护照法

第七条第三款　普通护照的具体签发办法，由公安部规定。

第九条第二款　外交护照、公务护照的签发范围、签发办法、有效期以及公务护照的具体类别，由外交部规定。

第十一条第三款　外交护照、公务护照的换发或者补发，按照外交部的有关规定办理。

第二十二条第二款　护照工本费和加注费的标准由国务院价格行政部门会同国务院财政部门规定、公布。

13. 中华人民共和国农产品质量安全法

第十五条第一款　县级以上地方人民政府农业行政主管部门按照保障农

产品质量安全的要求，根据农产品品种特性和生产区域大气、土壤、水体中有毒有害物质状况等因素，认为不适宜特定农产品生产的，提出禁止生产的区域，报本级人民政府批准后公布。具体办法由国务院农业行政主管部门商国务院生态环境主管部门制定。

第二十八条 农产品生产企业、农民专业合作经济组织以及从事农产品收购的单位或者个人销售的农产品，按照规定应当包装或者附加标识的，须经包装或者附加标识后方可销售。包装物或者标识上应当按照规定标明产品的品名、产地、生产者、生产日期、保质期、产品质量等级等内容；使用添加剂的，还应当按照规定标明添加剂的名称。具体办法由国务院农业行政主管部门制定。

第三十五条第二款 从事农产品质量安全检测的机构，必须具备相应的检测条件和能力，由省级以上人民政府农业行政主管部门或者其授权的部门考核合格。具体办法由国务院农业行政主管部门制定。

14. 中华人民共和国畜牧法

第十二条 国务院畜牧兽医行政主管部门根据畜禽遗传资源分布状况，制定全国畜禽遗传资源保护和利用规划，制定并公布国家级畜禽遗传资源保护名录，对原产我国的珍贵、稀有、濒危的畜禽遗传资源实行重点保护。

省级人民政府畜牧兽医行政主管部门根据全国畜禽遗传资源保护和利用规划及本行政区域内畜禽遗传资源状况，制定和公布省级畜禽遗传资源保护名录，并报国务院畜牧兽医行政主管部门备案。

第十三条第四款 畜禽遗传资源保种场、保护区和基因库的管理办法由国务院畜牧兽医行政主管部门制定。

第十九条 培育的畜禽新品种、配套系和新发现的畜禽遗传资源在推广前，应当通过国家畜禽遗传资源委员会审定或者鉴定，并由国务院畜牧兽医行政主管部门公告。畜禽新品种、配套系的审定办法和畜禽遗传资源的鉴定办法，由国务院畜牧兽医行政主管部门制定。审定或者鉴定所需的试验、检测等费用由申请者承担，收费办法由国务院财政、价格部门会同国务院畜牧兽医行政主管部门制定。

培育新的畜禽品种、配套系进行中间试验，应当经试验所在地省级人民政府畜牧兽医行政主管部门批准。

畜禽新品种、配套系培育者的合法权益受法律保护。

第二十一条 省级以上畜牧兽医技术推广机构可以组织开展种畜优良个体登记，向社会推荐优良种畜。优良种畜登记规则由国务院畜牧兽医行政主管部门制定。

第二十四条第三款 种畜禽生产经营许可证样式由国务院畜牧兽医行政主管部门制定，许可证有效期为三年。发放种畜禽生产经营许可证可以收取工本费，具体收费管理办法由国务院财政、价格部门制定。

第三十四条 蚕种的资源保护、新品种选育、生产经营和推广适用本法有关规定，具体管理办法由国务院农业行政主管部门制定。

第五十五条 国务院畜牧兽医行政主管部门应当制定畜禽标识和养殖档案管理办法，采取措施落实畜禽产品质量责任追究制度。

15. 中华人民共和国证券法

第十一条第三款 保荐人的资格及其管理办法由国务院证券监督管理机构规定。

第二十二条第三款 发行审核委员会的具体组成办法、组成人员任期、工作程序，由国务院证券监督管理机构规定。

第四十六条第二款 证券交易的收费项目、收费标准和管理办法由国务院有关主管部门统一规定。

第一百零一条第二款 国务院证券监督管理机构应当依照本法的原则制定上市公司收购的具体办法。

第一百一十六条第二款 风险基金提取的具体比例和使用办法，由国务院证券监督管理机构会同国务院财政部门规定。

第一百三十五条 证券公司从每年的税后利润中提取交易风险准备金，用于弥补证券交易的损失，其提取的具体比例由国务院证券监督管理机构规定。

第一百四十九条 国务院证券监督管理机构认为有必要时，可以委托会计师事务所、资产评估机构对证券公司的财务状况、内部控制状况、资产价值进行审计或者评估。具体办法由国务院证券监督管理机构会同有关主管部门制定。

第一百六十三条第三款 证券结算风险基金的筹集、管理办法，由国务院证券监督管理机构会同国务院财政部门规定。

第一百六十九条第二款 投资咨询机构、财务顾问机构、资信评级机构、资产评估机构、会计师事务所从事证券服务业务的审批管理办法，由国务院证券监督管理机构和有关主管部门制定。

第一百七十条 投资咨询机构、财务顾问机构、资信评级机构从事证券服务业务的人员，必须具备证券专业知识和从事证券业务或者证券服务业务二年以上经验。认定其证券从业资格的标准和管理办法，由国务院证券监督管理机构制定。

第一百七十二条 从事证券服务业务的投资咨询机构和资信评级机构，应当按照国务院有关主管部门规定的标准或者收费办法收取服务费用。

16. 中华人民共和国治安管理处罚法

第七条第二款 治安案件的管辖由国务院公安部门规定。

17. 中华人民共和国公务员法

第三十一条第二款 体检的项目和标准根据职位要求确定。具体办法由中央公务员主管部门会同国务院卫生健康行政部门规定。

第一百零三条第三款 聘任制公务员实行协议工资制，具体办法由中央公务员主管部门规定。

18. 中华人民共和国可再生能源法

第八条第二款 国务院有关部门应当制定有利于促进全国可再生能源开发利用中长期总量目标实现的相关规划。

第十四条第二款 国务院能源主管部门会同国家电力监管机构和国务院财政部门，按照全国可再生能源开发利用规划，确定在规划期内应当达到的可再生能源发电量占全部发电量的比重，制定电网企业优先调度和全额收购可再生能源发电的具体办法，并由国务院能源主管部门会同国家电力监管机构在年度中督促落实。

第二十四条第四款　可再生能源发展基金征收使用管理的具体办法，由国务院财政部门会同国务院能源、价格主管部门制定。

19. 中华人民共和国固体废物污染环境防治法

第十一条　国务院环境保护行政主管部门会同国务院有关行政主管部门根据国家环境质量标准和国家经济、技术条件，制定国家固体废物污染环境防治技术标准。

第十二条　国务院环境保护行政主管部门建立固体废物污染环境监测制度，制定统一的监测规范，并会同有关部门组织监测网络。

大、中城市人民政府环境保护行政主管部门应当定期发布固体废物的种类、产生量、处置状况等信息。

第二十五条第五款　进口固体废物的具体管理办法，由国务院环境保护行政主管部门会同国务院对外贸易主管部门、国务院经济综合宏观调控部门、海关总署、国务院质量监督检验检疫部门制定。

第五十一条　国务院环境保护行政主管部门应当会同国务院有关部门制定国家危险废物名录，规定统一的危险废物鉴别标准、鉴别方法和识别标志。

第六十五条　重点危险废物集中处置设施、场所的退役费用应当预提，列入投资概算或者经营成本。具体提取和管理办法，由国务院财政部门、价格主管部门会同国务院环境保护行政主管部门规定。

20. 中华人民共和国票据法

第九十一条第一款　支票的持票人应当自出票日起十日内提示付款；异地使用的支票，其提示付款的期限由中国人民银行另行规定。

第一百零八条第二款　票据凭证的格式和印制管理办法，由中国人民银行规定。

21. 中华人民共和国种子法

第九条　国家有计划地普查、收集、整理、鉴定、登记、保存、交流和利用种质资源，定期公布可供利用的种质资源目录。具体办法由国务院农业、林业主管部门规定。

第十一条第二款 从境外引进种质资源的，依照国务院农业、林业主管部门的有关规定办理。

第十五条第三款 主要农作物品种和主要林木品种的审定办法由国务院农业、林业主管部门规定。审定办法应当体现公正、公开、科学、效率的原则，有利于产量、品质、抗性等的提高与协调，有利于适应市场和生活消费需要的品种的推广。在制定、修改审定办法时，应当充分听取育种者、种子使用者、生产经营者和相关行业代表意见。

第二十二条第二款 实行品种登记的农作物范围应当严格控制，并根据保护生物多样性、保证消费安全和用种安全的原则确定。登记目录由国务院农业主管部门制定和调整。

第二十二条第七款 非主要农作物品种登记办法由国务院农业主管部门规定。

第四十七条第一款 农业、林业主管部门应当加强对种子质量的监督检查。种子质量管理办法、行业标准和检验方法，由国务院农业、林业主管部门制定。

22. 中华人民共和国传染病防治法

第五十二条第二款 医疗机构应当实行传染病预检、分诊制度；对传染病病人、疑似传染病病人，应当引导至相对隔离的分诊点进行初诊。医疗机构不具备相应救治能力的，应当将患者及其病历记录复印件一并转至具备相应救治能力的医疗机构。具体办法由国务院卫生行政部门规定。

第六十二条 国家对患有特定传染病的困难人群实行医疗救助，减免医疗费用。具体办法由国务院卫生行政部门会同国务院财政部门等部门制定。

23. 中华人民共和国公路法

第六条第一款 公路按其在公路路网中的地位分为国道、省道、县道和乡道，并按技术等级分为高速公路、一级公路、二级公路、三级公路和四级公路。具体划分标准由国务院交通主管部门规定。

24. 中华人民共和国电子签名法

第二十五条 国务院信息产业主管部门依照本法制定电子认证服务业的

具体管理办法，对电子认证服务提供者依法实施监督管理。

第三十五条 国务院或者国务院规定的部门可以依据本法制定政务活动和其他社会活动中使用电子签名、数据电文的具体办法。

25. 中华人民共和国对外贸易法（2020 年 1 月 1 日失效）

第九条 从事货物进出口或者技术进出口的对外贸易经营者，应当向国务院对外贸易主管部门或者其委托的机构办理备案登记；但是，法律、行政法规和国务院对外贸易主管部门规定不需要备案登记的除外。备案登记的具体办法由国务院对外贸易主管部门规定。

对外贸易经营者未按照规定办理备案登记的，海关不予办理进出口货物的报关验放手续。

26. 中华人民共和国中国人民银行法

第二十七条第一款 中国人民银行应当组织或者协助组织银行业金融机构相互之间的清算系统，协调银行业金融机构相互之间的清算事项，提供清算服务。具体办法由中国人民银行制定。

27. 中华人民共和国证券投资基金法

第二十三条第一款 公开募集基金的基金管理人的股东、实际控制人应当按照国务院证券监督管理机构的规定及时履行重大事项报告义务……

第三十一条 对非公开募集基金的基金管理人进行规范的具体办法，由国务院金融监督管理机构依照本章的原则制定。

第四十五条第三款 采用其他运作方式的基金的基金份额发售、交易、申购、赎回的办法，由国务院证券监督管理机构另行规定。

第五十四条 国务院证券监督管理机构应当自受理公开募集基金的募集注册申请之日起六个月内依照法律、行政法规及国务院证券监督管理机构的规定进行审查，作出注册或者不予注册的决定，并通知申请人；不予注册的，应当说明理由。

第五十八条 基金募集期限届满，封闭式基金募集的基金份额总额达到准予注册规模的百分之八十以上，开放式基金募集的基金份额总额超过准予注册的最低募集份额总额，并且基金份额持有人人数符合国务院证券监督管理机构规定的，基金管理人应当自募集期限届满之日起十日内聘请法定验资机构验资，自收到验资报告之日起十日内，向国务院证券监督管理机构提交验资报告，办理基金备案手续，并予以公告。

第六十八条 开放式基金应当保持足够的现金或者政府债券，以备支付基金份额持有人的赎回款项。基金财产中应当保持的现金或者政府债券的具体比例，由国务院证券监督管理机构规定。

第七十一条第二款 资产组合的具体方式和投资比例，依照本法和国务院证券监督管理机构的规定在基金合同中约定。

第七十三条第二款 运用基金财产买卖基金管理人、基金托管人及其控股股东、实际控制人或者与其有其他重大利害关系的公司发行的证券或承销期内承销的证券，或者从事其他重大关联交易的，应当遵循基金份额持有人利益优先的原则，防范利益冲突，符合国务院证券监督管理机构的规定，并履行信息披露义务。

第七十五条 基金信息披露义务人应当确保应予披露的基金信息在国务院证券监督管理机构规定时间内披露，并保证投资人能够按照基金合同约定的时间和方式查阅或者复制公开披露的信息资料。

第八十七条第二款、第三款 前款所称合格投资者，是指达到规定资产规模或者收入水平，并且具备相应的风险识别能力和风险承担能力、其基金份额认购金额不低于规定限额的单位和个人。

合格投资者的具体标准由国务院证券监督管理机构规定。

第九十七条 从事公开募集基金的销售、销售支付、份额登记、估值、投资顾问、评价、信息技术系统服务等基金服务业务的机构，应当按照国务院证券监督管理机构的规定进行注册或者备案。

28. 中华人民共和国道路交通安全法

第二十四条第二款 对遵守道路交通安全法律、法规，在一年内无累积记分的机动车驾驶人，可以延长机动车驾驶证的审验期。具体办法由国务院公安部门规定。

29. 中华人民共和国放射性污染防治法

第二十七条第二款 核设施的退役费用和放射性废物处置费用应当预提，列入投资概算或者生产成本。核设施的退役费用和放射性废物处置费用的提取和管理办法，由国务院财政部门、价格主管部门会同国务院环境保护行政主管部门、核设施主管部门规定。

30. 中华人民共和国港口法

第十三条第二款 港口深水岸线的标准由国务院交通主管部门制定。

第二十五条 国务院交通主管部门应当制定港口理货服务标准和规范。

经营港口理货业务，应当按照规定报港口行政管理部门备案。

港口理货业务经营人应当公正、准确地办理理货业务；不得兼营本法第二十二条第三款规定的货物装卸经营业务和仓储经营业务。

第三十九条 依照有关水上交通安全的法律、行政法规的规定，进出港口须经引航的船舶，应当向引航机构申请引航。引航的具体办法由国务院交通主管部门规定。

31. 中华人民共和国居民身份证法

第十二条第二款 公民在申请领取、换领、补领居民身份证期间，急需使用居民身份证的，可以申请领取临时居民身份证，公安机关应当按照规定及时予以办理。具体办法由国务院公安部门规定。

第二十一条第二款 对城市中领取最低生活保障金的居民、农村中有特殊生活困难的居民，在其初次申请领取和换领居民身份证时，免收工本费。对其他生活确有困难的居民，在其初次申请领取和换领居民身份证时，可以减收工本费。免收和减收工本费的具体办法，由国务院财政部门会同国务院价格主管部门规定。

32. 中华人民共和国草原法

第三十三条第二款 草原载畜量标准和草畜平衡管理办法由国务院草原行政主管部门规定。

第三十五条第二款 在草原禁牧、休牧、轮牧区，国家对实行舍饲圈养的给予粮食和资金补助，具体办法由国务院或者国务院授权的有关部门规定。

第三十九条第二款 因建设征收、征用或者使用草原的，应当交纳草原植被恢复费。草原植被恢复费专款专用，由草原行政主管部门按照规定用于恢复草原植被，任何单位和个人不得截留、挪用。草原植被恢复费的征收、使用和管理办法，由国务院价格主管部门和国务院财政部门会同国务院草原行政主管部门制定。

33. 中华人民共和国保险法

第八十一条第二款 保险公司高级管理人员的范围由国务院保险监督管理机构规定。

第九十八条第二款 保险公司提取和结转责任准备金的具体办法，由国务院保险监督管理机构制定。

第一百零六条第三款 保险公司资金运用的具体管理办法，由国务院保险监督管理机构依照前两款的规定制定。

第一百零七条第三款 保险资产管理公司的管理办法，由国务院保险监督管理机构会同国务院有关部门制定。

第一百一十一条 保险公司从事保险销售的人员应当品行良好，具有保险销售所需的专业能力。保险销售人员的行为规范和管理办法，由国务院保险监督管理机构规定。

第一百三十五条第二款 保险条款和保险费率审批、备案的具体办法，由国务院保险监督管理机构依照前款规定制定。

34. 中华人民共和国文物保护法

第四十三条第一款 依法调拨、交换、借用国有馆藏文物，取得文物的文物收藏单位可以对提供文物的文物收藏单位给予合理补偿，具体管理办法由国务院文物行政部门制定。

35. 中华人民共和国环境影响评价法

第十三条第三款 由省级以上人民政府有关部门负责审批的专项规划，其环境影响报告书的审查办法，由国务院生态环境主管部门会同国务院有关部门制定。

第十六条第三款 建设项目的环境影响评价分类管理名录，由国务院生态环境主管部门制定并公布。

第十七条第二款　环境影响报告表和环境影响登记表的内容和格式，由国务院生态环境主管部门制定。

第十九条第三款　国务院生态环境主管部门应当制定建设项目环境影响报告书、环境影响报告表编制的能力建设指南和监管办法。

36. 中华人民共和国测绘法

第十条　国家建立全国统一的大地坐标系统、平面坐标系统、高程系统、地心坐标系统和重力测量系统，确定国家大地测量等级和精度以及国家基本比例尺地图的系列和基本精度。具体规范和要求由国务院测绘地理信息主管部门会同国务院其他有关部门、军队测绘部门制定。

第二十三条第一款　城乡建设领域的工程测量活动，与房屋产权、产籍相关的房屋面积的测量，应当执行由国务院住房城乡建设主管部门、国务院测绘地理信息主管部门组织编制的测量技术规范。

第二十八条第一款　国务院测绘地理信息主管部门和省、自治区、直辖市人民政府测绘地理信息主管部门按照各自的职责负责测绘资质审查、发放测绘资质证书。具体办法由国务院测绘地理信息主管部门商国务院其他有关部门规定。

第三十条　从事测绘活动的专业技术人员应当具备相应的执业资格条件。具体办法由国务院测绘地理信息主管部门会同国务院人力资源社会保障主管部门规定。

37. 中华人民共和国水法

第五十一条第二款　国家逐步淘汰落后的、耗水量高的工艺、设备和产品，具体名录由国务院经济综合主管部门会同国务院水行政主管部门和有关部门制定并公布。生产者、销售者或者生产经营中的使用者应当在规定的时间内停止生产、销售或者使用列入名录的工艺、设备和产品。

第五十五条　使用水工程供应的水，应当按照国家规定向供水单位缴纳水费。供水价格应当按照补偿成本、合理收益、优质优价、公平负担的原则确定。具体办法由省级以上人民政府价格主管部门会同同级水行政主管部门或者其他供水行政主管部门依据职权制定。

38. 中华人民共和国清洁生产促进法

第九条第一款 中央预算应当加强对清洁生产促进工作的资金投入，包括中央财政清洁生产专项资金和中央预算安排的其他清洁生产资金，用于支持国家清洁生产推行规划确定的重点领域、重点行业、重点工程实施清洁生产及其技术推广工作，以及生态脆弱地区实施清洁生产的项目。中央预算用于支持清洁生产促进工作的资金使用的具体办法，由国务院财政部门、清洁生产综合协调部门会同国务院有关部门制定。

第十一条 国务院清洁生产综合协调部门会同国务院环境保护、工业、科学技术、建设、农业等有关部门定期发布清洁生产技术、工艺、设备和产品导向目录。

国务院清洁生产综合协调部门、环境保护部门和省、自治区、直辖市人民政府负责清洁生产综合协调的部门、环境保护部门会同同级有关部门，组织编制重点行业或者地区的清洁生产指南，指导实施清洁生产。

第十二条 国家对浪费资源和严重污染环境的落后生产技术、工艺、设备和产品实行限期淘汰制度。国务院有关部门按照职责分工，制定并发布限期淘汰的生产技术、工艺、设备以及产品的名录。

第二十七条第二款 有下列情形之一的企业，应当实施强制性清洁生产审核：

（一）污染物排放超过国家或者地方规定的排放标准，或者虽未超过国家或者地方规定的排放标准，但超过重点污染物排放总量控制指标的；

（二）超过单位产品能源消耗限额标准构成高耗能的；

（三）使用有毒、有害原料进行生产或者在生产中排放有毒、有害物质的。

第二十七条第三款 污染物排放超过国家或者地方规定的排放标准的企业，应当按照环境保护相关法律的规定治理。

第二十七条第四款 实施强制性清洁生产审核的企业，应当将审核结果向所在地县级以上地方人民政府负责清洁生产综合协调的部门、环境保护部门报告，并在本地区主要媒体上公布，接受公众监督，但涉及商业秘密的除外。

第二十七条第五款　县级以上地方人民政府有关部门应当对企业实施强制性清洁生产审核的情况进行监督，必要时可以组织对企业实施清洁生产的效果进行评估验收，所需费用纳入同级政府预算。承担评估验收工作的部门或者单位不得向被评估验收企业收取费用。

第二十七条第六款　实施清洁生产审核的具体办法，由国务院清洁生产综合协调部门、环境保护部门会同国务院有关部门制定。

39. 中华人民共和国中小企业促进法

第四十条第一款　国务院有关部门应当制定中小企业政府采购的相关优惠政策，通过制定采购需求标准、预留采购份额、价格评审优惠、优先采购等措施，提高中小企业在政府采购中的份额。

40. 中华人民共和国水污染防治法

第二十条第三款　省、自治区、直辖市人民政府应当按照国务院的规定削减和控制本行政区域的重点水污染物排放总量。具体办法由国务院环境保护主管部门会同国务院有关部门规定。

第二十三条　实行排污许可管理的企业事业单位和其他生产经营者应当按照国家有关规定和监测规范，对所排放的水污染物自行监测，并保存原始监测记录。重点排污单位还应当安装水污染物排放自动监测设备，与环境保护主管部门的监控设备联网，并保证监测设备正常运行。具体办法由国务院环境保护主管部门规定。

应当安装水污染物排放自动监测设备的重点排污单位名录，由设区的市级以上地方人民政府环境保护主管部门根据本行政区域的环境容量、重点水污染物排放总量控制指标的要求以及排污单位排放水污染物的种类、数量和浓度等因素，商同级有关部门确定。

41. 中华人民共和国邮政法

第十五条第四款　邮政普遍服务标准，由国务院邮政管理部门会同国务院有关部门制定；邮政普遍服务监督管理的具体办法，由国务院邮政管理部门制定。

第二十条 邮政企业寄递邮件，应当符合国务院邮政管理部门规定的寄递时限和服务规范。

第二十三条第二款 邮政编码由邮政企业根据国务院邮政管理部门制定的编制规则编制。邮政管理部门依法对邮政编码的编制和使用实施监督。

第三十九条第一款 实行政府指导价或者政府定价的邮政业务范围，以中央政府定价目录为依据，具体资费标准由国务院价格主管部门会同国务院财政部门、国务院邮政管理部门制定。

第八十五条第二款 除前款规定的企业外，本法公布前依法向工商行政管理部门办理登记后经营快递业务的企业，不具备本法规定的经营快递业务的条件的，应当在国务院邮政管理部门规定的期限内达到本法规定的条件，逾期达不到本法规定的条件的，不得继续经营快递业务。

42. 中华人民共和国统计法

第十七条 国家制定统一的统计标准，保障统计调查采用的指标涵义、计算方法、分类目录、调查表式和统计编码等的标准化。

国家统计标准由国家统计局制定，或者由国家统计局和国务院标准化主管部门共同制定。

国务院有关部门可以制定补充性的部门统计标准，报国家统计局审批。部门统计标准不得与国家统计标准相抵触。

43. 中华人民共和国循环经济促进法

第十五条第四款 强制回收的产品和包装物的名录及管理办法，由国务院循环经济发展综合管理部门规定。

第十六条第三款 重点用水单位的监督管理办法，由国务院循环经济发展综合管理部门会同国务院有关部门规定。

第十七条第二款 国务院标准化主管部门会同国务院循环经济发展综合管理和生态环境等有关主管部门建立健全循环经济标准体系，制定和完善节能、节水、节材和废物再利用、资源化等标准。

第十九条第二款 对在拆解和处置过程中可能造成环境污染的电器电子

等产品，不得设计使用国家禁止使用的有毒有害物质。禁止在电器电子等产品中使用的有毒有害物质名录，由国务院循环经济发展综合管理部门会同国务院生态环境等有关主管部门制定。

第二十八条　国家在保障产品安全和卫生的前提下，限制一次性消费品的生产和销售。具体名录由国务院循环经济发展综合管理部门会同国务院财政、生态环境等有关主管部门制定。

对列入前款规定名录中的一次性消费品的生产和销售，由国务院财政、税务和对外贸易等主管部门制定限制性的税收和出口等措施。

第三十八条　对废电器电子产品、报废机动车船、废轮胎、废铅酸电池等特定产品进行拆解或者再利用，应当符合有关法律、行政法规的规定。

第四十二条　国务院和省、自治区、直辖市人民政府设立发展循环经济的有关专项资金，支持循环经济的科技研究开发、循环经济技术和产品的示范与推广、重大循环经济项目的实施、发展循环经济的信息服务等。具体办法由国务院财政部门会同国务院循环经济发展综合管理等有关主管部门制定。

第四十四条第一款　国家对促进循环经济发展的产业活动给予税收优惠，并运用税收等措施鼓励进口先进的节能、节水、节材等技术、设备和产品，限制在生产过程中耗能高、污染重的产品的出口。具体办法由国务院财政、税务主管部门制定。

44. 中华人民共和国海岛保护法

第三十一条第二款　无居民海岛使用金征收使用管理办法，由国务院财政部门会同国务院海洋主管部门规定。

45. 中华人民共和国防震减灾法

第三十四条　国务院地震工作主管部门负责制定全国地震烈度区划图或者地震动参数区划图。

国务院地震工作主管部门和省、自治区、直辖市人民政府负责管理地震工作的部门或者机构，负责审定建设工程的地震安全性评价报告，确定抗震设防要求。

46. 中华人民共和国食品安全法

第七十五条第二款 保健食品原料目录和允许保健食品声称的保健功能目录，由国务院食品安全监督管理部门会同国务院卫生行政部门、国家中医药管理部门制定、调整并公布。

第八十四条第二款 食品检验机构的资质认定条件和检验规范，由国务院食品药品监督管理部门规定。

第一百五十二条第一款、第二款、第三款、第四款 铁路、民航运营中食品安全的管理办法由国务院食品安全监督管理部门会同国务院有关部门依照本法制定。

保健食品的具体管理办法由国务院食品安全监督管理部门依照本法制定。

食品相关产品生产活动的具体管理办法由国务院食品安全监督管理部门依照本法制定。

国境口岸食品的监督管理由出入境检验检疫机构依照本法以及有关法律、行政法规的规定实施。

47. 中华人民共和国消防法

第十四条 建设工程消防设计审核、消防验收、备案和抽查的具体办法，由国务院住房和城乡建设主管部门规定。

第十九条第二款 生产、储存、经营其他物品的场所与居住场所设置在同一建筑物内的，应当符合国家工程建设消防技术标准。

第二十条 举办大型群众性活动，承办人应当依法向公安机关申请安全许可，制定灭火和应急疏散预案并组织演练，明确消防安全责任分工，确定消防安全管理人员，保持消防设施和消防器材配置齐全、完好有效，保证疏散通道、安全出口、疏散指示标志、应急照明和消防车通道符合消防技术标准和管理规定。

第二十三条 生产、储存、运输、销售、使用、销毁易燃易爆危险品，必须执行消防技术标准和管理规定。

进入生产、储存易燃易爆危险品的场所，必须执行消防安全规定。禁止非法携带易燃易爆危险品进入公共场所或者乘坐公共交通工具。

储存可燃物资仓库的管理，必须执行消防技术标准和管理规定。

第二十四条 消防产品必须符合国家标准；没有国家标准的，必须符合行业标准。禁止生产、销售或者使用不合格的消防产品以及国家明令淘汰的消防产品。

依法实行强制性产品认证的消防产品，由具有法定资质的认证机构按照国家标准、行业标准的强制性要求认证合格后，方可生产、销售、使用。实行强制性产品认证的消防产品目录，由国务院产品质量监督部门会同国务院公安部门制定并公布。

新研制的尚未制定国家标准、行业标准的消防产品，应当按照国务院产品质量监督部门会同国务院公安部门规定的办法，经技术鉴定符合消防安全要求的，方可生产、销售、使用。

依照本条规定经强制性产品认证合格或者技术鉴定合格的消防产品，国务院应急管理部门应当予以公布。

第二十六条 建筑构件、建筑材料和室内装修、装饰材料的防火性能必须符合国家标准；没有国家标准的，必须符合行业标准。

人员密集场所室内装修、装饰，应当按照消防技术标准的要求，使用不燃、难燃材料。

第二十七条 电器产品、燃气用具的产品标准，应当符合消防安全的要求。

电器产品、燃气用具的安装、使用及其线路、管路的设计、敷设、维护保养、检测，必须符合消防技术标准和管理规定。

第三十四条 消防产品质量认证、消防设施检测、消防安全监测等消防技术服务机构和执业人员，应当依法获得相应的资质、资格；依照法律、行政法规、国家标准、行业标准和执业准则，接受委托提供消防技术服务，并对服务质量负责。

第五十三条第一款 消防救援机构应当对机关、团体、企业、事业等单位遵守消防法律、法规的情况依法进行监督检查。公安派出所可以负责日常消防监督检查、开展消防宣传教育，具体办法由国务院公安部门规定。

48. 中华人民共和国保守国家秘密法

第十一条第一款、第三款 国家秘密及其密级的具体范围，由国家保密行政管理部门分别会同外交、公安、国家安全和其他中央有关机关规定。

国家秘密及其密级的具体范围的规定，应当在有关范围内公布，并根据情况变化及时调整。

第十三条第二款 中央国家机关、省级机关及其授权的机关、单位可以确定绝密级、机密级和秘密级国家秘密；设区的市、自治州一级的机关及其授权的机关、单位可以确定机密级和秘密级国家秘密。具体的定密权限、授权范围由国家保密行政管理部门规定。

49. 中华人民共和国农村土地承包经营纠纷调解仲裁法

第五十一条 农村土地承包经营纠纷仲裁规则和农村土地承包仲裁委员会示范章程，由国务院农业、林业行政主管部门依照本法规定共同制定。

50. 中华人民共和国水土保持法

第二十五条第四款 生产建设项目水土保持方案的编制和审批办法，由国务院水行政主管部门制定。

第三十二条第二款 在山区、丘陵区、风沙区以及水土保持规划确定的容易发生水土流失的其他区域开办生产建设项目或者从事其他生产建设活动，损坏水土保持设施、地貌植被，不能恢复原有水土保持功能的，应当缴纳水土保持补偿费，专项用于水土流失预防和治理。专项水土流失预防和治理由水行政主管部门负责组织实施。水土保持补偿费的收取使用管理办法由国务院财政部门、国务院价格主管部门会同国务院水行政主管部门制定。

51. 中华人民共和国驻外外交人员法

第二十条第二款 驻外外交人员离任回国，其衔级相应终止。从事外交工作确有需要的，可以保留。具体办法由外交部会同国务院有关部门另行规定。

52. 中华人民共和国职业病防治法

第二条第三款 职业病的分类和目录由国务院卫生行政部门会同国务院

劳动保障行政部门制定、调整并公布。

第十二条第一款　有关防治职业病的国家职业卫生标准，由国务院卫生行政部门组织制定并公布。

第十六条第三款　职业病危害因素分类目录由国务院卫生行政部门制定、调整并公布。职业病危害项目申报的具体办法由国务院卫生行政部门制定。

第十七条第四款　建设项目职业病危害分类管理办法由国务院卫生行政部门制定。

第四十三条第一款　职业病诊断应当由取得《医疗机构执业许可证》的医疗卫生机构承担。卫生行政部门应当加强对职业病诊断工作的规范管理，具体管理办法由国务院卫生行政部门制定。

53. 中华人民共和国出境入境管理法

第十六条第二款　对因外交、公务事由入境的外国人，签发外交、公务签证；对因身份特殊需要给予礼遇的外国人，签发礼遇签证。外交签证、礼遇签证、公务签证的签发范围和签发办法由外交部规定。

第四十二条　国务院人力资源社会保障主管部门、外国专家主管部门会同国务院有关部门根据经济社会发展需要和人力资源供求状况制定并定期调整外国人在中国境内工作指导目录。

国务院教育主管部门会同国务院有关部门建立外国留学生勤工助学管理制度，对外国留学生勤工助学的岗位范围和时限作出规定。

第四十七条第二款　外国人在中国境内永久居留的审批管理办法由公安部、外交部会同国务院有关部门规定。

54. 中华人民共和国精神卫生法

第二十四条第一款　国务院卫生行政部门建立精神卫生监测网络，实行严重精神障碍发病报告制度，组织开展精神障碍发生状况、发展趋势等的监测和专题调查工作。精神卫生监测和严重精神障碍发病报告管理办法，由国务院卫生行政部门制定。

第二十六条第二款　精神障碍分类、诊断标准和治疗规范，由国务院卫生行政部门组织制定。

第五十一条 心理治疗活动应当在医疗机构内开展。专门从事心理治疗的人员不得从事精神障碍的诊断，不得为精神障碍患者开具处方或者提供外科治疗。心理治疗的技术规范由国务院卫生行政部门制定。

55. 中华人民共和国老年人权益保障法

第四十二条第一款 国务院有关部门制定养老服务设施建设、养老服务质量和养老服务职业等标准，建立健全养老机构分类管理和养老服务评估制度。

第八十四条 本法施行前设立的养老机构不符合本法规定条件的，应当限期整改。具体办法由国务院民政部门制定。

56. 中华人民共和国劳动合同法

第六十六条第三款 用工单位应当严格控制劳务派遣用工数量，不得超过其用工总量的一定比例，具体比例由国务院劳动行政部门规定。

57. 中华人民共和国计量法

第三条第三款 因特殊需要采用非法定计量单位的管理办法，由国务院计量行政部门另行制定。

58. 中华人民共和国环境保护法

第十五条第一款 国务院环境保护主管部门制定国家环境质量标准。

第十六条第一款 国务院环境保护主管部门根据国家环境质量标准和国家经济、技术条件，制定国家污染物排放标准。

59. 中华人民共和国广告法

第五十条 国务院市场监督管理部门会同国务院有关部门，制定大众传播媒介广告发布行为规范。

第七十四条第二款 大众传播媒介有义务发布公益广告。广播电台、电视台、报刊出版单位应当按照规定的版面、时段、时长发布公益广告。公益广告的管理办法，由国务院市场监督管理部门会同有关部门制定。

60. 中华人民共和国大气污染防治法

第二十三条第一款 国务院生态环境主管部门负责制定大气环境质量和

大气污染源的监测和评价规范，组织建设与管理全国大气环境质量和大气污染源监测网，组织开展大气环境质量和大气污染源监测，统一发布全国大气环境质量状况信息。

第二十四条第一款　企业事业单位和其他生产经营者应当按照国家有关规定和监测规范，对其排放的工业废气和本法第七十八条规定名录中所列有毒有害大气污染物进行监测，并保存原始监测记录。其中，重点排污单位应当安装、使用大气污染物排放自动监测设备，与生态环境主管部门的监控设备联网，保证监测设备正常运行并依法公开排放信息。监测的具体办法和重点排污单位的条件由国务院生态环境主管部门规定。

第三十八条第一款　城市人民政府可以划定并公布高污染燃料禁燃区，并根据大气环境质量改善要求，逐步扩大高污染燃料禁燃区范围。高污染燃料的目录由国务院生态环境主管部门确定。

第七十八条第一款　国务院生态环境主管部门应当会同国务院卫生行政部门，根据大气污染物对公众健康和生态环境的危害和影响程度，公布有毒有害大气污染物名录，实行风险管理。

61. 中华人民共和国野生动物保护法

第十条第四款　有重要生态、科学、社会价值的陆生野生动物名录，由国务院野生动物保护主管部门组织科学评估后制定、调整并公布。

第十二条第一款　国务院野生动物保护主管部门应当会同国务院有关部门，根据野生动物及其栖息地状况的调查、监测和评估结果，确定并发布野生动物重要栖息地名录。

第二十七条第三款　实行国家重点保护野生动物及其制品专用标识的范围和管理办法，由国务院野生动物保护主管部门规定。

第二十八条第一款　对人工繁育技术成熟稳定的国家重点保护野生动物，经科学论证，纳入国务院野生动物保护主管部门制定的人工繁育国家重点保护野生动物名录。对列入名录的野生动物及其制品，可以凭人工繁育许可证，按照省、自治区、直辖市人民政府野生动物保护主管部门核验的年度生产数量直接取得专用标识，凭专用标识出售和利用，保证可追溯。

第三十五条第一款 中华人民共和国缔结或者参加的国际公约禁止或者限制贸易的野生动物或者其制品名录，由国家濒危物种进出口管理机构制定、调整并公布。

第五十七条 本法规定的猎获物价值、野生动物及其制品价值的评估标准和方法，由国务院野生动物保护主管部门制定。

62. 中华人民共和国标准化法

第二十四条 标准应当按照编号规则进行编号。标准的编号规则由国务院标准化行政主管部门制定并公布。

63. 中华人民共和国商标法

第三条第四款 集体商标、证明商标注册和管理的特殊事项，由国务院工商行政管理部门规定。

64. 中华人民共和国预算法

第三十二条第三款 各部门、各单位应当按照国务院财政部门制定的政府收支分类科目、预算支出标准和要求，以及绩效目标管理等预算编制规定，根据其依法履行职能和事业发展的需要以及存量资产情况，编制本部门、本单位预算草案。

第四十二条第二款 各部门、各单位上一年预算的结转、结余资金按照国务院财政部门的规定办理。

第七十二条 各部门、各单位的预算支出应当按照预算科目执行。严格控制不同预算科目、预算级次或者项目间的预算资金的调剂，确需调剂使用的，按照国务院财政部门的规定办理。

第九十七条 各级政府财政部门应当按年度编制以权责发生制为基础的政府综合财务报告，报告政府整体财务状况、运行情况和财政中长期可持续性，报本级人民代表大会常务委员会备案。

65. 中华人民共和国电力法

第二十五条第三款 供电营业区的设立、变更，由供电企业提出申请，电力管理部门依据职责和管理权限，会同同级有关部门审查批准后，发给

《电力业务许可证》。供电营业区设立、变更的具体办法，由国务院电力管理部门制定。

66. 中华人民共和国安全生产法

第二十条第二款　有关生产经营单位应当按照规定提取和使用安全生产费用，专门用于改善安全生产条件。安全生产费用在成本中据实列支。安全生产费用提取、使用和监督管理的具体办法由国务院财政部门会同国务院安全生产监督管理部门征求国务院有关部门意见后制定。

第二十四条第三款　危险物品的生产、储存单位以及矿山、金属冶炼单位应当有注册安全工程师从事安全生产管理工作。鼓励其他生产经营单位聘用注册安全工程师从事安全生产管理工作。注册安全工程师按专业分类管理，具体办法由国务院人力资源和社会保障部门、国务院安全生产监督管理部门会同国务院有关部门制定。

第二十七条第二款　特种作业人员的范围由国务院安全生产监督管理部门会同国务院有关部门确定。

第三十五条第一款　国家对严重危及生产安全的工艺、设备实行淘汰制度，具体目录由国务院安全生产监督管理部门会同国务院有关部门制定并公布。法律、行政法规对目录的制定另有规定的，适用其规定。

第七十三条　县级以上各级人民政府及其有关部门对报告重大事故隐患或者举报安全生产违法行为的有功人员，给予奖励。具体奖励办法由国务院安全生产监督管理部门会同国务院财政部门制定。

67. 中华人民共和国个人所得税法

第十一条第一款　居民个人取得综合所得，按年计算个人所得税；有扣缴义务人的，由扣缴义务人按月或者按次预扣预缴税款；需要办理汇算清缴的，应当在取得所得的次年三月一日至六月三十日内办理汇算清缴。预扣预缴办法由国务院税务主管部门制定。

68. 中华人民共和国农村土地承包法

第四十五条　县级以上地方人民政府应当建立工商企业等社会资本通过流转取得土地经营权的资格审查、项目审核和风险防范制度。

工商企业等社会资本通过流转取得土地经营权的，本集体经济组织可以收取适量管理费用。

具体办法由国务院农业农村、林业和草原主管部门规定。

第四十七条第四款 土地经营权融资担保办法由国务院有关部门规定。

五、法律规定有立法权的地方制定配套规定的条文

1. 中华人民共和国未成年人保护法

第七条第三款 国务院和省、自治区、直辖市人民政府采取组织措施，协调有关部门做好未成年人保护工作。具体机构由国务院和省、自治区、直辖市人民政府规定。

2. 中华人民共和国各级人民代表大会常务委员会监督法

第二十九条 县级以上地方各级人民代表大会常务委员会审查、撤销下一级人民代表大会及其常务委员会作出的不适当的决议、决定和本级人民政府发布的不适当的决定、命令的程序，由省、自治区、直辖市的人民代表大会常务委员会参照立法法的有关规定，作出具体规定。

第四十七条 省、自治区、直辖市的人民代表大会常务委员会可以根据本法和有关法律，结合本地实际情况，制定实施办法。

3. 中华人民共和国义务教育法

第十二条第二款 父母或者其他法定监护人在非户籍所在地工作或者居住的适龄儿童、少年，在其父母或者其他法定监护人工作或者居住地接受义务教育的，当地人民政府应当为其提供平等接受义务教育的条件。具体办法由省、自治区、直辖市规定。

第四十条 教科书价格由省、自治区、直辖市人民政府价格行政部门会同同级出版主管部门按照微利原则确定。

第四十三条第二款 省、自治区、直辖市人民政府可以根据本行政区域的实际情况，制定不低于国家标准的学校学生人均公用经费标准。

4. 中华人民共和国妇女权益保障法

第六十条 省、自治区、直辖市人民代表大会常务委员会可以根据本法

制定实施办法。

民族自治地方的人民代表大会，可以依据本法规定的原则，结合当地民族妇女的具体情况，制定变通的或者补充的规定。自治区的规定，报全国人民代表大会常务委员会批准后生效；自治州、自治县的规定，报省、自治区、直辖市人民代表大会常务委员会批准后生效，并报全国人民代表大会常务委员会备案。

5. 中华人民共和国地方各级人民代表大会和地方各级人民政府组织法

第六十九条 省、自治区、直辖市的人民代表大会及其常务委员会可以根据本法和实际情况，对执行中的问题作具体规定。

6. 中华人民共和国全国人民代表大会和地方各级人民代表大会选举法

第五十六条第四款 补选出缺的代表时，代表候选人的名额可以多于应选代表的名额，也可以同应选代表的名额相等。补选的具体办法，由省、自治区、直辖市的人民代表大会常务委员会规定。

第五十九条 省、自治区、直辖市的人民代表大会及其常务委员会根据本法可以制定选举实施细则，报全国人民代表大会常务委员会备案。

7. 中华人民共和国土地管理法

第四十七条第三款、第四款 征收其他土地的土地补偿费和安置补助费标准，由省、自治区、直辖市参照征收耕地的土地补偿费和安置补助费的标准规定。

被征收土地上的附着物和青苗的补偿标准，由省、自治区、直辖市规定。

8. 中华人民共和国渔业法

第二十三条 国家对捕捞业实行捕捞许可证制度。

到中华人民共和国与有关国家缔结的协定确定的共同管理的渔区或者公海从事捕捞作业的捕捞许可证，由国务院渔业行政主管部门批准发放。海洋大型拖网、围网作业的捕捞许可证，由省、自治区、直辖市人民政府渔业行政主管部门批准发放。其他作业的捕捞许可证，由县级以上地方人民政府渔业行政主管部门批准发放；但是，批准发放海洋作业的捕捞许可证不得超过国家下达的船网工具控制指标，具体办法由省、自治区、直辖市人民政府规定。

捕捞许可证不得买卖、出租和以其他形式转让，不得涂改、伪造、变造。

到他国管辖海域从事捕捞作业的，应当经国务院渔业行政主管部门批准，并遵守中华人民共和国缔结的或者参加的有关条约、协定和有关国家的法律。

9. 中华人民共和国野生动物保护法

第十条第三款 地方重点保护野生动物，是指国家重点保护野生动物以外，由省、自治区、直辖市重点保护的野生动物。地方重点保护野生动物名录，由省、自治区、直辖市人民政府组织科学评估后制定、调整并公布。

第十九条第一款 因保护本法规定保护的野生动物，造成人员伤亡、农作物或者其他财产损失的，由当地人民政府给予补偿。具体办法由省、自治区、直辖市人民政府制定。有关地方人民政府可以推动保险机构开展野生动物致害赔偿保险业务。

第四十一条 地方重点保护野生动物和其他非国家重点保护野生动物的管理办法，由省、自治区、直辖市人民代表大会或者其常务委员会制定。

10. 中华人民共和国道路交通安全法

第一百二十三条 省、自治区、直辖市人民代表大会常务委员会可以根据本地区的实际情况，在本法规定的罚款幅度内，规定具体的执行标准。

11. 中华人民共和国草原法

第四十八条第一款 国家支持依法实行退耕还草和禁牧、休牧。具体办法由国务院或者省、自治区、直辖市人民政府制定。

第七十三条 对违反本法有关草畜平衡制度的规定，牲畜饲养量超过县级以上地方人民政府草原行政主管部门核定的草原载畜量标准的纠正或者处罚措施，由省、自治区、直辖市人民代表大会或者其常务委员会规定。

12. 中华人民共和国环境影响评价法

第二十三条第一款、第二款 国务院生态环境主管部门负责审批下列建设项目的环境影响评价文件：

（一）核设施、绝密工程等特殊性质的建设项目；

（二）跨省、自治区、直辖市行政区域的建设项目；

（三）由国务院审批的或者由国务院授权有关部门审批的建设项目。

前款规定以外的建设项目的环境影响评价文件的审批权限，由省、自治区、直辖市人民政府规定。

第三十五条　省、自治区、直辖市人民政府可以根据本地的实际情况，要求对本辖区的县级人民政府编制的规划进行环境影响评价。具体办法由省、自治区、直辖市参照本法第二章的规定制定。

13. 中华人民共和国农村土地承包法

第六十八条　各省、自治区、直辖市人民代表大会常务委员会可以根据本法，结合本行政区域的实际情况，制定实施办法。

14. 中华人民共和国清洁生产促进法

第七条第二款　国务院及其有关部门和省、自治区、直辖市人民政府，应当制定有利于实施清洁生产的产业政策、技术开发和推广政策。

15. 中华人民共和国政府采购法

第二十七条　采购人采购货物或者服务应当采用公开招标方式的，其具体数额标准，属于中央预算的政府采购项目，由国务院规定；属于地方预算的政府采购项目，由省、自治区、直辖市人民政府规定；因特殊情况需要采用公开招标以外的采购方式的，应当在采购活动开始前获得设区的市、自治州以上人民政府采购监督管理部门的批准。

16. 中华人民共和国人口与计划生育法

第十八条第一款、第二款、第三款　国家提倡一对夫妻生育两个子女。

符合法律、法规规定条件的，可以要求安排再生育子女。具体办法由省、自治区、直辖市人民代表大会或者其常务委员会规定。

少数民族也要实行计划生育，具体办法由省、自治区、直辖市人民代表大会或者其常务委员会规定。

第二十九条　本章规定的奖励措施，省、自治区、直辖市和较大的市的人民代表大会及其常务委员会或者人民政府可以依据本法和有关法律、行政法规的规定，结合当地实际情况，制定具体实施办法。

17. 中华人民共和国防沙治沙法

第十一条第二款 省、自治区、直辖市人民政府依据全国防沙治沙规划，编制本行政区域的防沙治沙规划，报国务院或者国务院指定的有关部门批准后实施。

18. 中华人民共和国婚姻法

第五十条 民族自治地方的人民代表大会有权结合当地民族婚姻家庭的具体情况，制定变通规定。自治州、自治县制定的变通规定，报省、自治区、直辖市人民代表大会常务委员会批准后生效。自治区制定的变通规定，报全国人民代表大会常务委员会批准后生效。

19. 中华人民共和国民族区域自治法

第四十三条 民族自治地方的自治机关根据法律规定，制定管理流动人口的办法。

第四十四条第二款 民族自治地方的自治机关根据法律规定，结合本地方的实际情况，制定实行计划生育的办法。

20. 中华人民共和国归侨侨眷权益保护法

第二十九条第二款 省、自治区、直辖市的人民代表大会常务委员会可以根据本法和国务院的实施办法，制定实施办法。

21. 中华人民共和国预防未成年人犯罪法

第二十六条第一款 禁止在中小学校附近开办营业性歌舞厅、营业性电子游戏场所以及其他未成年人不适宜进入的场所。禁止开办上述场所的具体范围由省、自治区、直辖市人民政府规定。

22. 中华人民共和国兵役法

第五十八条 义务兵服现役期间，其家庭由当地人民政府给予优待，优待标准不低于当地平均生活水平，具体办法由省、自治区、直辖市人民政府规定。

23. 中华人民共和国村民委员会组织法

第十五条第五款　具体选举办法由省、自治区、直辖市的人民代表大会常务委员会规定。

第四十条　省、自治区、直辖市的人民代表大会常务委员会根据本法，结合本行政区域的实际情况，制定实施办法。

24. 中华人民共和国收养法

第三十二条　民族自治地方的人民代表大会及其常务委员会可以根据本法的原则，结合当地情况，制定变通的或者补充的规定。自治区的规定，报全国人民代表大会常务委员会备案。自治州、自治县的规定，报省或者自治区的人民代表大会常务委员会批准后生效，并报全国人民代表大会常务委员会备案。

25. 中华人民共和国高等教育法

第二十五条第三款　设立其他高等教育机构的具体标准，由国务院授权的有关部门或者省、自治区、直辖市人民政府根据国务院规定的原则制定。

26. 中华人民共和国森林法

第四十八条　民族自治地方不能全部适用本法规定的，自治机关可以根据本法的原则，结合民族自治地方的特点，制定变通或者补充规定，依照法定程序报省、自治区或者全国人民代表大会常务委员会批准施行。

27. 中华人民共和国防洪法

第三十二条第三款　国务院和有关的省、自治区、直辖市人民政府可以制定洪泛区、蓄滞洪区安全建设管理办法以及对蓄滞洪区的扶持和补偿、救助办法。

28. 全国人民代表大会常务委员会关于批准《国务院关于职工探亲待遇的规定》的决议

第七条　各省、直辖市人民政府可以根据本规定制定实施细则，并抄送国家劳动总局备案。

自治区可以根据本规定的精神制定探亲规定，报国务院批准执行。

第八条 集体所有制企业、事业单位职工的探亲待遇，由各省、自治区、直辖市人民政府根据本地区的实际情况自行规定。

29. 中华人民共和国刑法

第九十条 民族自治地方不能全部适用本法规定的，可以由自治区或者省的人民代表大会根据当地民族的政治、经济、文化的特点和本法规定的基本原则，制定变通或者补充的规定，报请全国人民代表大会常务委员会批准施行。

30. 中华人民共和国乡镇企业法

第十七条第一款 乡镇企业从税后利润中提取一定比例的资金用于支援农业和农村社会性支出，其比例和管理使用办法由省、自治区、直辖市人民政府规定。

31. 中华人民共和国人民防空法

第五十二条 省、自治区、直辖市人民代表大会常务委员会可以根据本法制定实施办法。

32. 中华人民共和国矿产资源法

第十六条第一款、第二款、第三款、第四款 开采下列矿产资源的，由国务院地质矿产主管部门审批，并颁发采矿许可证：

（一）国家规划矿区和对国民经济具有重要价值的矿区内的矿产资源；

（二）前项规定区域以外可供开采的矿产储量规模在大型以上的矿产资源；

（三）国家规定实行保护性开采的特定矿种；

（四）领海及中国管辖的其他海域的矿产资源；

（五）国务院规定的其他矿产资源。

开采石油、天然气、放射性矿产等特定矿种的，可以由国务院授权的有关主管部门审批，并颁发采矿许可证。

开采第一款、第二款规定以外的矿产资源，其可供开采的矿产的储量规模为中型的，由省、自治区、直辖市人民政府地质矿产主管部门审批和颁发采矿许可证。

开采第一款、第二款和第三款规定以外的矿产资源的管理办法，由省、自治区、直辖市人民代表大会常务委员会依法制定。

33. 中华人民共和国职业教育法

第二十八条 企业应当承担对本单位的职工和准备录用的人员进行职业教育的费用，具体办法由国务院有关部门会同国务院财政部门或者由省、自治区、直辖市人民政府依法规定。

第三十二条第一款 职业学校、职业培训机构可以对接受中等、高等职业学校教育和职业培训的学生适当收取学费，对经济困难的学生和残疾学生应当酌情减免。收费办法由省、自治区、直辖市人民政府规定。

34. 全国人民代表大会常务委员会关于批准《国务院关于工人退休、退职的暂行办法》的决议

第十条第三款 工人退休、退职造成的自然减员的缺额，原则上应当是那个单位缺的，补充给那个单位，也可以由企业主管部门或当地劳动部门在单位之间进行适当调剂。但招收退休、退职工人的子女，应当由当地劳动部门统一安排。所招收的子女，必须适合生产、工作需要。招收子女的具体办法，由省、市、自治区根据上述原则结合本地区的实际情况自行规定。

第十三条 集体所有制企业、事业单位工人的退休、退职，由省、市、自治区革命委员会参照本办法，结合本地区集体所有制单位的实际情况，自行制定具体办法，其各项待遇，不得高于本办法所定的标准。

35. 中华人民共和国行政处罚法

第十三条 省、自治区、直辖市人民政府和省、自治区人民政府所在地的市人民政府以及经国务院批准的较大的市人民政府制定的规章可以在法律、法规规定的给予行政处罚的行为、种类和幅度的范围内作出具体规定。

尚未制定法律、法规的，前款规定的人民政府制定的规章对违反行政管理秩序的行为，可以设定警告或者一定数量罚款的行政处罚。罚款的限额由省、自治区、直辖市人民代表大会常务委员会规定。

36. 中华人民共和国电力法

第四十四条第二款 地方集资办电在电费中加收费用的，由省、自治区、直辖市人民政府依照国务院有关规定制定办法。

37. 中华人民共和国民用航空法

第五十四条第三款 省、自治区、直辖市人民政府应当根据全国民用机场的布局和建设规划，制定本行政区域内的民用机场建设规划，并按照国家规定的程序报经批准后，将其纳入本级国民经济和社会发展规划。

38. 中华人民共和国预备役军官法

第五十三条第一款、第二款 预备役军官参加军事训练、执行军事勤务期间，其工作单位是国家机关、社会团体、企业事业单位的，由其所在单位照发工资和奖金，其享受的福利待遇不变。

前款规定以外的其他预备役军官参加军事训练、执行军事勤务期间，应当给予误工补贴，具体办法和标准由省、自治区、直辖市人民政府规定。

39. 中华人民共和国母婴保健法

第十三条 省、自治区、直辖市人民政府根据本地区的实际情况，制定婚前医学检查制度实施办法。

省、自治区、直辖市人民政府对婚前医学检查应当规定合理的收费标准，对边远贫困地区或者交费确有困难的人员应当给予减免。

40. 中华人民共和国劳动法

第四十八条第一款 国家实行最低工资保障制度。最低工资的具体标准由省、自治区、直辖市人民政府规定，报国务院备案。

第一百零六条 省、自治区、直辖市人民政府根据本法和本地区的实际情况，规定劳动合同制度的实施步骤，报国务院备案。

41. 中华人民共和国矿山安全法

第四十九条第二款 省、自治区、直辖市人民代表大会常务委员会可以根据本法和本地区的实际情况，制定实施办法。

42. 中华人民共和国全国人民代表大会和地方各级人民代表大会代表法

第五十一条 省、自治区、直辖市的人民代表大会及其常务委员会可以根据本法和本行政区域的实际情况，制定实施办法。

43. 中华人民共和国民事诉讼法

第十六条 民族自治地方的人民代表大会根据宪法和本法的原则，结合当地民族的具体情况，可以制定变通或者补充的规定。自治区的规定，报全国人民代表大会常务委员会批准。自治州、自治县的规定，报省或者自治区的人民代表大会常务委员会批准，并报全国人民代表大会常务委员会备案。

44. 中华人民共和国国徽法

第四条第二款 乡、民族乡、镇的人民政府可以悬挂国徽，具体办法由省、自治区、直辖市的人民政府根据实际情况规定。

45. 中华人民共和国国旗法

第七条第二款 不以春节为传统节日的少数民族地区，春节是否升挂国旗，由民族自治地方的自治机关规定。

46. 中华人民共和国环境保护法

第十五条第二款 省、自治区、直辖市人民政府对国家环境质量标准中未作规定的项目，可以制定地方环境质量标准；对国家环境质量标准中已作规定的项目，可以制定严于国家环境质量标准的地方环境质量标准。地方环境质量标准应当报国务院环境保护主管部门备案。

第十六条第二款 省、自治区、直辖市人民政府对国家污染物排放标准中未作规定的项目，可以制定地方污染物排放标准；对国家污染物排放标准中已作规定的项目，可以制定严于国家污染物排放标准的地方污染物排放标准。地方污染物排放标准应当报国务院环境保护主管部门备案。

47. 中华人民共和国城市居民委员会组织法

第二十二条 省、自治区、直辖市的人民代表大会常务委员会可以根据本法制定实施办法。

48. 中华人民共和国城乡规划法

第四十四条第三款　临时建设和临时用地规划管理的具体办法，由省、自治区、直辖市人民政府制定。

49. 中华人民共和国集会游行示威法

第二十三条　在下列场所周边距离十米至三百米内，不得举行集会、游行、示威，经国务院或者省、自治区、直辖市的人民政府批准的除外：

（一）全国人民代表大会常务委员会、国务院、中央军事委员会、最高人民法院、最高人民检察院的所在地；

（二）国宾下榻处；

（三）重要军事设施；

（四）航空港、火车站和港口。

前款所列场所的具体周边距离，由省、自治区、直辖市的人民政府规定。

第三十五条第二款　省、自治区、直辖市的人民代表大会常务委员会可以根据本法制定实施办法。

50. 中华人民共和国全民所有制工业企业法

第六十八条　自治区人民代表大会常务委员会可以根据本法和《中华人民共和国民族区域自治法》的原则，结合当地的特点，制定实施办法，报全国人民代表大会常务委员会备案。

51. 中华人民共和国民法通则

第一百五十一条　民族自治地方的人民代表大会可以根据本法规定的原则，结合当地民族的特点，制定变通的或者补充的单行条例或者规定。自治区人民代表大会制定的，依照法律规定报全国人民代表大会常务委员会批准或者备案；自治州、自治县人民代表大会制定的，报省、自治区人民代表大会常务委员会批准。

52. 中华人民共和国计量法

第十条第二款　计量检定必须执行计量检定规程。国家计量检定规程由国务院计量行政部门制定。没有国家计量检定规程的，由国务院有关主管部门和省、自治区、直辖市人民政府计量行政部门分别制定部门计量检定规程和地方计量检定规程。

53. 中华人民共和国继承法

第三十五条 民族自治地方的人民代表大会可以根据本法的原则，结合当地民族财产继承的具体情况，制定变通的或者补充的规定。自治区的规定，报全国人民代表大会常务委员会备案。自治州、自治县的规定，报省或者自治区的人民代表大会常务委员会批准后生效，并报全国人民代表大会常务委员会备案。

54. 中华人民共和国户口登记条例

第二十三条 民族自治地方的自治机关可以根据本条例的精神，结合当地具体情况，制定单行办法。

55. 中华人民共和国公务员法

第七十四条第三款 因地域或者工作性质特殊，需要变通执行任职回避的，由省级以上公务员主管部门规定。

56. 中华人民共和国固体废物污染环境防治法

第四十九条 农村生活垃圾污染环境防治的具体办法，由地方性法规规定。

57. 全国人民代表大会常务委员会关于批准《国务院关于安置老弱病残干部的暂行办法》的决议

第十五条第二款 集体所有制的企业、事业单位老弱病残干部的安置，各省、市、自治区革命委员会可以参照本办法作出具体规定，其各项待遇，不得高于本办法所定的标准。

58. 中华人民共和国食品安全法

第二十九条 对地方特色食品，没有食品安全国家标准的，省、自治区、直辖市人民政府卫生行政部门可以制定并公布食品安全地方标准，报国务院卫生行政部门备案。食品安全国家标准制定后，该地方标准即行废止。

第三十六条第三款 食品生产加工小作坊和食品摊贩等的具体管理办法由省、自治区、直辖市制定。

59. 中华人民共和国社会保险法

第四十七条 失业保险金的标准，由省、自治区、直辖市人民政府确定，不得低于城市居民最低生活保障标准。

60. 中华人民共和国非物质文化遗产法

第十八条第二款 省、自治区、直辖市人民政府建立地方非物质文化遗产代表性项目名录，将本行政区域内体现中华民族优秀传统文化，具有历史、文学、艺术、科学价值的非物质文化遗产项目列入名录予以保护。

61. 中华人民共和国车船税法

第九条 车船税按年申报缴纳。具体申报纳税期限由省、自治区、直辖市人民政府规定。

62. 中华人民共和国出境入境管理法

第九十条 经国务院批准，同毗邻国家接壤的省、自治区可以根据中国与有关国家签订的边界管理协定制定地方性法规、地方政府规章，对两国边境接壤地区的居民往来作出规定。

63. 中华人民共和国公证法

第四十六条 公证费的收费标准由省、自治区、直辖市人民政府价格主管部门会同同级司法行政部门制定。

64. 中华人民共和国大气污染防治法

第二十一条第四款 确定总量控制目标和分解总量控制指标的具体办法，由国务院生态环境主管部门会同国务院有关部门规定。省、自治区、直辖市人民政府可以根据本行政区域大气污染防治的需要，对国家重点大气污染物之外的其他大气污染物排放实行总量控制。

六、法律规定“国家另行规定”或者“有关规定”的条文

1. 中华人民共和国商标法

第七十二条　申请商标注册和办理其他商标事宜的，应当缴纳费用，具体收费标准另定。

2. 中华人民共和国公务员法

第十六条第二款　公务员职位类别按照公务员职位的性质、特点和管理需要，划分为综合管理类、专业技术类和行政执法类等类别。根据本法，对于具有职位特殊性，需要单独管理的，可以增设其他职位类别。各职位类别的适用范围由国家另行规定。

第十九条第三款　综合管理类以外其他职位类别公务员的职级序列，根据本法由国家另行规定。

第五十五条　按照国家规定，可以向参与特定时期、特定领域重大工作的公务员颁发纪念证书或者纪念章。

第八十三条　公务员依法参加社会保险，按照国家规定享受保险待遇。

公务员因公牺牲或者病故的，其亲属享受国家规定的抚恤和优待。

3. 中华人民共和国检察官法

第三十条　检察官的等级设置、确定和晋升的具体办法，由国家另行规定。

第三十九条　人民检察院设立检察官考评委员会，负责对本院检察官的考核工作。

第四十条　检察官考评委员会的组成人员为五至九人。

检察官考评委员会主任由本院检察长担任。

第五十九条第二款　检察官的工资制度，根据检察工作特点，由国家另行规定。

第六十三条　检察官的退休制度，根据检察工作特点，由国家另行规定。

4. 中华人民共和国法官法

第二十九条　法官的等级设置、确定和晋升的具体办法，由国家另行

规定。

第三十八条 人民法院设立法官考评委员会，负责对本院法官的考核工作。

第三十九条 法官考评委员会的组成人员为五至九人。

法官考评委员会主任由本院院长担任。

第五十八条第二款 法官的工资制度，根据审判工作特点，由国家另行规定。

第六十二条 法官的退休制度，根据审判工作特点，由国家另行规定。

5. 中华人民共和国监狱法

第五十条 罪犯的生活标准按实物量计算，由国家规定。

6. 中国人民解放军军官军衔条例

第三十一条 预备役军官军衔制度，另行规定。

7. 中华人民共和国统计法

第七条 国家机关、企业事业单位和其他组织以及个体工商户和个人等统计调查对象，必须依照本法和国家有关规定，真实、准确、完整、及时地提供统计调查所需的资料，不得提供不真实或者不完整的统计资料，不得迟报、拒报统计资料。

第二十条 县级以上人民政府统计机构和有关部门以及乡、镇人民政府，应当按照国家有关规定建立统计资料的保存、管理制度，建立健全统计信息共享机制。

第二十一条 国家机关、企业事业单位和其他组织等统计调查对象，应当按照国家有关规定设置原始记录、统计台账，建立健全统计资料的审核、签署、交接、归档等管理制度。

统计资料的审核、签署人员应当对其审核、签署的统计资料的真实性、准确性和完整性负责。

第二十三条 县级以上人民政府统计机构按照国家有关规定，定期公布统计资料。

国家统计数据以国家统计局公布的数据为准。

第二十四条　县级以上人民政府有关部门统计调查取得的统计资料，由本部门按照国家有关规定公布。

8. 中华人民共和国国防动员法

第十七条　各级国防动员计划和国防动员实施预案的编制和审批，按照国家有关规定执行。

第三十四条　承担战略物资储备任务的单位，应当按照国家有关规定和标准对储备物资进行保管和维护，定期调整更换，保证储备物资的使用效能和安全。

国家按照有关规定对承担战略物资储备任务的单位给予补贴。

9. 中华人民共和国预备役军官法

第十条第二款　对在预备役军官工作中做出突出成绩的单位和个人，依照有关规定给予表彰或者奖励。

第四十三条第三款　军队院校、预备役军官训练机构、现役部队、预备役部队和有关的普通高等学校，应当按照国家有关规定，承担预备役军官的培训任务。

第五十四条　对按照规定参加军事训练、执行军事勤务的预备役军官，按照参加军事训练、执行军事勤务的时间及其职务等级发给补贴。补贴标准由财政部和人民解放军总参谋部、总政治部、总后勤部制定，所需经费由中央财政保障。

第六十二条　预备役军官参加军事训练、执行军事勤务期间，违反纪律的，依照有关规定给予处分；构成犯罪的，依法追究刑事责任。

10. 中华人民共和国防震减灾法

第十条　从事防震减灾活动，应当遵守国家有关防震减灾标准。

第十八条第二款　国务院地震工作主管部门和县级以上地方人民政府负责管理地震工作的部门或者机构，按照国务院有关规定，制定地震监测台网规划。

第二十三条第三款　任何单位和个人不得危害地震观测环境。国务院地震工作主管部门和县级以上地方人民政府负责管理地震工作的部门或者机构会同同级有关部门，按照国务院有关规定划定地震观测环境保护范围，并纳入土地利用总体规划和城乡规划。

第三十五条第二款 重大建设工程和可能发生严重次生灾害的建设工程，应当按照国务院有关规定进行地震安全性评价，并按照经审定的地震安全性评价报告所确定的抗震设防要求进行抗震设防。建设工程的地震安全性评价单位应当按照国家有关标准进行地震安全性评价，并对地震安全性评价报告的质量负责。

11. 中华人民共和国专利法

第四条 申请专利的发明创造涉及国家安全或者重大利益需要保密的，按照国家有关规定办理。

第十四条 国有企业事业单位的发明专利，对国家利益或者公共利益具有重大意义的，国务院有关主管部门和省、自治区、直辖市人民政府报经国务院批准，可以决定在批准的范围内推广应用，允许指定的单位实施，由实施单位按照国家规定向专利权人支付使用费。

12. 中华人民共和国消防法

第五十条 对因参加扑救火灾或者应急救援受伤、致残或者死亡的人员，按照国家有关规定给予医疗、抚恤。

第五十四条 公安机关消防机构在消防监督检查中发现火灾隐患的，应当通知有关单位或者个人立即采取措施消除隐患；不及时消除隐患可能严重威胁公共安全的，公安机关消防机构应当依照规定对危险部位或者场所采取临时查封措施。

13. 中华人民共和国保守国家秘密法

第二十一条第一款 国家秘密载体的制作、收发、传递、使用、复制、保存、维修和销毁，应当符合国家保密规定。

第二十二条 属于国家秘密的设备、产品的研制、生产、运输、使用、保存、维修和销毁，应当符合国家保密规定。

第三十五条第一款、第二款 在涉密岗位工作的人员（以下简称涉密人员），按照涉密程度分为核心涉密人员、重要涉密人员和一般涉密人员，实行分类管理。

任用、聘用涉密人员应当按照有关规定进行审查。

14. 中华人民共和国驻外外交人员法

第十五条　驻外外交人员的职务和外交衔级与公务员职务级别的对应关系另行规定。

第十八条第三款　驻外外交人员晋升职务和衔级的条件、期限另行规定。

15. 中华人民共和国非物质文化遗产法

第十五条　境外组织或者个人在中华人民共和国境内进行非物质文化遗产调查，应当报经省、自治区、直辖市人民政府文化主管部门批准；调查在两个以上省、自治区、直辖市行政区域进行的，应当报经国务院文化主管部门批准；调查结束后，应当向批准调查的文化主管部门提交调查报告和调查中取得的实物图片、资料复制件。

境外组织在中华人民共和国境内进行非物质文化遗产调查，应当与境内非物质文化遗产学术研究机构合作进行。

16. 中华人民共和国军人保险法

第九条　军人死亡和残疾的性质认定、残疾等级评定和相应的保险金标准，按照国家和军队有关规定执行。

第十六条　军人退出现役后参加职工基本养老保险的，由军队后勤（联勤）机关财务部门将军人退役养老保险关系和相应资金转入地方社会保险经办机构，地方社会保险经办机构办理相应的转移接续手续。

军人服现役年限与入伍前和退出现役后参加职工基本养老保险的缴费年限合并计算。

第十七条　军人退出现役后参加新型农村社会养老保险或者城镇居民社会养老保险的，按照国家有关规定办理转移接续手续。

第十八条　军人退出现役到公务员岗位或者参照公务员法管理的工作人员岗位的，以及现役军官、文职干部退出现役自主择业的，其养老保险办法按照国家有关规定执行。

第二十三条 军人退出现役后参加职工基本医疗保险的，由军队后勤（联勤）机关财务部门将军人退役医疗保险关系和相应资金转入地方社会保险经办机构，地方社会保险经办机构办理相应的转移接续手续。

军人服现役年限视同职工基本医疗保险缴费年限，与入伍前和退出现役后参加职工基本医疗保险的缴费年限合并计算。

第二十四条 军人退出现役后参加新型农村合作医疗或者城镇居民基本医疗保险的，按照国家有关规定办理。

第二十五条第二款 随军未就业的军人配偶保险个人缴费标准和国家补助标准，按照国家有关规定执行。

第二十七条 随军未就业的军人配偶实现就业或者军人退出现役时，由军队后勤（联勤）机关财务部门将其养老保险、医疗保险关系和相应资金转入地方社会保险经办机构，地方社会保险经办机构办理相应的转移接续手续。

军人配偶在随军未就业期间的养老保险、医疗保险缴费年限与其在地方参加职工基本养老保险、职工基本医疗保险的缴费年限合并计算。

第二十八条 随军未就业的军人配偶达到国家规定的退休年龄时，按照国家有关规定确定退休地，由军队后勤（联勤）机关财务部门将其养老保险关系和相应资金转入退休地社会保险经办机构，享受相应的基本养老保险待遇。

第三十五条 军人保险基金实行专户存储，具体管理办法按照国家和军队有关规定执行。

17. 中华人民共和国农业技术推广法

第十五条第一款 国家鼓励和支持村农业技术服务站点和农民技术人员开展农业技术推广。对农民技术人员协助开展公益性农业技术推广活动，按照规定给予补助。

第十五条第二款 农民技术人员经考核符合条件的，可以按照有关规定授予相应的技术职称，并发给证书。

第二十八条第一款 国家逐步提高对农业技术推广的投入。各级人民政府在财政预算内应当保障用于农业技术推广的资金，并按规定使该资金逐年增长。

第二十九条第一款　各级人民政府应当采取措施，保障和改善县、乡镇国家农业技术推广机构的专业技术人员的工作条件、生活条件和待遇，并按照国家规定给予补贴，保持国家农业技术推广队伍的稳定。

第三十三条　从事农业技术推广服务的，可以享受国家规定的税收、信贷等方面的优惠。

18. 中华人民共和国证券投资基金法

第八条　基金财产投资的相关税收，由基金份额持有人承担，基金管理人或者其他扣缴义务人按照国家有关税收征收的规定代扣代缴。

第十二条第二款　公开募集基金的基金管理人，由基金管理公司或者经国务院证券监督管理机构按照规定核准的其他机构担任。

第十三条第（四）项　设立管理公开募集基金的基金管理公司，应当具备下列条件，并经国务院证券监督管理机构批准：……（四）取得基金从业资格的人员达到法定人数。

第三十三条第（一）、（三）项　担任基金托管人，应当具备下列条件：（一）净资产和风险控制指标符合有关规定；……（三）取得基金从业资格的专职人员达到法定人数。

第七十三条第一款第（二）项　基金财产不得用于下列投资或者活动：……（二）违反规定向他人贷款或者提供担保。

第八十九条　担任非公开募集基金的基金管理人，应当按照规定向基金行业协会履行登记手续，报送基本情况。

第九十四条第一款　非公开募集基金募集完毕，基金管理人应当向基金行业协会备案。对募集的资金总额或者基金份额持有人的人数达到规定标准的基金，基金行业协会应当向国务院证券监督管理机构报告。

第九十六条　专门从事非公开募集基金管理业务的基金管理人，其股东、高级管理人员、经营期限、管理的基金资产规模等符合规定条件的，经国务院证券监督管理机构核准，可以从事公开募集基金管理业务。

七、2018 年 3 月—2019 年 3 月新制定法律、有关法律问题的决定规定有关国家机关制定配套规定的条文

（一）法律明确由法律、行政法规规定的条文

1. 中华人民共和国电子商务法

第十条 电子商务经营者应当依法办理市场主体登记。但是，个人销售自产农副产品、家庭手工业产品，个人利用自己的技能从事依法无须取得许可的便民劳务活动和零星小额交易活动，以及依照法律、行政法规不需要进行登记的除外。

第十一条第二款 依照前条规定不需要办理市场主体登记的电子商务经营者在首次纳税义务发生后，应当依照税收征收管理法律、行政法规的规定申请办理税务登记，并如实申报纳税。

（二）法律规定国务院制定配套规定的条文

1. 中华人民共和国消防救援衔条例

第二十七条 消防救援衔标志式样和佩带办法，由国务院制定。

2. 中华人民共和国外商投资法

第二条 在中华人民共和国境内（以下简称中国境内）的外商投资，适用本法。

本法所称外商投资，是指外国的自然人、企业或者其他组织（以下称外国投资者）直接或者间接在中国境内进行的投资活动，包括下列情形：

（一）外国投资者单独或者与其他投资者共同在中国境内设立外商投资企业；

（二）外国投资者取得中国境内企业的股份、股权、财产份额或者其他类似权益；

（三）外国投资者单独或者与其他投资者共同在中国境内投资新建项目；

（四）法律、行政法规或者国务院规定的其他方式的投资。

本法所称外商投资企业，是指全部或者部分由外国投资者投资，依照中国法律在中国境内经登记注册设立的企业。

第四条　国家对外商投资实行准入前国民待遇加负面清单管理制度。

前款所称准入前国民待遇，是指在投资准入阶段给予外国投资者及其投资不低于本国投资者及其投资的待遇；所称负面清单，是指国家规定在特定领域对外商投资实施的准入特别管理措施。国家对负面清单之外的外商投资，给予国民待遇。

负面清单由国务院发布或者批准发布。

中华人民共和国缔结或者参加的国际条约、协定对外国投资者准入待遇有更优惠规定的，可以按照相关规定执行。

第四十二条　本法自2020年1月1日起施行。《中华人民共和国中外合资经营企业法》、《中华人民共和国外资企业法》、《中华人民共和国中外合作经营企业法》同时废止。

本法施行前依照《中华人民共和国中外合资经营企业法》、《中华人民共和国外资企业法》、《中华人民共和国中外合作经营企业法》设立的外商投资企业，在本法施行后五年内可以继续保留原企业组织形式等。具体实施办法由国务院规定。

（三）法律规定中央军委制定配套规定的条文

中华人民共和国监察法

第六十八条　中国人民解放军和中国人民武装警察部队开展监察工作，由中央军事委员会根据本法制定具体规定。

（四）法律规定最高人民法院、最高人民检察院制定配套规定的条文

中华人民共和国人民陪审员法

第三十一条　人民陪审员因参加审判活动应当享受的补助，人民法院和司法行政机关为实施人民陪审员制度所必需的开支，列入人民法院和司法行政机关业务经费，由相应政府财政予以保障。具体办法由最高人民法院、国务院司法行政部门会同国务院财政部门制定。

（五）法律规定国务院有关部门制定配套规定的条文

1. 中华人民共和国人民陪审员法

第三十一条　人民陪审员因参加审判活动应当享受的补助，人民法院和

司法行政机关为实施人民陪审员制度所必需的开支，列入人民法院和司法行政机关业务经费，由相应政府财政予以保障。具体办法由最高人民法院、国务院司法行政部门会同国务院财政部门制定。

2. 中华人民共和国土壤污染防治法

第十二条第一款 国务院生态环境主管部门根据土壤污染状况、公众健康风险、生态风险和科学技术水平，并按照土地用途，制定国家土壤污染风险管控标准，加强土壤污染防治标准体系建设。

第十五条第二款 国务院生态环境主管部门制定土壤环境监测规范，会同国务院农业农村、自然资源、住房城乡建设、水利、卫生健康、林业草原等主管部门组织监测网络，统一规划国家土壤环境监测站（点）的设置。

第二十条 国务院生态环境主管部门应当会同国务院卫生健康等主管部门，根据对公众健康、生态环境的危害和影响程度，对土壤中有毒有害物质进行筛查评估，公布重点控制的土壤有毒有害物质名录，并适时更新。

第三十条第二款 农业投入品生产者、销售者和使用者应当及时回收农药、肥料等农业投入品的包装废弃物和农用薄膜，并将农药包装废弃物交由专门的机构或者组织进行无害化处理。具体办法由国务院农业农村主管部门会同国务院生态环境等主管部门制定。

第四十八条 土壤污染责任人不明确或者存在争议的，农用地由地方人民政府农业农村、林业草原主管部门会同生态环境、自然资源主管部门认定，建设用地由地方人民政府生态环境主管部门会同自然资源主管部门认定。认定办法由国务院生态环境主管部门会同有关部门制定。

第六十条 对土壤污染状况调查报告评审表明污染物含量超过土壤污染风险管控标准的建设用地地块，土壤污染责任人、土地使用权人应当按照国务院生态环境主管部门的规定进行土壤污染风险评估，并将土壤污染风险评估报告报省级人民政府生态环境主管部门。

第六十一条第一款 省级人民政府生态环境主管部门应当会同自然资源等主管部门按照国务院生态环境主管部门的规定，对土壤污染风险评估报告组织评审，及时将需要实施风险管控、修复的地块纳入建设用地土壤污染风险管控和修复名录，并定期向国务院生态环境主管部门报告。

第七十一条第三款　土壤污染防治基金的具体管理办法，由国务院财政主管部门会同国务院生态环境、农业农村、自然资源、住房城乡建设、林业草原等主管部门制定。

（六）法律规定有立法权的地方制定配套规定的条文

中华人民共和国土壤污染防治法

第十二条第二款　省级人民政府对国家土壤污染风险管控标准中未作规定的项目，可以制定地方土壤污染风险管控标准；对国家土壤污染风险管控标准中已作规定的项目，可以制定严于国家土壤污染风险管控标准的地方土壤污染风险管控标准。地方土壤污染风险管控标准应当报国务院生态环境主管部门备案。

第五十八条第二款　建设用地土壤污染风险管控和修复名录由省级人民政府生态环境主管部门会同自然资源等主管部门制定，按照规定向社会公开，并根据风险管控、修复情况适时更新。

（七）法律规定“国家另行规定”或者“有关规定”的条文

1. 中华人民共和国监察法

第二十二条第三款　留置场所的设置、管理和监督依照国家有关规定执行。

2. 中华人民共和国外商投资法

第二十六条　国家建立外商投资企业投诉工作机制，及时处理外商投资企业或者其投资者反映的问题，协调完善相关政策措施。

外商投资企业或者其投资者认为行政机关及其工作人员的行政行为侵犯其合法权益的，可以通过外商投资企业投诉工作机制申请协调解决。

外商投资企业或者其投资者认为行政机关及其工作人员的行政行为侵犯其合法权益的，除依照前款规定通过外商投资企业投诉工作机制申请协调解决外，还可以依法申请行政复议、提起行政诉讼。

第三十四条　国家建立外商投资信息报告制度。外国投资者或者外商投资企业应当通过企业登记系统以及企业信用信息公示系统向商务主管部门报送投资信息。

外商投资信息报告的内容和范围按照确有必要的原则确定；通过部门信息共享能够获得的投资信息，不得再行要求报送。

第三十五条 国家建立外商投资安全审查制度，对影响或者可能影响国家安全的外商投资进行安全审查。

依法作出的安全审查决定为最终决定。

附　　录

一、中华人民共和国第一届全国人民代表大会第一次会议关于中华人民共和国现行法律、法令继续有效的决议（已失效）

（1954 年 9 月 26 日通过）

中华人民共和国宪法已由第一届全国人民代表大会第一次会议通过，颁布全国。所有自从 1949 年 10 月 1 日中华人民共和国建立以来，由中央人民政府制定、批准的现行法律、法令，除开同宪法相抵触的以外，一律继续有效。

二、全国人民代表大会常务委员会关于中华人民共和国建国以来制定的法律、法令效力问题的决议

（1979 年 11 月 29 日第五届全国人民代表大会常务委员会第十二次会议通过）

为了加强和健全社会主义法制，保障社会主义现代化建设的顺利进行，根据一九五四年第一届全国人民代表大会第一次会议关于中华人民共和国现行法律、法令继续有效的决议的精神，现决定：从一九四九年十月一日中华人民共和国建立以来，前中央人民政府制定、批准的法律、法令；从一九五四年九月二十日第一届全国人民代表大会第一次会议制定中华人民共和国宪法以来，全国人民代表大会和全国人民代表大会常务委员会制定、批准的法律、法令，除了同第五届全国人民代表大会制定的宪法、法律和第五届全国人民代表大会常务委员会制定、批准的法令相抵触的以外，继续有效。

三、全国人民代表大会常务委员会关于批准法制工作委员会关于对1978年底以前颁布的法律进行清理的情况和意见报告的决定

（1987 年 11 月 24 日第六届全国人民代表大会常务委员会第二十三次会议通过）

第六届全国人民代表大会常务委员会第二十三次会议决定：批准《全国人民代表大会常务委员会法制工作委员会关于对 1978 年底以前颁布的法律进行清理的情况和意见的报告》以及附件一《1978 年底以前颁布的已经失效的法律目录》、附件二《1978 年底以前全国人民代表大会常务委员会批准的已经不再适用的民族自治地方的组织条例目录》。

附：

全国人民代表大会常务委员会
法制工作委员会关于对 1978 年底以前颁布的
法律进行清理的情况和意见的报告

全国人民代表大会常务委员会：

根据五届人大三次会议上全国人民代表大会常务委员会工作报告提出清理建国以来颁布的法律的要求，法制工作委员会对 1978 年底以前颁布的法律（包括有关法律问题的决定）进行了清理。现将清理的情况和处理意见报告如下：

据统计，从 1949 年 9 月至 1978 年底，由中国人民政治协商会议第一次会议、中央人民政府委员会、全国人民代表大会及其常务委员会制定或者批准的法律共有 134 件，我们会同有关部门对这些法律逐件进行了研究，并征求一些法律专家的意见。在清理的 134 件法律中，已经失效的有 111 件（见附件一），继续有效或者继续有效正在研究修改的有 23 件。已经失效的 111

件法律分为以下四种情况：

（一）已由新法规定废止的11件。

（二）已有新法代替的41件。

（三）由于调整对象变化或者情况变化而不再适用或者已经停止施行的29件。

（四）对某一特定问题作出的具有法律效力的决定、条例，已经过时的30件。

对现已失去法律效力的111件法律，除已由新法规定废止的11件以外，对其余的100件，建议全国人民代表大会常务委员会明确这些法律已经不再适用，但是过去根据这些法律对有关问题做出的处理仍然是有效的。

此外，在1978年底以前，全国人民代表大会常务委员会批准民族自治地方的人民代表大会和人民委员会组织条例48件（见附件二），因新宪法、地方各级人民代表大会和地方各级人民政府组织法和民族区域自治法已经制定，各民族自治地方人民代表大会都已成立常务委员会，各自治地方都已经或正在另行制定自治条例，上述组织条例已因情况变化而不再适用。

以上报告和附件一、附件二，请审议。

全国人民代表大会常务委员会法制工作委员会

1987年11月11日

附件一：1978年底以前颁布的已经失效的法律目录（111件）

附件二：1978年底以前全国人民代表大会常务委员会批准的已经不再适用的民族自治地方的组织条例目录（48件）

附件一：

1978年底以前颁布的已经失效的法律目录（111件）

一、已由新法规定废止的11件

1. 新解放区农业税暂行条例（1950年9月中央人民政府委员会通过）
2. 中华人民共和国婚姻法（1950年4月中央人民政府委员会通过）

3. 中华人民共和国逮捕拘留条例（1954年12月全国人民代表大会常务委员会通过）

4. 中华人民共和国治安管理处罚条例（1957年10月全国人民代表大会常务委员会通过）

5. 消防监督条例（1957年11月全国人民代表大会常务委员会原则批准）

6. 国务院关于工人、职员回家探亲的假期和工资待遇的暂行规定（1957年11月全国人民代表大会常务委员会批准）

7. 中华人民共和国国境卫生检疫条例（1957年12月全国人民代表大会常务委员会通过）

8. 国务院关于调整获利较大的经济作物的农业税附加比例的规定（1957年12月全国人民代表大会常务委员会原则批准）

9. 国家建设征用土地办法（1958年1月全国人民代表大会常务委员会原则批准）

10. 商标管理条例（1963年3月全国人民代表大会常务委员会批准）

11. 中华人民共和国第五届全国人民代表大会第一次会议关于中华人民共和国国歌的决定（1978年3月通过）

二、已有新法代替的41件

1. 中华人民共和国惩治反革命条例（1951年2月中央人民政府委员会批准）

2. 中华人民共和国人民法院暂行组织条例（1951年9月中央人民政府委员会通过）

3. 中央人民政府最高人民检察署暂行组织条例（1951年9月中央人民政府委员会通过）

4. 各级地方人民检察署组织通则（1951年9月中央人民政府委员会通过）

5. 中华人民共和国惩治贪污条例（1952年4月中央人民政府委员会批准）

6. 中央人民政府政务院关于与外国订立条约、协定、议定书、合同等的统一办法之决定（1952年8月中央人民政府委员会批准）

7. 中华人民共和国民族区域自治实施纲要（1952年8月中央人民政府委

员会批准）

8. 中华人民共和国民兵组织暂行条例（1952 年 11 月中央人民政府主席批准）

9. 中华人民共和国全国人民代表大会及地方各级人民代表大会选举法（1953 年 2 月中央人民政府委员会通过）

10. 中华人民共和国全国人民代表大会组织法（1954 年 9 月全国人民代表大会通过）

11. 中华人民共和国国务院组织法（1954 年 9 月全国人民代表大会通过）

12. 中华人民共和国地方各级人民代表大会和地方各级人民委员会组织法（1954 年 9 月全国人民代表大会通过）

13. 中华人民共和国人民法院组织法（1954 年 9 月全国人民代表大会通过）

14. 中华人民共和国人民检察院组织法（1954 年 9 月全国人民代表大会通过）

15. 中华人民共和国第一届全国人民代表大会第一次会议关于中华人民共和国现行法律、法令继续有效的决议（1954 年 9 月通过）

16. 全国人民代表大会常务委员会关于同外国缔结条约的批准手续的决定（1954 年 10 月通过）

17. 中国人民解放军军官服役条例（1955 年 2 月全国人民代表大会常务委员会通过）

18. 全国人民代表大会常务委员会关于解释法律问题的决议（1955 年 6 月通过）

19. 中华人民共和国第一届全国人民代表大会第二次会议关于授权常务委员会制定单行法规的决议（1955 年 7 月通过）

20. 中华人民共和国第一届全国人民代表大会第二次会议关于撤销热河省西康省并修改中华人民共和国地方各级人民代表大会和地方各级人民委员会组织法第二十五条第二款第一项规定的决议（1955 年 7 月通过）

21. 中华人民共和国第一届全国人民代表大会第二次会议关于撤销燃料工业部设立煤炭工业部电力工业部石油工业部农产品采购部并修改中华人民

共和国国务院组织法第二条第一款条文的决议（1955 年 7 月通过）

22. 中华人民共和国兵役法（1955 年 7 月全国人民代表大会通过）

23. 全国人民代表大会常务委员会关于在地方各级人民代表大会闭会期间省长自治区主席市长州长县长区长乡长镇长和地方各级人民法院院长缺额补充问题的决定（1955 年 11 月通过）

24. 全国人民代表大会常务委员会关于自治州人民代表大会和人民委员会每届任期问题的决定（1956 年 5 月通过）

25. 全国人民代表大会常务委员会关于县市市辖区乡民族乡镇人民代表大会代表名额等问题的决定（1956 年 5 月通过）

26. 全国人民代表大会常务委员会关于不公开进行审理的案件的决定（1956 年 5 月通过）

27. 中华人民共和国第一届全国人民代表大会第三次会议关于修改中华人民共和国地方各级人民代表大会和地方各级人民委员会组织法第二十五条第二款第四项第五项规定的决议（1956 年 6 月通过）

28. 全国人民代表大会常务委员会关于对反革命分子的管制一律由人民法院判决的决定（1956 年 11 月通过）

29. 中华人民共和国第一届全国人民代表大会第四次会议关于死刑案件由最高人民法院判决或者核准的决议（1957 年 7 月通过）

30. 全国人民代表大会常务委员会关于死刑案件由最高人民法院判决或者核准的决议如何执行问题给最高人民法院的批复（1957 年 9 月批复）

31. 全国人民代表大会常务委员会关于省、直辖市人民代表大会会议可以每年举行一次的决定（1957 年 11 月通过）

32. 国务院关于工人、职员退休处理的暂行规定（1957 年 11 月全国人民代表大会常务委员会原则批准）

33. 国务院关于工人职员退职处理的暂行规定（1958 年 3 月全国人民代表大会常务委员会原则批准）

34. 全国人民代表大会常务委员会关于地方各级人民代表大会代表名额问题的决定（1958 年 3 月通过）

35. 全国人民代表大会常务委员会关于直辖市和较大的市可以领导县、

自治县的决定（1959年9月通过）

36. 全国人民代表大会常务委员会关于最高人民法院和地方各级人民法院助理审判员任免问题的决定（1960年1月通过）

37. 中国人民解放军军官服役条例（1963年9月全国人民代表大会常务委员会修正通过）

38. 外国人入境出境过境居留旅行管理条例（1964年3月全国人民代表大会常务委员会批准）

39. 全国人民代表大会常务委员会关于军士和兵的现役期限的决定（1965年1月通过）

40. 关于兵役制问题的决定（1978年3月全国人民代表大会常务委员会批准）

41. 全国人民代表大会常务委员会关于省人民代表大会闭会期间省人民检察院检察长产生程序的决定（1978年5月通过）

三、由于调整对象变化或者情况变化而不再适用或者已经停止施行的29件

1. 中华人民共和国中央人民政府组织法（1949年9月中国人民政治协商会议第一届全体会议通过）

2. 中国人民政治协商会议组织法（1949年9月中国人民政治协商会议第一届全体会议通过）

3. 省各界人民代表会议组织通则（1949年12月中央人民政府委员会通过）

4. 市各界人民代表会议组织通则（1949年12月中央人民政府委员会通过）

5. 县各界人民代表会议组织通则（1949年12月中央人民政府委员会通过）

6. 中央人民政府政务院及所属各机关组织通则（1949年12月中央人民政府委员会通过）

7. 中华人民共和国土地改革法（1950年6月中央人民政府委员会通过）

8. 人民法庭组织通则（1950年7月中央人民政府主席批准）

9. 中央人民政府任免国家机关工作人员暂行条例（1951 年 11 月中央人民政府委员会批准）

10. 各级人民政府民族事务委员会试行组织通则（1952 年 8 月中央人民政府主席批准）

11. 全国人民代表大会常务委员会关于地方各级人民委员会的组成人员是否限于本级人民代表大会代表问题的决定（1955 年 11 月通过）

12. 全国人民代表大会常务委员会关于地方各级人民法院院长人民检察院检察长可否兼任各级人民委员会的组成人员问题的决定（1955 年 11 月通过）

13. 农业生产合作社示范章程（1956 年 3 月全国人民代表大会常务委员会通过）

14. 文化娱乐税条例（1956 年 5 月全国人民代表大会常务委员会通过）

15. 高级农业生产合作社示范章程（1956 年 6 月全国人民代表大会通过）

16. 全国人民代表大会常务委员会关于增加农业生产合作社社员自留地的决定（1957 年 6 月通过）

17. 华侨投资于国营华侨投资公司的优待办法（1957 年 8 月全国人民代表大会常务委员会批准）

18. 县级以上人民委员会任免国家机关工作人员条例（1957 年 11 月全国人民代表大会常务委员会通过）

19. 国务院关于改进工业管理体制的规定（1957 年 11 月全国人民代表大会常务委员会原则批准）

20. 国务院关于改进商业管理体制的规定（1957 年 11 月全国人民代表大会常务委员会原则批准）

21. 国务院关于改进财政管理体制的规定（1957 年 11 月全国人民代表大会常务委员会原则批准）

22. 国务院关于国营、公私合营、合作经营、个体经营的企业和事业单位的学徒的学习期限和生活补贴的暂行规定（1957 年 11 月全国人民代表大会常务委员会原则批准）

23. 国务院关于企业、事业单位和国家机关中普通工和勤杂工的工资待遇的暂行规定（1957 年 11 月全国人民代表大会常务委员会原则批准）

24. 全国人民代表大会常务委员会关于适当提高高级农业生产合作社公积金比例的决定（1958 年 1 月通过）

25. 国务院关于农业生产合作社股份基金的补充规定（1958 年 1 月全国人民代表大会常务委员会原则批准）

26. 国务院关于改进税收管理体制的规定（1958 年 6 月全国人民代表大会常务委员会原则批准）

27. 全国人民代表大会常务委员会关于批准设立最高人民法院西藏分院和最高人民检察院西藏分院的决议（1958 年 6 月通过）

28. 一九五六年到一九六七年全国农业发展纲要（1960 年 4 月全国人民代表大会通过）

29. 民族自治地方财政管理暂行办法（1958 年 6 月全国人民代表大会常务委员会原则批准）

四、对特定问题作出具有法律效力的决定、条例，已经过时的 30 件

（一）关于某一届人民代表大会任期、召开时间、代表名额、选举时间的决定 9 件

1. 中央人民政府委员会关于召开全国人民代表大会及地方各级人民代表大会的决议（1953 年 1 月通过）

2. 全国人民代表大会常务委员会关于省县乡改变建制后本届人民代表大会代表名额问题的决定（1955 年 3 月通过）

3. 全国人民代表大会常务委员会关于第一届地方各级人民代表大会任期问题的决定（1955 年 3 月通过）

4. 全国人民代表大会常务委员会关于 1956 年直辖市和县以下各级人民代表大会代表选举时间的决定（1956 年 5 月通过）

5. 中华人民共和国第一届全国人民代表大会第四次会议关于第二届全国人民代表大会代表选举问题的决议（1957 年 7 月通过）

6. 全国人民代表大会常务委员会关于 1958 年直辖市和县以下各级人民代表大会代表选举时间的决定（1957 年 11 月通过）

7. 全国人民代表大会常务委员会关于第二届全国人民代表大会代表选举时间和第二届全国人民代表大会第一次会议召开时间的决定（1958 年 6 月通过）

8. 中华人民共和国第二届全国人民代表大会第四次会议关于第三届全国人民代表大会代表名额和选举问题的决议（1963 年 12 月通过）

9. 第三届全国人民代表大会少数民族代表名额分配方案（1964 年 7 月全国人民代表大会常务委员会批准）

（二）关于公债条例 7 件

1. 关于发行人民胜利折实公债的决定（1949 年 12 月中央人民政府委员会通过）

2. 1954 年国家经济建设公债条例（1953 年 12 月中央人民政府委员会通过）

3. 1955 年国家经济建设公债条例（1954 年 12 月全国人民代表大会常务委员会通过）

4. 1956 年国家经济建设公债条例（1955 年 11 月全国人民代表大会常务委员会通过）

5. 1957 年国家经济建设公债条例（1956 年 12 月全国人民代表大会常务委员会通过）

6. 1958 年国家经济建设公债条例（1957 年 11 月全国人民代表大会常务委员会通过）

7. 中华人民共和国地方经济建设公债条例（1958 年 6 月全国人民代表大会常务委员会通过）

（三）关于宽大处理战争罪犯、残余反革命分子和特赦战犯的决定 9 件

1. 全国人民代表大会常务委员会关于处理在押日本侵略中国战争中战争犯罪分子的决定（1956 年 4 月通过）

2. 全国人民代表大会常务委员会关于宽大处理和安置城市残余反革命分子的决定（1956 年 11 月通过）

3. 全国人民代表大会常务委员会关于特赦确实改恶从善的罪犯的决定（1959 年 9 月通过）

4. 全国人民代表大会常务委员会关于特赦确实改恶从善的蒋介石集团和伪满洲国的战争罪犯的决定（1960 年 11 月通过）

5. 全国人民代表大会常务委员会关于特赦确实改恶从善的蒋介石集团和

伪满洲国的战争罪犯的决定（1961 年 12 月通过）

6. 全国人民代表大会常务委员会关于特赦确实改恶从善的蒋介石集团、伪满洲国和伪蒙疆自治政府的战争罪犯的决定（1963 年 3 月通过）

7. 全国人民代表大会常务委员会关于特赦确实改恶从善的蒋介石集团、伪满洲国和伪蒙疆自治政府的战争罪犯的决定（1964 年 12 月通过）

8. 全国人民代表大会常务委员会关于特赦确实改恶从善的蒋介石集团、伪满洲国和伪蒙疆自治政府的战争罪犯的决定（1966 年 3 月通过）

9. 全国人民代表大会常务委员会关于特赦释放全部在押战争罪犯的决定（1975 年 3 月通过）

（四）关于授予勋章奖章和军衔的决定、条例 5 件

1. 中华人民共和国授予中国人民解放军在中国人民革命战争时期有功人员的勋章奖章条例（1955 年 2 月全国人民代表大会常务委员会通过）

2. 全国人民代表大会常务委员会关于规定勋章奖章授予中国人民解放军在中国人民革命战争时期有功人员的决议（1955 年 2 月通过）

3. 全国人民代表大会常务委员会关于规定勋章奖章授予中国人民解放军在保卫祖国和进行国防现代化建设中有功人员的决议（1955 年 2 月通过）

4. 全国人民代表大会常务委员会关于授予中国人民志愿军抗美援朝保家卫国有功人员勋章奖章的决议（1955 年 2 月通过）

5. 全国人民代表大会常务委员会关于取消中国人民解放军军衔制度的决定（1965 年 5 月通过）

附件二：

1978 年底以前全国人民代表大会常务委员会批准的已经不再适用的民族自治地方的组织条例目录（48 件）

一、自治区的组织条例 6 件

1. 内蒙古自治区各级人民代表大会和各级人民委员会组织条例（1955 年 11 月全国人民代表大会常务委员会批准）

2. 新疆维吾尔自治区各级人民代表大会和各级人民委员会组织条例

（1956 年 7 月全国人民代表大会常务委员会批准）

3. 西藏自治区筹备委员会组织简则（1956 年 9 月全国人民代表大会常务委员会批准）

4. 西藏自治区各级人民代表大会选举条例（1963 年 3 月全国人民代表大会常务委员会批准）

5. 广西僮族自治区人民代表大会和人民委员会组织条例（1958 年 7 月全国人民代表大会常务委员会批准）

6. 宁夏回族自治区人民代表大会和人民委员会组织条例（1959 年 11 月全国人民代表大会常务委员会批准）

二、自治州的组织条例 22 件

1. 湘西苗族自治州人民代表大会组织条例（1956 年 5 月全国人民代表大会常务委员会批准）

2. 湘西苗族自治州人民委员会组织条例（1956 年 5 月全国人民代表大会常务委员会批准）

3. 湘西土家族苗族自治州人民代表大会和人民委员会组织条例（1959 年 11 月全国人民代表大会常务委员会批准）

4. 黔东南苗族侗族自治州人民代表大会组织条例（1957 年 6 月全国人民代表大会常务委员会批准）

5. 黔东南苗族侗族自治州人民委员会组织条例（1957 年 6 月全国人民代表大会常务委员会批准）

6. 黔南布依族苗族自治州人民代表大会组织条例（1957 年 6 月全国人民代表大会常务委员会批准）

7. 黔南布依族苗族自治州人民委员会组织条例（1957 年 6 月全国人民代表大会常务委员会批准）

8. 云南省大理白族自治州人民代表大会和人民委员会组织条例（1957 年 6 月全国人民代表大会常务委员会批准）

9. 云南省文山僮族苗族自治州各级人民代表大会和各级人民委员会组织条例（1959 年 11 月全国人民代表大会常务委员会批准）

10. 云南省红河哈尼族彝族自治州人民代表大会和人民委员会组织条例（1959 年 11 月全国人民代表大会常务委员会批准）

11. 云南省楚雄彝族自治州人民代表大会和人民委员会组织条例（1959 年 11 月全国人民代表大会常务委员会批准）

12. 云南省怒江傈僳族自治州人民代表大会和人民委员会组织条例（1959 年 11 月全国人民代表大会常务委员会批准）

13. 吉林省延边朝鲜族自治州各级人民代表大会和各级人民委员会组织条例（1957 年 3 月全国人民代表大会常务委员会批准）

14. 甘肃省临夏回族自治州各级人民代表大会和各级人民委员会组织条例（1958 年 9 月全国人民代表大会常务委员会批准）

15. 甘肃省甘南藏族自治州人民代表大会和人民委员会组织条例（1958 年 9 月全国人民代表大会常务委员会批准）

16. 新疆维吾尔自治区伊犁哈萨克自治州各级人民代表大会和各级人民委员会组织条例（1958 年 6 月全国人民代表大会常务委员会批准）

17. 新疆维吾尔自治区克孜勒苏柯尔克孜自治州各级人民代表大会和各级人民委员会组织条例（1966 年 3 月全国人民代表大会常务委员会批准）

18. 新疆维吾尔自治区巴音郭楞蒙古自治州人民代表大会和人民委员会组织条例（1966 年 3 月全国人民代表大会常务委员会批准）

19. 青海省果洛藏族自治州各级人民代表大会和各级人民委员会组织条例（1964 年 12 月全国人民代表大会常务委员会批准）

20. 青海省海南藏族自治州各级人民代表大会和各级人民委员会组织条例（1966 年 3 月全国人民代表大会常务委员会批准）

21. 四川省凉山彝族自治州各级人民代表大会和各级人民委员会组织条例（1965 年 8 月全国人民代表大会常务委员会批准）

22. 四川省甘孜藏族自治州各级人民代表大会和各级人民委员会组织条例（1965 年 8 月全国人民代表大会常务委员会批准）

三、自治县的组织条例 20 件

1. 河北省孟村回族自治县人民代表大会和人民委员会组织条例（1956 年 7 月全国人民代表大会常务委员会批准）

2. 河北省大厂回族自治县人民代表大会和人民委员会组织条例（1956 年 7 月全国人民代表大会常务委员会批准）

3. 湖南省江华瑶族自治县人民代表大会和人民委员会组织条例（1956 年 7 月全国人民代表大会常务委员会批准）

4. 湖南省通道侗族自治县人民代表大会和人民委员会组织条例（1959 年 4 月全国人民代表大会常务委员会批准）

5. 湖南省新晃侗族自治县人民代表大会和人民委员会组织条例（1959 年 4 月全国人民代表大会常务委员会批准）

6. 湖南省城步苗族自治县人民代表大会和人民委员会组织条例（1959 年 4 月全国人民代表大会常务委员会批准）

7. 黑龙江省杜尔伯特蒙古族自治县人民代表大会和人民委员会组织条例（1957 年 6 月全国人民代表大会常务委员会批准）

8. 吉林省前郭尔罗斯蒙古族自治县人民代表大会和人民委员会组织条例（1957 年 11 月全国人民代表大会常务委员会批准）

9. 贵州省三都水族自治县人民代表大会和人民委员会组织条例（1958 年 3 月全国人民代表大会常务委员会批准）

10. 贵州省松桃苗族自治县人民代表大会组织条例（1958 年 3 月全国人民代表大会常务委员会批准）

11. 贵州省松桃苗族自治县人民委员会组织条例（1958 年 3 月全国人民代表大会常务委员会批准）

12. 贵州省镇宁布依族苗族自治县人民代表大会和人民委员会组织条例（1964 年 12 月全国人民代表大会常务委员会批准）

13. 辽宁省喀喇沁左翼蒙古族自治县人民代表大会和人民委员会组织条例（1959 年 11 月全国人民代表大会常务委员会批准）

14. 辽宁省阜新蒙古族自治县人民代表大会和人民委员会组织条例（1959 年 11 月全国人民代表大会常务委员会批准）

15. 云南省丽江纳西族自治县人民代表大会和人民委员会组织条例（1962 年 11 月全国人民代表大会常务委员会批准）

16. 云南省屏边苗族自治县人民代表大会和人民委员会组织条例（1964

年12月全国人民代表大会常务委员会批准）

17. 云南省河口瑶族自治县人民代表大会和人民委员会组织条例（1964年12月全国人民代表大会常务委员会批准）

18. 广东省连山僮族瑶族自治县人民代表大会和人民委员会组织条例（1964年12月全国人民代表大会常务委员会批准）

19. 内蒙古自治区鄂温克族自治旗人民代表大会和人民委员会组织条例（1964年12月全国人民代表大会常务委员会批准）

20. 内蒙古自治区莫力达瓦达斡尔族自治旗人民代表大会和人民委员会组织条例（1964年12月全国人民代表大会常务委员会批准）

四、全国人民代表大会常务委员会关于废止部分法律的决定

（2009年6月27日第十一届全国人民代表大会常务委员会第九次会议通过　2009年6月27日中华人民共和国主席令第十六号公布　自公布之日起施行）

第十一届全国人民代表大会常务委员会第九次会议决定，废止下列法律和有关法律问题的决定：

一、公安派出所组织条例（1954年12月31日第一届全国人民代表大会常务委员会第四次会议通过）

二、城市街道办事处组织条例（1954年12月31日第一届全国人民代表大会常务委员会第四次会议通过）

三、华侨申请使用国有的荒山荒地条例（1955年8月6日第一届全国人民代表大会常务委员会第二十次会议通过）

四、全国人民代表大会常务委员会批准国务院关于华侨捐资兴办学校办法的决议及华侨捐资兴办学校办法（1957年8月1日第一届全国人民代表大会常务委员会第七十八次会议批准）

五、全国人民代表大会常务委员会关于授权国务院改革工商税制发布有关税收条例草案试行的决定（1984年9月18日第六届全国人民代表大会常务委员会第七次会议通过）

六、全国人民代表大会常务委员会关于惩治偷税、抗税犯罪的补充规定

（1992 年 9 月 4 日第七届全国人民代表大会常务委员会第二十七次会议通过）

七、全国人民代表大会常务委员会关于加强对法律实施情况检查监督的若干规定（1993 年 9 月 2 日第八届全国人民代表大会常务委员会第三次会议通过）

八、全国人民代表大会常务委员会关于严惩组织、运送他人偷越国（边）境犯罪的补充规定（1994 年 3 月 5 日第八届全国人民代表大会常务委员会第六次会议通过）

本决定自公布之日起施行。

五、全国人民代表大会常务委员会关于修改部分法律的决定

（2009 年 8 月 27 日第十一届全国人民代表大会常务委员会第十次会议通过 2009 年 8 月 27 日中华人民共和国主席令第十八号公布 自公布之日起施行）

一、对下列法律中明显不适应社会主义市场经济和社会发展要求的规定作出修改

1. 将《中华人民共和国民法通则》第七条修改为：“民事活动应当尊重社会公德，不得损害社会公共利益，扰乱社会经济秩序。”

删去第五十八条第一款第六项。

2. 删去《中华人民共和国全民所有制工业企业法》第二条第四款、第二十三条、第三十五条第一款、第五十五条。

3. 删去《中华人民共和国体育法》第四十七条。

4. 删去《中华人民共和国教育法》第五十七条第三款、第五十九条。

5. 删去《中华人民共和国防洪法》第五十二条。

二、对下列法律和法律解释中关于“征用”的规定作出修改

（一）将下列法律和法律解释中的“征用”修改为“征收、征用”

6. 《中华人民共和国森林法》第十八条

7. 《中华人民共和国军事设施保护法》第十二条

8. 《中华人民共和国国防法》第四十八条

9. 《中华人民共和国归侨侨眷权益保护法》第十三条

10. 《中华人民共和国农村土地承包法》第十六条、第五十九条

11.《中华人民共和国草原法》第三十八条、第三十九条、第六十三条

12.《中华人民共和国刑法》第三百八十一条、第四百一十条

13. 全国人民代表大会常务委员会关于《中华人民共和国刑法》第九十三条第二款的解释

14. 全国人民代表大会常务委员会关于《中华人民共和国刑法》第二百二十八条、第三百四十二条、第四百一十条的解释

（二）将下列法律中的“征用”修改为“征收”

15.《中华人民共和国渔业法》第十四条

16.《中华人民共和国铁路法》第三十六条

17.《中华人民共和国城市房地产管理法》第九条

18.《中华人民共和国电力法》第十六条

19.《中华人民共和国煤炭法》第二十条

20.《中华人民共和国行政复议法》第三十条

21.《中华人民共和国农业法》第七十一条

三、对下列法律中关于刑事责任的规定作出修改

（一）将下列法律中的“依照刑法第×条的规定”、“比照刑法第×条的规定”修改为“依照刑法有关规定”

22.《中华人民共和国计量法》第二十九条

23.《中华人民共和国矿产资源法》第三十九条、第四十条、第四十三条、第四十四条、第四十八条

24.《中华人民共和国国境卫生检疫法》第二十二条

25.《中华人民共和国全民所有制工业企业法》第六十二条、第六十三条

26.《中华人民共和国野生动物保护法》第三十二条、第三十七条

27.《中华人民共和国集会游行示威法》第二十九条

28.《中华人民共和国军事设施保护法》第三十三条、第三十四条

29.《中华人民共和国铁路法》第六十条、第六十四条、第六十五条

30.《中华人民共和国进出境动植物检疫法》第四十二条、第四十三条

31.《中华人民共和国全国人民代表大会和地方各级人民代表大会代表

法》第三十九条

32.《中华人民共和国矿山安全法》第四十六条、第四十七条

33.《中华人民共和国国家安全法》第二十六条、第二十七条、第三十二条

34.《中华人民共和国教师法》第三十六条

35.《中华人民共和国红十字会法》第十五条

36.《中华人民共和国劳动法》第九十二条

37.《中华人民共和国母婴保健法》第三十六条

38.《中华人民共和国民用航空法》第一百九十四条、第一百九十六条、第一百九十八条、第一百九十九条

39.《中华人民共和国电力法》第七十一条、第七十二条、第七十四条

40.《中华人民共和国行政处罚法》第六十一条

41.《中华人民共和国枪支管理法》第四十条、第四十二条、第四十三条

42.《中华人民共和国煤炭法》第七十八条、第七十九条

（二）将下列法律中引用已纳入刑法并被废止的关于惩治犯罪的决定的规定修改为“依照刑法有关规定”

43.《中华人民共和国野生动物保护法》第三十一条

44.《中华人民共和国军事设施保护法》第三十五条

45.《中华人民共和国铁路法》第六十九条

46.《中华人民共和国烟草专卖法》第四十条、第四十二条

47.《中华人民共和国民用航空法》第一百九十一条

（三）删去下列法律中关于“投机倒把”、“投机倒把罪”的规定，并作出修改

48. 将《中华人民共和国计量法》第二十八条修改为：“制造、销售、使用以欺骗消费者为目的的计量器具的，没收计量器具和违法所得，处以罚款；情节严重的，并对个人或者单位直接责任人员依照刑法有关规定追究刑事责任。”

49. 将《中华人民共和国野生动物保护法》第三十五条第二款修改为：

“违反本法规定，出售、收购国家重点保护野生动物或者其产品，情节严重，构成犯罪的，依照刑法有关规定追究刑事责任。”

50. 将《中华人民共和国铁路法》第七十条修改为：“铁路职工利用职务之便走私的，或者与其他人员勾结走私的，依照刑法有关规定追究刑事责任。”

51. 将《中华人民共和国烟草专卖法》第三十八条第一款修改为：“倒卖烟草专卖品，构成犯罪的，依法追究刑事责任；情节轻微，不构成犯罪的，由工商行政管理部门没收倒卖的烟草专卖品和违法所得，可以并处罚款。”

（四）对下列法律中关于追究刑事责任的具体规定作出修改

52. 将《中华人民共和国公民出境入境管理法》第十六条修改为：“执行本法的国家工作人员，利用职权索取、收受贿赂，或者有其他违法失职行为，情节严重，构成犯罪的，依法追究刑事责任。”

53. 将《中华人民共和国铁路法》第六十一条修改为：“故意损毁、移动铁路行车信号装置或者在铁路线路上放置足以使列车倾覆的障碍物的，依照刑法有关规定追究刑事责任。”

第六十二条修改为：“盗窃铁路线路上行车设施的零件、部件或者铁路线路上的器材，危及行车安全的，依照刑法有关规定追究刑事责任。”

第六十三条修改为：“聚众拦截列车、冲击铁路行车调度机构不听制止的，对首要分子和骨干分子依照刑法有关规定追究刑事责任。”

第六十六条修改为：“倒卖旅客车票，构成犯罪的，依照刑法有关规定追究刑事责任。铁路职工倒卖旅客车票或者与其他人员勾结倒卖旅客车票的，依照刑法有关规定追究刑事责任。”

54. 将《中华人民共和国烟草专卖法》第三十九条修改为：“伪造、变造、买卖本法规定的烟草专卖生产企业许可证、烟草专卖经营许可证等许可证件和准运证的，依照刑法有关规定追究刑事责任。

“烟草专卖行政主管部门和烟草公司工作人员利用职务上的便利犯前款罪的，依法从重处罚。”

55. 将《中华人民共和国城市房地产管理法》第七十一条第二款修改为：“房产管理部门、土地管理部门工作人员利用职务上的便利，索取他人财物，或者非法收受他人财物为他人谋取利益，构成犯罪的，依法追究刑事责任；

不构成犯罪的，给予行政处分。”

56. 将《中华人民共和国民用航空法》第一百九十二条修改为：“对飞行中的民用航空器上的人员使用暴力，危及飞行安全的，依照刑法有关规定追究刑事责任。”

第一百九十三条第一款修改为：“违反本法规定，隐匿携带炸药、雷管或者其他危险品乘坐民用航空器，或者以非危险品品名托运危险品的，依照刑法有关规定追究刑事责任。”

第三款修改为：“隐匿携带枪支子弹、管制刀具乘坐民用航空器的，依照刑法有关规定追究刑事责任。”

第一百九十五条修改为：“故意在使用中的民用航空器上放置危险品或者唆使他人放置危险品，足以毁坏该民用航空器，危及飞行安全的，依照刑法有关规定追究刑事责任。”

第一百九十七条修改为：“盗窃或者故意损毁、移动使用中的航行设施，危及飞行安全，足以使民用航空器发生坠落、毁坏危险的，依照刑法有关规定追究刑事责任。”

57. 将《中华人民共和国枪支管理法》第三十九条修改为：“违反本法规定，未经许可制造、买卖或者运输枪支的，依照刑法有关规定追究刑事责任。

“单位有前款行为的，对单位判处罚金，并对其直接负责的主管人员和其他直接责任人员依照刑法有关规定追究刑事责任。”

第四十一条修改为：“违反本法规定，非法持有、私藏枪支的，非法运输、携带枪支入境、出境的，依照刑法有关规定追究刑事责任。”

58. 将《中华人民共和国兵役法》第六十二条第一款修改为：“现役军人以逃避服兵役为目的，拒绝履行职责或者逃离部队的，按照中央军事委员会的规定给予处分；构成犯罪的，依法追究刑事责任。”

四、对下列法律和有关法律问题的决定中关于治安管理处罚的规定作出修改

（一）将下列法律和有关法律问题的决定中引用的“治安管理处罚条例”修改为“治安管理处罚法”

59.《中华人民共和国兵役法》第六十四条

60.《中华人民共和国矿产资源法》第四十一条、第四十八条

61.《中华人民共和国野生动物保护法》第三十九条

62.《中华人民共和国集会游行示威法》第二十八条、第三十二条

63.《中华人民共和国铁路法》第六十七条

64.《中华人民共和国水土保持法》第三十七条

65.《中华人民共和国烟草专卖法》第四十一条

66.《中华人民共和国工会法》第五十一条

67.《中华人民共和国产品质量法》第六十九条

68.《中华人民共和国消费者权益保护法》第五十二条

69.《中华人民共和国体育法》第五十一条至第五十三条

70.《中华人民共和国民用航空法》第二百条

71.《中华人民共和国电力法》第七十条

72.《中华人民共和国行政处罚法》第四十二条

73.《中华人民共和国煤炭法》第七十六条

74.《中华人民共和国老年人权益保障法》第四十六条、第四十八条

75.《中华人民共和国人民防空法》第五十条

76.《中华人民共和国防洪法》第六十一条、第六十二条、第六十四条

77.《中华人民共和国执业医师法》第四十条

78.《中华人民共和国安全生产法》第九十四条

79.《中华人民共和国水法》第七十二条

80.《全国人民代表大会常务委员会关于惩治走私、制作、贩卖、传播淫秽物品的犯罪分子的决定》第二条、第三条

81.《全国人民代表大会常务委员会关于严惩拐卖、绑架妇女、儿童的犯罪分子的决定》第四条

82.《全国人民代表大会常务委员会关于维护互联网安全的决定》第六条

（二）对下列法律和有关法律问题的决定中关于治安管理处罚的具体规定作出修改

83. 删去《中华人民共和国全民所有制工业企业法》第六十四条第一款；

第二款修改为："扰乱企业的秩序，致使生产、营业、工作不能正常进行，尚未造成严重损失的，由企业所在地公安机关依照《中华人民共和国治安管理处罚法》的规定处罚。"

84. 将《中华人民共和国野生动物保护法》第三十三条第二款修改为："违反本法规定，未取得持枪证持枪猎捕野生动物的，由公安机关依照治安管理处罚法第三十二条的规定处罚。"

85. 将《中华人民共和国军事设施保护法》第三十二条、第三十三条、第三十四条中的"比照治安管理处罚条例第十九条的规定处罚"修改为"适用《中华人民共和国治安管理处罚法》第二十三条的处罚规定"。

86. 将《中华人民共和国国旗法》第十九条修改为："在公共场合故意以焚烧、毁损、涂划、玷污、践踏等方式侮辱中华人民共和国国旗的，依法追究刑事责任；情节较轻的，由公安机关处以十五日以下拘留。"

87. 将《中华人民共和国国徽法》第十三条修改为："在公共场合故意以焚烧、毁损、涂划、玷污、践踏等方式侮辱中华人民共和国国徽的，依法追究刑事责任；情节较轻的，由公安机关处以十五日以下拘留。"

88. 将《中华人民共和国全国人民代表大会和地方各级人民代表大会代表法》第三十九条第三款中的"依照治安管理处罚条例第十九条的规定处罚"修改为"适用《中华人民共和国治安管理处罚法》第五十条的处罚规定"。

89. 将《中华人民共和国红十字会法》第十五条第二款中的"比照治安管理处罚条例第十九条的规定处罚"修改为"适用《中华人民共和国治安管理处罚法》第五十条的处罚规定"。

90. 将《中华人民共和国公路法》第八十三条修改为："阻碍公路建设或者公路抢修，致使公路建设或者抢修不能正常进行，尚未造成严重损失的，依照《中华人民共和国治安管理处罚法》的规定处罚。

"损毁公路或者擅自移动公路标志，可能影响交通安全，尚不够刑事处罚的，适用《中华人民共和国道路交通安全法》第九十九条的处罚规定。

"拒绝、阻碍公路监督检查人员依法执行职务未使用暴力、威胁方法的，依照《中华人民共和国治安管理处罚法》的规定处罚。"

91. 将《全国人民代表大会常务委员会关于严禁卖淫嫖娼的决定》第三条、第四条中的“依照治安管理处罚条例第三十条的规定处罚”修改为“依照《中华人民共和国治安管理处罚法》的规定处罚”。

五、对下列法律中引用其他法律名称或者条文不对应的规定作出修改

92. 将《中华人民共和国兵役法》第二十七条中的“中国人民解放军军官服役条例”修改为“《中华人民共和国现役军官法》和《中华人民共和国预备役军官法》”。

93. 将《中华人民共和国气象法》第三十五条第二款中的“《中华人民共和国城市规划法》”修改为“《中华人民共和国城乡规划法》”。

94. 将《中华人民共和国人民警察警衔条例》第二条修改为“人民警察实行警衔制度。”

95. 将《中华人民共和国仲裁法》第六十三条中的“民事诉讼法第二百一十七条第二款”修改为“民事诉讼法第二百一十三条第二款”；第七十条、第七十一条中的“民事诉讼法第二百六十条第一款”修改为“民事诉讼法第二百五十八条第一款”。

本决定自公布之日起施行。